문재인 정부의 자치분권

성과와 의의

문재인 정부의
자치분권
성과와 의의

국정과제협의회 정책기획시리즈 **12**

김순은 배정아 장인봉
정순관 라휘문 김태영
곽현근 황문규 김상미
주희진 하봉운 이향수
임　현 유태현 김남철
최우용 최근열 홍준현

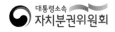

대통령소속
자치분권위원회

차 례

표 차례

그림 차례

자치분권 2.0 시대를 열다

대통령소속 자치분권위원회
위원장 **김순은**

2021년은 1991년 지방의회 의원 선거로 대한민국의 지방자치가 부활한 지 30주년이 되는 뜻깊은 해입니다. 우리나라의 지방자치는 1949년 '지방자치법 제정과 공포'에 따라 1952년 지방의원 선거로 처음으로 실시되었습니다. 그러나 1961년 군사정변으로 중단되었다가 1987년 6월 민주화 항쟁으로 얻어진 헌법 개정에 이어, 김대중 전 대통령의 목숨을 건 단식으로 다시 부활하였습니다.

1991년 지방의회 의원 선거와 1995년 지방자치단체장 선거가 실시된 이후 평화적 정권교체, 행정정보 공개 조례, 주민참여예산제도 등 민주적 제도와 주민 눈높이의 지방행정으로 주민의 삶의 질이 높아진 성과가 있었지만, 중앙과 지방의 관계에 초점을 둔 단체자치에 비중을 두면서 주민참여에 기초한 실질적인 자치분권은 부족했다고 평가할 수 있습니다. 김대중 정부와 노무현 정부를 거치면서 지방분권의 분위기는 고조되었으나 성과는 미흡한 수준이었습니다.

이에 문재인 정부는 '연방제 수준의 자치분권 국가' 틀 아래 주민주권 구현을 목표로 다양한 정책들을 추진하여 큰 성과를 거두고 있습니다. 제1단계 재정분권을 완료하여 지난해부터 매년 8.5조원씩 지방재정이 확충되었으며, 지난 7월 28일 지방소비세율 4.3%p 인상과 지역소멸대응기금 신설 등을 통해 지방재정을 약 2.2조원 순확충하는 내용의 제2단계 재정분권 추진안이 확정되었습니다. 또한 제1차 지방일괄이양법 제정으로 중앙권한의 지방이양 방식이 획기적으로 변모하였으며, 자치분권위원회는 지난 7월 23일 본회의에서 제2차 지방일괄이양법안을 의결하였습니다.

32년 만에 『지방자치법』을 전부 개정하여 주민주권 구현의 제도적 토대가 마련됨과 동시에 지방정부는 국정의 동반자 지위를 갖게 되었습니다. 지난 7월 1일부터는 자치경찰제가 전국에서 전면 시행됨에 따라 협력적 거버넌스에 기초한 치안의 공동책임이라는 성과도 창출하였습니다.

문재인 정부의 자치분권은 이론과 실제에서 여타의 정부와 차별성을 지닙니다. 문재인 정부의 자치분권은 주민주권론과 거버넌스론에 이론적 뿌리를 두고 있습니다. 그 동안의 지방자치가 중앙집권체제의 사상이었던 국민주권에 기초하여 매우 제한적인 측면에서 자치가 허용된 단체자치였다면 문재인 정부는 이를 탈피하여 주민이 주인이 되는 주민주권의 사상 하에 주민자치를 추구하였습니다. 주민주권 사상과 보충성의 원리는 향후 지방정부의 자치권의 확대로 이어질 것으로 기대됩니다.

지난 30년의 중앙-지방관계는 '국가의 지도·감독'이라는 현행 지방자치법의 제9장의 명칭이 단적으로 보여줍니다. 지도·감독이라는 용어는 국가는 상, 지방은 하의 관계라는 것을 시사하고 있었습니다. 문재인 정부는 지방정부가 중앙의 하위행정기관이 아니고 국정의 동반자라는 관점에서 국가와 지방의 협력의무를 제도화하고 2021년 6월『중앙-지방협력회의의 구성 및 운영에 관한 법률』의 제정으로 상호간 국정을 논의하는 포럼으로 '중앙-지방협력회의'를 설치하게 되었습니다. 이와 같은 문재인 정부의 시대적 정신은 지방자치법의 제9장을 명칭을 '국가와 지방자치단체의 관계'로 개정하는 결과로 이어졌습니다. 재정분권을 통해 중앙과 지방의 협력관계가 더욱 공고해 질 것입니다.

1991년 지방의회 의원 선거로 지방자치가 실시된 이후, 지난해『지방자치법』이 전부개정 되기까지 30년은 자치단체 중심의 권한과 책임을 제도화하여 지방자치제도의 기본 토대를 마련한 지방자치 1.0의 시대였다면, 앞으로의 30년은 자치분권을 고도화하여 주민중심의 지방자치를 완성해 나가는 자치분권 2.0의 시대라고 할 수 있습니다.

자치분권 2.0 시대의 핵심은 주민이 중심이 되는 주민자치입니다. 주민주권 사상과 보충성의 원칙에 따라 지방의 정책 결정과 집행 과정에 주민참여를 확대하여 주민 스스로 자신의 삶을 바꾸는 것이라 할 것입니다. 이는 각 지역에서 직면하고 있는 문제점과 현안은 그 지역 주민이 제일 잘 알고 있기 때문입니다. 아울러, 지역문제에 주민이 참여하여 스스로 문제를 해결하게 되면 지역주민의 삶의 질이 향상되고 행정에 대한 만족도도 높아지게 될 것입니다.

상기와 같은 문재인 정부의 자치분권 추진과정에 다양한 분야의 전문가와 지방자치 관계자 및 마을 활동가들이 참여하였습니다. 여기에는 대통령 소속 자치분권위원회 위원, 자치분권위원회 전문위원, 자문위원들이 포함됩니다. 문재인 정부의 자치분권 개혁에 참여하신 분들이 지닌 전문성과 그 간의 경험을 토대로 자치분권 종합계획의 분권과제에 관한 이슈를 분석·정리하여 이제 출판하게 되었습니다. 문재인 정부의 자치분권을 이해하는데 다소나마 도움이 되기를 바랍니다.

그 간 문재인 정부의 자치분권에 물심양면으로 도움을 아끼신 않으신 모든 분들께 진심으로 감사의 말씀을 올립니다.

| 제1부 |

총 론

제1장 문재인 정부 자치분권의 역사적 배경과 이론적 기초: 지방자치법을 중심으로

김순은 대통령소속 자치분권위원회 위원장

I. 서론

1948년 제헌헌법과 함께 도입된 지방자치는 1949년 지방자치법의 제정과 1952년 최초 지방선거를 통해 실행되었다. 정치적 목적을 띠고 출발한 자유당의 지방자치는 단체장의 불신임, 지방의회의 해산 등 10여 년의 시행착오를 거쳤다. 4·19 혁명으로 새롭게 전면 실시된 지방자치는 1961년 5·16 군사정변으로 전면적으로 폐지되었다. 1960년 4·19 혁명으로 지방자치가 전면적으로 확대된 시기도 있었지만 당시 정치 지도자들에겐 10여 년의 지방자치는 국가발전의 장애물로 평가된 듯하다.

지방자치는 1980년대 민주화 과정 속에서 핵심의제가 되었다. 대통령 직선제와 더불어 지방자치는 우리나라의 민주주의 발전에 필요요건으로 인식되고 논의되었다. 민주화 운동은 1987년 6·10 항쟁을 계기로 결실을 맺었다. 1987년 6·29 선언을 통하여 노태우 대통령은 대통령 직선제와 지방자치의 재개를 약속하였고, 1987년 10월 29일 대통령 직선제를 반영한 헌법 개정이 이루어졌다. 한편 1988년 지방자치 재개를 위하여 지방자치법이 전부개정되었으나 실질적인 지방자치의 실행은 차일피일 미루어졌다. 이에 1990년 10월 故김대중 대통령은 지방자치 실현을 위하여 단식을 시작하였고, 이를 계기로 1991년 3월 기초의원 선거, 6월 광역의원 선거가 치러졌고 이어 1995년 단체장 선거[1]까지 이어지며 본격적인 지방자치가 시작되었다. 그리고 2020년 12월 획기적인 자치분권 추진을 위하여 다시 한번 전부개정된 지방자치법은 1988년 지방자치법이 전부개정된 지 32년 만에, 1991년 지방자치가 재개된 지 만 30년만에 이루어진 역사적 입법이라고 할 수 있다.

지방자치법 전부개정은 '국가경찰과 자치경찰의 조직과 운영에 관한 법률(이하 자치경찰법)'과 함께 2017년 5월 10일 출범하면서 문재인 정부가 약속한 '연방제 수준의 자치분권'을 위한 커다란 초석이 되었다. 2020년 12월 9일 동일한 날짜에 국회를 통과한 자치경찰법과 지방자치법은 나름대로 지방자치의 모습을 전적으로 변화시킬 것이다. 자치경찰은 75년의 경찰 역사 속에서 처음으로 실시되는 제도로 치안행정과 지방행정이 연계됨으로써 지방자치의 외연을 확장하게 되었다. 지역주민들의 체감도 역시 크게 제고될 것으로 기대된다.

지방자치법 전부개정은 문재인 정부 대통령소속 자치분권위원회가

---

1 임명직 단체장들은 임명권자의 의중에 민감하기 때문에 임명직 단체장 제도가 관권선거의 원인으로 지목되었다. 임명직의 단체장을 선출직으로 전환하면 선출직 단체장이 관권선거를 예방해 줄 것으로 기대되었다. 당시 관권선거의 예방은 여·야간 정권교체의 필요·충분조건이었다.

수립한 "자치분권 종합계획"의 주요 내용을 제도화한 것으로 다양한 의의를 지니고 있다. 주요 내용을 살펴보면, 주민주권의 구현을 목적으로 주민직접참정제도를 강화하였고, 이는 단체자치 중심에서 주민자치 중심으로의 전환을 의미한다. 한편 정책적인 관점에서는 자치분권을 위한 5개의 국정과제를 실현했다는 의의도 가진다. 이 외에도 2020년 1월 제1차 지방일괄이양법의 제정으로 400여 개의 국가사무가 지방으로 이양되었으며, 제1단계 재정분권으로 연간 8.5조 원의 지방세가 확충되었다. 역대 어느 정부보다도 자치분권의 성과를 보여 자치분권의 르네상스라고 칭해도 무방하다(김순은, 2020). 최근에는 제2단계 재정분권에 대한 관계 부처간 합의로 지방재정 확충이 확대될 예정이다.

이에 본 글은 문재인 정부가 추진한 자치분권의 특성을 지방자치법 전부개정을 중심으로 정리하였다. 이를 위하여 지방자치법 전부개정의 추진배경, 이론적 기초, 역사적 의의와 향후 과제 등을 논의하고자 한다.

Ⅱ. 문재인 정부의 지방자치법 전부개정의 추진배경

1. 역사적 배경

1988년 전부개정된 지방자치법은 만 30여 년만의 지방자치 휴면기를 끝내고 새롭게 재개하기 위한 제도적 기초였다. 그럼에도 불구하고 당시 지방자치제도의 중요한 특징은 제도의 불완전성에서 찾아야 한다. 지방자치의 재개를 강력하게 희망했던 야당과 민주화 그룹은 완전한 제도를 성안하기보다는 불완전하더라도 제도의 시급성에 비중을 두었다. 그 결과 지방자치의 재개에 소극적이었던 당시 내무부의 제안이 대부분 수용되었다.

무늬만 지방자치였지 실질적으로는 관치행정이 지속되는 제도로서 극강단체장-극약의회 구조를 띠었다. 대부분의 행정권한이 임명직 단체장에게 부여된 단체자치로서 지방의회 사무기구의 인사권마저 단체장에게 귀속시켰다. 임명직 단체장이 1995년 선출직으로 개정되었음을 제외하곤 1988년 지방자치의 기본적 틀은 2020년까지 극강시장-극약의회와 단체자치를 유지하고 있었다.

2. 문재인 정부의 자치분권 공약

지방자치의 부활은 1991년이었지만 지방으로 권한을 이양하는 지방분권은 1999년도부터 시작되었다. 김대중 정부는 "중앙행정권한 지방이양 촉진 등에 관한 법률"을 제정하여 중앙행정권한의 지방이양을 1999년 1월 1일부터 시행함으로써 지방분권의 제도적 도입기를 열었다. 이 때 구성된 지방이양추진위원회는 이명박 정부 때 폐지될 때까지 국가사무의 지방이양을 추진하였다.

노무현 정부는 이를 계승하여 제주특별자치도를 설치하는 등 혁신적 실행기로 발전시켰다. 지방분권의 종합계획을 수립하였고 7개 분야 47개 분권과제를 확정하였다. 교육감 및 교육위원의 선거를 도입한 것도 노무현 정부이다.

이러한 노력에도 불구하고 이명박 정부와 박근혜 정부를 거치면서 자치분권은 크게 퇴보하였다. 자치분권은 이명박 정부의 미온적 조정기를 거쳐 박근혜 정부의 정책적 시련기를 겪었다. 이명박 정부는 지방행정체제의 개편에 관심을 두었고 통합창원시가 탄생하였다. 박근혜 정부는 지방자치발전계획을 수립하였으나 실행에는 이르지 못했다. 이명박 정부와 박근혜 정부는 자치분권에 소극적이었음에도 지방소비세를 도입·확대하였다. 이명박 정부는 수도권 규제완화에 대한 보상으로 지방소비세 5%를 도입하였고, 박근혜 정부는 부동산 경기 활성화 차원에서 취득세의 50%를 감면하였는데 취득세의 손실을 보전해 주기 위하여 6%의 지방소비세를 추가로 확대하였다. 지방소비세가 자치분권의 관점에서보다 여타 정책의 수단으로 활용된 것이다(김순은, 2020). 이러한 소극적인 자치분권 노력에도 불구하고 이명박·박근혜 정부의 자치분권은 지방소비세가 도입되었다는 데에 의의를 찾을 수 있다. 2019년 문재인 정부가 순수하게 10%의 지방소비세를 도입한 기초가 되었기 때문이다.

문재인 정부의 자치분권에 대한 공약은 이러한 시대적 상황에 근거하고 있다. 단체자치와 관치행정의 관행을 크게 벗어나지 못했던 과거 상황에 대응하는 관점에서 "연방제 수준의 자치분권"을 제안하였다. 이러한 표현은 자치분권의 르네상스를 열어 나가자는 역사적 자치분권으로 해석되었다(김순은, 2018a).

문재인 정부의 자치분권에 대한 공약은 5개의 국정과제에 반영되었다. 자치경찰이 국정과제 13번의 권력기관의 민주적 개혁과제에 포함되었으며 국정과제 74번부터 77번이 풀뿌리 민주주의를 실현하는 자치분권이었다. 국정과제 74번이 획기적인 자치분권 추진과 주민참여의 실질화, 75번이 지방재정 자립을 위한 강력한 재정분권, 76번이 교육 민주주의 회복 및 교육자치 강화, 77번이 세종특별시 및 제주특별자치도 분권모델의 완성이었다.

문재인 정부의 5개 국정과제의 구현은 2018년 자치분권형 헌법개정을 통하여 시도되었다. 종전 국가주의의 원리를 지방주의로, 효율중시의 국정운영체제를 민주성 위주로, 통치의 구조에서 협치의 구조로 개정하는 헌법안을 마련하였으나 국회의 반대로 무산되었다.

헌법을 제외하고 법령으로 달성할 수 있는 과제들은 대통령소속 자치분권위원회가 작성한 자치분권 종합계획에 반영되었다. 자치분권위원회는 2018년 9월 자치분권 종합계획과 2019년 시행계획을 수립하면서 5개의 국정과제가 33개의 추진과제와 136개의 실행과제로 구체화하였다.

32년 만에 개정되었던 지방자치법은 문재인 정부의 국정과제, 자치분권위원회의 자치분권 종합계획과 시행계획의 많은 부문을 반영한 것이다. 따라서 지방자치법의 전부개정으로 문재인 정부가 추진하였던 대부분의 과제가 제도화되는 결과로 이어졌다. 지방자치법 전부개정과 함께 자치경찰은 자치경찰법에 의하여 도입되었다. 공교롭게도 두 법안은 2020년 12월 9일 같은 날짜에 국회의 의결을 통과하였다.

Ⅲ. 전부개정된 지방자치법의 이론적 기초

1. 주민주권론

"모든 권력이 국민으로부터 나온다"는 원리가 국민주권이라면 주민주권은 "자치권은 주민으로 나온다"는 원리이다. 전자가 전통적으로 중앙집권체제를 뒷받침하는 사상이었다면 후자는 지방자치와 지방분권(이하 자치분권)을 옹호하는 이론이다. 주민주권론에 따르면 지방자치는 주민의, 주민에 의한, 주민을 위한 지역의 정치를 의미한다. 주민주권론은 보충성의 원리, 주민자치의 원리, 자치입법권의 원리로 파생된다.

주민에게 가까운 정부가 할 수 있는 사무와 기능은 해당 정부가 우선적으로 수행하여야 한다는 것은 효율성의 측면에서뿐만 아니라 주권론에서 볼 때 매우 타당하다. 주민의 의사가 존중되어야 하기 때문이다.

지방자치는 중앙-지방 관계에 초점을 둔 단체자치로부터 지방정부-주민과의 관계에 초점을 둔 주민자치로 발전되어야 한다는 주민자치의 원리도 주민주권론의 핵심적 사항이다. 주권자인 주민들이 자율적으로 참여하고 숙의하며 결정에 이르는 과정은 민주주의 학습이며 동시에 정책학습이다. 이러한 풀뿌리의 민주주의가 튼튼한 토대가 되어 거대한 공화국과 같은 민주적 정부로 발전한다. 자치분권은 민주주의의 학습의 장인 셈이다.

지방자치가 발전하면서 지방정부에 주어지는 자치입법권의 범위도 점진적으로 확대되고 있는 것도 주민주권론에 기인한다. 미국의 주정부는 주헌법에서 지방정부의 자치권의 범위를 규정한다. 초기에는 딜런의 원리(Dillon's principle)에 따라 구체적으로 위임된 범위 내에서 자치입법권을 허용하였다. 점진적으로 쿨리의 원리(Cooley's rule)에 따라 상위법에서 구체적으로 금지하지 않는 한 광범위하게 인정하는 방향으로 발전하고 있다. 19세가 말 미국에서 발전한 헌장도시는 쿨리의 원리에 기초한 도시제도이다.

일본에서도 1960년대 혁신자치체를 중심으로 인권과 환경의 분야 등에서 중앙정부의 법령보다 강하고 폭넓게 지방정부의 자치입법권을 인정하였다. 이를 초과·강화조례라고 한다. 행정절차조례와 행정정보 조례 등은 중앙정부의 법률보다 앞서서 제정되었다. 영국의 지방정부에는 최근 상위법 위반 무효의 원칙(Ultra vires)에 갈음하여 지방정부 기능의 일반권한(general power of competence)에 따라 자치입법권의 범위가 확대되었다. 영국의 캐머런 정부는 지방주의(localism)의 실현을 위하여 기능의 일반권한을 제시하였다. 지역이 자율적으로 지역발전을 모색하기 위한 수단으로 자치권의 확대를 인정하고 이를 뒷받침하기 위한 이론이 기능의 일반권한이다. 종전에는 지방정부의 조례가 법령을 범위를 벗어나면 엄격하게 무효로 처리되었다(Ultra vires). 캐머런 정부는 전향적으로 상위법에서 구체적으로 금지하고 있지 않는 한 가능하면 자치권의 확대를 인정해 주어야 한다는 해석을 강조하였다.

2. 거버넌스론

지방자치법은 단순히 지방정부의 운영체제를 규정하는 일반법이라기보다는 국가의 운영체제와 관련된 거버넌스의 중요한 부분을 결정하는 지방정부의 헌법과 같은 제도이다. 따라서 거버넌스의 기본적 이론들이 반영된다. 2020년 12월 9일 전부개정된 지방자치법에도 이러한 거버넌스의 주요한 이론적 주장들이 적절히 반영되어 있다. 민주성과 효율성의 제고를 위한 규정뿐만 아니라 지방정부의 위상을 제고하기 위한 내용들이 포함되었다.

민주성의 제고를 위하여 주민의 참정범위를 확대하고 지방의회의 위상을 정상화하였다. 직접참정제도의 경우 주민의 연령을 19세에서 18세로 하향하고 참여의 대상을 확대하였다. 주민조례발안제도를 도입함과 동시에 기타의 주민직접참정제도의 요건을 대폭적으로 완화함으로써 제도의 실용성을 제고하였다. 주민조례발안의 제도적 근거는 지방자치법이지만 구체적인 내용과 절차는 별도의 주민조례발안법이 현재 정부발의로 국회에서 논의 중에 있다. 이와 더불어 주민투표법 개정안도 발의되어 있다. 주민투표의 실효성을 높이기 위하여 가결요건을 완화하였으며 개표요건을 삭제하였다. 향후 주민투표가 크게 활성화될 전망이다.

지방의회 사무기구의 인사권이 단체장에게 귀속되는 비정상적인 의회의 인사운영이 30여 년 동안 이루어져 왔다. 앞에서 논의하였듯이 지방자치 재개의 시급성이 낳은 부작용이었다. 당시 내무부의 제안이 대부분이 수용된 결과이다. 이에 지방의회는 1991년 이후 지속적으로 인사권 독립을 위한 지방자치법의 개정을 요구하였다. 이번에 이루어진 지방자치법 전부개정으로 인사권이 독립되어 지방의회의 민주성과 자율성 및 창의성이 크게 제고될 것으로 보인다. 지방의회가 오랫동안 주장해 온 정책지원전문인력 제도와 함께 지방의회의 활성화에 크게 기여할 것이다.

동시에 주민에 대한 책임성을 강화한 것도 민주성의 제고에 기여할 것이다. 자치단체의 정보공개 의무 및 방법 등에 대한 일반 규정의 신설, 지방의회 의정활동의 종합적 공개와 주민 접근성 제고, 지방의원 겸직금지의 대상에 출자 및 출연기관을 포함하고 겸직신고 내역의 공개, 지방의원의 이해충돌 기관과의 영리목적의 거래 금지, 윤리특별위원회의 설치 의무화, 민간위원으로 윤리심사자문위원회의 구성 및 지방의원의 징계 등의 심사 이전에 윤리심사자문위원회의 의견청취 의무화, 자치단체 자문기관의 설치와 운영의 투명성 제고를 위해 매년 지방의회에 보고를 의무화하였다. 주민의 권리제한 또는 의무부과에 대한 사항은 자치단체 자문기관의 자문이 금지되었다.

효율성의 제고를 위하여 기관구성의 다양화, 특례시제, 특별지방자치단체제도, 단체장 인수위원회 등의 제도를 도입하였다. 우리나라는 지방자치의 실시 이후 기관통합형과 기관분리형의 제도를 각각 도입하여 활용하였으나 동시에 운영해 본 사례는 없다. 지역의 급격한 인구감소, 대도시의 인구집중 등 변화하는 사회경제적 환경에 적합한 자치단체의 형태를 지역주민에게 맡기는 것도 효율성 제고의 관점에서 매우 유익하다. 인구밀집의 대도시에 각종 특례를 부여하여 행정의 대응성과 효율성을 높이는 것은 대도시 행정의 일반적 현상이다. 자치단체 간 협력을 위한 제도로써 특별지방자치단체의 도입은 시·도 및 시·군·구의 통합운영에 선택지를 확대하였다. 주민의 불편을 야기하였던 경계조정의 성과도 실효성이 클 것이다. 자치단체 간 행정협의회 구성절차의 간소화로 협의회의 활성화가 이루어질 것이다.

지방자치단체가 지방정부로 위상이 제고된 점도 거버넌스의 관점에서 의의가 크다. 국가의 우월적 지위에 기초한 국가의 지도·감독이 수정되었다. 종전에는 지방자치법 제9장의 장명이 "국가의 지도와 감독"이었으나 새로운 지방자치법은 "국가와 지방자치단체의 관계"로 수정하였다. 지방자치법 제9장의 명칭이 수정된 점은 국가-지방의 관계를 해석하는 데 상징적인 의미를 지니고 있다.

국가-지방의 관계가 상하·수직의 관계에서 수평·대등의 관계로 개선되었다고 할 수 있다. 구체적으로 주민에 대한 균형적인 서비스 제공과 지역 간 균형발전을 위한 국가-지방 간 협력의무를 명문화하였다. 자치단체가 지방정부로서 국정의 동반자가 된 것이다. 국가-지방 간의 상호협력을 구체화하기 위한 소통의 장으로서 중앙-지방협력회의의 제도가 도입되었고, 지난 6월 중앙-지방협력회의의 구성 및 운영에 관한 법률(이하 중앙-지방협력회의법)이 국회 본회의를 통과하였다.

IV. 전부개정된 지방자치법의 의의

1. 이론적 의의

1) 주민주권 구현을 위한 제도적 토대 마련

전부개정된 지방자치법은 32년 만에 이루어지는 것으로 지방자치의 발전에 매우 의의가 크다. 지방자치법 전부개정의 의의는 이론적 관점과 정책적 관점으로 대분하여 논의할 수 있다. 이론적 관점에서 첫 번째 의의는 주민주권의 구현을 위한 제도적 기초를 다졌다는 점이다. 앞 절에서 문재인 정부가 풀뿌리 민주주의의 활성화와 주민자치의 역사적 필요성에 따라 자치분권을 추진하여 왔다는 점을 논의하였다. 주민조례발안제, 주민참여권 확대, 주민감사청구제, 참여연령 등 다양한 주민직접참정제도를 도입·수정·보완함으로써 주민의 참여가 더욱 활발해질 것이다.

2) 국정 거버넌스의 구축: 자치단체의 국정 동반자의 지위

우리나라는 그동안 지방을 정치의 주체로 인정하지 않고 중앙정부의 하위행정기관으로 보는 중앙집권의 관치행정적 특성이 강했다. 중앙-지방의 관계가 상하·복종관계임을 전제로 국가는 지방을 지도와 감독의 대상으로 보았다. 헌법은 지방의 정치체를 "지방자치단체"로 명명하였다. 구 지방자치법의 제9장의 명칭도 "국가의 지도와 감독"이었다.

문재인 정부는 중앙-지방 관계의 개선을 위하여 2018년 자치분권형 헌법을 제안하면서 지방자치단체를 지방정부로 개칭하였다. 비록 헌법개정이 이루어지지 못해 실현은 되지 못했지만 기본 취지는 변함없이 유지되었다. 지방자치법 제9장의 명칭을 "국가와 지방자치단체의 관계"라고 수정하고 균형적인 행정 서비스의 제공을 위하여 국가-지방의 협력의무를 명시함으로써 중앙-지방의 관계를 수평·대등의 관계로 인정하였다. 지방자치단체의 명칭은 헌법의 규정으로 변경되지 못했지만 실질적인 운영의 관점에서는 자치단체는 국정의 동반자로서 정기적으로 "중앙-지방협력회의"를 통하여 대통령과 국정과제를 논의함으로써 지방정부로 격상된 효과를 낳을 것이다(김순은, 2021).

중앙-지방의 관계는 자치경찰의 도입을 통해서도 확인되었다. 경찰사무는 75년간 국가사무로서 유지되어 왔다. 지방자치법 전부개정과 더불어 자치경찰 도입을 위한 "국가경찰과 자치경찰의 조직과 운영에 관한 법률"이 제정되어 치안도 중앙정부와 지방정부가 공동책임이 되었다. 제1단계 자치경찰의 조직으로 중앙-지방 협력모형을 도입하였다. 종전 국가의 특별지방행정기관을 상징하던 "지방경찰청"이라는 현판이 "시·도 경찰청"으로 2021년 1월 1일부터 전면 교체되었다.[2] 향후

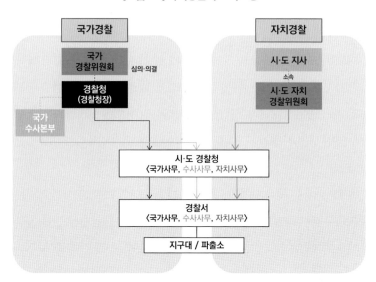

[그림 1-1] 자치경찰의 조직모형

출처: 자치분권위원회

자치분권의 차원에서 특별지방행정기관의 개혁을 논의할 때 참고해볼 수 있는 모형이다([그림 1-1] 참조).

2. 정책적 의의

1) 연방제 수준의 자치분권 기초마련

문재인 정부의 자치분권 정책은 "연방제 수준의 자치분권"을 시작으로 5개의 국정과제, 자치분권위원회의 자치분권 종합계획으로 구체

---

2 예를 들면 종전의 "강원지방경찰청" 또는 "전라북도지방경찰청"이 "지방"이 삭제되어 "강원도경찰청" 또는 "전라북도경찰청"으로 각각 현판이 교체되었음.

화되었다. 문재인 정부는 출범하면서 100대 국정과제를 제시하였고 국정과제 13, 74, 75, 76, 77번이 자치분권 과제이다. 대통령소속 자치분권위원회는 2018년 9월 국정과제를 토대로 자치분권 종합계획을 수립하였다.

자치분권 종합계획의 대부분 과제가 지방자치법 전부개정과 관련 부수법안을 통하여 달성되었거나 순차적으로 달성될 것으로 보인다. 부수법안인 주민투표법, 주민조례발안법, 고향사랑기부금법 등은 곧 입법화될 것으로 기대된다. 지방자치법 전부개정에서 제외되었던 주민자치회 관련 조항도 지방자치법의 수정 또는 '주민자치 기본법안' 혹은 '주민자치회 설치 및 운영에 관한 법률안'으로 국회에 발의되었다. 모든 제도가 완성되면 연방제 수준의 자치분권을 위한 제도적 기초를 다졌다고 할 것이다.

2) 지방자치 제도의 완성

지난 30년 동안 "행정정보 공개에 관한 조례"를 1992년 청주시의회가 제정하는 등 지방의회는 혁신적인 성과를 냈다. 그럼에도 지방의회는 그동안 전문성이 부족하다거나 도덕적 결함 등으로 비판을 받아왔다(김순은, 2011). 해외연수와 의장단 선거를 둘러싼 부작용도 끊임없이 제기되었다.

한편 지방의회의 한계점으로 지적된 근본적인 요인 중의 하나는 지방의회의 사무기구 인사권의 종속성에 기인한다. 1988년 지방자치법 제정 당시부터 지방자치의 부활에 소극적이었던 내무부는 임명직 단체장과 지방의회라는 구조 하에 임명직 단체장에게 매우 강한 권한을 부여하였다. 단체장의 권한 속에 지방의회 사무기구에 근무하는 공무원에 대한 인사권이 포함되었다. 지방의회는 1991년 개원 이후 새로운 2020년 12월 9일 지방자치법이 제정되기 전까지 지속적으로 사무기구 인사권의 독립을 주장하였다. 기관통합형의 모델도 아닌 기관분리형의 틀 하에서 인사권까지 단체장이 행사하는 것은 지극히 비정상적인 형태이다. 지방의회의 전문성 부족도 이와 무관하지 않았다.

전부개정된 지방자치법은 지방의회 사무기구의 인사권을 독립시키면서 정책지원전문인력제도를 동시에 도입하였다. 지방의회의 전문성 제고를 위한 제도적 기초를 마련한 것이다. 지방의회의 권한 강화와 더불어 윤리특별위원회의 설치 의무화 등 도덕성과 윤리성 제고를 위한 제도도 동시에 도입함으로써 권한과 책임을 일치시켜야 한다는 원리를 구현하였다.

주민의 직접참정제도의 강화, 지방의회의 정상화, 지방자치단체의 지방정부화 등은 종합적으로 지방자치제도의 완성을 의미한다. 30년 전 시대적 상황에 마지못해 이끌려 실시되었던 지방자치의 불완전성이 지방자치법 전부개정으로 정상화를 넘어 완성의 단계로 발전하게 되었다.

3) 자치입법권의 강화

주민주권과 보충성의 원리는 간접적으로 자치입법권의 확대로 이어질 것이다. 자치권이 중앙정부의 위임이 아니라 주민들로 부터 나온다는 해석은 자치권의 범위를 정할 때 긍정적으로 작용할 수 있다. 미국 쿨리의 법칙(Cooley's principle), 일본의 초과·강화조례, 영국의 지방기능의 일반권(general power of competence) 등이 주민주권론과 밀접하게 관련되어 있다(김순은, 2012). 19세기 말 미국의 지방정부의 권한은 딜런의 룰에 따라 주정부 법령의 범위 안에서 허용되었다. 그러나 점차 쿨리의 법칙이 도입되어 주정부 법령에 위반되지 않는 범위로 확대되어 헌장도시의 이론적 기초가 되었다. 1960년대 일본의 혁신자치체들은 인권과 환경 및 민주주의의 분야에서 중앙정부의 법령보다 강력하거나 확대된 초과·강화한 조례를 제정하였다. 또는 중앙정부의 제도가 부재한 분야의 조례를 제정하여 중앙정부의 제도를 선도하였다. 행정절차 조례와 행정정보공개 조례가 대표적인 예이다. 영국의 캐머런 정부는 지역발전을 위한 조례제정권의 확대를 위하여 종전의 상위법 위반 무효의 원칙(ultra vires)을 지방기능의 일반권(general power of competence)으로 보완하였다.

지방자치법의 새로운 규정인 "법령의 범위에서"와 조례에 위임한 사항에 대하여 행정입법에 의한 규제금지를 규정한 것도 주민주권론의 입법적 표현이라고 할 수 있다. 향후에는 상위 법령이 구체적으로 금지하고 있지 않는 한 인권 및 환경의 보호, 민주주의의 질적 제고와 주민복리의 증진에 관한 자치입법권은 폭넓게 인정될 것이다.

3. 자치분권 2.0 시대의 개막

지방자치법 전부개정의 이론적 의의와 정책적 의의를 종합적으로 정리하면 지방자치 1.0에서 자치분권 2.0 시대의 개막이라는 의의를 갖는다. 각 시대의 지방자치의 특징과 비전을 비교 분석하면 〈표 1-1〉과 같다.

〈표 1-1〉 시대별 자치분권 특징과 비전 상호비교표

구분	지방자치 1.0	자치분권 2.0
▶ 의미	• 지방자치의 재개	• 자치분권의 실질화
▶ 주체	• 자치단체가 주체(단체자치)	• 주민이 주체(주민자치)
▷ 주민발의	• 간접발의	• 직접발의
▶ 자치권 근거	• 국민주권의 위임	• 주민주권에 기초
▷ 자치사무	• 집권적 사무배분과 협소한 사무범위	• 보충성 원칙과 사무범위 확대 - 자치경찰사무, 국제교류사무 등
▶ 지위	• 자치단체	• 지방정부(정치적 의미)
▷ 지방의회의 지위	• 의결기관의 독립성 미흡 - 인사권 종속	• 지방의회 인사권 독립 - 견제와 균형의 정상적 작동 - 권한과 책임의 일치
▶ 기관구성	• 획일적 단일 구조 - 강단체장·약의회	• 기관구성의 다양성 수용 - 주민투표를 거쳐 변경 가능
▶ 중앙-지방관계	• 지도·감독 등 상하 관계	• 협력적 동반자 관계 강화

30년 전 시작된 지방자치 1.0은 지방자치의 부활이 중요했기 때문에 질적인 내용은 크게 관심을 받지 못했다. 선출직 단체장과 지방의회가 관권선거를 예방하는 것이 제1차적 목표였다. 이를 토대로 여·야간 평화로운 정권교체를 통한 민주주의의 발전이 가능하다고 믿었다.

자치분권 2.0 시대는 여기서 한 걸음 나아가 지방자치의 질적 내용을 보완하여 자치분권을 한 단계 진일보하는 것이다. 부연하면 지방자치 1.0 시대는 지방자치의 부활에 초점을 두었다면 자치분권 2.0 시대의 관심은 자치분권의 실질화를 의미한다. 전자가 지방자치단체를 지방자치의 주체로 하였다면 지방자치법 전부개정으로 개막되는 자치분권 2.0 시대의 지방자치 주체는 명실공히 주민이 될 것이다.

자치단체 중심의 단체자치가 지방자치 1.0 시대의 특징이라면 자치분권 2.0 시대에는 주민 중심의 주민자치가 주요한 특색이다. 주민들이 직접 조례안을 발의할 수 있는 등 주민직접참정제도가 전면적으로 확대된 것도 주민이 주인이기 때문이다.

자치권의 연원이 상이하다. 지방자치 1.0의 주권적 기초는 국민주권이었다. 중앙집권체제와 국민-국가의 토대였던 국민주권 하에서 지방자치권은 중앙정부의 권한을 뒷받침하는 국민주권의 부분적 지방위임을 의미하였다. 자치권은 위임된 '법령의 범위 안'에서만 허용하였다. 자치분권 2.0 시대에는 자치권은 주민주권에 기인한다. 구체적으로 금지하고 있지 않는 한 "법령의 범위에서" 자치권을 행사할 수 있다. 실질적으로 2020년 12월 9일 국회에서 의결된 지방자치법 전부개정에서는 자치사무의 범위가 경찰과 국제교류사무로 확대되었다.

지방 정치주체의 지위도 크게 개선되었다. 지방자치 1.0 시대에는 지방의 정치주체는 '자치단체'에 지나지 않아 정책의 형성권이 인정되지 않았다. 자치분권 2.0 시대에는 명실공히 지방정부로 인정되어 자율적인 형성권이 인정된다. 중앙-지방협력회의도 간접적으로 지방의 정치주체를 국정의 동반자로 인정한 결과이다. 결론적으로 자치단체가 지방정부로 발전된 것으로 해석되어야 한다. 지난 30년 간 지방의회의 지위도 매우 불안정적이었다. 지방의회 사무기구의 인사권을 단체장이 행사한 것이 대표적인 예이다. 지방의회 사무기구의 인사권 독립과 정책지원전문인력의 도입으로 지방의회의 지위도 공고해졌다. 더불어 지방의회의 윤리성도 더욱 강화되었다. 권한과 책임의 일치가 실현된 것이다.

자치분권 2.0 시대의 변화는 기관구성의 다양성에서도 찾을 수 있다. 지방자치 1.0 시대에는 극강시장-극약의회라는 획일적 형태로 제왕적 단체장 하에서의 지방자치였으나, 자치분권 2.0 시대는 지방의회의 위상 강화와 함께 기관구성의 다양화 제도가 도입되면서 기관통합형이나 권한분산형 등의 다양한 기관구성이 가능해졌다. 기관구성의 형태를 주민투표를 거쳐 결정함으로써 주민주권을 실현하는 기회가 더욱 확대된 것이다.

중앙-지방의 관계의 관점에서 보면 지방자치 1.0 시대에는 상하· 복종의 관계였다. 자치단체는 국가의 지도·감독의 대상이었다. 구 지방자치법 제9장의 명칭도 '국가의 지도와 감독'이었다. 개정된 지방자치법 제9장의 명칭도 "국가와 지방자치단체의 관계"로 변경되었다. 이러한 개정은 자치분권 2.0 시대에는 중앙-지방은 수평·대등을 전제로 상호협력의 관계로 발전하였다는 것을 단적으로 보여주고 있다. 지방자치법에서 상호협력의무를 규정하고 있고 협력의 장으로서 중앙-지방협력회의를 제도화하였다. 별도의 법률인 '중앙-지방협력회의법'이 시행되면 대통령과 시·도지사 및 지방4단체 대표들이 정기적인 모임을 통해 자치분권 및 지역균형발전에 관한 정책들을 논의하게 된다.

V. 향후 과제

1988년 지방자치법을 전부개정 한 지 만 32년, 1991년 지방자치를 부활한 지 만 30년을 앞두고 지방자치법의 전부개정이 이루어졌다. 주민자치회에 관련된 규정이 삭제되는 등 아쉬움은 남지만 이론적 관점과 정책적 관점에서 볼 때 매우 의의가 깊은 지방자치법 개정이었다.

전부개정이었기 때문에 쟁점과 논의도 그만큼 다양하고 광범위하게 이루어졌다. 논의의 막바지에 특례시에 관한 국회의원 간 이견이 커 입법화가 20대 국회에서와 같이 좌초되는 것이 아닌가 하는 걱정의 순간도 있었다. 그럼에도 불구하고 2020년 12월 9일 지방자치법의 전부개정안이 국회에서 의결됨으로써 자치분권 2.0 시대를 열게 되었다. 지방자치 역사에 큰 획을 긋는 순간이 되었다. 이제는 제도화된 지방자치법을 중심으로 제도의 기본적 취지가 제대로 구현될 수 있도록 노력하는 과제가 남아 있다.

제도적으로는 지방자치법 부수법안이었던 주민조례발안법안, 주민소환법안, 주민투표법안, 고향사랑기부금법안 등이 조속하게 마무리되어야 할 것이다. 지방자치법 논의과정에서 삭제된 주민자치회에 관한 규정도 재추진되고 있다. 2021년 7월 현재 주민자치회 관련 개정안을 포함 총 17개의 지방자치법 개정안과 '주민자치 기본법안', 3건의 '주민자치회 설치 및 운영에 관한 법률안'이 동시에 국회에 발의되어 있다. 모두 의원발의로 조만간에 가시적인 성과가 있을 것으로 기대된다.

마지막 남겨진 과제는 새로운 법령하에 "지방자치의 주인은 주민이다"라는 명제가 실체화되도록 새로운 관행과 해석을 축적해 나가야 한다. 법령 및 조례 등이 규정하지 않은 부분은 관행 및 해석을 통하여 해결된다. '시대의 사회적 가치'에 부합한 해석과 관행의 수립이 향후 우리에게 맡겨진 과제이다.

특히 주민주권론을 토대로 자치입법권이 강화되며 중앙-지방이 협력적 거버넌스를 구축할 수 있어야 할 것이다. 시대의 사회적 가치에 부합하는(시사부) 법령의 해석으로 자치분권 2.0 시대를 열어야 할 것이다.

| 참고문헌 |

김순은. (2011). 지방의회 관련 제도의 20년의 변천과 과제. 「지방의회연구」, 18: 3-24.

김순은. (2012). 주민주권론과 지방자치의 발전. 「지방행정연구」, 26(1): 3-30.

김순은. (2018a). '연방제에 버금가는 자치분권'의 시사점. 「지방행정」, 67(772): 40-43.

김순은. (2018b). 지방분권 개헌과 지방의회. 「공공정책」, 15: 10-13.

김순은. (2020). 「우리나라의 지방자치와 지방분권: 자치분권으로 가는 길」. 서울: 조명문화사.

김순은. (2021a). 전부개정된 지방자치법의 의의. 「의정브리핑」, 5: 1-2.

김순은. (2021b). 지방자치법 개정 주요 이슈와 변화: 자치분권 2.0 시대의 개막. 「공공정책」, 183: 14-18.

자치분권위원회. (2020). 자치경찰제 요약. 정책자료.

제2장 문재인 정부 자치분권 추진의 주요 내용과 특징: 다양성, 공동체, 그리고 주민주권[*]

정순관 순천대학교 공공인재학부 교수

재인 정부가 출범한 이후 4년이 지났다. 그동안 문재인 정부가 추진한 자치분권정책을 되돌아보고 자치분권정책추진의 접근방식과 가치들 그리고 특징들을 검토하는 것은 의미 있는 일일 것이다. 문재인 정부 자치분권의 주요내용은 2018년 9월 11일 발표한 「자치분권종합계획」에 담겨있다. 자치분권종합계획의 내용들은 지방자치법 전부개정과 지방일괄이양법 그리고 자치경찰법 등에 반영되어 입법화되었다. 물론 국회의 심의과정을 거치면서 '주민자치회 설치'처럼 의도된 모든 것이 다 반영되지는 못했다.

자치분권적 문제해결의 3대 핵심주제는 다양성과 공동체 그리고 주민주권이다. 다양성은 선택적 자유확장을 위한 제도개선으로, 공동체의 지향은 협력적 제도개선으로, 주민주권은 주민권리로서의 참여권 보장과 확장으로 입법에 반영되었다. 필자는 이 글을 통해 문재인 정부 자치분권종합계획을 수립하는 과정에서 추구했던 논리나 가치들

---

[*] 이 글은 한국거버넌스학회보(제28권 제2호, 게재확정: 2021.7.8)에 게재된 글로 필자의 허락을 받아 이 책에 수록하였음을 밝힌다.

을 독자와 공유하고자 한다. 문재인 정부에서의 자치분권정책의 사회
정치적 배경을 살피고 자치분권종합계획을 설계할 때 고려되었던 접
근방식과 종합계획의 주요 내용을 소개한 후 그 주요 특징과 의미들을
기술하려 한다.

Ⅰ. 문재인 정부 자치분권정책의
   사회정치적 배경

　32년 만의 지방자치법 전부개정이라는 어귀가 말하는 것처럼 우리
나라의 지방자치발전은 결코 쉽게 이루어진 것이라고 말할 수 없고,
그 기간이 짧다고도 할 수 없을 것이다. 지방자치의 발전과정은 한국
의 정치적 현대사의 단면을 함축하고 있다고 해도 과언이 아니다.

　소위 '압축성장'이라는 주목할만한 경제성장을 거친 우리나라는 지
금 세계 10위라는 경제강국으로 진입해 있다. 하지만 투쟁적 민주화
과정을 거쳐 이룩한 민주주의의 급속한 일반화는 역설적이게도 또 다
른 많은 숭고한 민주적 기본 아이디어와 가치를 희생해 왔다. 소득, 교
육, 심지어 문화적 불평등의 심화와 지리적 불평등의 문제는 우리사회
의 지속가능한 성장을 위협하고 있을 뿐만 아니라 지방소멸을 걱정해
야 하는 시점에 있다.

　인간은 기본적으로 정치적 존재임과 동시에 경제적 동물이다. 우리
현대사에서 절대빈곤의 극복이라는 사회정치적 과제는 정치의 경제
화를 허락했고 정치의 집권화를 태동케 했다. 이러한 변화는 고시제도
로 탄생한 관료의 엘리트 문화, 군사정변으로 탄생한 일사불란한 위계

적 군사문화, 그리고 유학파를 중심으로 탄생한 능률중심의 서구 합리주의 문화 등으로 더욱 강화되었다. 이러한 사회적 정치적 경제적 배경은 경제적 동물이 정치적 존재를 압도하는 결과를 초래했다. 그리고 다양한 불평등에 과도하게 침묵하게 해왔다. 이러한 사회정치적 배경은 자치분권과 균형발전이라는 국가의제형성에도 불구하고 사회적, 지리적 불평등이라는 선형적 악순환을 지속되게 했다.

민주주의의 핵심 아이디어와 가치는 구성원들이 권력을 균점화하면 구성원의 자유가 확장된다는 것이다. '자유의 확장'은 의심 없는 지고의 사회적 가치이다. 과연 우리 사회의 구성원들은 지금 사회권력을 균점하고 있는가? 그 수준은 어느 정도나 되는가? 이 질문에 답하고 문제를 해결하기 위한 정책적 접근이 바로 자치분권과 균형발전이라는 화두이다.

우리나라 지방자치제도는[1] 일제강점기에 식민지배를 위한 지방행정체제의 도입 이후 미군정을 거치면서 불완전하고 일시적으로 도입되었으나, 현대적 의미에서 지방자치제도는 1948년 7월 17일 제헌헌법이 공포되고, 1948년 11월 17일 「지방행정에 관한 임시조처법」과 1949년 7월 4일 「지방자치법」이 제정되면서 형성되었다. 그 후 지방자치의 근간이 되는 지방자치법의 개정은 지속되었으나 근본적인 내용은 바뀌지 않다가 2020년 12월에 지방자치법의 전부개정으로 지방자치에서 주민이 주인이 되는 장치들이 도입되는 등 상당한 제도변화를 이루게 되었다.

---

1 우리나라 지방자치발전의 약사는 정순관(2021), '지방자치와 치안행정의 이해', 자치분권위원회 편, 「문재인 정부 자치경찰- 이해와 적용」에서 재인용.

그동안 전개된 지방자치와 지방분권의 사회정치적 유산은 우리나라 지방자치의 특성을 이해하는데 상당한 함축적 의미를 내포하고 있다. 그동안의 노력들은 지방자치발전에 많은 기여를 해왔다. 하지만 중앙의존적 지방자치의 추진과정은 동시에 제도적 한계를 태동시켜 온 것도 사실이다. 즉, 그동안의 지방자치와 지방분권의 추진은 주민의 일상생활보다는 정치적 권력집중의 견제에 초점이 두어졌고, 이를 실현하는 데 있어서도 중앙의존적으로 대응해 왔다. 따라서 지방자치의 본래적 의미 중의 하나인 주민의 권리확장이라는 측면은 상대적으로 소홀히 취급되었다. 그래서 그동안 우리나라 지방자치는 과정가치에 매몰된 지방자치 패러다임, 취약한 분권, 지방정부의 책임성 미흡, 주민소외의 문제를 안고 있으며, 이에 따라 목표의 경시, 형식적 자치, 갈등적 자치, 획일적 자치, 의존적 자치, 그들만의 자치, 편린자치 등으로 평가받고 있다.[2]

문재인 정부는 출범 2개월 후 국정기획자문위원회에서 100대 국정과제를 발표했다. 이는 19대 대통령선거 더불어민주당 공약을 기반으로 확정되었다. 19대 대통령선거 더불어민주당 선거공약에서 지방분권강화 부분은 모두 3가지로 제시되었다. 첫째가 중앙권한 지방이양 및 지방의 자치역량강화, 둘째는 강력한 재정분권 추진, 그리고 셋째가 주민참여 확대이다. 이는 국정기획자문회의에서 '풀뿌리 민주주의를 실현하는 자치분권'이라는 제목 아래 첫째, 획기적인 자치분권 추진과 주민참여의 실질화, 둘째, 지방재정자립을 위한 강력한 재정분권, 셋째, 교육 민주주의 회복 및 교육자치 강화, 넷째, 세종특별시 및 제주

---

2 이승종(2015), 성숙한 지방자치의 발전과제, 지방행정연구, 29(2), 한국지방행정연구원.

특별자치도 분권모델의 완성 등으로 제시된다.

여기서 알 수 있듯이 문재인 정부의 자치분권은 풀뿌리 민주주의를 실현하기 위한 주민의 참여와 여건조성에 주목하고 있음을 알 수 있다. 환언하면 문재인 정부에 들어서 그동안 상대적으로 소홀했던 주민의 권리확장에 주목하게 되고, 이는 자치분권종합계획과 지방자치법 전부개정 등에 반영되었다. 그동안 통상적으로 사용했던 '지방자치'라는 용어 대신 '자치'를 전면에 배치한 '자치분권'이란 용어를 사용했던 것에서도 그 맥락을 읽을 수 있다. 민주주의의 기본 아이디어와 가치에 충실한 제도개선의 핵심에 주민의 권리확장을 위치시켜 추진했다. 자치단체의 정책결정과정에 주민참여를 법적 권리로서 부여하는 등 주민의 권리확장에 대한 제도적 장치의 강화는 지방자치발전의 역사에서 상당히 진전된 성과로 평가할 수 있다.

여기에 다양성의 주제에 걸맞은 대도시제도, 특례시제도, 특별지방자치제도 그리고 정부형태의 다양화(기관형성 다양화) 등 선택적 자유확장을 위한 제도설계가 포함되었고, 건전한 공동체형성을 위해 중앙-지방협력회의, 자치분권 사전협의제, 국가와 자치단체의 협력의무화, 그리고 기초자치단체의 위법부당한 처분에 대한 주무장관의 시정권한 등이 포함되었다.

다양성과 공동체 그리고 주민주권이라는 주제는 문재인 정부 자치분권을 관통하고 있는 핵심주제로 우리사회의 지속가능한 발전을 위한 필수조건이라는 인식을 근거로 하고 있다. 그리고 이러한 인식은 포용국가라는 개념과 맞닿아 있다.

Ⅱ. 문재인 정부의 자치분권정책의 설계

1. 개념적 틀

이처럼 우리나라 지방자치 발전 역사는 정치적 환경과 밀접하게 연계되어 있다.[3] 이러한 현실은 우리나라 지방자치제도의 설계와 추진에서 중요하게 인식되어야 할 변수이다. 기본적으로 대의민주주의 정치체제는 유권자의 이해를 반영하는 사회체제이다. 그러나 이러한 대의민주주의 체제는 정보독점으로 인한 정보흐름의 한계와 권한 남용이라는 문제를 안고 있다. 이러한 정치체제의 한계를 극복하는 대안은 다양하게 제시될 수 있다.[4] 그 대표적인 예가 직접민주주의의 도입이

---

3 1961년 5 ·16 군사정변은 통일 이후까지 지방자치를 유보한다는 헌법단서조항을 둠으로써 지방자치는 폐지되었다. 그리고 긴 세월이 흘러 1987년 6 ·29선언에 이르기까지 지방자치제도의 도입배경과 변화과정은 중앙의 권력집중에 대한 일종의 견제장치로서의 의미가 담겨져 있다. 1987년 6 ·10항쟁 등으로 표출된 민주화의 요구결과인 6 ·29선언에서 지방자치실시를 천명하게 되었고, 그해 10월 29일 헌법개정을 통해 헌법부칙의 지방자치 유예조항을 삭제하여 지방자치제도 부활의 길을 열었다. 오늘날 지방자치의 날을 10월 29일로 정한 이유도 이날을 기념하기 위한 것이다. 그러나 1990년 김영삼 전 대통령이 3당합당(노태우 민주정의당 125석, 김영삼 통일민주당 59석, 김종필 신민주공화당 35석)에 참여함으로써 지방자치는 또 한번 위기를 맞이한다. 219석의 민주자유당과 70석의 평화민주당의 양당체제로 재편된 이후 지방자치의 실현은 불투명해졌다. 그리고 개헌선을 넘은 여당은 개헌을 통해 내각제를 실시하여 영구집권을 도모한다는 의심을 샀다. 그 때 국군보안사령부의 민간인사찰 폭로(윤석양 이병)가 이루어지자 김대중 전 대통령은 지방자치제 전면실시, 내각제개헌 포기, 군의 민간사찰중단, 민생문제해결 등을 내세우고 13일간의 단식을 실시한다. 단식 도중 김영삼 전 대통령의 방문으로 요구사항에 대한 긍정적 반응에 의해 단식을 중단하게 되고, 1991년 지방의회선거, 1995년 지방자치단체장의 선거가 실시되어 오늘에 이르렀다(정순관(2021). '지방자치와 치안행정의 이해', 자치분권위원회 편, 「문재인 정부의 자치경찰: 이해와 적용」에서 재인용).

다. 그러나 직접민주주의제도의 요소들을 보완할 수는 있겠지만 전면적인 직접민주주의 제도를 도입하는 것은 현실적 한계가 있다.

문재인 정부는 정치체제의 이러한 문제를 해결하는 접근으로 정치체제의 다양한 민주적 경쟁체제 도입에 주목하고 있다. 사회의 다양성 증가와 이에 따른 지속가능한 사회발전을 담보하기 위해서는 정치체제가 그에 걸맞게 혁신되어야 한다. 앞에서 언급한 바와 같이 모든 사회구성원이 권력을 균점화하면 구성원의 자유는 확장될 것이라는 민주주의의 아이디어와 가치를 구현할 수 있게 제도개혁이 있어야 한다는 관점에서 출발한 것이다. 사회변화에 걸맞는 정치체제의 변화는 지속가능한 사회발전의 기본적 전제일 것이다. 다양성이 진전된 현대사회에서 중앙집권적 사고와 제도로는 미래사회에 대응할 수 없다. 미래사회에 대응한 제도변화가 있어야 한다.

정치체제의 한계를 극복하기 위해서는 네 가지 측면에서 제도개선을 생각해 볼 수 있다. 즉, 정치적 대표가 되는 과정에서의 개인적 경쟁, 정부기관 간의 경쟁, 중앙과 지방 간의 경쟁, 그리고 주민과 대표 간의 경쟁체제를 민주주의의 철학에 걸맞게 개선하는 것이다. 개인적 경쟁은 선거과정에서, 정부기관 간 경쟁은 삼권분립 등으로 어느 정도 확립되어 있다고 할 수 있다. 이에 비해 중앙과 지방, 그리고 주민과 대표 간의 경쟁체제는 상대적으로 취약한 것이 현실이다. 기울어진 운동장이라고 표현된다. 바로 이러한 문제인식이 문재인 정부 자치분권

---

4 대의민주주의의 한계와 대안에 대한 가장 적극적 비판과 대안제시 중의 하나는 이 글 결어부분에 언급되는 Brennan, Jason, Against Democracy, Princeton University Press, 2016 참조.

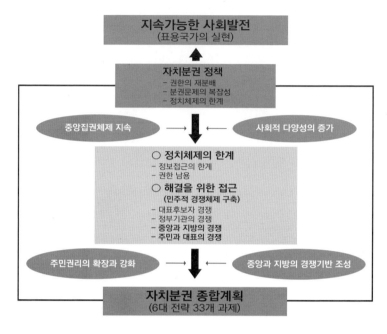

[그림 2-1] 자치분권정책의 개념적 틀

지속가능한 사회발전
(표용국가의 실현)

자치분권 정책
- 권한의 재분배
- 분권문제의 복잡성
- 정치체제의 한계

중앙집권체제 지속 → ← 사회적 다양성의 증가

○ **정치체제의 한계**
- 정보접근의 한계
- 권한 남용
○ **해결을 위한 접근**
(민주적 경쟁체제 구축)
- 대표후보자 경쟁
- 정부기관의 경쟁
- 중앙과 지방의 경쟁
- 주민과 대표의 경쟁

주민권리의 확장과 강화 → ← 중앙과 지방의 경쟁기반 조성

자치분권 종합계획
(6대 전략 33개 과제)

의 추진에서 중앙과 지방의 경쟁과 주민과 대표 간의 경쟁체제를 활성화하는 것으로 기본방향을 잡게 했다. 이는 대표적으로 중앙사무의 지방이양을 위한 지방일괄이양법으로, 지방자치법 전부개정에서 주민의 참여권리 강화 등으로 나타났다. 문재인 정부 자치분권정책의 개념적 틀을 구성하면 [그림 2-1]과 같다.[5]

---

5 정순관 외1(2021), South Korea's Decentralization: Experience and Lessons from President Moon's Initiatives, Fig.3를 일부수정한 것임.

2. 자치분권의 추진체계와 계획의 확정

자치분권종합계획 수립의 주체는 대통령소속 자치분권위원회이다. 「지방자치분권 및 지방행정체제개편에 관한 특별법」(자치분권특별법) 제5조(자치분권 종합계획 수립)에는 자치분권위원회는 관계 중앙행정기관의 장과 협의하고 지방자치단체의 의견을 수렴하여 자치분권 종합계획을 수립한다고 명시하고 있다. 그리고 자치분권종합계획은 국무회의의 심의를 거쳐 대통령과 국회에 보고하게 되어있다. 이에 따라 자치분권위원회는 본위원회와 분과위원회 그리고 전문위원회 등을 구성하고 자치분권종합계획을 수립하였다.

본위원회는 대통령이 6명, 국회가 10명, 지방자치단체가 8명을 추천하고, 당연직 3명(경제부총리, 행정안전부장관, 국무조정실장)으로 구성된다. 위원장과 부위원장 2명은 대통령이 임명한다. 2명의 부위원장 중 1명은 행정안전부장관이 맡는다. 본위원회 구성은 역대정부와 비슷한 구조를 가지고 있다.

한편 본위원회는 취급의제에 따라 분권제도분과위원회(9명), 자치제도분과위원회(9명), 재정분과위원회(8명) 등 3분과로 분산배치되었다.[6] 각 분과위원회별로 학계와 시민단체 등 전문가들을 중심으로 전문위원을 추가배치하여 분야별로 정책자료 발굴과 각계의 의견수렴

---

6 이 내용은 자치분권위원회의 출범 초기의 모형이며, 현재는 자치제도분과위원회(9명), 재정·기능이양분과위원회(8명), 자치혁신분과위원회(9명) 등 3개의 분과위원회와 주민자치전문위원회, 재정분권전문위원회, 중앙권한이양전문위원회(제 1, 2, 3), 지방이양비용평가전문위원회, 자치혁신전문위원회 등 5개의 전문위원회 및 1개의 특별위원회(세종-제주 자치분권·균형발전 특별위원회)로 구성·운영되고 있다.

[그림 2-2] 역대정부 자치분권위원회의 구성

참여정부	이명박 정부	박근혜 정부
중앙권한의 이양 촉진 등에 관한 법률 지방분권 특별법	지방분권 촉진에 관한 특별법	지방분권 및 지방행정체제개편에 관한 특별법
지방이양추진위원회 : 20인 정부혁신지방분권위원회 : 30인	지방분권촉진위원회 : 10인	지방자치발전위원회 : 27인

문재인 정부	지방자치분권 및 지방행정체제 개편에 관한 특별법	자치분권위원회 : 27명

본위원회

분권제도분과위원회 · 자치제도분과위원회 · 재정분과위원회

제1,2,3 전문위원회 · 주민자치전문위원회 · 재정분권전문위원회

등을 수행하여 분과위원회를 조력하게 했다. 자치분권의 계획과 추진을 총괄하는 역대 정부 본위원회 구성을 보면 [그림 2-2]와 같다.

위원회 출범 직후 맨 처음 시작한 일은 2개의 T/F를 구성하는 것이었다. 지방분권 헌법개정 T/F와 재정분권 T/F구성이었다. 그 후에는 자치경찰 T/F를 구성하여 운영했다. 관련분야 전문가를 모시고 일을 시작했고, 실로 많은 논의과정을 거쳤다. T/F의 결과물은 관계부처에 전달되었고, 위원회가 자치분권의 핵심과제 논의의 실질적 중심에 서게 하는 중요한 계기를 마련하는 기회가 되었다. 비록 자치분권적 헌법개정은 무산되었지만 지방자치법전부개정, 지방일괄이양법, 1차 재정분권확정, 그리고 광역단위 자치경찰제 도입 등 중요한 분권과제의 추진동력도 이러한 사전준비에서 나왔다고 평가한다.

이러한 추진체계와 사전준비를 바탕으로 자치분권추진 로드맵을 마련하고 권역별 현장토론회, 지방자치단체와 관계부처 등의 의견수렴을 거쳐 마련된 33개 과제안을 2018년 8월 10일 본위원회에 상정하고 논의한 끝에 논란이 많은 재정분과 과제 3개를 유보하고 나머지를 심의·의결하게 된다. 그 후 재정과제는 관계부처와 계속 논의한 끝에 8월 24일 재정분권 3개과제를 본회의에 상정하여 심의·의결하게 되고, 비로소 33개 과제가 모두 본회의를 통과했다.

그러나 자치분권종합계획의 국무회의 상정 전에 거쳐야 하는 절차로서 차관회의 상정과정에서 재정분권 내용이 다시 논란이 되었다.[7] 이 문제는 9월 4일 재정분과과제 합동회의에서 최종합의되었고, 합의된 내용을 반영하여 5일 오후에 서면의결로 본회의를 통과했고, 9월 11일 국무회의에 상정하여 의결을 거침으로써 자치분권종합계획이 최종 확정되었다. 준비과정, 논의과정 그리고 합의과정 하나하나가 쉬운과정이 아니었음을 재확인하는 과정이었다.

---

7 재정분권과 관련된 큰 틀은 범정부 재정분권 T/F에서 도출되었지만, 정부부처 추진의 의지를 담는 어귀 등에서 논란이 되었다. 예를 들면 복지비용증가로 지방재정 '악화', 국가책임강화 추진 '검토' 지방소비세와 '지방소득세' 명기, '기능조정과 연계하여 조정' 등이 논란이 되었고, 자치분권위원회에서는 보다 확실한 어귀를 주장했고, 중앙재정관계부처는 일정한 여지를 두려는 주장이었다.

3. 비전과 목표

1) 비전

문재인 정부 자치분권의 비전은 '우리 삶을 바꾸는 자치분권'으로 설정되었다. 자치분권의 추진이 민주주의의 기본철학인 상호존중의 틀속에서 작동하게 하는 제도화과정임을 밝힌 것이다. 2018년 4월 행정안전부에서 제안한 종합계획안은 '내 삶을 바꾸는 자치분권'으로 되어 있었다. 두 어귀에 대한 논의가 있었지만 '내 삶'보다는 '우리 삶'으로 결정되었다. 자치분권의 추진이 통상적으로 생각되는 자신과 지역만을 위한 제도화로 비춰지는 것을 경계한 것이다. 동시에 지역 간, 정부 간 불평등을 개선하자는 메시지가 '우리'의 용어에 담긴 것이다. 국가라는 공동체의 건전한 작동과 형성을 위해서 국민이자 동시에 주민인 각 주체의 대등한 상호관계성을 회복하고 공동체의식이 투영되어야 한다는 점이 고려되었다. 그리고 미래사회에서는 다양성이 에너지의 원동력이고, 사회문제해결의 출발점이라는 인식이 베어있었다. 그래서 주민이 함께하는 정부, 다양성이 꽃피는 지역, 새로움이 넘치는 사회라는 의미가 투영된 비전으로 '우리 삶을 바꾸는 자치분권'으로 최종 확정되었다. 이를 보면 [그림 2-3]과 같다.

[그림 2-3] 자치분권종합계획의 비전

자료: 자치분권위원회 내부자료

2) 목표

자치분권종합계획에서 제시되고 있는 목표는 4개이다. 첫째, 중앙 정부와 자치단체 간의 권한 배분보다는 주민주권구현을 최고의 가치로 설정하고 있다. 이는 권한배분이 중요하지 않다는 것을 의미하지 않는다. 다만 이전 정부에서 중앙과 지방의 권한배분 중심의 분권추진 방향을 주민주권강화와 확대 중심으로 그 추진방향을 변화시키려는 것이라 할 수 있다. 자치의 메커니즘이 작동되게 하는 제도설계에 주목하고 있는 것이다. 둘째, 지방재정의 기간세화 기반마련이다. 지방재정의 기반이 되는 세원이 안정성과 신장성을 갖출 수 있는 제도로의 개편을 추진하는 것이다. 국세와 지방세의 비율을 8:2에서 7:3을 거쳐 최종적으로 6:4 정도로 변화시킨다는 목표였다. 지방소비세와 지방소득세를 확대 개편하고 특정지역의 세수집중현상을 완화하기 위한 재정균형장치 등이 제시되었다. 셋째, 국가와 지방자치단체 간의 동반자적 관계구축이다. 앞에서도 살폈듯이 자치분권의 추진은 협력적 국가공동체의 구축이라는 기본틀에 부합해야 한다. 자기 지역과 자기 기관만의 권한챙기기로 변질되어서는 안될 것이다. 이를 위한 제도화의 대표적 내용이 중앙과 지방의 협력기구 설치이다. 그리고 지방의회를 포함한 자치단체의 자율성 확대와 동시에 책임성도 확대하는 내용을 담고 있다. 상호존중의 기본틀에 걸맞은 국가공동체의 구성을 지향하는 내용이라 할 수 있다. 마지막으로 자치분권계획을 추진하는 데 강력한 실행력을 담보한다는 목표가 제시되었다. 자치분권의 내용들은 권력재배분의 과정이고 따라서 그 집행과정은 많은 난제가 복합되어 나타난다. 따라서 계획과 집행의 긴밀한 협조체제가 매우 중요하다. 강력한 집행력을 담보하기 위해서는 기관의 의지천명 뿐만 아니라 법제화의 후속조치가 빠르게 뒤따라야 한다. 이러한 점을 감안하여 계획입안 단계부터 법령구축과 정비계획을 동시에 추진하는 목표가 제시되었다. 실제로 2018년 9월에 자치분권종합계획이 발표되고 난 직후 10월에 정부에서는 지방자치법 전부개정안을 발표하였고 동시에 1차 재정분권실행계획을 발표했다. 그리고 관련법개정안을 국회에 제출하였다. 다만 정부의 시간과 국회의 시간은 다르다는 점은 항상 아쉬운 점이다. 이들 4가지 목표를 보면 [그림 2-4]와 같다.

[그림 2-4] 자치분권종합계획의 4대 목표

자료: 자치분권위원회 내부자료

Ⅲ. 자치분권종합계획의 주요 내용

문재인 정부 자치분권정책의 비전과 목표를 설정하고 이를 달성하기 위한 좀 더 구체적인 내용들이 6대 전략 33개 과제로 제시되었다. 추진과제의 분야들은 이미 「지방자치분권 및 지방행정체제개편에 관한 특별법」(자치분권특별법) 제11조에서 제17조에 걸쳐 7개로 제시되어

[그림 2-5] 자치분권종합계획의 주요 내용

6대전략 33개 과제

추진전략	과제명
1 주민주권 구현	❶ 주민 참여권 보장 ❷ 숙의 기반의 주민참여 방식 도입 ❸ 주민자치회 대표성 제고 및 활성화 ❹ 조례 제·개정의 주민직접발안제도 도입 ❺ 주민소환 및 주민감사청구 요건의 합리적 완화 ❻ 주민투표 청구대상 확대 ❼ 주민참여예산제도 확대
2 중앙권한의 획기적인 지방지양	❶ 중앙-자치단체 간 사무 재배분 ❷ 중앙권한의 기능 중심 포괄 이양 ❸ 자치분권 법령 사전협의제 도입 ❹ 특별지방행정기관 정비 ❺ 대도시 특례 확대 ❻ 광역단위 자치경찰제 도입 ❼ 교육자치 강화 및 지방자치와의 연계·협력 활성화
3 재정분권의 강력한 추진	❶ 국세·지방세 구조 개선 ❷ 지방세입 확충 기반 강화 ❸ 고향사랑 기부제 도입 ❹ 국고보조사업 개편 ❺ 지방교부세 형평 기능 강화 ❻ 지역상생발전기금 확대 및 합리적 개편
4 중앙-지방 및 자치단체 간의 협력 강화	❶ 중앙-지방 협력기구 설치·운영 ❷ 자치단체 간 협력 활성화 지원 ❸ 제주·세종형 자치분권 모델 구현
5 자치단체의 자율성과 책임성 확대	❶ 지방의회 인사권 독립 및 의정활동정보 공개 ❷ 자치조직권 강화 및 책임성 확보 ❸ 지방인사제도 자율성 및 투명성 확보 ❹ 지방공무원 전문성 강화 ❺ 지방재정 운영의 자율성 제고 ❻ 지방재정정보 공개 및 접근성 확대 ❼ 자치분권형 평가체계 구축 ❽ 자치단체 형태 다양화
6 지방행정체제 개편과 지방선거제도 개선	❶ 지방행정체제 개편방안 모색 ❷ 지방선거제도 개선방안 모색

자료: 자치분권종합계획(2018.9.)

있다. 따라서 종합계획에 담긴 분야의 분류는 이전 정부가 제시했던 분야들과 비슷하다. 6대 전략과 33개 과제목록을 보면 [그림 2-5]와 같다.

IV. 자치분권 추진의 주요 내용과 특징

1. 다양성의 제도화: 선택적 자유확장

앞에서도 언급한 것처럼 문재인 정부 자치분권의 핵심주제의 하나가 다양성이다. 자치분권종합계획의 첫 페이지 첫 문단에는 다음과 같이 명시하고 있다.

> • 저출생·고령사회, 4차 산업혁명시대 등 미래사회에는 다양성이 에너지의 원천이고 문제해결의 열쇠
> • 지역의 자율성·다양성·창의성이 발휘될 수 있는 포용의 공간을 마련하고, 새로운 국가운영체계로 전환 필요

이러한 다양성에 대한 인식은 자치분권종합계획에 다양하게 반영되었고 이미 입법화되었다. 기존의 대도시특례제도에 더하여 특례시제도 도입, 특별지방자치제도 도입, 그리고 정부형태의 다양화(기관구성 다양화) 등이 그것이다. 이러한 선택적 자유확장에 대한 반응들은 이미 나타나고 있다. 즉, 지역별로 메가시티 구성이 본격적으로 논의되고 있고 정부에서도 메가시티 지원 범정부 T/F를 구성하여 대응하고 있다. 또한 특례시에 걸맞은 권한이양에 대한 논의도 활발하게 진행되

고 있다. 특히나 지금 정부에서 준비하고 있는 '자치단체 기관구성 형태 다양화에 관한 법률'이 국회에 제출되어 통과된다면 많은 변화가 예상된다.[8]

2. 주민주권과 건전한 공동체: 주체적 행위의 자유 확장과 책임성

문재인 정부가 출범한 후 자치분권을 총괄조정하는 기구인 자치분권위원회의 구성이 완료된 시기는 약 3개월 뒤였다. 2017년 8월 27일 지방자치발전위원회(2018년 2월 자치분권특별법이 개정되어 자치분권위원회로 개칭)가 새롭게 출범한 후 바로 직후인 10월 26일부터 4일간 여수에서 제5회 지방자치의 날 행사개최가 계획·발표되었다. 문재인 정부의 자치분권과 관련된 첫 번째 메시지를 내놔야 했다. 기획단과 많은 논의를 시작했다. 그때 나온 메시지가 '여러분이 주인이시고, 주인이셔야 합니다'이다. 이 문장은 행사장의 자치분권위원회 부스 타이틀이 되었다. 자치분권의 핵심은 일상의 주민이 사회적 가치배분인 정치적 의사결정에 주인이 되게 하는 제도개혁이라는 점을 분명히 한 것이다.[9] 자치분권의 추진핵심을 중앙과 지방, 주민과 대표 간의 균형 잡힌 민주적 경쟁체제의 구축에서 찾았고, 지방과 주민의 주체적 행위의 자유를

---

8 2021년 12월 제출 계획으로 준비하고 있다.
9 문재인 정부가 국회에 제출한 헌법개정안에는 '지방정부의 자치권은 주민으로부터 나온다. 주민은 지방정부를 조직하고 운영하는 데 참여할 권리를 가진다'(개정안 제 121조 ①)로 명시되어 있다. 주민권리를 헌법적 차원에서 명시하고 있었다. 그러나 국회에서 논의조차 하지 못하고 폐기되었다.

확장하는 권리를 제도화하는 것으로 연계했다.

또 한편으로 국가공동체 구성이라는 방향도 제시되었다. 자치분권의 추진이 분파적 자기이익적 갈등구조의 확산이 아닌 상호존중과 협력이라는 민주적 공동체 구성의 틀 속에서 추진되어야 한다는 방향도 정립했다. 이는 '우리 삶'으로 표현되었다. 이러한 방향에 자치분권위원회 위원들의 동의가 있었고, 그 방향은 자치분권종합계획을 수립할 때 반영되었다. 또 자치분권에 대한 기본법의 성격을 가지고 있는 지방자치법 전부개정에 주민의 권리확장과 동시에 국정통합성을 위한 협력의무 부과 등으로 반영되었다. 즉, 지방자치법에 주민의 권리가 명시적으로 확장·적시되었고 동시에 지방은 국가통합성을 위한 협력의무를 갖게 되었다. 지역에서 주민은 이제 권리로서의 정책결정에 참여할 수 있는 제도적 기반이 확충된 것이다.

또 이들을 확립하기 위한 새로운 법률제정의 내용들이 지방자치법 전부개정에 담겼다. 주민조례발안법, 자치단체 기관구성형태 다양화법, 주민자치기본법 등의 제정과 주민소환법과 주민투표법 등 5개 법률의 일부개정 등이 이루어지면 많은 변화가 있을 것이고 또 기대한다.

3. 지방자치법 전부개정:
다양성, 공동체, 주민주권 의식의 포괄

지방자치법 전부개정안이 2020년 12월에 국회를 통과했다. 이번 전부개정안은 2018년에 정부가 국회에 제출했던 것으로 국회의 사정(패스트트랙)으로 통과되지 못하고, 2019년 3월 일부수정하여 다시 국무회의를 거쳐 국회로 제출된 안을 수정하여 통과시킨 것이다. 1949

년 제정된 지방자치법은 1988년 자치단체 종류와 의원 정수 등을 규정하는 전부개정을 하였고, 2007년 법률용어를 한글화하는 전부개정을 했다. 내용의 전부개정은 32년 만에 추진된 것이다.

이번 전부개정의 내용들은 다양성과 공동체 그리고 주민주권 등의 핵심주제들을 포괄하는 내용을 담고 있다. 앞에서 언급한 다양성의 반영이라는 내용에 더하여 주민주권과 공동체형성을 지향하는 내용들이 담겨있다.

우선 주민자치의 원리를 목적규정에 명시하고, 주민의 참정권을 주민생활에 영향을 미치는 정책결정과 집행과정으로 확대하는 입법내용들은 주민주권이라는 민주적 가치를 반영하는 중요한 변환점이라고 평가된다.[10] 또한 특별지방자치제도의 도입뿐만 아니라 자치단체 구성 형태(기관구성의 다양화)도 주민의 선택으로 다양화할 수 있게 하여 주민의 선택권을 상당히 확대하였다. 자치분권의 최종 지향점을 '주민'에서 찾아야 한다는 자치분권종합계획의 취지가 반영된 결과로 평가한다. 그 외에도 주민조례발안제도와 주민참정권과 관련된 조건들의 완화 등도 일상의 주민이 지역의 정치적 의사결정에 주인이 되게 하는 제도적 권리의 확장이라 할 수 있다. 물론 혼란이 있을 수 있겠지만 주민의 선택권리의 확장이라는 민주적 제도에 좀 더 다가갈 수 있다는 점에서 평가되어야 할 것이다.

다만, 정부안에 있었던 주민자치회의 설치부문이 국회심의과정에서 빠진 것은 아쉬움이 남는 부분이다. 현재는 주민자치회가 자치분권특별법에 의해 시범실시의 형태로 시행되고 있다. 다행히 주민자치회

---

10 물론 무한정의 참여권리가 아니라 '법령으로 정하는 바에 따라' 갖는 권리이다.

설치를 위한 지방자치법 일부개정안과 주민자치 기본법안이 이미 발의되어 있다.[11] 자치분권위원회에서는 주민자치회가 주민대표성을 갖게 설계되어야 하고 이를 지방자치법 전부개정안에 담아져야 한다고 주장했었지만 주민자치회의 설치에 대한 정당 간의 입장 차이로 국회의 문턱을 넘지 못했다. 주민자치회 설치가 자치분권의 기본법적 성격을 가지고 있는 지방자치법으로 입법화되길 기대한다.

또한 이번 전부개정 법률안에는 공동체형성을 지향하는 내용들이 담겨있다. 기관 간의 관계형성에 관한 내용들이다. 기본적으로 기관 간의 독립성과 함께 협력적 제도형성에도 초점이 맞춰졌다. 상호 배타적이 아닌, 책임이 동반된 협력적 관계자로의 규정이다. 앞에서도 살폈듯이 자치분권종합계획의 비전은 '내 삶'이 아닌 '우리 삶'으로 설정되었다. 자칫 자치분권 메시지가 분열적으로 전달될 우려를 의식한 설정이었다. 이 메시지 또한 자치분권종합계획에 담겼고, 지방자치법 전부개정에 담겼다. 자치분권 사전협의제, 국정통합성을 위한 협력의무 부과, 중앙-지방 협력회의 설치 등이 그것들이다. 물론 타법률제정으로 유보하고 있는 내용도 있다. 이미 정부에서는 관련입법제정을 준비하고 있다. 지방의회의 인사독립과 정책지원인력 도입근거를 마련하면서 의회의 윤리특위 구성을 의무화하여 의회에 윤리적 의무도 부과하는 제도적 장치들이 담겼다.

한편 지방정부의 입법재량을 더욱 많이 허용하지 못하고 있다는 등의 비판도 있다. 해석론의 입장에서는 입법재량을 확대해야 한다는 주

---

11 현재 김영배 의원 등이 발의한 '주민자치기본법안', 그리고 한병도 의원과 김영배 의원 등이 발의한 지방자치법 일부개정안 등이 국회에 제출되어 있다.

장을 할 수 있다. 그러나 학계에서는 제도보장론이 다수설이 되어있고, 대법원의 입장도 제도보장론에 견고한 입장인 것이 사실이다. 현실적으로 지방정부의 배타적 입법재량을 허용하기 위해서는 자치분권적 헌법개정이 선행되어야 한다고 볼 수 있다.

4. 지방일괄이양법의 통과: 사무이양의 새 제도 확립

통칭 지방일괄이양법은 그 명칭이 비교적 길다. 「중앙행정권한 및 사무 등의 지방 일괄 이양을 위한 물가안정에 관한 법률 등 46개 법률 일부개정을 위한 법률」이다. 지방일괄이양법의 통과는 크게 세 가지 의미를 갖고 있다. 첫째는 앞으로 종합적인 중앙사무의 지방이양에 대한 제도적 길이 열렸다는 의미를 갖는다. 그동안 국회상임위소관주의 등 여러 가지 이유로 이 법이 국회 문을 넘지 못했다. 그러나 2018년 5월 지방일괄이양법을 국회운영위원회에서 취급하기로 여야가 합의한 이후, 그해 10월에 정부는 지방일괄이양법안을 국회에 제출했다. 지방일괄이양법이 2020년 1월에 국회 본회의를 비로소 통과했고, 2021년 1월에 시행에 들어갔다. 자치분권 추진에 큰 진전이라 할 수 있다. 두 번째는 자치분권에 대한 정부 내 공감대를 확인할 수 있었던 사례이다. 자치분권위원회에서 지방이양사무를 발굴해서 정부부처와 협의를 한 후에 법제처 심의로 넘긴 숫자가 518개였다. 그런데 법제처 심의과 정에서 이양사무의 개수가 571개로 늘었다. 정부 내 심의과정에서 이양사무가 늘어나는 것은 그 이전에는 찾아보기 어려웠다. 대부분 축소되는 경향이었다. 결국 국회에서 400개만 통과되었지만 정부부처에서 자치분권에 대한 공감대와 의지가 그만큼 형성되고 있음을 확인할 수

<표 2-1> 역대 정부의 중앙권한의 지방이양사무 수 현황 ('21.1.1 기준, 단위: 사무건수)

구분	이양 확정	이양 완료						추진중
		소계	국민의 정부	참여 정부	이명박 정부	박근혜 정부	문재인 정부	
계	3,146	2,588	232	987	763	206	400*	667
국민의 정부	612	611	232	374	4	1	0	1
참여 정부	902	875	-	613	243	19	0	27
이명박 정부	1,587	993	-	-	516	186	291** (+109)	594
박근혜 정부	-	-	-	-	-	-	-	-
문재인 정부	45***	-	-	-	-	-	-	45

* 문재인 정부에서 추진한 「지방일괄이양법('21.1.1 시행)」으로 400개 사무이양 완료
** 이양 완료된 400개 사무는 이명박 정부에서 이양 확정한 291개 사무 외에 일괄법안 마련
  과정에서 기능단위로 연결된 관련 사무로 109개 사무가 추가 이양됨
*** 문재인 정부에서 이양 확정한 45개 사무는 현재 소관 부처에서 법률 개정 추진 중

있는 사례였다. 세 번째는 지방이양에 따른 인력과 재정의 보전장치의
마련이다. 지방일괄이양법 통과와 함께 국회에서는 「지방자치분권 및
지방행정체제개편에 관한

「특별법」에 대통령소속 자치분권위원회가 지방사무이양에 따른 인
력과 재정소요비용을 심의하고 의결하는 근거를 두었다. 이에 따라 자
치분권위원회에서는 동법 시행령을 개정하여 '지방이양 비용평가 전
문위원회' 설치근거를 마련하고 관련 정부부처와 지자체협의회 등과
협의하여 12명의 전문위원회를 구성하여 적극 대응하고 있다. 비용평
가위원회를 두는 제도적 장치뿐만 아니라 이 위원회에 지방의 대표가
참여하게 했다는 것은 평가할 만하다. 기존에 이양사무에 대한 인력과
재정의 지원이 없다는 지방의 불만이 어느 정도 해소될 수 있는 제도
적 장치라고 할 수 있다. 역대정부의 중앙권한의 지방이양사무수 현황

을 보면 〈표 2-1〉과 같다.[12]

5. 광역시도 자치경찰제의 입법화:
주민밀착 치안서비스의 제고

문재인 정부가 추진하는 중요한 정책 중의 하나가 권력기관의 개혁
이다. 검경수사권조정과 맞물려서 추진하는 자치경찰도 그런 의미가
강하다고 할 수 있다. 자치경찰의 주된 목적은 주민밀착 치안서비스의
제고임은 분명하다. 그럼에도 자치경찰제의 추진에서 현실적으로 작
동가능한 권력화의 속성에 대한 주의를 놓치면 안 될 것이다. 권력의
작용은 중앙에서나 지방에서 또 제도 자체 등에서 똑같이 작동하는 특
성을 갖는다. 특히 경찰이라는 행정작용은 더욱 그렇다. 주민밀착 경
찰서비스에만 초점을 두는 설계는 뜻하지 않은 결과를 초래할 수도 있
다. 기존조직의 저항과 조직자체의 권력화 현상에 주목할 수 있어야
할 것이다. 그래서 초기 자치경찰을 설계할 때 두 가지 목적이 제시되
었다. 하나는 경찰권의 민주적 통제이고 또 하나는 주민밀착 치안력의
증진이었다. 이를 추진하는 데 있어서 치안혼란과 재정투입의 최소화
전략이 고려되었다. 국가경찰은 검찰로부터 수사권을 가져오고 국가
정보원으로부터 정보분야를 가져오는 구상이 전개되고 있어서 경찰권
의 비대화에 대한 우려가 있었던 것도 영향을 미쳤다. 당연히 국가경
찰의 거대조직화에 대한 우려가 있었고 민주적 통제를 위한 제도개혁

---

12 정순관 외(2021), South Korea's Decentralization: Experience and Lessons from
President Moon's Initiatives, Table 6.

[그림 2-6] 자치경찰제 이원화 모형(초기안)

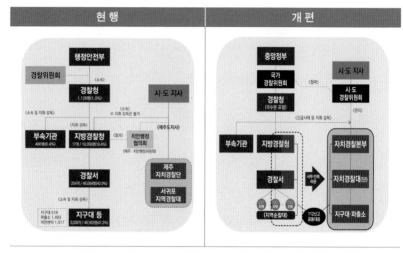

- 조직·인력 : 자치단체의 신규 인력증원 없이, 필요한 인력은 지역경찰·교통 등 국가경찰
  '총 4만 3천명' 수준을 '단계적'으로 이관, 자치경찰 신설(이원화 모형)
  ※ 1단계 7~8,000명 → 2단계 30,000~35,000명 → 3단계 43,000명
   → 최종단계 평가 후 추가 확대
   - 지역 밀착 부서인 '지구대·파출소'는 사무배분에 따라 자치경찰 이관
- 정치적 중립 : 합의제 행정기관으로 '시·도경찰위원회' 설치
- 사무배분 : 생활안전·여성청소년·교통 등 주민밀착형 민생치안 활동 수행
  ※ 112신고 출동 및 현장 초동조치는 공동대응, 업무혼선 및 국민불편 최소화
   - 긴급조치가 필요한 사건현장에 대한 현장보존 등 '초동조치권' 부여
- 재정소요 : 시행초기 단계는 국가부담, 전국 확대 시도 자치경찰 교부세 등 강구
  ※ •신규 증원 없이 국가경찰 인력 이관 등 공동 활용, 신규 재정부담 최소화 •시설·장비

자료: 자치분권위원회 내부자료

이 필요했던 것이다.

[그림 2-6]에서 보는 것처럼 국가경찰 업무 중 자치경찰 업무에 해당하는 권한을 자치경찰에 이양하고, 약 4만 3천 명의 담당인력도 자치경찰로 재배치하여 국가경찰을 슬림화하도록 설계되었다. 예산 또한 초기에는 국가가 부담하고 장기적으로 자치경찰교부세를 신설하여 지원하는 방안이 구상되었다. 그리고 자치경찰의 독립성을 확보하기 위

[그림 2-7] 이원화모형에서 국가·자치단체 간 견제와 균형 관계

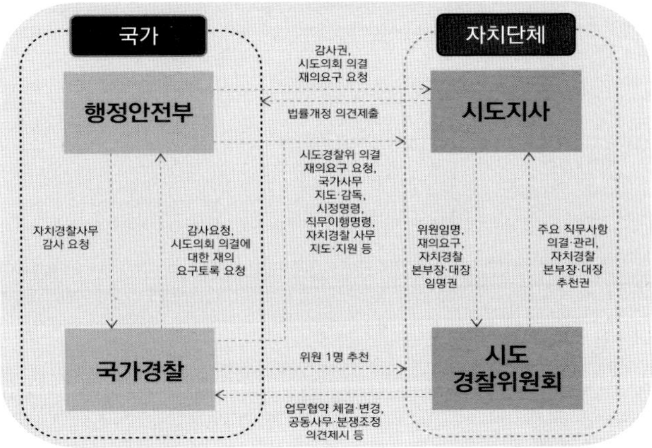

자료: 자치분권위원회 내부자료

해 시도에 행정위원회로서의 지위를 갖는 시·도경찰위원회를 설치하여 관리하도록 설계되었다. 그래서 자치경찰과 관련된 다양한 권력의 작용을 최소화하려고 했다.

한편 [그림 2-7]에서 보는 것처럼 시도, 국가경찰, 자치경찰 간의 권력균형과 자치경찰의 권력화를 의식한 세심한 제도설계도 구상되었다. 기본적으로 자치경찰은 시·도가 시·도자치경찰위원회를 통해 지휘·통솔하는 설계였다. 자치경찰 임명과정에서 자치경찰위원회가 추천권을 시·도지사가 임명권을 행사하도록 했다. 국가는 지방에 감사권, 재의요구권, 위원 1인 추천권 등을 갖고, 지방은 국가에 법률개정 의견제출권, 분쟁조정의견 제출권 등을 갖게 했다. 또한 시·도자치경찰위원의 지방의회 추천에서 여당과 야당의 몫을 각각 1명을 배정하는 안도 제시되었다.[13]

권력의 민주적 통제는 조직 간의 강한 독립성을 필요로 한다. 그래

서 국가경찰과 자치경찰을 분리운영하는 소위 이원화모형이 구상되어 제시되었다. 그리고 재정투입 최소화를 위해 인력과 예산의 재배치와 일선에서의 경찰시설공유 등을 고려했다. 이와 같은 이원화모형의 구상안은 경찰총량의 확대에 대한 경계도 고려되었다. 또 제도의 연착륙을 위해 점진적 시행이 계획되었다. 이러한 자치경찰 이원화설계구상은 국회의 입법과정을 거치면서 수정되어 나타났고 그마저도 국회의 내부사정(패스트트랙 사건)으로 국회의 문턱을 넘지 못했다.

하지만 코로나 전염병의 충격 이후 재논의 과정에서 많은 구상이 변화되었다. 그래서 [그림 2-8]에서 보는 것처럼 일원화모형이라고 일컫는 안이 국회를 통과하여 2021년 7월 전면시행에 들어갔다. 비판가들은 일원화모형을 자치경찰이 없는 자치경찰제라고들 일컫는다. 일원화모형은 국가경찰이 자치경찰 업무를 분담하여 수행하는 체제이다.

이러한 제도설계는 시·도가 자치경찰에 대한 인사권을 국가경찰에 재위임하는 결과를 초래하는 결과로 이어지고 있다. 물론 자치경찰사무의 지휘통제는 일정한 한도에서 시·도경찰위원회에서 하는 것은 동일하다. 그러나 일원화모형은 이원화모형에 비해 권력의 상호견제의 의미가 많이 퇴색되었다고 할 수 있다. 아쉬운 점이다.

그럼에도 자치경찰의 전면 실시라는 역사상 첫발을 내디딘다는 것은 충분히 평가할 만하다. 자치경찰과 관련된 관계기관과 행정행위자들은 자치경찰제 도입의 목적에 맞는 기획과 대응으로 처음 태어난 자

13 이원화 제도설계 당시 광역시도의회에 시도자치경찰위원회의 위원 추천권을 2명 배정했던 것은 여당 1명과 야당 1명을 추천하도록 하여 내부의 권력균형과 투명성 제고를 구상했기 때문이었다.

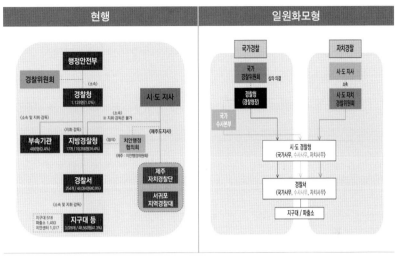

[그림 2-8] 자치경찰제 일원화모형(현재안)

자료: 자치분권위원회 내부자료.

치경찰제를 옥동자로 만들어 가야 할 책임이 있다.

6. 재정분권의 추진: 지방재정의 신장성제고

재정분권의 추진은 지방재정의 항시적 부족을 개선하기 위해 지방세수를 신장성과 안정성이 있는 지방소비세와 지방소득세를 중심으로 기간세화 한다는 전략을 세워 추진했고 지역 간 재정균형 장치도 주요 과제였다. 물론 앞에서도 살폈듯이 초기에 재정분권에 관한 T/F를 구성하여 전문가들과 함께 논의한 내용과 체제가 큰 기반이 되어 위원회가 재정분권에 관한 실질적 논의의 중심이 되는 기회가 되었다. 실제로 재정분권 과제를 어디에서 담당할 것인가에 대한 논의도 상당했다. BH, 기재부, 행안부 등이 거론되었었다. 결국 그동안 T/F를 가동해온 자치분권위원회로 그 담당기관이 정리되었다. 그럼에도 재정문제와 얽혀있는 입장차이가 매우 커서 그 조정과정은 간단치가 않았다.

재정분권의 목표는 중앙과 지방의 세입비중을 당시 8:2에서 7:3으로 개선하고 장차 6:4까지 달성한다는 것이었다. 추진과정에서 부처 간의 이견조정 등 어려운 점은 단계마다 분출되었다. 그럼에도 지방소비세율을 기존의 11%에서 21%까지 올리는 1단계 재정분권이 마무리되었다. 그 결과 지방재정이 총량으로는 8.4조, 순확충으로는 3.7조 정도가 증가되었고 국세와 지방세 비율은 74:26이 되어 1차 목표인 7:3에 근접되었다. 다만 지방소비세율의 상향과 함께 추진했던 국고보조금 사업의 지방이양에 따른 재정배분의 지역 간 불균형 문제는 또 다른 정치적 협상과제로 남아있다.[14]

이제 2단계 재정분권이 논의되고 있다. 이 글이 출간되기 전에 2단계 재정분권이 좋은 결과로 귀결되었으면 하는 기대를 한다.[15] 1단계 재정분권의 결과를 보면 [그림 2-9]와 같다.[16]

---

14 지방재정의 확충 방안으로 지방소비세율을 기존의 11%에서 21%로 10% 인상하면서 그동안 지방재정의 경직성을 초래한다고 비판받아온 국고보조사업의 일부(균특 포괄보조사업 약 3.5조)를 지방으로 이양하였다. 지방이양으로 지방의 재량권은 확보되었지만 그동안 균특회계에서 포괄보조사업으로 지방에 배분되었던 재정배분의 균형장치가 약화된다는 문제가 있어 기능이양사업예산의 보전을 2022년까지 3년간 지속한다는 유예기간을 설정했었다. 그러나 보전제도의 폐지에 따른 균형장치 약화의 문제는 중요한 정치적 쟁점이 될 수 있어 2차적 협상과정이 필요하다. 이러한 문제는 균특회계를 집행하는 중앙부처가 '평가 등을 통해 연장여부 검토'라는 방안으로 남아있다.

15 지난 7월 28일 지방소비세율 4.3% 인상과 지역소멸대응기금 신설 등을 통해 지방재정을 약 2.2조원 순확충하는 내용의 제2단계 재정분권 추진안이 확정되었다.

16 정순관 외(2021), South Korea's Decentralization: Experience and Lessons from President Moon's Initiatives, Table 7.

[그림 2-9] 1차 재정분권추진의 결과

구 분	1 단계				2 단계	합 계
	'19년	'20년	소계('19~'20년)		'21~'22년	
			순증	누적		
지방세 확충	3.3조원 지방소비세율 +4%p	5.1조원 지방소비세율 +6%p	8.4조원	11.7조원	12조원+α 국세 지방세 전환포함	20.4조원 + α
소방직 지원	0.3조원 소방안전교부세율 +15%p	0.2조원 소방안전교부세율 +10%p	0.5조원	0.8조원		
기능이양	–	– 3.5조원 내외	– 3.5조원 내외		–	–
지방재정 순확충	2.9조원	0.8조원	3.7조원	6.6조원	–	–
국세 : 지방세 (16년 76:24)	75 : 25	74 : 26	74 : 26		70 : 30	70 : 30

7. 정부시간과 국회시간: 서로 다른 의사결정과정의 특성

실질적으로 자치분권은 권력의 재배분과정이고 정치과정이다. 그래서 정부의 시간과 국회의 시간은 다르다는 것을 인식해야 한다. 일반적으로 정부 내에서는 상대방의 서로 다른 의견을 듣고 이해하고 상호조정해가는 '숙의과정'이 일정분 가능하다. 그러나 국회에서는 일반적으로 상대방의 이해를 주고받는 것을 특징으로 하는 '협상과정'이 일상화되어 있다. 그 의사결정 과정에 대한 이해는 자치분권 추진을 이해하고 평가하는 데 인식해야 할 중요한 지점이다.

문재인 대통령이 발의한 헌법개정안 처리도 그렇고 지방자치법전부개정안 1차 정부발의안도 그렇다. 정부의 의지와는 다르게 모두 국회의 결정을 넘지 못했다. 또 다른 예를 들면, 자치분권위원회의 존속기간은 자치분권특별법에 5년으로 명시되어있다. 그래서 그 기간 내에 국회에서 법을 개정하지 않으면 자동해산된다. 일종의 일몰법이다.

2018년 2월 말 임시국회에서 자치분권특별법이 처리되길 얼마나 조마조마하게 기다렸는지 지금도 기억이 생생하다. 차후 임시국회가 열리지 않으면 5월에 위원회 활동은 종료되기 때문이었다. 그럴 리는 없을 것으로 보았지만 자치분권의 과제는 그만큼 국회의 시간에 의존한다. 마지막 날 개정안이 통과되어 한숨을 돌렸다.

자치분권은 확실히 권력의 재배분과정이다. 자치분권종합계획에 언급된 6대전략과 33개 자치분권과제를 달성하는 데 필요한 법령제·개정은 모두 23개가 넘는다. 국회의 시간을 의식해야 하는 이유다. 그래서 자치분권의 추진은 지속적인 추진동력을 잃지 말아야 한다. 기울어진 운동장의 현실이 지속적 관심이 대상이 되게 해야 하고, 사회적 담론의 주제가 되게 해야 한다. 다양한 선택지가 있게 해야 하고, 그것이 사회문제를 해결하는 유력한 대안이 될 수 있음을 지속적으로 주장해야 한다. 국회의 시간을 작동하게 하는 방법들일 것이다.

또 한편으로 자치분권 추진에는 정부부처 간의 팽팽한 긴장관계도 있다. 자치분권종합계획을 본위원회에서 최종결정하고 국무위원회에서 결정하기까지도 순탄하지만은 않았다. 거의 치킨게임으로 치닫던 상황에서 극적으로 합의한 일도 생생하다. 정부 내 권력배분은 강한 의지와 시기 그리고 전략도 필요하다는 점을 알게 해준 사례이다.

정부시간과 국회시간이 다르다는 상황은 우리에게 자치분권의 성과에 대해 인내를 가지고 기다려주어야 한다는 점을 말해주고 있다. 그리고 하나씩 하나씩 더해 나가야 한다는 것도 중요한 시사점이다.

8. 논의되지 못한 과제들

문재인 정부 자치분권과제 중에서 교육자치와 지방자치의 연계강화와 지방행정체제 개편과제는 거의 논의되지 못했다. 지방자치와 교육자치를 연계·통합한다는 접근으로 알려진 교육자치의 개혁은 이미 지방의 교육감이 주민직선제로 선출되어 운영되고 있기 때문에 두 기능을 통합하는 일은 너무나 부담이고 저항이 예견되었다. 또한 지방행정체제개편의 경우도 자치단체 간 그리고 주민들 간 첨예한 이해관계가 얽혀있는 과제이다. 그래서 지방자치단체가 통합을 포함한 체제개편에 대한 일정한 의견수렴을 거쳐 건의하면 적극 지원한다는 기본방침이 정해져 있었다. 이 두 과제는 너무나 큰 정치적 반응이 예견되는 과제로 자발적이 아닌 강력한 추진방향으로 진행할 경우 자칫 이 과제들이 가지고 있는 정치적 이슈 때문에 다른 자치분권과제들도 동력을 잃게 될 우려가 있는 현실적 실정을 감안한 대응이었다.

V. 결어

우리 현대사를 돌이켜보면서 우리가 눈여겨보아야 할 것은 민주주의의 빠른 보편화가 역설적이게도 민주주의의 기본 아이디어들과 숭고한 가치들을 많이 희생하고 있다는 점이다. 우리의 현실을 보면 소득 불평등뿐만 아니라 지리적 공간적 불평등에 이어 심지어 문화적 불평등까지 심화되고 있다. 이러한 불평등은 건전한 국가공동체 형성에서 넘어야 할 필수적 과제이다. 치열한 민주화의 과정을 거쳐온 우리 현대사에서 모든 구성원의 자유확장과 행복추구라는 민주적 가치를 지금 우리는 달성하고 있는지 되돌아보아야 할 것이다.

Brennan(2016)은 '민주주의의 대안(Against Democracy)'에서 일반적으로 작동되고 있는 민주주의에 대해 혹독한 비판을 하고 있다.[17] 그러나 그는 민주주의를 좋아한다. 그의 주장은 이렇다. 민주주의는 투표자의 행태에 따라 소시민적 모형(Hobbits Model), 선동가적 모형(Hooligans Model), 그리고 전문가적 모형(Vulcans Model)으로 분류된다. 첫째, '소시민적 모형(Hobbits)'은 정치에서 시민들이 적은 정보와 낮은 관심, 그리고 낮은 참여가 있는 모형이다. 일반적으로 호비트 모형은 불안정하며 이념적 강제에 약하다. 둘째, '선동가적 모형(Hooligans)'은 정치와 정치적 정체성에 강한 영향을 갖고 있는 높은 정보력 소유의 시민들이 정치를 하는 모형이다. 그들은 확신편견과 집단 간 편견과 같은 인지적 편견에 포획되어 있다. 마지막으로 '전문가적 모형(Vulcans)'은 이념적 모형으로 완전하게 합리적이고 높은 정보를 가진 전문가들이 정치를 하는 것이다. 그들은 그들의 믿음에 무조건 충성을 하는 것이 아니라 증거에 기반한 믿음에 확신을 갖는 사람들이다.

문제는 많은 민주주의 이론가들이 추정하고 희망하는 것처럼 정치적 참여(투표행위)가 소시민(호비트들)을 전문가로(불카누스) 바꾸는 것이 아니라, 현실에서는 소시민을(호비트를) 선동가로(훌리건으로), 선동가를(훌리건을) 더 나쁜 선동가로(훌리건으로) 바꾸고 있다는 것이 그의 주장이다.[18] 우리 사회가 계층 간 그리고 지역 간 '기울어진 운동장'으로 변

---

17 Jason Brennan, Against Democracy, Princeton University Press, 2016
18 그래서 그는 민주주의의 충실화를 위해, '더 좋은 훌리건들의 묶음'을 위해 민주주의

해있고 또 변해가고 있는 현실에서, 우리의 정치적 의사결정 환경은 어떤 모습일까를 생각하는데 상당한 통찰을 제공하고 있다.

공정한 사회의 척도로 흔히 세 가지를 이야기한다. 자격(member-ship)과 발언권(voice) 그리고 법의 지배(rule by law)이다. 권력과 권한의 재배분과정이라는 특성을 가진 자치분권은 민주화 과정이고 정치적 과정이다. 그래서 자치분권의 추진은 지속적인 협상과정과 제도개선에 이해당사자들이 정당한 권한을 가지고 적극적으로 참여하게 해야하고 이를 입법으로 제도화해야 한다. 그 길을 많이 열어두자는 제도개혁이 자치분권의 핵심이고 공정사회로 가는 유력한 대안일 것이다. 그것은 선택적 자유(liberty) 확장을 위한 제도적 권리를 확립하는 일이다.

권력과 자본은 그 모습을 쉽게 드러내지 않는다. 제도적으로 그 모습을 드러내게 해야 한다. 그리고 구성원이 그것을 지속적으로 평가하게 해야 한다. 그 모습을 드러내게 하는 가장 좋은 방법이 민주적 제도의 충실화일 것이다. 민주주의는 보다 행복한 사회체제운영을 위한 하나의 도구이다. 그 이상의 것이 아니다. 만약 우리가 더 좋은 도구를 찾는다면 그것을 사용할 수 있어야 한다. 정치체제의 다양한 민주적 경쟁체제 확립이 좋은 도구일 수 있다. 구성원들에게 정당한 권한이 있게 하고, 충분한 발언권을 행사하게 하고, 일정한 합의를 이끌어 표준을 만들어 가게 해야 한다. 대표제도의 경험론과 참여제도의 소통

의 대안으로 '지식주의(epistocracy)'를 주장하고 있다. 그러나, 지식주의가 불카누스의 지배를 의미하지 않는다는 그의 강변에도 불구하고, 지식주의도 결국 백인과 가진 자들에게 권력을 주는 결과를 초래한다고 비판받는다.

론 그리고 숙의제도의 규범가치론의 조화로운 접목이 제도적 차원에서 설계되어야 할 것이다. 그 성패는 모든 참여자들의 몫이다.

　그래서 선출직을 포함한 모든 공직자와 국민이 모두 함께 다양화된 사회에서 필수적으로 나타나는 도덕적 불확실성에 정직하게 맞서게 해야 할 것이다. 그것이 더 행복한 사회, 더 공정한 사회로 가는 중요한 하나의 방법일 것이고 우리 사회의 발전을 지속가능하게 할 것이다. 지속적인 자치분권과 균형발전의 추진이 그 열쇠가 될 수 있다.(정순관 chung9933@gmail.com)

| 참고문헌 |

곽현근. (2021). 주민주권의 구현과 전부개정 지방자치법의 의의. 「행정포커스」. 150: 32-37.

김순은. (2014). 「지방행정 60년사」. 한국지방자치학회 제7회 지방분권포럼. 2014. 4. 18.

김이수. (2017). 지방자치 및 지방행정연구경향 분석: 한국거버넌스학회보(1999-2016년) 게재논문을 중심으로. 「한국거버넌스학회보」, 24(3): 29-61.

김이수. (2018). 공공가치가 지방정부 신뢰에 미치는 영향에 관한 탐색적 연구: 정의, 민주성, 공동체성을 중심으로. 「한국거버넌스학회보」, 25(1): 153-181.

김흥환·정순관. (2018). 역대정부 지방분권과제와 성과에 대한 평가. 「지방행정연구」, 32(1): 3-32.

문병기. (2021). '지방행정의 관점에서 바라본 전부개정 지방자치법의 핵심 내용 및 의의'. 「행정포커스」, 150: 22-26.

박기관. (2021). '지방자치법 전부개정에 나타난 지방의회의 평가와 개선'. 「행정포커스」, 150: 40-48.

오동석. (2000). 제도적 보장론 비판 서설. 「헌법학 연구」, 6(2). 50-68.

이승종. (2005). 「지방자치론」. 제2판. 박영사.

이승종. (2015). 성숙한 지방자치의 발전과제. 「지방행정연구」, 29(2): 61-76.

임승빈. (2013). 「지방자치론」. 법문사.

임승빈. (2015). 우리나라 지방자치제도의 연속과 단절: 갑오·광무개혁에서 일제강점기 1949년 지방자치법제정. 「한국사회와 행정연구」,

26(3): 303-326.

자치분권위원회. (2018).「자치분권종합계획」.

전영준·엄태호. (2018). 지방정부의 자치분권 요구에 관한 실증적 연구: 대
한민국시도지사협 의회의 대정부정책건의과제를 중심으로.「한국지
방자치학회보」, 30(2): 123-144.

정세욱. (2021). '주민을 위한 지방자치 패러다임 변화와 국민안전'.「행정
포커스」, 151: 8-13.

정순관. (2014). 민선6기 신뢰의 확장으로 지방자치의 제2도약을 시작하자.
「시도뉴스레터」. vol. 51. 전국시도지사협의회.

정순관. (2014). 국가개조 지방분권에서 시작하자.「시도뉴스레터」 52. 전국
시도지사협의회.

정순관. (2016).「한국지방자치의 발전과제와 미래」. 박영사.

정순관. (2018).「이명박 정부의 지방분권 과제 평가」. 한국지방자치학회
30년. 한국지방자치 학회 편. 대영문화사.

정순관·류신규. (2021). South Korea's Decentralization: Experience and
Lessons from President Moon's Initiatives.「한국지방자치연구」,
22(4): 67-95.

정순관. (2021).「문재인 정부의 자치경찰: 이해와 적용」. 자치분권위원회.

정정화. (2021). '지방자치법 전부개정의 미래와 향후 과제'.「행정포커스」,
150: 27-31.

지방자치발전위원회. (2015). 지방자치발전 종합계획 설명자료.

최근열. (2016). 중앙권한 및 사무의 지방이양 실태 및 발전과제.「한국지방
자치연구」, 18(3): 25-45.

최상한. (2012). 입헌주의적 지방자치론과 자치제도의 확대.「정부학연구」,
18(3): 153-187.

최상한. (2021). 지방자치법 전부개정과 자치분권의 미래 과제.「행정포커
스」, 150: 56-60.

최우용. (2021). 정부간 관계의 지방자치법 전부개정 내용과 의의.「행정포

커스」, 150: 38-43.

최창호. (2015). 지방자치의 의미와 발전방향. 노융희 외(2015). 지역리더
　　를 위한 지방자치 사용설명서 200문 200답. 조선뉴스프레스.

하혜수·전성만. (2019). 우리나라의 중앙-지방관계 분석: 제도·조정양식·
　　자원의 관점에서.「한국지방자치학회보」, 31(2): 263-292.

Brennan, Jason. (2016). Against Democracy. Princeton University Press.

Cunnignham, Frand. (2002). Theories of Democracy: A Critical
　　introduction, Routhledge.

주민주권과 자치분권

제3장 문재인 정부 주민주권 원리의 이론적 기초

곽현근 대전대학교 행정학과 교수

I. 들어가며

자치분권은 문재인 정부 출범과 함께 가장 기대를 모은 제도분야 중의 하나이다. 자치분권의 구체적인 성과와는 무관하게, 문재인 정부는 대한민국 지방자치 제도사(制度史)에서 지방정부의 주인으로서 주민의 위상을 명확히 선언하고, 주민의 역할강화를 위한 제도적 노력을 자치분권전략의 최우선 순위에 둔 최초의 정부로 평가될 것이다.

2017년 문재인 정부 출범 직후 「자치분권로드맵」이 발표될 때까지만 해도 큰 틀에서 자치분권의 전략은 이전 정권과 큰 차이를 찾아볼 수 없었다. 즉, 자치분권강화 전략의 핵심 초점이 바로 중앙정부로부터 지방정부로의 권한이양과 지방정부의 자치권 강화에 맞추어져 있었다. 하지만 2018년 10월 발표된 「자치분권종합계획」은 [그림 3-1]에 나타난 것과 같이 '주민주권의 구현'을 가장 먼저 내세우면서, 지방정부 주인이 주민임을 상기시켜주는 것과 동시에 주권자로서 주민의 권리를 강화하기 위한 다양한 제도적 장치들을 구체적으로 열거하고 있다. 구체적으로 「자치분권종합계획」은 '주민주권 구현'을 위한 세부 과제로서 주민참여권보장, 숙의기반의 주민참여 방식 도입, 주민자치회 대표성 제고 및 활성화, 조례 제·개정의 주민직접발안제도 도입, 주민소환 및 주민감사청구 요건의 합리적 완화, 주민투표 청구대상 확대, 주민참여예산제도 확대의 7개를 제시하고 있다.

[그림 3-1] 「자치분권종합계획」과 '주민주권' 개념의 등장

6대전략 33개 과제

	추진전략	과제명
1	주민주권 구현	❶ 주민 참여권 보장 ❷ 숙의 기반의 주민참여 방식 도입 ❸ 주민자치회 대표성 제고 및 활성화 ❹ 조례 제·개정의 주민직접발안제도 도입 ❺ 주민소환 및 주민감사청구 요건의 합리적 완화 ❻ 주민투표 청구대상 확대 ❼ 주민참여예산제도 확대
2	중앙권한의 획기적인 지방지양	❶ 중앙-자치단체 간 사무 재배분 ❷ 중앙권한의 기능 중심 포괄 이양 ❸ 자치분권 법령 사전협의제 도입 ❹ 특별지방행정기관 정비 ❺ 대도시 특례 확대 ❻ 광역단위 자치경찰제 도입 ❼ 교육자치 강화 및 지방자치와의 연계·협력 　활성화
3	재정분권의 강력한 추진	❶ 국세·지방세 구조 개선 ❷ 지방세입 확충 기반 강화 ❸ 고향사랑 기부제 도입 ❹ 국고보조사업 개편 ❺ 지방교부세 형평 기능 강화 ❻ 지역상생발전기금 확대 및 합리적 개편
4	중앙-지방 및 자치단체 간의 협력 강화	❶ 중앙-지방 협력기구 설치·운영 ❷ 자치단체 간 협력 활성화 지원 ❸ 제주·세종형 자치분권 모델 구현
5	자치단체의 자율성과 책임성 확대	❶ 지방의회 인사권 독립 및 의정활동정보 공개 ❷ 자치조직권 강화 및 책임성 확보 ❸ 지방인사제도 자율성 및 투명성 확보 ❹ 지방공무원 전문성 강화 ❺ 지방재정 운영의 자율성 제고 ❻ 지방재정정보 공개 및 접근성 확대 ❼ 자치분권형 평가체계 구축 ❽ 자치단체 형태 다양화
6	지방행정체제 개편과 지방 선거제도 개선	❶ 지방행정체제 개편방안 모색 ❷ 지방선거제도 개선방안 모색

자료: 자치분권위원회(2018)

이후 「자치분권종합계획」의 법제화를 위해 30여 년만의 「지방자치법」의 전부 개정의 과정에서도 최우선 핵심의제는 '획기적인 주민주권 구현'이 차지하고 있다. 결과적으로 2020년 12월 국회를 통과해 전부 개정된 「지방자치법」은 〈표 3-1〉에 나타난 것과 같이 지방정부와 주민과의 관계에 초점을 두고 다양한 방식의 주민참여를 통한 지방정부의 정치행정과정에서의 주민의 영향력을 강화하는 내용을 포함하고 있다.

〈표 3-1〉 전부 개정된 「지방자치법」의 '획기적인 주민주권 구현' 관련 내용

분야	현행	개정
목적규정 (제1조)	- 목적규정에 주민참여에 관한 규정 없음	- 목적규정에 '주민의 지방자치행정에 참여에 관한 사항' 추가
주민참여권 강화 (제17조)	- 주민 권리 제한적: ① 자치단체 재산과 공공시설 이용권 ② 균등한 행정의 혜택을 받을 권리 ③ 참정권	- 주민 권리 확대: 주민생활에 영향을 미치는 정책결정 및 집행과정에 참여할 권리 신설
주민조례 발안제 도입 (제19조)	- 단체장에게 조례안 제정, 개·폐 청구	- 의회에 조례안을 제정, 개·폐 청구 가능(별도법 제정)
주민감사 청구인 수 하향조정 (제21조)	- 서명인 수 상한: 시·도 500명 50만 이상 대도시 300명 시·군·구 200명	- 상한 하향조정: 시·도 300명 50만 이상 대도시 200명 시·군·구 150명
청구권 기준 연령 완화 (제21조)	- 19세 이상 주민 청구 가능	- 조례발안, 주민감사, 주민소송 18세 이상 주민 청구 가능
자치단체 기관구성 형태 다양화 (제4조)	- 기관 분리형(단체장-지방의회)	- 주민투표 거쳐 지방의회와 집행기관의 구성 변경 가능(기관분리형·통합형 등) * 추후 여건 성숙도, 주민요구 등을 감안하여 별도법 제정 추진

자료: 행정안전부 보도자료(2020)

이후 「자치분권종합계획」의 법제화를 위해 30여 년만의 「지방자치법」의 전부 개정의 과정에서도 최우선 핵심의제는 '획기적인 주민주권 구현'이 차지하고 있다. 결과적으로 2020년 12월 국회를 통과해 전부 개정된 「지방자치법」은 〈표 3-1〉에 나타난 것과 같이 지방정부와 주민과의 관계에 초점을 두고 다양한 방식의 주민참여를 통한 지방정부의 정치행정과정에서의 주민의 영향력을 강화하는 내용을 포함하고 있다.

「자치분권종합계획」의 주민주권과 관련된 7가지 과제와 비교할 때, 전부 개정된 「지방자치법」에서는 숙의 기반의 주민참여 방식도입, 주민자치회 대표성 제고 및 활성화, 그리고 주민참여예산제도 확대의 내용은 다루고 있지 않다. 반면, 주민주권의 관점에서 개정된 「지방자치법」에 주민투표를 거쳐 자치단체기관구성을 변경이 가능할 수 있도록 근거를 마련한 것은 매우 큰 의미를 부여할 수 있다. 주민참여예산제의 경우 2011년 「지방재정법」 제39조에 모든 지방정부가 제도를 도입할 것을 의무화한 상태에서 문재인 정부 들어와서는 75번 국정과제의 실천과제로 선정되면서 2018년 「지방재정법」의 개정을 통해 주민의 예산과정의 참여범위와 주민참여예산기구를 강화할 수 있는 근거를 마련하였다.

2010년 「지방행정체제개편에 관한 특별법」이 제정되면서 시작된 읍면동 주민자치회 설치문제의 경우 일반법인 「지방자치법」에 근거를 두기 위해 전부 개정안에 관련 조항을 포함시키려는 노력이 있었다. 하지만 최종 개정된 「지방자치법」에 주민자치회 관련 내용만 배제된 채 법안이 통과된 것은 매우 아쉬운 부분이다. 이후 2013년부터 행정안전부 주도로 실시된 주민자치회 시범사업뿐만 아니라 최근 각종 지방정부 주도로 실시되고 있는 주민자치회 시범사업에 들인 노력과 교훈이 매몰비용으로 사라지는 것을 막기 위하여 관련 법안의 조속한 제정에 대한 요구가 빗발치면서 현재 국회에서 다양한 관련 법안들이 상정된 것은 그나마 다행한 일이다.

향후 주민주권의 관점은 우리나라 지방자치 또는 자치분권의 제도화의 원리로서 강력한 영향력을 발휘할 것으로 기대된다. 주민주권의 원리는 주민들로 하여금 자신의 의사와 통제에 따라 운영되는 "가까운 정부가 좋은 정부"라는 것을 경험하게 함으로써 지방분권을 요구하는 주민들의 강력한 목소리를 이끌어내는 데도 크게 기여할 것이다. 그 동안 상대적으로 소홀히 다루어져왔던 지방민주주의에 대한 담론이 주민주권의 이름으로 활성화되면서 대한민국 전체의 민주주의 수준을 제고하고, 지역단위 거버넌스 역량강화를 이끌어내는데도 중요한 촉매역할을 할 것으로 기대된다. 자치분권과 관련해 주민주권의 담론이 강력한 힘을 발휘하기 위해서는 단순히 제도적 차원에서뿐만 아니라 이론적이고 규범적 차원에서도 탄탄한 토대를 마련하는 것이 중요하다. 이러한 맥락에서 본 장은 구체적인 주민주권을 위한 제도와 성과를 논의하기에 앞서 자치분권의 맥락에서 주민주권의 담론이 가지는 규범적 의미를 다양한 차원에서 도출하고, 「자치분권종합계획」에 나타난 주민주권 구현을 위한 지방민주주의 유형들에 대한 이론적 기초를 수립하는 것을 목적으로 한다.

Ⅱ. 자치분권에 있어서의 '주민주권'의 의의

1. 자치분권의 원리로서의 '주민자치'와 '주민주권'의 이해

1) 자치분권의 원리로서 주민자치와 단체자치의 의의

문재인 정부의 자치분권 제도화의 핵심원리로서 새롭게 주목받기 시작한 주민주권은 지방자치의 원리로 알려진 '주민자치'의 원리와 밀접하게 관련된다. 지방자치 또는 자치분권의 원리인 주민자치는 '단체자치'와 차별화되는 원리로 알려져 있다.

단체자치는 국가와 별개의 법인격을 가진 단체(조직)가 국가로부터 독립된 지위와 권한을 부여받고, 정해진 관할구역 안에서 중앙의 통제를 받지 않고 일정한 범위의 행정사무를 독자적으로 처리할 수 있음을 의미한다. 단체자치는 현대사회의 지배적인 정치공동체모형인 국민국가의 통일되고 안정된 법적 질서에 토대를 두고 발전된 원리다. 단체자치는 중앙정부와 지방정부 사이의 법적·기능적인 관계를 중심으로 지방자치제도가 발전해왔던 유럽대륙 국가들의 전통에서 유래한 것으로 알려져 있다.

반면, 주민자치는 국가차원에서의 지방정부의 법적·기능적 성격보다는 지방정부와 해당 지역주민 사이의 정치적 관계에 토대를 두고 발전된 원리다. 정치적 관점에서 지방의 '자치정부'(self-government)는 국가의 재량에 의한 권한과 사무의 위임보다는 지역의 주민들이 자신의 정부를 구성할 수 있는 자연법적인 권리에 근거를 둔다. 결과적으로 주민자치는 지방정부의 주인이 지역주민이라는 점을 상기시켜주면서 주민의 의사와 통제에 따라 운영되는 지방정부의 민주적인 성격을 강조하게 된다. 주민자치의 원리는 상대적으로 분권화된 국가의 통치체계하에서 지방민주주의(local democracy) 전통이 오래전부터 뿌리내려왔던 영미권 국가의 지방자치제도로부터 도출된 것으로 해석된다.

주민자치 용어를 두고 발생하는 많은 혼란은 단체자치와 주민자치를 서로 배타적인 지방자치의 유형으로 간주하고 양자 중 선택이 불가피한 것으로 간주하는 경향으로부터 발생한다. 하지만 단체자치와 주민자치는 지방자치의 '이념형'(ideal type)을 구성하는 핵심개념으로서 순수한(pure) 지방자치의 제도모형은 단체자치와 주민자치의 속성을 모두 갖추어야 함을 강조하기 위한 것이다. 이것은 마치 M. Weber의 관료제(bureaucracy)의 이상형이 계층제(hierarchy), 기능적 분업(division of labor), 비개인성(impersonality)과 같은 핵심속성(개념)으로 구성된 것과 같은 논리이다. 지방자치학계의 혼란은 단체자치와 주민자치가 도출된 역사적 또는 사실적 차원과 지방자치의 이념형을 구성하는 추상적 차원을 구분하지 못하면서 발생한다. 결과적으로 영미의 주민자치형과 유럽대륙의 단체자치형을 마치 선택이 가능한 서로 다른 제도적 대안으로 받아들이게 되는 것이다(곽현근, 2021).

현대사회에서 지방자치의 이념형의 원리로서 단체자치와 주민자치를 모두 반영한 지방자치제도를 통해 현실세계에 이루고자 하는 질서는 어떤 것일까? 단체자치의 원리는 현대사회의 지배적 정치공동체 모형인 민족국가(nation state) 또는 국민국가 단위의 국가주권(state sovereignty)의 원리에서 출발한다. 국가주권의 관점에서 국가영토 내의 통일된 질서를 형성하고 유지하기 위해 국민으로부터 위임받은 '통치권'(constituted power)을 행사할 수 있는 제도는 중앙정부뿐이다. 단체자치는 국가의 안정된 법적·제도적 질서의 토대가 되는 헌정체제의 관점에서 지방정부가 가지는 자치권은 국가의 통치권과 불가분의 관계를 가진다는 점에 착안하여 지방정부의 정당성의 근원을 국가의 통치권을 행사하는 중앙정부로부터 찾는 원리로 해석할 수 있다.

반면, 주민자치의 원리는 단순히 통치권 차원을 넘어서서 통치권의 근원(根源)으로서 "주권자(the sovereign)가 누구인가?"라는 질문의 연장선상에서 해석될 수 있다. 중앙정부든 지방정부든 한 국가의 정부는 해당 국가의 주권을 형상화(embodiment)한 것이 아니라 주권자인 '국민'(people)을 위한 제도적 수단에 불과하다. 정부 스스로 주권자가 될 수 없고, 정부는 주권자인 국민의 대리인(agent)으로 국민을 섬기고 봉사해야 한다는 것이다. 주민자치 원리는 지방정부의 자치권이 국가차원의 통치권을 행사하는 중앙정부로부터 유래하는 것이 아니라, 궁극적으로 주권자인 국민 또는 국민의 구성단위인 주민으로부터 유래한다는 것을 상기시켜준다. 주민자치 원리는 통치권에 토대를 둔 정부중심의 지방자치담론의 한계를 극복하고, 서로 다른 환경과 수요를 가진 주권자로서의 국민(주민)을 환기시키면서 단순히 국가 질서를 넘어서서 국민행복의 수단으로서 정부를 바라볼 수 있는 균형 잡힌 시각을 제공한다.

결과적으로 지방자치 원리로서 단체자치와 주민자치를 동시에 강조하는 것은 지방자치의 제도화와 관련해 현대사회의 지배적 정치공동체모형으로서 국민국가 단위의 헌정체계와 법적 질서를 존중하는 것과 동시에 지방정부의 구성과 운영이 해당 지역주민의 의사와 통제에 따라 민주적으로 작동하는 제도적 질서를 수립할 것을 강조하는 것으로 해석할 수 있다(곽현근, 2020).

2) 지방자치원리로서 '주민주권' 담론 등장의 배경

국민국가에서 '국민'(people)이 자신의 정부를 구성해서 '국민에 의한 통치'(rule by the people)가 이루어지는 것은 '국민주권'(popular sovereignty)의 원리에 의해 포착된다. 국민주권의 원리는 국가차원의 민주주의 원리와 동일시된다. 헌정체제의 테두리 안에서 지역주민이 자신의 정부를 구성해서 해당 주민의 의사와 통제에 따라 지방정부를 운영한다는 주민자치의 원리는 해당 지방정부의 관할지역에 거주하는 '주민에 의한 통치'를 의미한다는 점에서 '주민주권의 원리'로 재해석될 수 있다. 주민주권의 관점은 국가차원의 중앙정부가 가지는 통치권이 주권자인 국민으로부터 유래하는 것과 마찬가지로, 지방정부가 가지는 자치권은 단순히 중앙정부로부터 하향식으로 부여되는 것이 아니라, 해당 지역주민의 고유권한이라는 것을 상징적으로 이야기해준다. 즉, 주민주권의 원리는 지방정부의 자치권은 주권자인 해당 지역주민과의 관계에서 정치적 정당성을 찾아야 한다는 것을 강조하는 것이다.

일반적으로 국민국가(nation state) 중심의 제도와 국제질서가 깊게 뿌리내린 환경에서 주권(sovereignty)의 개념은 국가단위에서 사용되는 것이 일반적이다. 반면, 국민국가가 아닌 지방단위의 독립성을 강조하기 위하여 주권과 차별화되는 개념이 '자치'(autonomy)다(Feinberg, 1983). 국민이 아닌 주민의 경우에도 '자치' 대신 '주권'이라는 강력한 메시지의 용어를 사용하는 이유는 세계화의 거대한 흐름 속에서 정치공동체 단위로서 국민국가의 상대적인 중요성이 약화되는 반면, 지방의 역량과 역할이 중요해지는 것과 무관하지 않다. 자본·노동·정보·문화·사회문제의 초국가적 이동과 연결은 경제발전과 복지국가 건설의 디딤판이 되었던 민족국가의 영토 경계를 넘어서서 큰 공간적 규모로 '뛰어오르기'(jumping-up) 또는 국가보다 작은 지방단위의 규모로 '뛰어내리기'(jumping-down) 같은 '재규모화'(rescaling) 전략을 요구한다(Buchs, 2008). 특히 '뛰어내리기' 전략은 전통적인 중앙정부 중심의 집권적 발전전략을 넘어서서 지방정부로의 권한의 재배분과 함께 지방 스스로의 내생적 발전역량을 키울 것을 강조한다. 내생적 발전역량은 지방정부의 역량뿐만 아니라 그 지방정부의 주인으로서 주민역량과도 맞물려 있다. 바로 주민주권의 담론은 세계화로 인한 국가 재구조화가 진행되는 가운데 지방의 내생적 발전역량의 한 축으로 지역주민의 역량강화(empowerment)와 참여를 강조하면서 새로운 다규모적(multiscalar) 또는 다수준적(multi-level) 국가발전역량을 구축하는 것과 맥락을 같이 하는 것이다.

단순하게 생각하면, 국민주권과 주민주권을 두고 누구의 주권이 우선이냐의 문제가 발생할 수 있다. 하지만, 국민국가 단위의 헌정체제 안에서 국민주권의 강화를 위해 국가권력을 어떻게 혁신적으로 재구성하고 사용할 것인가의 관점에서 바라볼 때, 주민주권은 시대변화에 맞춰 국민주권을 실현하기 위한 소중하고 혁신적인 처방이자 전략으로 간주될 수 있다. 세계화가 불러온 다문화주의 또는 초국가주의와 공공철학으로서 자유주의 확산이 불러온 사회구성원의 다원성과 다양성은 동질적인 '하나로서의 국민'(the people as one)에 대한 커다란 도전이 되고 있다. '통일적 의사를 가진 국민'에 대한 기대는 실제 현존하는 국민들이 가지고 있는 견해의 다원성 및 가치와 이익의 다양성, 그리고 그것으로 인해 발생하는 갈등과 대립의 확장성과 심각성이 충분히 고려되지 못하고 국정에 반영될 가능성도 그만큼 낮아진다.

현대 사회의 거스를 수 없는 다원화와 다양성의 현상은 다양한 수준의 제도적 장치를 통해 그러한 현상이 가져다주는 역기능 또는 갈등을 효과적으로 조정 또는 관리할 수 있는 국가역량을 요구한다. 주민주권은 국민들로 하여금 지역단위의 필요 및 여건에 맞는 의사결정에 관여할 수 있도록 공공부문 결정을 지역단위로 분권·분산시키는 방식으로 국민의 주권행사의 기회를 재구성하고 강화하는 것을 의미한다. 결과적으로 주민주권론은 국민의 하위 구성단위인 주민에게 국가혁신의 주체로서의 역할과 동기를 부여함으로써 현재 국민국가가 직면한 다양한 도전과 위기 극복의 활로를 열어주는 의미를 가진다(곽현근, 2020).

2. 주민주권 구현을 위한 지방자치 제도화의 기본방향

국민주권의 개념이 국가단위의 민주주의와 맞물려 있다면, 주민주권의 개념은 '지방민주주의'(local democracy)와 맞물려 있다. 앞서 논의한 것처럼 주민주권은 새로운 글로벌 환경 변화에 부응해 지방자치의 원리인 주민자치를 강조하기 위한 용어로 간주할 수 있다. 우리나라에서 주민자치와 주민주권이 학술적 논의와 제도화의 기초개념으로 활용되는데 반하여 두 용어가 세계적으로 보편적인 학술용어로 사용되고 있다고 말할 수 없다. 학술적 관점에서 주민자치 또는 주민주권의 원리를 포착할 수 있는 대표적 용어가 바로 '지방민주주의'다.

지방민주주의로서 주민주권은 지방정부 주인으로서 주민의 권리에 초점을 맞추게 해준다. 주민주권은 자신이 세운 지방정부를 자신의 의사와 통제하에 두기 위한 주민의 다양한 권리를 제도화하는 노력을 통해 구현된다. 주민주권의 담론은 가까워진 지방정부와의 관계에서 주인인 주민의 주권행사 방식이 대표를 뽑는 투표행위에 국한되어야 하는가를 묻는다. 즉, 대의민주제가 유일한 지방민주주의의 제도적 대안인가에 대한 근본적인 질문을 던진다.

이미 대의민주제가 가지는 많은 문제점은 '민주성 결함'(democratic deficit)이라는 학술적인 논의를 통해 지속적으로 지적되어왔다. 대의민주제의 민주성 결함은 선거제도만으로는 '인민의 통제'(popular control)가 제대로 이루어질 수 없음을 의미한다. 시민에 의한 통제기제로부터 자유로운 선출직 정치인과 행정관료들은 주민-대리인 관계를 잊고, 그들만의 게임에 몰입하게 된다. 대의민주제의 민주성 결함은 "진정으로 우리 시대 민주주의 상태와 도덕적 수준(quality)을 이해하기 위해서는, 어느 정도 거리를 두고 현존하는 민주주의들을 바라봄으로써 그들이 민주주의와 관련된 훨씬 더 큰 가능한 아이디어의 범위 안의 작은 부분을 나타낼 뿐"이라는 것을 상기시켜준다(Pogge, 2002: 50; Castiglione and Warren, 2013: 157에서 재인용).

주민주권에 기초한 지방민주주의 담론의 확장은 대의민주제를 민주주의의 유일한 형태로 사물화 또는 전형화(typification)하는 것을 막고, 다양한 민주주의 유형에 대한 검토와 제도화를 가능하게 해준다. 주민주권의 관점은 물리적으로 가까운 지방정부와의 관계 속에서 새로운 상상력을 발휘해 주권자로서 주민이 좀 더 적극적으로 지방정부의 의사결정에 영향을 미칠 수 있는 권한과 기회를 강화하도록 요구한다. 구체적으로 전국단위 규모에서는 좀처럼 적용하기 힘들었던 직접민주제, 숙의민주제, 풀뿌리민주제와 같은 제도적 장치들이 지방규모에서는 상대적으로 적용이 수월해지면서 주권자로서의 주민의 역할을 강화하는 제도적 장치로 뿌리내릴 수 있다. 주민주권의 관점은 주민들

이 선거를 통한 단순한 유권자의 역할을 뛰어넘어 다양한 유형의 지방
민주주의 제도의 참여를 통해 지방정부를 주민의 의사와 통제에 두면
서 실질적인 주권자로 거듭나는 것에 대한 기대를 반영한다.

Ⅲ. 주민주권 구현을 위한 지방민주주의 유형

1. 대의민주주의의 특징과 '민주성 결함'

주민주권의 관점에서 지방민주주를 강화하기 위해서는 현재 지방
민주주의의 지배적 제도형태인 대의민주주의에 대한 비판적 검토가
필요하다. 최근의 주민주권과 지방민주주의를 향한 높은 관심은 '대의
제에 기초한 지방민주주의가 주민주권에 부합하는 지방자치의 성과를
가져다주었는가?' 또는 '대의민주제가 지방민주주의를 위한 유일한
제도적 수단인가?'라는 본질적인 질문과 관련된다.

대의민주주의는 정치적 의사결정을 국민이 선출한 소수의 전문 정
치인에게 위임하는 것을 의미하다. 대의민주제에 있어서 시민의 관심
사와 선호를 고려하는 핵심기제는 정당 또는 정당후보들 사이의 경쟁
이다. 참여기회와 관련하여 대의민주주의는 보편적인 평등의 원칙을
중심에 두고 공식적 1인 1표로서 그것을 구체화한다. 복잡한 정치결
정을 내리는 임무는 자격과 시간을 가진 선출직 정치인에게 위임한다
는 정치적 분업 개념이 대의정치체계의 정당성을 뒷받침하는 잠재적
근거가 된다. 대의민주주의의 선거라는 책무성 기제는 마음에 들지 않
은 정치인을 제거한다는 의미에서 강력한 상징적 의미를 가지지만, 시

민의 실질적인 통제기제로는 미약하다. 선거에 의한 정치적 책무성의 기제는 유권자들이 우선적으로 고려하는 두드러진 쟁점에서만 작동을 한다. 또한 집행부(행정관료)의 의회(정치인)에 대한 책무성의 경우 집행부의 의회에 대한 증가된 영향력으로 인해 크게 훼손되어 왔다.

대의민주제의 한계는 '민주성결함'의 담론을 통해 부각되어왔다. 민주성결함은 대의과정 전반에 걸쳐 다양하게 발생한다(Ackerman, 2004; 곽현근, 2015에서 재인용). 첫째, 선거는 오직 선출직 공직자에게만 정치적 책무성(political accountability)을 부과한다. 반면, 정책결정에 상당한 영향력을 갖는 일반관료들이 시민들에게 직접적으로 책임지는 일은 없다. 둘째, 다양한 선호와 평가의 가능성에도 불구하고, 1인 1표를 가지고 주기적인 선거를 통해 정치인에게 정치적 시그널을 보내고 책임을 묻는 것은 사실상 불가능하다. 셋째, 점차 낮아지는 투표율은 정치인으로 하여금 공익보다도 정치성향이 높은 특수이익집단의 사익에 부합하는 정책을 만드는 결과를 낳게 된다. 넷째, 공직자와 시민의 비대칭적인 정보수준, 구속력 있는 시민사회의 통제기제 부재 속에서 선거만으로 정치인과 관료를 통제하는 것은 역부족인 것으로 드러나고 있다.

대의민주제의 민주성결함은 정치인과 관료에 대한 일반 국민의 통제가 제대로 작동하지 않고 있음을 의미한다. 선거를 통한 통제기제가 충분한 구속력을 갖지 못하면서 정치와 행정 엘리트들이 주인-대리인 관계를 망각하고 자신들만의 게임에 몰두한다. 근본적으로 대의민주제는 선출된 엘리트와 전문 관료들이 일반주민보다 중요하다는 철학에 기초하고, 주민의 삶에 대한 책임과 운명을 엘리트에게 맡기면서 주인으로서의 주체성과 책임의식을 잃게 될 가능성이 높아진다. 민주성결함은 시민의 정치적 무관심, 투표와 같은 전통적 형태의 정치참여로 이어지게 되고, '축소된 민주주의'(diminished democracy) 현상과 함께 국가정당성의 위기까지 초래하게 된다(Skocpol, 2003).

2. 다양한 민주주의 진단을 위한 '정치적 정당성'의 분류

대의민주제의 민주성결함을 보완하기 위한 다양한 민주주의 유형들에 대한 담론과 제도모형이 오랜 시간을 두고 진화되어왔다. 앞서 「자치분권종합계획」에서 '주민주권 구현'을 위해 제시된 다양한 추진 과제들은 대의민주제의 민주성결함을 보완하기 위한 다양한 민주주의 유형들을 포함하고 있다. 문재인 정부의 주민주권의 구현과 관련된 과제들의 성격과 성과를 진단하고 이해하기 위해서는 대안적 지방민주주의 유형의 규범적 또는 이론적인 이해가 선행될 필요가 있다.

대의민주제를 포함한 다양한 민주주의 유형들은 민주적 통치가 정당화되는 서로 다른 근거를 강조한다. 정부 또는 지방정부가 행사하는 권위(authority)가 시민들에 의해 타당한 근거를 가지는 것으로 받아들여질 때, 해당 정부는 '정치적 정당성'(political legitimacy)을 가지게 된다. Bekkers and Edwards(2007)는 이러한 정치적 정당성을 투입, 과정(throughput), 산출 측면으로 분류하고 있다.

민주적 정부의 투입정당성은 '국민에 의한 정부'(government by the people)를 지향하는 것으로, 정부 결정이 시민의 선호와 연계되는 기제 및 절차를 강조한다. 또한 모든 이해당사자가 통치과정 및 결정에 영향을 미칠 수 있는 동등한 기회가 부여될 것을 요구한다. 정치적 평등, 적극적 시민성과 인민주권의 가치를 지향하는 투입정당성은 시민참여의 기회, 관심사와 선호가 대표되는 질(quality), 의제설정의 개방성과 같은 제도적 차원의 설계에 관심을 갖는다.

과정정당성은 의사결정이 내려지는 규칙과 절차의 질을 강조한다. 제도적 차원에서 과정정당성은 다수결 또는 숙의(deliberation)와 같이 집합적(collective) 의사결정 방식, 의사결정과정의 참여의 질, 견제와 균형 등과 관련된 참여기제에 초점을 둔다.

산출정당성은 '국민을 위한 정부'(government for the people)를 지향하면서 시민들이 관심을 가지는 목적의 달성과 문제해결의 결과를 만들어내는 정부를 강조하게 된다. 제도적 차원에서 산출정당성은 정책의 효과성과 효율성, 국민 바람에 대한 대응, 정책결정과 성과에 대한 책무성(accountability)과 같은 가치를 실현하는 게임의 규칙에 초점을 두게 된다.

다음에서는 「자치분권종합계획」의 주민주권의 구현을 위한 과제들과 관련된 민주주의 유형들을 중심으로 정치적 정당성의 투입, 과정, 산출 측면과 관련된 특징들을 살펴보고자 한다(Bekkers and Edwards, 2007).

3. 지방민주주의 유형 분류 및 특징[1]

1) 직접민주주의

직접민주주의 제도들은 스위스에서처럼 작은 규모의 자치정부의

---

1 본 주제와 관련된 내용은 한국행정연구원(2021)이 주관한 "포용국가를 지향하는 분권형 정부체계 수립에 관한 연구"에 포함된 내용을 일부 발췌한 것이다.

주민투표 또는 주민총회와 같은 의사결정방식으로부터 국민발의, 국민투표 그리고 국민소환 절차에 이르기까지 다양한 형태의 제도들을 포함한다. 이러한 제도들의 특징은 주민들이 직접 법 또는 정책을 결정하는 과정을 통해 대중의 의지가 직접적으로 정책으로 전환된다는 점에서 강력한 형태의 민주주의 방식으로 간주된다. 직접민주주의는 정치적 엘리트와 대중 사이의 지식, 또는 판단에 있어 차이가 없다는 믿음에 토대를 둔다.

민주적 정치체계의 정당성에 대한 직접민주주의의 우선적 공헌은 투입측면이다. 직접민주주의는 구체적 정치적 결정을 내리는 데 있어서 직접 시민참여와 정치적 평등의 가치를 결합한다. 만약 시민발의를 포함시킨다면, 의제의 개방성과 관련해서도 직접민주제도들은 매우 강력한 것이다.

이론적으로 투입과 정치적 결정 사이에 중재가 없기 때문에 과정정당성은 투표하는 인민의 모든 구성원의 권리에 의해 보장된다. 하지만 오직 '찬성'과 '반대' 투표의 합산이기 때문에 참여의 질은 제한된다.

산출 측면에 있어서 대응성은 의사결정에 있어서 시민들의 직접관여의 결과로 볼 수 있다. 더욱이 정치인들에 의해 내려진 이전의 결정에 도전하는 시민이 주도한 투표는 정치적 결정의 책무성에 보탬이 된다.

직접민주주의의 주된 약점은 투입측면에서 찾을 수 있다. 즉, 유권자들은 복잡한 쟁점들에 대해 충분한 정보와 이해를 통해 의사결정에 참여하려는 동기와 인지능력이 결여된 경우가 대부분이다. 또 다른 약점은 직접민주주의는 시민들의 참여과정이 '중재되지 않았다'고 하는 가정에 기초하지만, 실제 과정은 재정적으로 강력한 이익집단의 정치적 캠페인 등에 의해 크게 영향을 받을 가능성을 배제할 수 없다.

2) 숙의민주주의

숙의민주주의는 '토론에 의한 정부'(government by discussion)로 상징된다. 숙의민주주의는 시민 개개인이 가지는 선호(preference)를 이미 주어진 고정된 것으로 받아들여서 시민들의 선호를 단순히 합산하는 것이 공공성(publicness)이라는 생각을 거부한다. 대신 대화와 토론과 학습을 통해 '정제된 선호'(refined preferences) 또는 '계몽된 선호'(enlightened preferences)가 형성될 수 있음을 인정한다. 이상적인 숙의모형은 합리적으로 합의에 도달하는 것을 목적으로 한다. 따라서 시민참여과정에서 정보와 주장의 교환을 통해 서로의 생각과 선호를 비판적으로 검토하고 조정하면서 최종적인 판단에 도달하는 통합의 과정을 강조한다. 숙의민주주의의 제도적 형태로는 시민배심원제(citizen jury), 원탁회의(round table), 공론적 여론조사(deliberative polling) 등을 포함한다.

민주적 정당성에 대한 숙의모형의 가장 큰 공헌은 과정 측면에서 찾을 수 있다. 숙의를 위한 제도적 장치들을 지배하는 가장 큰 원칙은 Habermas의 '이상적 발언의 상황'(ideal speech situation)이다. 이 상황에서 모든 시민은 공적 토론에 참여할 수 있는 동등한 기회를 부여받게 되고, 참여자는 공적인 이유에 근거한 합리적 주장을 통해 자신의 생각을 적극적으로 제시하거나 방어하되 자신의 지위나 권력이 공적 토론의 결과에 영향을 미치지 않도록 자제하는 자세가 요구된다. 마찬가지로 현존하는 권력구조가 시민의 토론 참여 기회에 영향을 미치거나 논쟁해결에 '권위적인'(authoritative) 역할을 하는 일이 없어야 한다.

숙의과정에서 가정하는 이상적 발언의 조건과 다양한 이해당사자 및 전문가들의 관여 가능성으로 인하여 숙의민주제 모형은 참여의 질의 측면에서 높은 장점을 가진다. Habermas에 따르면, 숙의절차는 시민이 가지는 의사소통의 힘을 사회와 행정의 의사결정으로 연결되도록 함으로써 견제와 균형을 위한 '역행기제'(counter-steering mechanism)로서 기능할 수 있다.

투입측면에서 숙의의 제도적 장치들은 '적극적인 시민성'(active citizenship)을 발휘할 수 있는 통로를 제공한다. 숙의민주주의에 있어 책무성은 합의과정을 통해 '공개적으로 정책을 명확히 하고, 설명하며, 가장 중요하게는 정당화하는 것'으로 이해되어진다. 이러한 의미에서 숙의모형은 산출측면에서도 커다란 잠재력을 가진다.

반면, 숙의민주주의는 투입, 과정, 산출 측면에서 중요한 약점을 가진다. 우선 투입측면에서 숙의모형은 정치적 평등의 가치와 불편한 관계에 놓일 수 있다. 첫째, 사회구성원이 가지는 선호들이 담론과정을 통해 비판적인 검토를 받아야 된다는 주장에도 불구하고, 비숙의적 선호를 가진 사람들의 참여 권리를 위해 무엇을 할 수 있느냐는 문제가 남아있다. 즉, 숙의모형은 어느 정도 배타성을 시사한다. 더욱이 숙의의 제도적 장치들은 이미 참여 동기, 기술과 자원을 가진 참여자들에게 매력적인 경향을 띤다. 이러한 성격이 대표성의 질에 악영향을 미칠 수 있다. 또한 모든 참여자가 주제를 제안하거나 토의주제에 의문을 제기할 수 있는 권리를 가지는 이상적 발언의 규범을 강조하지만, 실제 숙의를 위한 제도적 장치들은 의제선정 기능에 있어 취약할 가능성이 높다. 의제선정 및 숙의가 특정 이익으로 편향되는 것을 방지하기 위하여 해당 의사결정에 의해 영향받는 모든 이해당사자의 대표성이 질적으로 반영되도록 의식적인 노력이 요구된다.

과정측면에서 숙의를 성공적으로 이끌어내기 위한 이상적 발언의 상황은 토론의 규칙, 과정의 관리 및 중재 등에 관한 세심한 설계와 구속력 있는 실천을 요구한다. 이러한 조건은 이론상으로 가능할지 모르지만, 실제 구현하기는 매우 힘들다. 산출측면에서 숙의절차는 최종적으로 합의를 보장하는 기제가 부재한다. 따라서 숙의제도들은 대의 또는 직접 민주제 모형의 공식 투표절차와 같은 종결장치에 의존하는 경우가 많이 발생한다.

실제 숙의민주제의 장치들은 대의민주제의 큰 틀 안에서 운영되면서 보완적인 것으로 간주된다. 많은 경험적 자료에 따르면, 숙의로부터 도출된 최종 제안을 관료나 정치인들이 공식 인가하는 마지막 결정단계에서 원안을 번복하는 일이 자주 발생한다. 이것은 숙의민주제가 가지는 산출측면에서 대응성의 가치가 대의민주제에 의해 쉽게 희생될 수 있음을 의미한다.

3) 결사체민주주의

결사체민주주의자들은 민주주의 범위를 공공서비스 제공에 관여하는 결사체들(associations)에까지 확대한다. 효과적인 참여 기회는 일상생활에서 주민이 직접적으로 영향을 받고 구체적인 '지역의 지식'(local knowledge)을 필요로 하는 교육, 주택, 보건, 복지 같은 분야에서 제공된다. 그러한 '조직이라는 사회를 민주화하는'(democratizing the organizational society) 전략은 국가의 공공자금 지원과 감독기능은 유지하되, 국가의 많은 기능들을 시민사회에 이양하는 것과 관련된다.

결사체민주주의는 시민에 의한 자치정부(self-government)의 구성과 참여를 통해 적극적 시민성(active citizenship) 또는 사회적 책임의식과 같은 시민덕성을 키울 것을 강조한다. 시민결사체들은 대의(代議)기능을 수행할 수 있을 뿐만 아니라 직접민주제 또는 숙의민주제의 제도적 장치들과 연계하여 활용할 수 있다.

지방정부의 정당성에 대한 결사체민주주의의 주요 공헌은 투입측면과 산출측면이다. 투입측면에서 결사체민주주의는 주민들이 환자, 부모, 서비스 사용자 또는 피고용자의 역할 속에서 자신의 바람과 이익을 표현할 수 있는 많은 대안을 제공한다. 따라서 결사체민주주의는 참여 기회 및 의제개방성에 있어서 높은 점수를 얻는다. 산출 측면에서 서비스 기능 이양과 시민들의 직접관여의 결합은 주민 수요에 대한 대응의 가능성을 증가시킨다. 책무성의 경우도 똑같은 논리가 적용된다. 과정정당성에 대한 구체적 공헌은 사용되는 기제(대의민주제, 직접민주제, 숙의민주제)에 의존한다. 만약 숙의기제가 결사체의 의사결정과정에 연계될 때, 과정정당성에 대한 공헌은 잠재적으로 매우 높을 수 있다.

4) 주민참여예산제

주민참여예산제는 공공지출의 배분을 결정하는 과정에 시민이 참여하는 제도이다. 브라질 포르토 알레그레 시에서 최초로 시행된 것으로 알려진 주민참여예산제는 이후 유럽, 아시아 및 북미 등 전 세계에 걸쳐 다양한 형태로 제도화되고 있다. 정부가 가지고 있는 예산을 일종의 권력으로 간주할 때, 주민참여를 통한 예산배분은 일종의 주민에 의한 권력의 공유로 해석되면서 가장 강력하고 높은 수준의 참여제도로 간주된다. 앞서 논의된 민주주의 유형들과 관련 제도들이 대의민주제가 가지고 있는 단점 또는 한계에 대한 이론적 비판 속에서 탄생한 것이라고 한다면, 주민참여예산제는 특정 민주주의 이론에 의존하지 않고 혁신적인 제도형태로 주목받고 확산된 점이 차별화된다. 과정은 관계된 지방정부의 관할구역 주민 누구에게나 개방된다. 많은 경우에 자기선택적(self-selection) 참여방식이 주된 참여방식이지만 선거를 통하거나 특정집단 또는 사람들을 대상으로 의도된 선정방식이 사용되기도 한다. 주된 참여의 방식은 투표이지만 청취와 담론적(discursive) 토론 또한 중요한 역할을 한다. 궁극적으로 결정이 내려지게 되는 것은 주로 투표를 통해서다. 영향력의 수준과 관련해서 참여예산은 직접적 권한을 가진 의사결정자 또는 공동거버넌스를 위한 제도적 장치의 파트너로서 시민들을 위치시킨다. 참여예산은 전형적으로 지방수준에서 운영되고, 정책의제설정 및 결정과 병행하여 활용된다.

| 참고문헌 |

곽현근. (2020). 자치분권 원리로서 '주민주권'의 이론적 토대 정립을 위한 시론(試論).「한국행정연구」, 29(2): 31-60.

곽현근. (2021). 일상적 실천공동체와 학술공동체의 '주민자치' 개념의 맥락적 분석.「한국행정학보」, 55(2): 29-53.

박배균. (2013). 국가-지역 연구의 인식론: 사회공간론적 관점을 바탕으로. 박배균·김동완. (편).「국가와 지역: 다중스케일 관점에서 본 한국의 지역」. 서울: 알트. 1-51.

한국행정연구원. (2021).「포용국가를 지향하는 분권형 정부체계 수립에 관한 연구」.

Ackerman, J. (2004). Co-Governance for Accountability: Beyond "Exit" and "Voice". *World Development*, 32(3): 447-463.

Bekkers, V., Dijkstra, G., Edwards, A., and Fenger, M. (eds.). (2007). *Governance and the Democratic Deficit*. Burlington, VT: Ashgate Publishing Company.

Castiglione, D., and Warren, E. (2013). A New Ecology of Democratic Representation? Eight Theoretical Issues. Rivista di Storia dellle Idec, 2(2): 155-172.

Feinberg, J. (1983). Autonomy, Sovereignty, and Privacy: Moral Ideals in the Constitution. *Notre Dame Law Review*, 58(3): 445-492.

Jessop, B. (2002). *The Future of the Capitalistic State*. Cambridge: Policy Press.

Skocpol, T. (2003). *Diminished Democracy: From Membership to Management in American Civic Life*. Norman, OK: University of Oklahoma Press.

제4장 문재인 정부의 주민주권과
자치분권

주희진 자치분권위원회 전문위원

I. 들어가며

1991년 우리나라에 지방자치가 다시 시작된 지 올해로 딱 30년이 되었다. 그러나 우리나라 지방자치의 수준은 주민이 주인이 되어 스스로 정책을 결정해 나간다기보다는 중앙정부로부터 지방정부가 '분권'을 이행하는 수준이었다.

1987년 당시 헌법 등이 지방자치라는 집을 만드는 데 초점을 두었다면, 이미 마련된 지방자치란 집 안에 알찬 내용을 담자는 지방분권을 합한 용어가 자치분권이다. 자치분권은 주민들이 뽑은 대표자들만의 자치가 아닌 주민들이 직접 참여하고 논의하고 결정하는 자치를 지향하고 있다. 이것이 바로 주민주권의 시작을 의미한다.

주민자치의 수준을 높이기 위해서는 크게 두 가지가 필요한데, 하나는 주민들이 지방정부를 구성하고 운영하는 과정에 개입할 수 있는 권한이다. 다른 하나는 주민자치를 실행할 수 있는 자치조직이 설치되고 주민주도로 운영될 수 있어야 한다(최승제, 2021: 47).

이에 문재인 정부가 2017년 10월 지방자치의 날에 발표한 '자치분권 로드맵'에서는 자치분권의 비전을 '내 삶을 바꾸는 자치분권'으로, 목표는 '연방제에 버금가는 강력한 지방분권'을 제시하고 있다. 또한 핵심전략으로 제시한 5가지 중 하나가 주민자치의 확대를 의미하는 '풀뿌리 주민자치의 강화'이다. 풀뿌리 주민자치의 강화는 주민의 의사와 괴리된 정책결정, 공무원 위주의 읍면동 운영 및 관 주도의 마을 정책 수립·집행의 현재에서 주민 직접참여 확대로 주권재민을 구현하고, 읍면동의 '주민자치 플랫폼화', 마을단위의 자생적 자치역량의 강화를 목표로 한다. 이를 위하여 실질적 주민자치를 통한 공동체 활성화, 읍면동 행정혁신, 마을자치 지원 플랫폼 구축 및 다양한 마을모델 발굴 지원, 주민 참여제도(주민투표, 주민소환 등)를 개선하여 직접 참여를 활성화하는 등의 구체적 전략을 제시하고 있다. 또한 32년만에 전부 개정된 지방자치법으로 주민자치는 활성화될 수 있는 토대가 마련되었고, 직접민주주의의 강화를 통해 주민주권을 구현할 수 있게 되었다.

이하에서는 문재인 정부의 주민주권 구현을 위한 여러 시도와 이에 대한 주요 성과에 대하여 살펴보고자 한다. 또한 포스트코로나 시대와 자치분권 2.0 시대를 맞이하여 주민주권을 실현하기 위하여 어떠한 방향으로 나아가야 할지에 대하여 논의하고자 한다.

Ⅱ. 주민주권 구현을 위한 여러 시도

1. 자치분권 종합계획

자치분권위원회는 지난 2018년 9월 '우리 삶을 바꾸는 자치분권'

을 비전으로 ① 주민과 함께하는 정부, ② 다양성이 꽃피는 지역, ③ 새로움이 넘치는 사회를 목표로 한 「자치분권 종합계획」을 발표하였다. 이는 '자치분권 로드맵'을 토대로 하여 자치분권위원회와 행정안전부가 공동으로 지방자치단체, 지방 4대협의체, 중앙부처 및 일반국민의 의견을 수렴하여 자치분권 실현을 위한 6대 추진전략과 33개 과제로 구성하였다.

「자치분권 종합계획」을 주요 특징을 보면, 중앙정부와 자치단체 간의 권한배분을 넘어 자치분권의 최종 지향점인 주민주권 구현을 최고의 가치로 자리매김하고, 현재 재산과제 중심의 지방세 구조를 소비과세·소득과세 중심으로 개편, 국가와 지방자치단체 간의 동반자적 관계 구축 등을 담고 있다.

주요 내용을 살펴보면 첫째, 주민주권의 구현으로서 그간 우리나라의 지방자치는 지방의 정책과정에서 주민의 참여 통로 부족과 관(官) 중심의 주민자치로 주민은 지방자치에서 소외되고 있었다. 이에 따라 주민참여를 확대[1]하고 주민직접민주주의의 강화로 대의민주주의 한계 보완[2] 및 주민자치회의 대표성 제고 및 활성화[3] 등이 「자치분권 종

---

1 - 지방자치법 목적에 '주민자치' 원리를 규정하고 지역 정책결정 및 집행과정에 대한 주민 참여권 신설
  - 주민의 알권리 보장을 위한 정보공개 종합규정 마련
  - 숙의 기반의 주민참여 방식을 확인하기 위해 다양한 운영사례와 매뉴얼 제공
  - 주민참여예산제도의 적용대상을 주요사업의 예산 전과정으로 확대
2 - 주민이 지방자치단체를 경유하지 않고 직접 조례의 제·개정 및 폐지안을 지방의회에 제출하는 주민발안제도 도입
  - 주민소환, 주민감사청구, 주민투표제도의 청구대상 및 요건 등의 합리적 개선으로 주민중심의 지방자치단체 운영 도모
3 - 주민자치의 대표기구로서 주민자치회 설치

합계획」에 담겼다. 둘째, 중앙권한의 획기적 지방이양으로 지방일괄이양법의 제정·지속 추진, 자치분권 법령 사전협의제 도입[4], 광역 단위 자치경찰체 도입으로 주민 밀착 치안서비스 강화[5] 등을 명시하였다. 셋째, 강력한 재정분권의 추진[6]으로 국세·지방세의 비율을 6:4로 개편, 국고보조사업의 합리적 개편[7]을 통해 국민최저수준 보장적 복지사업에 대해 국가 책임 강화 방안을 마련[8]하였다. 넷째, 중앙-지방 및 자치단체 간의 협력을 강화하기 위해 '중앙-지방 협력기구'설치, 특별지방자치단체 제도 도입, 제주·세종의 자치분권 모델 정립 등을 제시하였다. 다섯째, 자치단체의 자율성과 책임성을 확대하기 위해 자치단체의 자율성 및 정보 공개 확대, 지방의회의 자율성·투명성 확대, 기관구성의 선택권 부여 등을 제시하였으며, 여섯째, 저출산·고령화 및 4차 산업혁명 등 자치환경의 변화에 대비하는 지방행정체제 개편 및 지방

　- 주민자치회에 대한 행·재정지원 근거를 지방자치법에 규정하되, 운영 관련 사항은 조례에 위임하여 지역의 여건에 부합하는 자율성과 다양성 보장

4　- 지방일괄이양법 제정으로 장기간 미이양 되었던 518개 사무의 조속 이양, 제2차, 제3차 지방일괄이양법 제정 및 지속 추진
　- 권한이양에 따른 행·재정 지원을 위해 '(가칭)지방이양비용평가위원회' 설치

5　- 법령 제·개정으로 인한 자치권 제약을 사전에 심사
　- 기능 중심의 패키지 이양을 통해 지방의 실질적인 권한을 확대하는 방향으로 지방이양 추진

6　2019년부터 서울·제주·세종 등에서 시범실시하고, 이에 대한 분석·평가를 거쳐 전국으로 확대 실시

7　본 주제와 관련된 내용은 한국행정연구원(2021)이 주관한 "포용국가를 지향하는 분권형 정부체계 수립에 관한 연구"에 포함된 내용을 일부 발췌한 것이다.

8　지방재정 운영의 자율성을 제고하고 지방 부담의 완화를 추진하기 위하여,
　- 소비·소득과세 중심으로 지방세를 확충하여 지방의 자생력 강화
　- 지방세 화개에 따라 야기될 수 있는 지역 간 불균형을 완화하기 위해 다양한 균형장치 마련

선거제도 개선방안의 중장기적 모색도 함께 담았다.

[그림 4-1] 자치분권 종합계획

6대전략 33개 과제

추진전략	과제명
1 주민주권 구현	❶ 주민 참여권 보장 ❷ 숙의 기반의 주민참여 방식 도입 ❸ 주민자치회 대표성 제고 및 활성화 ❹ 조례 제·개정의 주민직접발안제도 도입 ❺ 주민소환 및 주민감사청구 요건의 합리적 완화 ❻ 주민투표 청구대상 확대 ❼ 주민참여예산제도 확대
2 중앙권한의 획기적인 지방지양	❶ 중앙-자치단체 간 사무 재배분 ❷ 중앙권한의 기능 중심 포괄 이양 ❸ 자치분권 법령 사전협의제 도입 ❹ 특별지방행정기관 정비 ❺ 대도시 특례 확대 ❻ 광역단위 자치경찰제 도입 ❼ 교육자치 강화 및 지방자치와의 연계·협력 활성화
3 재정분권의 강력한 추진	❶ 국세·지방세 구조 개선 ❷ 지방세입 확충 기반 강화 ❸ 고향사랑 기부제 도입 ❹ 국고보조사업 개편 ❺ 지방교부세 형평 기능 강화 ❻ 지역상생발전기금 확대 및 합리적 개편
4 중앙-지방 및 자치단체 간의 협력 강화	❶ 중앙-지방 협력기구 설치·운영 ❷ 자치단체 간 협력 활성화 지원 ❸ 제주·세종형 자치분권 모델 구현
5 자치단체의 자율성과 책임성 확대	❶ 지방의회 인사권 독립 및 의정활동정보 공개 ❷ 자치조직권 강화 및 책임성 확보 ❸ 지방인사제도 자율성 및 투명성 확보 ❹ 지방공무원 전문성 강화 ❺ 지방재정 운영의 자율성 제고 ❻ 지방재정정보 공개 및 접근성 확대 ❼ 자치분권형 평가체계 구축 ❽ 자치단체 형태 다양화
6 지방행정체제 개편과 지방선거제도 개선	❶ 지방행정체제 개편방안 모색 ❷ 지방선거제도 개선방안 모색

2. 지방자치법 전부개정

앞서 논의하였던 「자치분권 종합계획」을 토대로 이를 실현한 대표적인 성과는 바로 32년만에 전부개정된 지방자치법이라고 할 수 있다. 지방자치법 전부개정은 지방행정에 대한 주민의 참여권 및 주민에 대한 자치단체의 책임성 강화를 통한 주민주권 구현, 지방의회의 정상화, 탄력적인 지방행정, 국정 동반자로서의 자치단체의 지위 격상에 역점을 두고 있다.

주민주권과 관련하여 지방의회 의정활동, 집행기관의 조직재무 등 지방자치 정보가 지역주민에게 투명하게 공개되게 되었고, 지역주민은 공개된 정보를 통해 주민조례발안제도를 활용하여 조례를 제정·개정·폐지하고자 할 경우 의회에 직접 조례안을 발의할 수 있게 되었다. 아울러, 주민감사 청구 연령 기준이 19세에서 18세로 낮아져 더 폭넓은 주민감사가 이루어지는 주민자치의 모습이 크게 변하게 되었다.

또한 주민생활에 불편을 주는 자치단체 간 관할 구역 경계 조정절차가 마련되어, 자치단체 간 자율적 합의를 통해 우선 조정하도록 하고, 합의가 안 되는 경우에만 중앙분쟁조정위원회에서 조정하도록 함으로써 구역 경계와 생활권 불일치로 인한 주민의 불편 해소가 보다 신속하고 용이하게 되었다.

탄력적인 지방행정을 위하여 경계조정 간소화, 특례시제도, 특별자치단체의 도입 등이 이루어졌다. 아울러 인구 100만 이상 도시에 대해 특례시 명칭이 부여되고 실질적 행정수요와 국가균형발전, 지방소멸 위기 등을 고려하여 지정되는 시·군·구 등에 대한 특례를 부여할 수 있는 근거가 마련되었다.

특별지방자치단체 도입으로 시·도 통합 등 지방행정체제의 구체적 논의가 본격화되었으며, 지방의회 사무기구 인사권 독립과 정책지원 전문인력의 보강으로 지방의회는 활성화되고, 중앙-지방협력회의의 설치로 자치단체의 국정참여가 활발하게 이루어져 협력적 국정 거버넌스의 완성도가 높아질 것으로 기대된다.

Ⅲ. 문재인 정부의 주민주권 성과[9]

1. 주민참여권 보장

주민참여권 보장은 지방자치단체의 정책과정에 주민참여를 확대하여 지방자치의 민주성과 대주민 책임성 강화 및 주민참여 확대로 주민 중심의 지방자치 구현에 대한 요구의 목소리가 높아짐에 따라 필요성이 제기되었다.

이에 지방자치법의 목적에 '주민자치' 원리 강화, 자치단체의 정책 결정 및 집행과정에 주민의 참여권 보장 등 주민참여의 실질화 등의 기본 방향 하에서 「자치분권 종합계획」에서는 이를 위한 추진방안으로서 첫째, 지방자치에 주민참여를 촉진할 수 있도록 지방자치법 목적 규정에 '주민자치' 원리 강화, 둘째, 주민이 자치단체의 정책결정 및 집행과정에 참여할 권리를 신설하고, 주민의 알권리 보장을 위한 정보공개 종합규정 마련, 셋째, 자치분권과제에 대한 정보교환, 정책제안, 의

---

9 이하의 내용은 「자치분권 종합계획」의 내용을 토대로 정리하였음.

견수렴 등을 위한 주민이 참여하는 지역별 자치분권협의회의 구성·운영을 명시하였다.

전부개정된 지방자치법에서는 특히 주민의 자치행정 참여 원리를 강화하였다는 점에서 큰 성과를 거두었다고 평가된다. 기존은 지방자치'단체'를 중심으로 지방자치법 등 우리나라 지방자치가 주를 이루었다면, 이번에 개정된 지방자치법에서는 '단체'보다는 '주민'에 보다 초점을 맞추게 된 것이다. 전부개정된 지방자치법 제1조의 목적규정에서 '주민의 지방자치행정 참여'를 명시함으로써 주민중심의 지방자치를 천명하였다.

또한 주민의 참여권이 보장되기 위해서는 정책의 전반적인 과정에 대한 참여가 보장되어야 하며, 이를 위해서는 주민의 폭넓은 알권리가 인정되어야 한다. 이에 전부개정된 지방자치법에서는 지방자치단체 사무처리의 투명성을 높이기 위하여 자치단체의 정보공개 의무·방법 등에 대한 일반규정을 신설(제26조)하였다는 점에서 주민 참여 기회를 확대하였다고 평가할 수 있다.

2. 숙의 기반의 주민참여 방식 도입

숙의민주주의(deliberative democracy)는 대의민주주의를 보완하는 대안이자 직접민주주의의 한계를 보정한 형태의 민주주의 형식으로 주목받고 있다. 대의민주주의와 직접민주주의 간의 논쟁이 참여의 범위를 얼마나 넓게 정할 것인지를 논하는 것이라면, 숙의민주주의는 참여한 국민이 쟁점에 대한 충분한 이해와 토론을 바탕으로 보다 나은 선택을 찾아갈 수 있는지에 집중한다(김지수 외, 2019: 15).

이에 따라 문재인 정부는 주민의 참여가 보장되고 주민이 정책수립 과정의 적극적 참여자로서 정책집행의 추진동력을 확보하기 위하여 숙의 기반의 주민참여 방식의 도입을 「자치분권 종합계획」에 반영하였다.

구체적으로 살펴보면, 공공시설 설치, 주요 공유재산의 매입·매각 등 주민생활에 중대한 영향을 미치는 정책 및 정확한 정보제공이 필요한 정책현안 등에 대하여 공론조사[10], 합의회의[11], 시민회의[12], 주민배심[13] 등 다양한 방법을 활용하여 소통과 토론에 기반한 숙의민주주의 중심의 주민참여를 확산하고 이를 통한 지역공동체 회복 및 갈등을 해소할 수 있는 기반을 마련을 추진과제로 선정하였다. 또한 주민들이 합의된 집단적 의사를 형성하도록 논의의 장을 마련하고 이를 정책결정과정에 반영할 수 있는 기반을 마련하고자 하였다.

2019년 6월 행정안전부 정부혁신추진단이 중앙행정기관, 지방자치단체, 공공기관 143개 기관 1,494개 국민참여를 조사한 '주민참여 운영현황 조사'에 따르면 총 지방자치단체가 운영하고 있는 주민참여는 1,081개로 집계되었다.[14] 역대정부별 주민참여 신설 빈도[그림 4-2]를

---

10 대표성 있는 시민 선발, 정보제공·토론 후 참여자들의 변화된 의견을 공공정책 결정에 반영하는 방식
11 시민들이 전문가에게 질의하고 의견청취 후 의견교환과 심의를 통해 일치된 의견을 도출하는 방식
12 공공정책 결정과정에 시민이 참여하여 결론을 도출하고 시민회의의 결정을 의회 동의를 얻어 입법화하는 방식
13 대표 시민들이 정책질의, 심의과정 후 정책 권고안을 제시하는 방식
14 이하의 내용은 한국지방행정연구원의 연구보고서 「주민주도의 숙의민주주의 실천방안」의 내용을 발췌·정리하여 작성하였다.

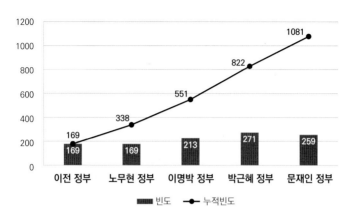

[그림 4-2] 역대정부별 주민참여 시설 신도 및 누적빈도

주: 이전 정부 -정부수립 시부터 김대중 정부까지의 기간
　　문재인 정부 -2017년 5월 취임 이후 2019년 6월말 현재까지 약 2년간의 기간을 집계
자료: 한국지방행정연구원(2019). p.73.

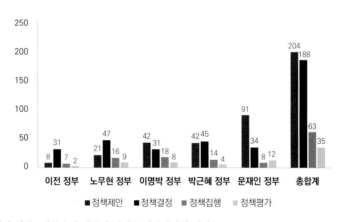

[그림 4-3] 역대정부별 주민참여 시기(단계별)

주: 이전 정부 -정부수립 시부터 김대중 정부까지의 기간
　　문재인 정부 -2017년 5월 취임 이후 2019년 6월말 현재까지 약 2년간의 기간을 집계
자료: 한국지방행정연구원(2019). p.77.

보면 역대정부에서 점차 주민참여 신설 빈도가 증가하였으며, 문재인 정부에서는 취임 후 2년이라는 짧은 시간 안에 259건이 신설된 것으로 조사되었다.

또한 역대 정부별 주민참여의 시기를 살펴보면[그림 4-3], 전반적으로 정책제안단계의 참여가 확대되고 있는 경향을 보이고 있으며, 이는 주민이 정부의 정책구상 및 계획에서 참여해 커뮤니케이션 하는 사례가 증가되고 있다고 볼 수 있다. 다만, 주민의 참여는 여전히 정책제안의 단계에 머무는 비중이 커 정책의 전체 과정에서 대한 주민참여 활성화는 지속적으로 해결해야 할 문제로 나타났다.

한편 숙의 기반의 주민참여에 대한 관심은 지방자치법의 개정에서도 반영되었다. 전부개정된 지방자치법에서 주민생활에 영향을 미치는 정책결정 및 집행과정에 참여할 권리 신설(제17조)하여 주민의 정책에 대한 참여의 법적 근거를 명시적으로 마련하였다.

3. 주민자치회 대표성 제고 및 활성화

시민사회와 지역공동체를 중심으로 주민이 자발적으로 지역현안과 지역문제를 해결하려는 요구가 확산되고 주민과 지역사회 관점에서 공공서비스를 설계하고 주민이 주도해 지역문제를 해결하도록 서비스 전달체계의 혁신 필요성이 제기되는 가운데 그 대안으로서 주민자치회가 지목되었다.

1991년 지방자치가 부활되면서, 주민들에게 지방정부의 단체장과 의원을 선출할 수 있는 참정권은 부여되었지만, 읍·면·동 단위 주민자치는 진전이 없었다(최승제, 2021: 55). 1991년 읍·면·동 사무소에 주민센터를 설치하고 이에 대한 운영과 심의를 하는 기구로 주민자치위원회를 두도록 하였지만, 이는 단순히 운영에 관한 사항만을 다루고 있을 뿐이기 때문에 실질적인 주민자치를 구현할 수는 없다는 한계가 있었다.

이에 국회는 2010년 10월 「지방행정체제개편에 관한 특별법」을 제정하여 새로운 주민자치기구로서 주민자치회 도입을 위한 법적 근거를 마련하였으며, 「지방분권 및 지방행정체제개편에 관한 특별법」(2013. 5월 제정)에 따라 현행 주민자치회가 도입 및 시범실시되고 있다.

주민자치회란 풀뿌리 자치의 활성화와 민주적 참여의식 고양을 위하여 읍·면·동에 설치되고, 주민의 대표로 구성되어 주민자치센터를 운영하는 등 주민의 자치활동 강화에 관한 사항을 수행하는 조직이다(주민자치회 시범사업 실시를 위한 표준조례(안)). 즉, 주민중심의 생활근린자치를 강화하여 지역공동체 활성화 및 지역발전을 도모하고자 읍·면·동 단위별로 구성하는 형태의 주민자치조직을 말한다(최근열, 2014: 222; 이병렬 외, 2015: 160).

2013년 주민자치회 시범실시 사업은 전국 31개 읍·면·동을 대상으로 실시된 이래로 2021년 6월 기준 주민자치회 시범실시 지역은 777개로 크게 증가하였다. 이는 앞서 논의한 바와 같이 「지방분권 및 지방행정체제개편에 관한 특별법」에 근거하여 실시되고 있다.[15] 특히 문재인 정부에 들어서 행정안전부는 주민자치와 주민자치회를 전담

---

15 제27조에 주민자치회의 설치, 제28조에 주민자치회의 기능을 규정하고 있으며, 제29조 제4항은 "행정안전부 장관은 주민자치회의 설치 및 운영에 참고하기 위하여 주민자치회를 시범적으로 설치·운영할 수 있으며, 이를 위한 행정적·재정적 지원을 할 수 있다"고 규정함으로써 전국적으로 주민자치회 시범실시를 시행하고 있다.

하는 조직으로서 주민복지서비스개편추진단(구 주민자치형공공서비스추진
단)을 설치·운영하고 있으며, 기존의 표준조례안도 대폭 수정하여 새
로운 표준조례안을 각 지역에 안내하고 있다.

한편, 2020년 12월 국회 본회의를 통과하여 32년만에 전면개정된
지방자치법에서는 여러 가지로 한국 지방자치에 있어서 매우 큰 변화
의 성과를 가져왔음에도 불구하고 주민자치 근거 조항이 포함되지 못
했다는 한계가 있다. 당초 정부에서 제출한 지방자치법 전부개정법률
안에는 주민자치회에 대한 조항이 포함되어 있었다. 지방자치법에 주
민자치회의 설치 및 운영에 대한 내용이 규정된다는 것은 한국의 지방
자치와 관련된 총괄적 법률에 주민자치회와 관련한 근거를 둔다는 데
큰 의미를 둘 수 있다(한국지방행정연구원, 2021: 2). 그럼에도 불구하고 주
민자치회 조항은 국회 논의과정에서 삭제된 것이다. 이에 따라 다양한
풀뿌리 주민조직과 학계에서는 주민자치회 조항의 복원을 강하게 요
구하고 있다(최승제, 2021: 57).

4. 직접민주주의의 실현 : 조례 제·개정의 주민직접발안 제도 도입, 주민소환 및 주민감사청구 요건의 합리적 완화, 주민투표 청구대상 확대

그동안 직접민주주의의 방안으로서 조례의 제정·개폐 청구제도, 주
민소환 제도, 주민감사청구 제도 및 주민투표 제도 등이 도입되어 왔
다. 그럼에도 불구하고 이 제도들의 실효성에 대한 의문은 제속적으로
제기되어 왔는데, 조례의 제정·개폐 청구제도는 1999년 도입 이후 18
년간 단 239건만이 발의되었을 뿐이며(2018년 기준, 연평균 13.2건) 이마

저도 2003년~2005년에 집중 발의된 급식조례를 제외하면 94건(연평균 8건)에 불과한 수준이었다. 2007년 주민소환에 대한 법률의 시행 이후 실제 주민소환이 실시된 건수는 8건에 불과하였고, 주민투표 제도는 2004년 주민투표법 시행 이후 2018년 기준 단 8건만 시행되었을 뿐이다.

낮은 활용에 대한 원인으로서 조례의 제정·개폐 청구제도는 주민 서명에 있어서 엄격한 청구요건과 제한된 절차 문제, 주민소환 제도는 주민감사의 청구인 수 기준이 높고, 짧은 청구제기 대상기간이 문제점으로 지적되었다.

이러한 문제점을 해결하기 위하여 자치분권위원회는 「자치분권 종합계획」에 다양한 방법을 제시하였고, 이러한 노력 끝에 2020년 12월 전부개정된 지방자치법에 직접민주주의를 활성화할 수 있는 내용이 명시되었다.

주민직접발안제도의 도입을 위하여 전부개정 지방자치법에서 지방자치단체의 조례를 제정하거나 개정, 폐지할 것을 청구할 수 있고(제18조 제1항), 주민조례발안에 관한 법률 등을 통하여 이와 관련된 구체적 사항을 별도 법률로 정하도록 하였다(제19조 제2항). 또한 기존의 지방자치법에서는 규정되어 있지 않았던 규칙 제정과 개정·폐지 의견을 제출할 수 있는 조항을 신설하여 주민은 권리·의무와 직접 관련되는 사항에 대하여 자치단체장에게 규칙의 제·개정 및 폐지의견을 제출할 수 있게 되었다(제20조).

주민소환 및 주민감사청구 요건의 완화 역시 지방자치법을 통하여 현실화되었다. 전부개정된 지방자치법에서는 서명인 수의 상한을 하향 조정하였다. 시·도의 경우 500명에서 300명으로, 50만 이상 대도시는 300명에서 200명으로, 시·군·구는 200명에서 150명으로 조정하였으며, 청구가능기간은 2년에서 3년으로 연장하였다(제21조). 또한 주민감사 및 주민소송을 청구할 수 있는 기준 연령을 기존 19세에서 18세로 확대하였다(제21조, 제22조).

그러나 2021년 7월 말 현재 주민조례발안법, 주민소환법, 주민투표법 등 주민참여 3법은 여전히 국회에 계류되어 있는 상태이다.

5. 주민참여예산제도 확대

주민참여예산제도는 자치분권 시대에 걸맞게 소규모 사업 중심의 형식적 제도 운영에서 벗어나 지방예산 전반에 대한 주민참여의 활성화의 필요성이 증대됨에 따라 도입되었다. 주민참여예산제도는 지방의회와 지방정부가 주도해 오던 지방예산과정에 주민이 직접 참여할 수 있도록 하는 제도이다. 이는 참여와 자기결정이라는 지방자치의 이념을 구현하기 위한 수단으로써(최성환 외, 2017: 3) 도입 초기에는 주민의 참여범위가 예산의 편성에 국한되어 있었으나, 점차 예산의 집행과 평가 등의 영역으로 확대되었다(서인석 외, 2021: 114).

우리나라의 주민참여예산제도는 행정안전부가 '2004년도 지방자치단체 예산편성지침'에서 처음 예산편성 전 인터넷 설문조사, 주민공청회, 간담회 등을 통해 지역주민들이 예산편성 과정에 참여하는 '주민참여형 예산편성제'의 도입을 권고하면서 시작하였다. 이후 2004년 3월 광주광역시 북구청에서 주민참여예산 운영 조례가 처음 제정되며 다른 자치단체들로 확산되었으며, 이후 행정안전부의 조례 모델안 시달 및 지방재정법의 조항 신설 및 개정 등을 통하여 지방자치단체의 주민참여예산제 운영의 제도적 기반이 마련되었다. 그리고 2011년부터 의무시행되어 지방자치단체 예산의 투명성을 높이고 있다.

문재인 정부는 2017년 7월에 발표한 100대 국정과제의 실천과제의 하나로 지자체 주요 정책·사업까지 주민참여예산제 확대 운영을 설정하였다. 2018년 3월에는 지방재정법을 개정하여 주민참여 범위를 예산편성 중심에서 집행, 결산 등에 이르는 예산과정 전체로 확대하였으며, 주민참여와 관련되는 주민참여예산위원회 등 주민참여예산기구를 설치하여 운영할 수 있도록 하였다. 이에 현재 243개 모든 지자체는 주민참여예산조례를 제정하여 주민참여예산제를 여러 방식으로 운영하고 있다. 한편 행정안전부는 2017년까지 자치단체의 신청을 받아 주민참여예산 우수 자치단체를 선정하여 시상하고 있는데, 신청기관 수가 4년째 지속적으로 증가하여 자치단체의 관심도 역시 높아지고 있다.

〈표 4-1〉 전부 개정 지방자치법 중 '주민의 권리 강화' 관련 주요 내용

주요내용	현 행	개 선	비 고
주민의 자치행정 참여 원리 강화	• 단체자치 중심	• 목적규정에 '주민의 지방자치 행정 참여' 명시	§1
주민 참여권 강화	• 주민 권리 제한적 – 주민단체 재산과 공공시설 이용권 – 균등한 행정의 혜택을 받을 권리 – 참정권	• 주민 권리 확대 – 주민생활에 영향을 미치는 정책 결정 및 집행과정에 참여할 권리 신설	§17
주민조례 발안제 도입	• 조례안 제정, 개·폐 청구시 조례안을 단체장에게 제출	• 별도 법률로 제정(주민조례발안에 관한 법률) – 조례안을 의회에 직접 제출 – 청구요건 완화(19세→18세)	§19

주요내용	현 행	개 선	비 고
규칙 제정과 개정·폐지 의견 제출	(미규정)	· 주민은 권리·의무와 직접 관련되는 사항에 대하여 자치단체장에게 규칙의 제·개정 및 폐지 의견 제출 가능	§20
주민감사 청구 제도 개선	• 서명인수 상한 – 시도 500명 – 50만 이상 대도시 300명 – 시군구 200명 • 청구가능기간 2년	• 상한 하향 조정 – 시도 300명 – 50만 이상 대도시 200명 – 시군구 150명 • 청구가능기간 3년	§21
청구권 기준 연령 완화	• 19세 이상 주민 청구 가능	• 주민감사, 주민소송은 18세 이상 주민 청구 가능	§21, 22
기관구성 다양화	• 단체장 중심형으로 획일화	• 주민투표 거쳐 기관구성 선택권 보장 * 추후 별도법 제정 추진	§4
정보공개 제도화	• 자치단체 정보공개 의무·방법 등 미규정	• 자치단체 정보공개 의무·방법 등에 대해 일반규정 신설	§26

출처: 자치분권위원회 내부자료

IV. 나가며

1991년 지방의회의원 선고로 지방자치가 실시된 이후, 지난해 지방자치법이 전부개정되기까지 30년은 자치단체 중심의 권한과 책임을 제도화하는 등 지방자치제도의 기본 토대를 마련한 지방자치 1.0의 시대였다. 이 기간동안 평화적 정권교체, 행정정보 공개조례, 주민참여예산제도 등 민주적 제도와 주민 눈높이의 지방행정으로 주민의 삶의 질이 높아진 성과가 있었지만, 중앙과 지방의 관계에 초점을 둔 단체자치에 비중을 두면서 주민참여 등 주민자치는 부족했다고 평가할 수 있다.

이에 앞으로 30년은 자치분권을 고도화하여 주민중심의 지방자치를 완성해 나가는 자치분권 2.0의 시대라고 할 수 있다. 자치분권 2.0 시대의 핵심은 주민이 중심이 되는 주민자치이다. 주민주권의 사상과 보충성의 원칙에 따라 자치사무의 범위를 확대하고, 재정분권을 통해 중앙과 지방의 협력관계가 공고해질 것이다. 또한 지방의회의 전문성과 자율성이 강화되어 지방정부와 의회 간에 견제와 균형이 정상적으로 작동하게 되고, 중앙정부와 지방정부도 지도·감독의 상하관계가 아닌 협력적 동반자 관계로 나아가게 될 것이다.

최근 우리는 코로나19 방역을 통해 '지방의 재발견'이라는 수식어를 이끌어내면서 지방의 역량을 입증한 계기가 되었다. 코로나19의 대응 과정에서 보았듯이 자치분권이 정착되고 확산되면, 자치단체 권한과 책임이 확대되고 그에 상응하는 역량이 강화됨으로써 현장 중심의 신속한 대응이 가능하게 될 것이다.

앞으로 포스트코로나 시대에는 지방의 수권능력 제고와 자치역량 강화를 통한 지방정부의 신뢰를 높이는 것이 중요해질 것이다. 이를 위해서는 혁신적 정책 시도와 지방정부의 거버넌스 혁신, 실질화된 주민주권과 주민참여를 활성화해야 할 것이다.

그런 측면에서 주민자치의 영역은 앞으로 개선되어야 할 과제가 아직 많이 남아있다. 가장 먼저 실질적이고 일상적인 주민자치를 실행할 수 있는 제도가 필요하다. 그런 의미에서 지금 시범실시되고 있는 주민자치회를 지방자치법에 명시하는 것은 중요한 의미를 가진다. 주민자치회가 2021년 6월 기준으로 777곳에서 시범실시를 하고 있음에도 불구하고, 대부분 지역에서 행정이 주도하며, 주민참여의 지역별 편차도 매우 심해(최승제, 2021: 48) 이에 대한 근본적인 보완이 시급하게 필

요하다. 또한 주민조례발안법, 주민소환법, 주민투표법 등 주민참여 3
법의 조속한 제·개정을 통하여 그동안 제도의 시행과정에서 주민참여
를 제약했던 여러 가지 문제점을 보완해야 할 것이다.

| 참고문헌 |

김지수·이재용. (2019). 「주민주도의 숙의민주주의 실천방안」. 한국지방행
정연구원.

서인석·김선엽·주희진. (2021). 경기도 기초자치단체 주민참여예산제 운영
의 특성과 유형화: 주민참여예산범위, 기구구성수준, 지역특성을 중
심으로. 「지방행정연구」, 35(1): 111-144.

서정섭·이장욱. (2018). 「지방자치단체 주민참여예산제 발전방향」. 한국지
방행정연구원.

이병렬·이종수. (2015). 주민자치회 시범실시의 제도적 한계와 발전과제.
「한국자치행정학보」, 29(1): 157-180.

최근열. (2014). 읍면동 주민자치회 시범실시 실태 및 발전과제. 「한국지방
자치연구」, 16(3): 215-240.

최성환·최준규·김수란·윤소은·이진수. (2017). 「경기도 주민참여예산제도
의 운영 개선방안」. 경기연구원.

최승제. (2021). 한국 주민자치의 개선방안: 주민자치회 활성화를 중심으
로. 「한국지방정부학회 학술대회자료집」, 2021.5. pp. 47-71.

한국지방행정연구원. (2021). 「주민자치회 시범실시 현황 및 관련 법제정의
쟁점」. 지방자치 정책브리프, No. 115.

| 제3부 |

중앙행정권한 이양과
자치분권

제5장 제1차 지방일괄이양법 제정의 의미와 성과

임 현 고려대학교 행정학과 교수

Ⅰ. 시작하며

「중앙행정권한 및 사무 등의 지방 일괄 이양을 위한 물가안정에 관한 법률 등 46개 법률 일부개정을 위한 법률」(이하, "지방일괄이양법")이 오랜 기간의 추진 노력 끝에 지난 해인 2020년에 제정되어 2021년의 시작과 함께 시행되었다. 지방일괄이양법의 제정은 그동안 자치분권을 추진하는 중요한 수단이자 상징으로 인식되어 왔으나 번번이 국회의 문턱을 넘지 못하다가 마침내 빛을 보게 된 것이다. 지방일괄이양법의 제정은 과거 지방이양심의기구에서 이양하기로 결정한 사무들 중 장기간 미이양된 사무들을 이 법률을 통해 조속히 이양을 추진할 수 있다는 점에서 큰 의미를 가진다. 문재인 정부의 출범 이후 수립된 자치분권 종합계획은 "중앙권한의 획기적인 지방이양"을 6대 전략 중하나로 포함하였으며, 지방일괄이양법의 제정은 30여 년 만의 전부개정인 「지방자치법」 개정, 자치경찰제 실시를 위한 「경찰법」 개정과 함께 '자치분권 3법'으로서 적극적으로 추진되었다.

지방일괄이양법은 입법방식에서부터 국회의 상임위원회 소관주의에 반한다는 등 많은 논란을 불러일으켰지만, 자치분권을 실현하는 획기적인 추진전략이라는 점에서 큰 의의를 갖는다. 이 글에서는 오랜 기간의 노력을 통해 입법적 결실을 맺은 지방일괄이양법이 어떠한 의의와 내용을 가지는지를 살펴보고 앞으로의 과제를 제시하고자 한다.

Ⅱ. 지방일괄이양법의 의의와 제정 경위

1. 지방일괄이양법의 의의

지방일괄이양법은 「지방자치분권 및 지방행정체제개편에 관한 특별법」(이하, "지방분권법")에 따라 자치분권위원회가 지방이양을 결정한 중앙정부의 권한과 사무를 신속하고 효율적으로 이양할 수 있도록 「물가안정에 관한 법률」 등 16개 부처 소관 46개 법률의 400개 사무의 이양을 일괄하여 개정하려는 목적으로 2020년 2월 제정되어 올해부터 시행되었다. 지방일괄이양법의 모태는 지난 2018년 10월 23일, 국무회의에서 통과된 '중앙행정권한 및 사무 등의 지방 일괄 이양을 위한 물가안정에 관한 법률 등 66개 법률 일부개정을 위한 법률안'이라고 할 수 있다. 이 법률안은 2000년부터 2012년까지 지방이양심의기구(現 자치분권위원회)가 이양하기로 확정하였으나 이양되지 않은 장기 미이양 사무 407개와 법제처 심의 과정에서 연계 이양 필요성에 의해 추가 발굴된 164개 사무 등 총 19개 부처 571개 사무를 지방으로 일괄 이양하는 내용을 담고 있었다.

지방일괄이양법은 그 이름에서도 알 수 있듯이, 국가의 사무나 권한을 지방으로 이양하기 위해 개정이 필요한 개별법들을 하나의 법률에 담아 일괄 개정하는 것을 말한다. 지방이양의 결정 과정은 자치분권위원회, 중앙정부 및 지방자치단체에서 자체 발굴이나 연구용역 등을 통하여 이양이 타당한 사무를 선정하여 해당 사무에 관한 중앙부처와 지방자치단체 의견을 조사·수렴한 후, 자치분권위원회 전문위원회를 개최하여 관련 공무원 기타 관련자들이 참석한 가운데 질의·응답의 형식을 거쳐 전문위원회 차원에서 이양 여부를 심의한 후, 자치분권위원회 분과위원회를 거쳐 본 위원회에서 최종적으로 이양 여부를 결정하게 된다(김남철, 2018: 29). 이렇게 이양결정된 사무의 이양은 최종적으로는 해당 사무를 규정하고 있는 법률의 개정을 통해 이루어지는데, 개별법률의 개정을 통한 이양은 시간과 노력이 많이 소요되고, 법률 개정을 강제하는 수단도 두고 있지 않기 때문에 장기 미이양된 사무들이 계속 축적되는 문제가 있었다. 이러한 문제점을 해소하기 위해 지방일괄이양법은 자치분권위원회가 이양하기로 결정한 권한 및 사무를 조속하게 이양할 수 있도록 여러 개별법률에서 규정하고 있는 규정들을 일괄적으로 하나의 법률에 묶어 개정하는 방식을 취하였다. 참여정부 때에도 지방이양을 위해서는 개별 법률의 개정보다 일괄 개정이 효과적이라는 판단하에 지방일괄이양법 제정이 추진되었으나, 당시 국회는 일괄입법 개정 방식은 상임위원회 소관주의에 위배된다는 입장이었고, 이후 국회의 2개 특별위원회에서 해당 법률안에 대한 보고와 공청회 등을 실시하였으나 구체적인 법안 심사권이 없다는 이유로 일괄이양법의 제정은 답보상태에 머물렀다. 그러나 현 정부는 출범과 함께 지방분권을 국정과제로 하여 적극적으로 추진하였고, 이에 대한 여야의 공감대 형성 및 지방자치단체의 적극적 협조를 통해 입법적 결실을 맺게 되었다(행정안전부·자치분권위원회, 2020: 1).

2. 지방일괄이양법의 제정과정

지방일괄이양법은 앞서 언급한 바와 같이 역대 정부에서도 추진된 바가 있는데, 참여정부 때인 2004년에 13개 부처 소관 49개 법률의 227개 사무를 이양하는 것을 내용으로 하는 지방일괄이양법(안)을 제17대 국회에 제출한 바 있다. 당시 「국회법」 제37조에 규정된 상임위원회 소관주의 원칙에 부합하지 않는다는 법안 제출의 접수 자체가 거부되었고, 국회 차원의 특별위원회 구성도 무산되었다. 이후 이명박정부 시기인 2010년 18대 국회에서도 정부는 국회와 지방일괄이양법 제정에 관한 협의를 추진하고자 했으나, 마찬가지로 상임위원회 소관주의 원칙에 위배된다는 이유로 제출이 거부되었고, 이러한 문제점을 해결하기 위해 2012년에는 '지방분권특별위원회 설치를 위한 국회법 일부 개정 법률안'이 국회에 제출되었으나 통과되지 못하였다(이지은, 2017: 11-12). 마찬가지의 노력은 19대, 20대 국회에서도 제기되었으나 동일한 이유로 입법방안을 마련하지는 못하는 상황이 이어졌다.

이러한 일괄 입법방식은 과거에도 제한적으로나마 전례를 찾아볼 수 있었는데, 정부부처 명칭 등의 변경에 따른 건축법 등의 정비에 관한 법률안, 행정절차법의 시행에 따른 공인회계사법 등의 정비에 관한 법률안, 금융감독기구의 설치 등에 관한 법률 제정 등에 따른 공인회계사법 등의 정비에 관한 법률안, 독점규제 및 공정거래에 관한 법률의 적용이 제외되는 부당한 공동행위 등의 정비에 관한 법률안이 일괄법의 형식으로 의결된 적이 있었다(국회 운영위원회, 2018: 16-17, 방동희, 2019: 39, 최철호, 2020: 8). 일괄 입법방식은 국회 상임위원회 소관주의 원칙에 위배되어 해당 상임위원회의 법률안 심사권을 제한한다는 문제가 계속해서 입법 추진의 한계로 제시되었지만, 상임위원회 소관주의가 지방일괄이양법 심사에 있어서는 오히려 국회의 입법권을 제한하는 역기능을 갖는다는 점을 인식하게 되면서 보다 적극적으로 심사를 가능하게 하는 방안을 모색하게 되었다(이지은, 2017: 12). 구체적으로는 국회 운영위원회에서 법안을 접수하고, 심사 시 「국회법」 제83조에 따른 관련위원회의 의견제시를 통해 다른 상임위원회의 법률안 심사권한을 제한하는 문제를 해소하기 위한 노력이 이루어졌다(국회 운영위원회, 2018: 16). 의안과 관련된 12개 위원회의 의견제시 내용을 살펴보면, 총 66개 법률, 571개의 이양 대상 사무 중 400개 사무에 대해서는 수용, 160개에 대해서는 불수용, 11개 사무에 대해서는 미제출 의견이었다. 이를 반영하여 최종적으로는 관련위원회가 수용 의견을 제시한 400개 사무를 일괄 이양하는 지방일괄이양법이 제정되었다. 국회의 입법과정에서 비록 당초의 법률안보다 이양사무가 많이 줄어들기는 하였으나, 하나의 법률을 통해 그동안 이양이 지지부진하였던 사무들을 일괄 이양하게 되었다. 지방일괄이양법의 가장 중요한 의의는 국가사무의 지방이양을 통한 자치분권 실현에 기여하였다는 점에 있으며 그동안 번번이 입법절차가 문제되었던 일괄이양 방식의 선례가 되었다는 점에서도 의의를 갖는다고 할 수 있다.

Ⅲ. 지방일괄이양법의 주요내용

1. 국가사무의 지방이양

　지방일괄이양법은 개별법상 특정 사무의 수행주체, 즉, 사무수행의 권한을 국가(주무부처 장관 등)에서 지방자치단체(시·도지사(교육사무에 관하여는 교육감) 또는 시·군·구청장)로 변경하는 내용을 일괄하여 담고 있다. 지방분권법은 국가는 권한 및 사무를 지방자치단체에 포괄적·일괄적으로 이양하기 위하여 필요한 법적 조치를 마련하고, 이에 따른 행정적·재정적 지원을 병행하도록 규정하고 있는데(제11조), 지방일괄이양법은 이러한 국가의 책무를 실현하는 법률로서의 의의를 갖는다.

　사무배분의 기본원칙은 중복배제의 원칙, 보충성의 원칙, 포괄적 배분의 원칙을 그 내용으로 한다(지방분권법 제9조). 구체적으로는 국가는 지방자치단체가 사무를 종합적·자율적으로 수행할 수 있도록 국가와 지방자치단체 간 또는 지방자치단체 상호 간의 사무를 주민의 편익증진, 집행의 효과 등을 고려하여 서로 중복되지 않도록 배분하여야 하며(제9조 제1항), 지역주민생활과 밀접한 관련이 있는 사무는 원칙적으로 시·군 및 자치구의 사무로, 시·군 및 자치구가 처리하기 어려운 사무는 시·도의 사무로, 시·도가 처리하기 어려운 사무는 국가의 사무로 각각 배분하여야 한다(제2항). 또한 국가가 지방자치단체에 사무를 배분하거나 지방자치단체가 사무를 다른 지방자치단체에 재배분할 때에는 사무를 배분받거나 재배분받는 지방자치단체가 그 사무를 자기의 책임하에 종합적으로 처리할 수 있도록 관련 사무를 포괄적으로 배분하여야 한다(제3항). 지방일괄이양법은 이러한 원칙에 근거하여 국가사무를 지방이양하는 내용을 담고 있다.

국가사무의 지방이양은 지방자치단체의 책임성 제고에 기여하고, 주민의 수요에 맞는 행정의 수행을 통해 주민의 편익과 행정의 효율성을 증대시키며, 자치분권 및 균형발전을 실현하는 중요한 정책수단이다. 그러나 전국적으로 통일성이 필요한 사무의 경우에는 지방자치단체로 권한을 이양하게 되면 국민의 입장에서는 오히려 혼란이 발생할 수 있기 때문에 원칙적으로 국가가 수행하게 된다. 또한 이러한 국가사무와 자치사무로의 사무구분 이원화에 근거한 지방이양의 예외로, 국가와 지방의 사무의 공동 수행, 즉, ○○부장관이 수행한다고 한 내용을 ○○부장관 또는 시·도지사가 수행하도록 하는 방식으로 변경한 경우도 상당수 포함하고 있다. 공동수행사무는 행정의 통일성과 신뢰성을 확보할 필요성이 있는 동시에 현지성이나 지방의 업무관련성이 높은 사무들의 경우 이러한 유형의 지방이양도 필요하다는 점을 고려한 것으로, 이에 대해서는 권한 및 재정책임의 문제 등이 명확하게 규율될 필요가 있을 것이다.

2. 주요 이양 대상 사무

당초 지방일괄이양법안에 포함되었던 사무는 19개 부처, 66개 법률, 571개 사무였는데, 이양 대상 사무가 가장 많았던 분야는 해양·수산, 국토, 환경, 산림, 고용 분야의 사무였다. 이러한 분야들 중 해양·수산 관련 사무는 법률안에 포함되었던 135개 사무 전체가 이양되었는데, 그 중 대표적인 내용으로 해양수산부의 지방관리항 항만시설의 개발·운영권한 등 「항만법」상 지방관리항 관련 41개 사무가 국가에서 시·도로 이양된 것을 들 수 있다. 그밖에도 국토교통부가 수행하던 지역 내 개발사업으로 인해 발생하는 초과이익에 대한 개발부담금 부과에 관련된 20개 사무(국가→시·군·구 이양), 보건복지부의 외국인환자 유치 의료기관의 등록 등 9개 사무(국가→시·도 이양) 등이 있다.

의미 있는 이양으로 볼 수 있는 대표적인 사례로는, 기획재정부 소관 「물가안정에 관한 법률」상의 가격표시명령 권한을 국가사무에서 국가 및 시·도의 공동사무로 이양한 것을 들 수 있다. 「지방자치법」이 물가정책 등 전국적으로 통일적 처리를 요하는 사무는 원칙적으로 지방자치단체가 처리할 수 없도록 규정하고 있음에도 불구하고(제11조 제2호), 물가규제에 대한 지역 자율성을 확대하고 소비자를 보호하며, 물가를 안정시키려는 취지로 가격표시명령 및 그 이행을 담보하기 위한 보고·검사, 과태료 부과권한, 처분의 이의신청권한을 시·도지사에게도 부여한 것으로 이해할 수 있다. 교육·여성가족·문화체육 등의 분야들에서도 관련 위원회의 적극적인 심사 아래 대부분의 사무가 이양 결정되었으며, 행정안전위원회에서도 지방소도읍 지정·고시 및 해제 권한을 보다 지역 실정을 잘 알고 있는 시·도에 이양하는 등 이양에 적극적이었고, 「도로교통법」에 따른 교통시설 설치 및 구역 지정 등의 권한을 자치경찰 제도 확정 후로 연기한 점을 고려하면 사실상 정부의 원안이 대부분 반영되었다고 평가할 수 있다.

반면 이양이 지지부진한 분야도 있었는데, 대표적으로 환경부 소관 72개 사무 중에서는 5개 사무만이 지방일괄이양법에 최종 반영되었고, 고용노동부 소관 27개 사무는 최종 법률에는 하나도 포함되지 않았다. 환경 분야는 특정 지역에 국한되는 문제가 아니라는 점이 제기되었고, 대표적인 예로 「전기·전자제품 및 자동차의 자원 순환에 관한

법률」상의 폐자동차 재활용업, 폐가스류 처리업 등의 등록사무의 지방
이양 심의과정에서 해당 등록 및 신고 사무의 성격이 지역 주민과 밀
접한 관련이 있다는 점에서 시·도로 이양하는 것이 적절한 측면이 있
음에도 불구하고, 중앙정부의 일관적인 기준 수립이 필요한 측면이 고
려된 점을 들 수 있다. 고용·노동 분야는 전국적 통일성과 지역별 차
별성에 대한 국민적 합의가 부족하다는 점이 문제가 되었다.

〈표 5-1〉 지방일괄이양법의 이양대상사무 현황

관련 상임위	부처	개정대상 법률		지방이양 사무수		이양결정 사무수	
기재위	기재부	1		4		4	
교육위	교육부	2		15		15	
과방위	과기정통부	1		2		2	
국방위	국방부	1		1		1	
행안위	행안부	6	8	20	32	20	21
	경찰청	1		11		0	
	소방청	1		1		1	
문체위	문체부	3		26		26	
농해수위	농식품부	2	11	2	170	2	168
	해수부	7		135		135	
	산림청	2		33		31	
산자중기위	산자부	4	7	22	33	22	22
	중기부	3		11		0	
복지위	복지부	5	6	15	18	12	15
	식약처	1		3		3	
환노위	환경부	11	13	72	99	5	5
	고용부	2		27		0	
국토위	국토부	12		120		70	
여성위	여가부	1		51		51	
12개 위원회	19개 부처	66		571		400	

자료: 국회 운영위원회 검토보고서, 김수연(2020: 33-34).

이양방향 수행형태	계	국가→시도	국가→ 시도·시군구	국가→시군구	국가→교육청
계	349	221	50	52	26
국가수행 (기능전체)	58	55	0	2	1
기관위임+ 국가수행	38	21	1	4	12
기관위임	253	145	49(10)	46(3)	13

자료: 박관규(2020)

3. 기타 지방일괄이양법의 특징

그동안 사무의 이양이 있는 경우에도 그에 필요한 행정인력 및 재정의 이관이 이루어지지 않는 문제점이 제기되었는데, 이번 지방일괄이양법에서는 그러한 문제를 해결하기 위하여 자치분권위원회는 인력 및 재정 소요 사항을 사전에 전문적으로 조사·평가할 수 있도록 하는 내용을 부칙에 규정하였다. 이에 근거하여 지방이양비용평가위원회가 지방분권법 제46조 및 동법 시행령 제21조의2에 규정된 전문위원회의 하나로 지난 해인 2020년 7월 설치되었다.

사무를 이양받는 지방자치단체는 그에 따른 재정과 인력의 추가적인 소요로 적지 않은 부담을 안게 되고, 그로 인해 사무의 성격상 지방으로 이양하는 것이 타당한 사무임에도 불구하고, 지방자치단체가 오히려 이양을 반대하는 경우도 종종 있어왔다. 향후에는 사무이양에 부합하는 인력과 재정에 대한 조사와 평가 및 그에 따른 지원이 동시에 이루어지는 것을 기대할 수 있어, 그간의 어려움이 많이 해소될 것으로 보여진다(김순은, 2018: 23). 더 나아가 이는 중앙과 지방의 관계에도 많은 변화를 가져올 것으로 예상된다. 사무와 더불어 인력과 재정도 함께 이양된다면 행정구조와 조직 및 규모 등에도 많은 변화가 있을 것으로 보여진다.

4. 지방일괄이양법 제정 후속조치

지방일괄이양법의 제정 이후 2020년 5월 대통령령의 일괄 개정이 이루어졌는데, 관계 중앙행정기관의 수요조사를 통해 12개 부처 30개 대통령령이 2020년 9월 일괄 개정되었다. 사무이양에 따라 당초 사무를 위임하는 근거 규정이 삭제되고, 법률에서 세부사항을 대통령령이 아닌 조례로 정하도록 개정함에 따라 세부사항을 정한 기존의 대통령령 규정이 삭제되었으며, 지방자치단체의 이양사무 수행에 필요한 민감·고유식별정보 처리 근거를 마련하는 등 실제 사무 집행에 필요한 후속조치들도 신속하게 이루어지고 있다(행정안전부, 2020: 1).

IV. 지방일괄이양법 제정의 성과와 과제

1. 지방일괄이양법 제정의 성과

1) 자치행정의 실현으로 인한 책임성 및 효율성 증대

이번 지방일괄이양법 제정의 가장 큰 성과는 무엇보다 400개의 사무가 국가에서 지방으로 이양된다는 점이다. 국가에서 지방으로의 사무이양은 보다 분권화된 사무수행을 가능하게 하고 지역의 수요를 보다 잘 반영하며, 행정의 효율성도 제고할 수 있는 장점이 있다. 이러한 변화는 정부의 법안 제안이유에 나타나는 바와 같이 궁극적으로 저출생·고령화의 급격한 진행 등 행정환경의 변화 및 다양한 주민의 행정 수요에 효율적으로 대응하고, 지방의 여건과 특성에 부합하는 정책결정과 행정서비스 제공을 가능하게 한다는 점에서 중요한 의의를 갖는다(최우용, 2019: 8).

2) 장기 미이양사무의 일괄이양

국가사무의 지방이양은 참여정부 이래 지속적으로 추진되었음에도 불구하고, 중앙부처의 소극적인 태도나, 사무이양에 따른 지방자치단체의 행·재정적 우려, 입법방식의 문제 등 다양한 이유로 결실을 맺지 못하였다. 물론 이번 일괄이양방식의 입법도 오랜 심사기간이 소요된 점을 감안하면 신속하고 효율적인 정책수단이라고 평가하기에는 일정한 한계가 있겠으나, 장기 미이양사무들의 상당 부분을 이 법률을 통해 이양하게 되었다는 점은 큰 성과라고 평가할 수 있다. 특히 일괄이양 입법방식은 「국회법」에 따른 상임위원회 소관주의 원칙에 부합하지 않아 해당 상임위원회의 법률안 심사권한을 제한한다는 점에서 비판이 있었고, 입법의 효율성을 위한 방식임에도 불구하고 오랫동안 법안이 접수조차 되지 못하였다. 외국의 경우에도 일본이 국가의 사무를 지방으로 이양하는 일괄입법을 1999년 이후로 여러 차례에 걸쳐 제정한 바 있으며, 프랑스에서도 분야별 지방 일괄이양 법률을 제정하는 등의 유사한 입법례[1]를 찾아볼 수 있다는 점을 고려할 때, 앞으로도 일

---

1   프랑스의 경우 사무이양에 있어 비용평가자문위원회(CCEC)를 두었으며, 우리나라도

괄이양 방식을 통하여 사무를 이양하는 선례가 될 수 있다.

3) 국가사무의 지방이양 기준의 명확화

이번에 이양이 결정된 사무들과 이양기준은 향후 유사한 사무들의 지방이양에 있어 중요한 기준이 될 것이다. 현지성을 요하는 국가의 위임사무들이 상당수 지방으로 이양되었고, 사무수행의 범위에 따라 국가와 시·도, 시·군·구의 권한을 나눈 사례들도 있었으며, 이양사무 중에는 원칙적으로 지방자치단체가 수행하는 것이 제한되는 성격을 갖는 사무의 경우에도 중앙정부와의 협의절차 등을 마련하여 이양결정을 하는 등 지방이양 기준과 방법을 명확화·구체화하는데 기여했다고 평가할 수 있다.

4) 행·재정적 지원의 명문화

자치사무로 이양하는 것이 타당한 사무임에도 불구하고 행·재정적 부담을 이유로 지방자치단체가 사무의 이양을 거부한 사례들이 종종 있어왔다. 그동안 이양된 사무의 대부분이 인·허가, 검사, 신고·등록 사무와 같이 단순 집행적 성격을 갖는 경우가 많았기 때문에 중앙정부 차원에서는 행·재정적 소요가 크지 않거나 그에 관한 판단이 어렵다는 이유로 사무수행을 위한 충분한 지원을 지방자치단체에 하지 않았고(최근열, 2016: 33), 이것이 현실적으로 지방이양의 큰 걸림돌로 작용하기도 하였다. 이러한 부담을 완화하기 위해 지방일괄이양법 부칙에서 이양에 필요한 비용을 사전에 조사·평가하도록 한 것은 사무의 지

이를 모델로 하였다(국회 운영위원회, 2018: 20).

방이양과 그에 따른 지방자치단체의 사무수행을 원활하게 하는 데 중요한 역할을 할 수 있을 것이다.

2. 앞으로의 과제

1) 미이양 사무의 재정비

국회 심사과정을 거치면서 지방일괄이양법안에 포함되었던 일부 사무들은 여전히 이양되지 못하였는데, 특히 환경과 고용·노동 분야와 같이 특정 분야에서의 사무 미이양이 두드러졌다. 환경이나 고용·노동 분야에 있어서 지역별 차별성이 필요하고 타당한지에 대한 설득력이 부족한 측면이 있으며, 다른 분야의 경우에는 유사 기능이 이양되는 추세임에도 불구하고 해당 위원회가 사무의 이양에 소극적인 태도를 가졌던 측면도 원인으로 평가할 수 있다. 지역별 차별성이 우려되는 부분에 대해서는 법률에서 이에 관한 원칙을 규율하는 방식을 취할 수 있기 때문에 지나치게 이양에 소극적일 필요는 없다고 생각한다. 이러한 분야에 대해서는 향후 이양의 논거를 재검토하고, 이양이 필요한 사항에 대해서는 적극적으로 이양하는 것을 검토할 필요가 있다고 생각된다.

2) 포괄적·기능 중심 지방이양 기준 정립

지방일괄이양법을 통해 이양된 사무의 대부분이 이미 국가의 위임으로 지방에서 수행하고 있었던 기관위임사무에 해당하는데, 기관위임사무 중심의 이양은 지방이양 추진과정에서 중앙부처의 반발이 적고, 동시에 지방이 충분히 수행할 수 있는 사무라는 점이 검증되었다는 점에서는 긍정적인 측면을 가지지만, 이러한 이양은 사무배분의 원칙에 따라 포괄적이고 기능 중심의 이양이 이루어지는 것이 아니라 현실적인 이유에 근거했다는 점에 한계가 있다(김수연, 2020: 36).

향후 지방이양을 검토함에 있어서는 보다 근본적으로 해당 사무를 지방에서 수행하는 것이 타당한지를 살펴보고, 그러한 기능을 수행하는 데 필요한 사무들이 포괄적으로 이양되게 함으로써 국가와 지방자치단체의 사무 배분을 명확하게 하는 것이 필요하다.

3) 공동사무의 법적 성격 및 재정책임 명확화

지방일괄이양법을 통해 이양하는 사무들 중 국가와 지방자치단체의 공동사무 형태로 이양한 사무도 상당수 존재한다. 원래 지방으로 완전히 이양하여야 할 사무를 과도기적 단계로 공동사무로 규정한 경우도 있지만, 국가와 지방자치단체가 공통적으로 이해관계를 가지고, 모두 사무수행 주체로서의 권한을 갖는 것이 바람직하다고 판단되는 사무들도 상당수 있는 것으로 보여진다.

그러나 현행 「지방자치법」이나 「지방재정법」에서는 공동사무의 경우 어떻게 권한을 행사하고, 어떻게 행·재정적 책임을 부담할지에 대해 명확한 원칙을 규정하고 있지 않다. 지방자치의 본질은 지방자치단체가 자기책임하에 사무를 수행하는 것에 있고, 많은 학자가 권한을 공동으로 가질 경우, 권한과 책임의 모호성으로 비효율성이 발생한다고 비판하고 있지만, 해외의 입법례를 보면 상당수가 행정협력의 차원에서 공동사무를 인정하고 있다. 기존에 수직적 관계라고 여겨져 왔던 국가와 지방자치단체의 관계도 지방자치의 시행과 함께 점점 국정 수행의 파트너로서 상호 수평적인 관계가 되어가고 있는 것과 마찬가지로, 공동사무의 경우에도 법적 기초를 마련하고, 원칙을 세우는 노력이 뒷받침된다면 향후 국가와 지방자치단체의 중요한 협력수단으로 자리잡을 수 있다고 생각한다. 그러나 원칙이 없는 사무권한의 중첩은 무늬만 지방이양일 뿐 기존의 기관위임사무에 대한 비판을 답습하는 결과로 이어질 수 있기 때문에, 보다 상세한 검토와 지방자치단체의 의견수렴을 통해 공동사무의 원칙을 정립하는 것이 필요하다. 공동사무의 원칙이 마련된다면 사무이양의 한 유형으로 공동사무방식을 보다 적극적으로 활용할 수 있고, 지방자치단체의 입장에서도 국가가 행·재정책임을 전가할 수 있을 것이라는 우려에서 벗어나 더 능동적으로 사무의 지방이양에 임할 수 있을 것이다.

4) 국가의 행·재정적 지원의 실효성 확보방안

사무의 지방이양에 따른 행·재정적 부담의 평가를 위해 지방이양비용평가위원회를 제도화하였지만, 위원회의 인적 구성, 비용산정방식, 결정의 실효성 확보방안 등은 여전히 검토가 필요한 문제로 남아있다. 국가사무의 지방이양에 필요한 인력·재정은 사무의 종류나 비용측정 방법에 따라 다양하고 측정하기 어려운 측면이 있으며, 2021년도에는 국가균형발전특별회계를 활용하는 방안을 채택하였지만, 이는 임시적인 방안이기 때문에 중장기적으로는 비용산정방식, 지방이양비용평가위원회의 구성 및 결정의 실효성을 확보하기 위한 제도적 방안의 정비 등이 중요한 과제로 남아있다.

5) 소관주의의 한계 극복(국회 특별위원회의 구성)

지방일괄이양법 제정과정에서 드러난 특별위원회의 법안 심사권 부재의 문제는 지방일괄이양법 제정 이후에도 완전히 사라진 것은 아니다. 지방일괄이양법의 법형식이 현재 국회의 상임위원회 소관주의의 원칙에 부합하지 않는다는 점은, 비록 이번에 입법적 결실을 맺는 선례를 남겼다고 하더라도 향후 입법과정에서 재차 논란으로 불거질 수 있다. 따라서 2차 지방일괄이양법의 제정이 시도될 필요성이 인정된다면 이를 국회에서 심의할 법적 근거를 명확하게 하는 노력이 필요하다.

과거에도 지방일괄이양법의 심의권한을 갖는 지방분권 관련 상설 특별위원회의 설치 노력 등이 있었는데, 향후 2차, 3차 지방일괄이양법의 제정을 뒷받침해 줄 수 있는 제도적 기반을 마련하는 노력이 계속해서 경주되어야 할 것이다.

|참고문헌|

김남철. (2018). 일괄이양법의 필요성과 파급효과 및 향후과제. 「지방행정」, 67(779): 28-31.

김수연. (2017). 새정부의 지방자치 관련 공약 내용과 그 실현을 위한 공법적 과제. 「공법학연구」, 18(3): 111-135.

김수연. (2018). 우리나라 자치분권과 일괄이양법의 제정경과. 「지방행정」, 67(779): 32-35.

김수연. (2020). 지방일괄이양법의 의미와 한계 및 향후 과제. 「지방자치법연구」, 20(4): 27-52.

김순은. (2018). 자치분권 일괄이양법의 제정의의와 시사점, 「지방행정」, 67(779): 22-23.

박관규. (2020). 지방일괄이양사무의 비용평가와 재원보전방안. 대한민국시도지사협의회 분권레터.

방동희. (2019). 실질적 자치분권을 위한 기능중심의 권한이양과 공법적 고찰. 「공법학연구」, 20(1): 21-46.

이지은. (2017). 지방일괄이양법 제정과 관련된 공법적 과제. 「지방자치법연구」, 17(4): 3-29.

최근열. (2016). 중앙권한 및 사무의 지방이양 실태 및 발전과제. 「한국지방자치연구」, 18(3): 25-45.

최우용. (2019). 지방일괄이양법 제정과 자치분권강화를 위한 공법적 과제. 「공법학연구」, 20(1): 3-20.

최철호. (2020). 지방일괄이양법의 제정의 의의와 과제. 「지방자치법연구」, 20(4). 3-25.

국회 운영위원회. (2018). 중앙행정권한 및 사무 등의 지방 일괄 이양을 위한 물가안정에 관 한 법률 등 66개 법률 일부개정을 위한 법률안 검토보고서 제1권. 국회 운영위원회 검토 보고서.

국회 운영위원회. (2018). 중앙행정권한 및 사무 등의 지방 일괄 이양을 위한 물가안정에 관 한 법률 등 66개 법률 일부개정을 위한 법률안 검토보고서 제2권. 국회 운영위원회 검토 보고서.

행정안전부·자치분권위원회 합동 보도자료. (2020). 지방일괄이양법 제정. 자치분권의 새로운 길을 열다. 2020. 1. 9.

행정안전부 보도자료. (2020). 지방일괄이양법 관련 30개 대통령령 일괄 개정안 국무회의 통과. 2020. 9. 1.

제6장 제2차 지방일괄이양법 추진 주요 내용과 방향

최우용 동아대학교 법학전문대학원 교수

I. 들어가며

제2차 지방일괄이양법은 제1차 지방일괄이양법 제정 후 논의된 지방이양 관련 사무들을 제1차와 같이 일괄이양법 형식을 통하여 지방자치와 지방분권을 추진하기 위한 것이다.

문재인 정부의 획기적인 자치분권 추진의 주요 성과인 「제1차 지방일괄이양법」 제정에 이어 「제2차 지방일괄이양법」 제정 추진으로 국정과제[1]를 달성하고 실질적인 지방분권을 실현하기 위한 것이다.

---

1 국정과제 74. 획기적인 자치분권 추진과 주민참여의 실질화

Ⅱ. 지방일괄이양법 제정을 통한 성과와 반성

1. 주요 성과

1) 주민만족도 제고

등록, 신고, 인허가 업무를 비롯한 주민이 체감하는 행정서비스 전달체계의 개선으로 업무처리 기간이 단축되고, 근거리 행정처리가 가능해지는 등의 주민편의가 증대되었다. 또한 주민서비스의 지방이양으로 자치단체가 제공하는 행정서비스와의 연계성이 강화되어 주민만족도를 향상시켰다.

2) 행정 효율성 향상

중앙의 지도·감독이 최소화 또는 폐지되거나, 협의 절차로 바뀌면서 행정효율성이 강화되었고 사무처리 권한의 이양으로 불필요하고 중복적인 절차가 개선되고 행정처리 단계가 간소화되면서 사무처리 시간과 비용 절감이 가능하게 되었다.

3) 지방의 권한 및 책임소재 명확화

국가사무의 지방이양을 통해 자치사무의 비율이 확대되고, 중앙부처가 자치단체에 위임한 사무의 비율이 단계적으로 축소되는 등 자치단체의 권한이 확대되었다. 자치사무로의 이양에 따라 자치단체가 지역의 문제 해결을 위한 주도적 역할을 행사하면서 행정의 책임성 또한 강화되었다. 아울러 사무이양에 따라 이를 수행하기 위한 지방공무원의 역량과 전문성이 강화되어 지역 공무원의 행정 업무 능력 향상에 일조하였다.

2. 이양추진의 반성과 향후 추진 방향

1) 주민체감사무 등 이양사무의 다양화

제1차 지방일괄이양법을 보면 지방에 이양된 사무 대부분은 정책·기획업무보다 인·허가, 검사·명령, 신고·등록 등 행정절차상의 업무 비중이 높아 실질적 권한 이양에는 한계가 있었다. 이에 행정처리절차 간소화 이외에 주민이 체감할 수 있는 지방이양을 통하여 주민 만족도를 제고할 필요가 제기되었다. 이에, 자치분권특구제도 도입, 사무의 효율적 수행을 위한 법체계 정비 등 지방이양 관련 제도를 정비하여 실질적 권한 이양을 추진할 필요성이 제기되었다.

2) 단위 사무 중심의 이양으로부터의 탈피

제1차 지방이양사무의 경우 그 선정 과정에서 개별 법률상의 단위 사무를 중심으로 논의를 한 결과, 개별 법률상의 사무 중심으로 지방 이양이 추진되어 지역경제 활성화 등 새로운 환경변화 및 지역의 현안 과제와 연계한 지방이양 추진이 미흡한 점이 있었다.

이에 지역수요 중심의 필요한 핵심권한이 이양될 수 있도록 지역 뉴딜, 중소기업 및 소상공인 지원기능 등 대상 계층이나 분야별 우선 순위를 선별 후, 중점적으로 이들에 대하여 지방이양을 추진할 필요가 있다.

3) 일괄법 방식을 통한 효과적 이양추진

제1차 지방일괄이양법의 경우를 보면, 자치분권위원회에서 해당 사무의 지방이양이 결정되었다 하더라도, 이를 법제화하기 위한 정부 부처 간의 논의, 국회에서의 논의 등 법제화까지 장시간이 소요되었음을 알 수 있다. 이로 인하여 사무의 지방이양 효과가 반감되기도 하였다. 따라서 지방이양 의결사무를 대상으로 2~3년 단위로 지방일괄이양법 제정을 추진하여 이양효과를 극대화할 필요가 있다.

4) 이양에 따른 행·재정 지원

그간 개별 이양에 따른 행·재정 지원이 미흡하여 자치단체로부터 이양사무에 대한 적극적 호응을 불러 일으키지 못했다. 이에, 지방이양비용평가 전문위원회 설치·운영을 통해 지방이양에 따른 행·재정 지원으로 자치단체의 수용성 및 실행력 제고를 꾀하게 되었다. 그러나 사무이양에 따른 자치단체의 우려는 여전히 존재하고 있어, 사무이양과 함께 신속한 행·재정적 조치가 이루어지지 않으면 사무이양의 효과는 반감될 수밖에 없을 것이다.

Ⅲ. 제2차 지방일괄이양법(안)의 추진

1. 개요

일괄법의 지속적인 추진은 해외 여러 나라에서도 활발하게 추진되고 있는데, 일본의 경우 2011년 제1차 지방분권일괄법을 제정하여 42

개 법률을 정비한 이후, 10차(2020년)에 거쳐 지방일괄이양을 추진하고 있으며, 프랑스는 분야별로 지방일괄이양법을 제정하여 교육분야(1985년), 사회복지 및 보건의료 분야(1986년), 관광분야(1992년) 등 순차적으로 지방일괄이양을 추진한 바 있다.

이에 자치분권위원회에서는 미이양 사무에 대한 일괄이양으로 지방분권을 추진하기 위하여 지난 2020년 1월 제정된 제1차 지방일괄이양법에 이어 일괄이양 방식의 사무이양의 정례화·지속화를 위해 제2차 지방일괄이양법의 제정을 추진하고 있다.

「중앙행정권한 및 사무 등의 지방 일괄이양을 위한 48개 법률 일부개정을 위한 법률」(이하 제2차 지방일괄이양법)은 사무이양을 위한 법률별 48개 조문과 부칙으로 구성되며, 14개 부처, 166개 사무를 대상으로 하고 있다. 또한 「지방일괄이양법」에서 개별 법률의 사무 주체를 일괄 개정하는 방식으로 이양이 진행된다.

자치분권위원회에서 마련한 제2차 지방일괄이양법안을 중심으로 행정안전부는 입법예고[2] 등 정부입법절차를 통하여 일괄법 제정을 추진할 계획이다. 또한 위원회는 지방이양비용평가전문위원회를 통하여 지방이양에 따른 인력 및 재정지원 규모를 산정하여 지방이양에 따른 행·재정지원도 원활히 추진될 수 있도록 준비해나갈 예정이다.

---

2 '21년 8월 말 기준 : 행정안전부 주관 입법예고 중(8.6.~9.15.)으로 14개 부처 48개 법률 대상사무 214개(자치분권위원회 본회의 제정(안) 심의·의결(7.23.) 대상사무 166개에 연계사무 추가)

2. 대상 사무

제2차 지방일괄이양법의 대상 사무는 14개 부처, 48개 법률, 166개 사무로서, 지방이양 140개 사무와 대도시 특례 26개 사무이다.

지방이양 140개 사무는 2019년 이후 의결 사무 114개와 장기 미이양 사무 26개를 대상으로 하고 있다.

또한 대도시 특례 사무는 26개로서 2021년 의결한 사무 6개, 2012년~2017년 의결사무 15개 및 2012년 이전 의결사무 5개가 포함되었다.

〈표 6-1〉 제2차 지방일괄이양법 사무 현황   (2021.7.23. 기준)

구분	계	지방이양(140개)							대도시 특례(26개)			
		시도→시군구	국가→국가·시도	국가→시군구	국가→시도	국가→국가·시도,시군구	국가→시도·시군구	기타	시도→시도, 50만	국가·시도→국가, 시도, 50만	국가·시도→국가, 시도, 100만	시도→시도, 100만
사무(개)	166	41	33	23	14	9	6	14	14	6	3	3
비율(%)	100	25	20	14	8	5	4	8	8	4	2	2

자료: 자치분권위원회(2021) 내부자료

분야별로 나누어 살펴보면, 부처별로 구분하였을 때(〈표 6-2〉) 해수부와 국토부, 환경부 3개 부처 소관 사무가 100개로 전체의 60%를 차지하고 있다. 국회 상임위별로 살펴보면(〈표 6-3〉), 농해수위·환노위·국토위 3개 상임위가 115개로 전체의 70%를 차지하며, 사무 성격별로 구분하면(〈표 6-4〉) 신고·등록, 인·허가, 검사·명령 사무가 102개로 전체의 61%를 차지하고 있다.

구분	계	법무부	행안부	문체부	농식품부	산업부	복지부	환경부	고용부	국토부	해수부	중기부	식약청	질병청	공정위
법률수	49 (48)	1	2	3	2	6	6	9	1	7	6	3	1	1	1
사무수	166	1	4	10	4	9	7	22	1	31	47	3	19	7	1

※ 국토부와 해수부 법률 1개 중복
자료: 자치분권위원회 내부자료(2021)

〈표 6-3〉 국회 상임위별 현황 (2021.7.23. 기준)

구분	계	법사위	정무위	행안위	문체위	농해수위	산자위	복지위	환노위	국토위
법률수	49 (48)	1	1	2	3	8	9	8	10	7
사무수	166	1	1	4	10	51	12	33	23	31

자료: 자치분권위원회 내부자료(2021)

〈표 6-4〉 사무 성격별 현황 (2021.7.23. 기준)

구분	계	신고·등록	인·허가	검사·명령	과태료부과	계획수립	자료제출	협의·지원	청문	고시·공고	임명·위촉	교육	기타
사무수	166	49	27	26	11	9	9	9	7	5	3	3	8

자료: 자치분권위원회 내부자료(2021)

3. 기대 효과

제2차 지방일괄이양법은 첫째, 일괄이양 방식의 지속적인 법제화와 제도화 장착에 큰 기여를 할 수 있다. 기능중심·포괄적 이양사무를 지속적으로 발굴하고 향후 제3차, 제4차 등 순차적인 일괄법 제정의 지속 추진이 가능하게 될 것으로 보인다.

둘째, 적극적인 지방이양으로 주민편익을 제고하고 지역경제의 활성화에 기여할 수 있다. 폐기물 전용용기제조업 등록 및 처분 등의 사무를 기존의 국가에서 시·군·구로 이양함으로써 현장성 높은 행정으로 민원에 신속한 대응 등 주민 만족도가 제고될 수 있을 것이다. 또한 항만재개발사업계획 관련 사무가 국가사무에서 국가항은 국가사무로, 지방항은 시·도사무로 이양됨에 따라 지역 특성을 반영한 지역개발을 통한 주민의 삶의 질이 향상될 수 있는 토대가 마련될 수 있다.

셋째, 코로나19 등 새로운 환경변화에 적극적으로 대응함으로써 이양효과가 극대화될 수 있다. 역학조사, 접촉자 격리시설 지정 등의 사무를 국가, 지자체 공동사무로 이양하여 지역단위 감염병 대응 역량을 제고할 수 있다. 또한 이러닝 산업 전문인력 양성기관의 지정, 이러닝센터 지정 등의 권한을 국가와 시·도 공동사무로 이양하여 비대면 산업의 활성화 및 지자체 일자리 창출에 기여할 수 있을 것이다.

마지막으로 제2차 지방일괄이양법의 제정으로 주요 정책에 대한 지자체 참여권의 제도화 및 자율권이 강화될 수 있을 것이다. 사회보장위원회, 보건의료인력정책심의위원회, 도시농협협의회 구성 등 지방협의체 추천 위원을 포함하도록 하여 지방 참여권 보장을 기대할 수 있다. 또한 지방공기업 해산, 지역신용보증재단 예산의 승인 및 변경 권한 등을 국가에서 지자체로 이양하여 자치권을 강화할 수 있을 것이다.

IV. 나오며

연방제에 준하는 실질적 지방분권을 표방하여 추진되었던 지방분권형 헌법개정은 무산되었다. 그러나 국가사무의 과감하고 신속한 지방이양을 통해 헌법개정에 준하는 효과는 거둘 수 있다고 본다. 결국은 국가사무가 어느 정도로 지방자치단체에 이양될 것인가 하는 문제인 것이다. 이와 관련하여 필자가 평소 생각해 온 바를 언급하면서 본고를 마무리하고자 한다.

첫째, 실질적인 지방분권을 위해서는 주민에게 유익하고 주민 친화적인 사무의 발굴과 이양이 무엇보다 중요하다. 위원회가 이를 간파하고 지역 뉴딜이나 지역 경제 살리기와 같은 사무이양에 중점을 둔 것은 옳은 방향이라고 생각한다. 일본의 경우 병원 설립인·허가, 경제규제 정책과 관련된 사무의 과감한 지방이양, 공립유치원의 설립기준과 관련된 사무 등을 모두 지방자치단체에 이양하고 있다는 점은 우리에게 시사하는 바가 크다.

둘째, 이양사무 발굴에 있어서의 주의점이다. 민간이나 대행기관에서 수행하고 있는 사무의 경우, 사무이양에 따른 이해관계자의 반발이 예상되는 민간위탁사무 등에 대해서는 이양결정 전에 사전 조율이나 조정 작업을 거쳐 국회입법과정에서의 반대와 변질을 막아야 한다. 그리고 지방의 목소리를 듣는 '제안모집방식'과 같은 의견수렴 절차를 거쳐 이양과정의 절차적 정당성에도 관심을 가져야 한다.

셋째, 국회에 대한 바람이다. 국회는 일괄이양법과 법률안의 수리 및 심사와 관련된 국회입법절차의 정비 등 일괄법과 관련한 법제도 전반을 점검하고 정비하여야 한다.

넷째, 지방자치단체에 대한 바람이다. 지방분권의 성공 여부에 관한 또 하나의 관건은, 지방자치단체 공무원들의 법무역량에 있다. 이제는 지방자치단체도 '권한이 없어서, 돈이 없어서, 사람이 없어서…'와 같은 무책임한 사고로부터 탈피해야 한다. 지방자치와 지방분권의 실질적인 운영자는 다름 아닌 해당 지방자치단체와 지방의회 그리고 그 지역주민이고, 해당 지방자치단체 공무원의 법무역량에 따라 이들의 역할은 크게 달라진다. 각 지방자치단체는 사무이양에 따른 만반의 준비와 대응에 각고의 노력을 기울여야 함은 물론 분권과 이양을 담당할 자체 역량 향상에도 힘을 기울여야 한다.

| 참고문헌 |

김남철. (2018). 일괄이양법의 필요성과 파급효과 및 향후과제, 「지방행정」,
779: 28-31.

김수연. (2018). 우리나라 자치분권과 일괄이양법의 제정경과, 「지방행정」,
779: 32-35.

김순은. (2018). 지방일괄이양법의 제정의의와 시사점, 「지방행정」, 779:
22-23.

대통령소속 자치분권위원회. (2021). 「2021년 자치분권 시행계획」. 자치분
권위원회.

최우용. (2019) 지방일괄이양법 제정과 자치분권 강화를 위한 공법적 과제,
「공법학연구」, 20(1): 3-20.

제7장 중앙행정권한의 지방이양 현황과 방안

배정아 전남대학교 행정학과 교수

중앙행정권한의 지방이양이란 법령에 규정된 중앙행정기관의 권한을 지방자치단체에 이양함으로써 중앙행정기관이 수행하고 있는 사무를 지방자치단체의 사무로 하여 독립적인 권한과 책임 아래 그 사무를 처리하도록 하는 것이다. 여기에서 권한의 이양은 위임과 구별해야 한다. 권한위임은 중앙정부의 정책 의도에 따라 사무를 지방자치단체가 수탁하여 지방자치단체가 집행하는 것을 의미한다.

중앙사무를 지방으로 이양하는 이유는 중앙에 집중된 권한을 지방으로 분산함으로써 지방의 기능과 역할을 대폭 확대하여 행정의 분권화와 자율화를 실현하기 위한 것이다. 중앙정부가 관장하던 지역경제 및 개발, 교육, 문화, 주택, 환경, 교통, 치안 등의 기능을 지방에 이양함으로써 243개 지방자치단체가 각각 지역 특수성에 맞게 행정기능을 수행하게 된다.

중앙정부 주도로 사회문제를 해결하는 방안과 수단은 획일성과 효율성을 특징으로 갖는다. 하지만 현대 사회의 정책문제는 엉성한 구조(ill-structured)를 띤 매우 복잡한 난제들이 대부분이다. 이러한 정책문제의 복잡성으로 인해 중앙정부가 정한 획일화된 정책으로는 어느 지역에도 맞지 않는 정책을 펴게 될 위험성이 높아진다(조성호, 2019). 점점 더 복잡해지고 전문성이 요구되는 정책문제를 해결하기 위해서는 중앙과 지방이 합리적으로 기능을 분담하여 수행하는 체제가 가장 효율적이고 적절한 정부 운영 방법이다(홍준현, 1999). 각 지방자치단체는 확대된 자치 권한을 가지고 해당 지역의 여건에 맞는 행정 및 재정서비스를 주민에게 제공하게 된다(최진혁, 2020).

중앙행정권한의 지방이양에 따른 긍정적 효과를 정리하면 다음과 같다(홍준현, 2001). 첫째, 주민편의가 증대된다. 지방정부는 주민들과 근접하여 주민들의 실질적인 수요를 잘 알고 있으므로 현장에 적합한 공공서비스를 제공할 수 있어 주민편의가 증대된다. 둘째, 자원 배분의 효율성이 증대된다. 각 행정기관에 맞는 사무 분담을 통해 행정의 효율성이 제고되며 투입비용 대비 효과라는 측면에서 국가자원을 최적으로 활용할 수 있다. 셋째, 공공서비스 공급에 대한 책임성이 증대된다. 주민들이 세금을 통해 공공서비스의 대가를 지불하고 그들을 잘 대표할 수 있는 가장 근접한 지방정부의 정치지도자와 공무원들은 대응성과 책임성을 갖는다.

그러나 중앙행정권한의 사무이양은 부정적 효과의 가능성도 내포하고 있다. 먼저 배분의 효율성은 달성될 수 있으나 배분의 공평성이라는 측면에서 비용을 초래할 수도 있다. 지역 간 경제적 편차가 극심한 국가의 경우 중앙정부는 국세를 지방정부로 이전하여, 공공서비스의 수준과 질을 조정함으로써 지방분권의 부작용을 최소화하여야 한다. 둘째, 중앙정부는 거시 경제 운용 목표에 차질을 빚을 수 있는 지방정부의 재정지출에 대해서는 통제를 하여야 한다. 셋째, 지방정부는 일반적으로 인력이 과다하고, 전문성이 부족하며, 운영시스템이 비효율적이라는 비판도 받고 있다. 한편, 일부 지방정부는 규모가 너무 작아서 독자적인 기능수행이 곤란하기도 하다. 넷째, 주민과 근접한 정부가 항상 정직하고 투명하다고 말할 수 없다. 게다가 중앙권한의 지방이양은 환경규제, 기업허가, 도박의 합법화 등에서 국가 전체의 이익 또는 공통의 이익에 배치되는 결과를 초래할 수도 있다. 따라서 지방이양이 본래 의도한 목적을 달성하려면 지방정부의 실질적인 개혁도 동시에 이루어져야 한다. 또한, 지방정부의 정치인과 관료는 그들의 결정과 성과에 책임을 져야 한다.

I. 역대 정부의 중앙행정권한의 지방이양

정부수립 이후 중앙집권적 정치행정체제 속에서 지방자치단체가 자율과 책임을 갖고 수행해야 하는 일을 국가(중앙정부)에 지나치게 의존해 왔다. 1991년 지방의회 재구성에 따른 지방자치 부활 이후 1994년에 분석한 사무 구분에 따르면 사무 총수가 15,744개이며 국가가 직접 처리하는 사무는 11,744개, 지방자치단체에 위임한 사무는 1,820개(12%), 지방자치단체가 자주적으로 처리할 수 있는 사무는 2,110개(13%)였다. 우리나라의 역대 정부는 이러한 권한의 불균형을 해소하고 지방분권을 추진하기 위한 노력으로 중앙행정권한의 지방이양을 주요 국정과제로 꾸준히 펼쳐 왔다.

중앙행정권한의 지방이양은 1986년 국무총리산하에 지방자치실시연구위원회를 설치하면서 시작되었다(최근열, 2017). 이후 노태우 정부는 1991년 국무총리 훈령으로 총무처에 지방이양합동심의회를 설치하여 권한이양 대상 사무를 매년 조사 및 발굴하고 합동 심의하였지만, 비법정기구라는 한계로 획기적 사무이양은 이루어내지 못했다(행정자치부, 2015a).

김대중 정부는 지방이양을 지방분권의 추동으로 보았다. 1999년 1월 29일 「중앙행정권한의 지방이양 촉진 등에 관한 법률」과 1999년 7월 29일 동법 시행령이 제정됨에 따라 지방이양추진위원회가 중앙사무의 지방이양을 담당하도록 법적 근거를 마련하였다(행정자치부, 2015a). 2000년에는 사무이양 심의의결기구인 지방이양추진위원회를 설립하여 정권 차원에서 사무이양을 체계적으로 발굴 및 추진하였다.

노무현 정부는 어떤 정부보다 강력한 지방분권 기조를 내세웠다. 실무추진기구인 지방이양추진위원회를 그대로 둔 채 2004년 1월에 제정된 「지방분권특별법」에 근거하여 지방분권정책 수립 및 이행을 총괄할 대통령 직속 정부혁신지방분권위원회를 출범시키고 사무이양 작업을 가속화하여 이양 성과를 높여나갔다(권경득·우문정, 2009).

이명박 정부는 사무 구분의 명확화를 주요 목표로 하여 지방사무 중 위임사무를 폐지하는 데 역점을 두었다. 지방사무이양 추진체계인 정부혁신지방분권위원회를 폐지하고 그 대신 2008년 2월에 제정한 「지방분권촉진에 관한 특별법」을 근거로 한 지방분권촉진위원회를 설립하였다. 지방사무비율은 하락하였으나 자치사무비율이 크게 증가하였다(행정자치부 백서, 2009; 최근열, 2013).

박근혜 정부는 2013년 5월 제정된 「지방분권 및 지방행정체제개편에 관한 특별법」 제11조(권한이양 및 사무구분체계 정비 등)를 근거로 한 지방자치발전위원회를 구성하여 중앙권한의 지방이양을 추진하였다(행정자치부, 2015a).

문재인 정부는 「지방자치분권 및 지방행정체제개편에 관한 특별법」을 근거로 대통령소속 자치분권위원회가 중앙행정권한의 지방이양을 추진하고 있다.

이처럼 역대 정부에서는 지방이양 전담기구를 통해 지방분권정책의 핵심과제인 중앙행정권한의 사무이양을 지속적으로 추진해 왔다. 그 결과 국가사무 대비 지방사무 비중이 1994년 13.4%, 2002년 22.2%, 2009년 24.1%, 2017년 32.3%로 꾸준히 증가해 왔다.

하지만 개별 단위사무의 지속적 이양에도 불구하고 교육자치, 자치경찰 및 특별지방행정기관 정비 등 핵심과제의 실질적 성과가 미흡하다는 문제점이 있었다. 이에 문재인 정부는 자치경찰제를 도입하여 원래 의도했던 이원제의 모습은 아니지만, 일부나마 핵심과제의 실질적인 성과를 이루었다.

중앙행정권한의 사무이양에 있어서 또 다른 문제점은 이양사무 특성상 법령개정을 통해 완료되기 때문에 이양이 확정되더라도 대부분 단기간에 이양이 완료되는 경우가 드물었다. 역대 정권별로 살펴보면(〈표 7-1〉), 이양확정사무의 경우 국민의 정부 612개, 참여정부 902개, 이명박 정부가 1,587개이지만 법령개정을 통해 이양이 완료된 사무는 국민의 정부 611개(99.8%), 참여정부 875개(97.0%), 이명박 정부 1,003개(63.2%)로 나타났다. 이러한 문제점을 개선하기 위해서 문재인 정부는 2021년 1월 1일에 「지방일괄이양법」을 시행하여 역대 정부에서 이양 확정한 사무 291개('08년(7개), '09년(65개), '10년(76개), '11년(119개), '12년(24개))와 일괄 법안 마련 과정에서 위원회(66개), 법제처(35개), 국회(1개) 등에서 기능 단위로 연결된 관련 사무를 109개 추가하여 400개 사무를 일괄 이양하였다.

〈표 7-1〉 역대 정부 중앙행정권한의 지방이양 확정 및 완료 사무 현황

(단위: '21.1.1. 기준, 사무 건수)

구분	이양 확정	이양 완료						미 완료
		소계	지방이양 추진위원회		지방분권 촉진위원회	지방자치 발전위원회	자치분권 위원회	
			국민의 정부	참여 정부	이명박 정부	박근혜 정부	문재인 정부	
계	3,101	2,489	232	987	770	208	292	612
국민의 정부	612	611	232	374	4	1	0	1
참여정부	902	875	–	613	243	19	0	27
이명박 정부	1,587	1,003	–	–	523	188	292	584

출처: 자치분권위원회 내부자료(2021)

II. 문재인 정부 중앙행정권한의 지방이양 특징과 성과

문재인 정부 중앙행정권한의 지방이양 우선순위는 규제 완화 및 주민 생활편의증진 등과 관련되어 파급효과가 큰 사무, 자치단체가 이양을 희망하는 사무, 기관위임사무, 국가와 자치단체의 중복수행 사무 등이다. 중앙행정권한의 지방이양 원칙은 다음과 같다. 주민 복리 및 생활편의와 직접 관련된 권한과 사무는 기초자치단체인 시·군·구에 우선 배분하고 중앙행정기관의 권한을 지방자치단체에 이양 시에는 지방자치단체 여건 및 능력을 고려한다. 아울러 이양받을 지방자치단체 의사를 존중하고 권한의 지방이양과 함께 이양된 사무가 원활히 처리될 수 있도록 행·재정적 지원을 병행하도록 한다.

문재인 정부의 중앙행정권한의 지방이양은 이전 역대 정부들과 다른 몇 가지 특징을 갖는다. 첫째, 중앙행정권한의 지방이양을 기능 중심의 포괄적 이양으로 추진하고 있다. 이전 정부까지는 지방이양이 단위사무 중심으로 이루어졌다. 여기에서 단위사무란 지자체가 행정 목적을 달성하기 위하여 수행하는 업무이며 자치법규에 제시된 법령상 처리권자들의 직무 행위가 수반되는 각 조·항·호에서 추출된 사무이다. 기능이란 이러한 단위사무의 집합체로 보는 것이 일반적이다. 기능을 지방자치단체가 수행하는 업무를 기준으로 분류하면 아래 〈표 7-2〉와 같다.

〈표 7-2〉 지방자치단체 기능분류

기능	세부단위
일반공공행정	입법 및 선거, 지방행정 및 재정지원, 재정 및 금융, 일반행정
공공질서 및 안전	경찰, 재난방재 및 민방위, 법무
교육	유아 및 초등교육, 고등교육, 평생 및 직업교육
문화 및 관광	문화예술, 관광, 체육, 문화재, 문화/관광일반
환경보호	상하수도 및 수질, 폐기물, 대기, 자연, 해양, 환경보호
사회복지	기초생활보장, 취약계층지원, 보육/가족/여성, 노인/청소년
보건	보건의료, 식품의약안전
농림해양수산	농업/농촌, 임업/산촌, 해양수산/어촌
산업중소기업	산업금융지원, 산업기술지원, 무역/투자유치, 산업진흥/고도화, 산업/중소기업
수송 및 교통	도로, 도시철도, 해운 및 항만, 항공 및 공항, 대중교통
국토 및 지역개발	수자원, 지역 및 도시, 산업단지
과학기술	기술개발, 과학기술연구지원, 과학기술일반
외교국방통일	외교, 국방, 통일
기타	기타

출처: 한부영·박재희, 2019: 21

중앙권한의 기능 중심 포괄적 이양은 자치단체의 실질적 권한 강화와 자치단체별 여건과 특성에 적합한 지역 맞춤형 분권 실현이 가능하다. 포괄적 기능이양 대상으로는 일자리 창출, 지역주민 복지 향상, 교통·환경 등과 같이 주민 생활편의증진의 파급효과가 큰 기능에 주력한다. 지역주민의 체감도가 큰 수요자 중심의 맞춤형 기능을 이양대상으로 발굴하기 위해 지역주민·시민단체·중앙 및 지방공무원·현장 전문가 등의 참여를 확대하고 있다.

기존의 단위 사무 위주의 이양은 행·재정적 부문과 포괄적으로 이양하기가 어려웠다. 기능별로 사무를 이양하게 되면 행·재정적 수요 예측이 용이해져 지방의 실질적 권한 확대가 가능해지므로 지방자치단체의 수용성을 제고시킬 수 있다(조성호, 2019). 지방이양이 확정되면 자치분권위원회의 지방이양 비용평가위원회는 인력과 재원을 산정하여 포괄적으로 중앙권한을 지방에 이양한다(조성호, 2019). 이러한 기능 분류의 또 다른 장점은 자치분권 사전심의 및 협의에 필요한 이양사무의 성격을 유형화하기가 유용하다(한부영·박재희, 2019: 20).

둘째, 지방일괄이양법을 제정하였다. 이전 역대 정부까지는 이양추진 전담기구에서 이양확정이 되어도 관련 부처의 추진 의지 미흡으로 법령이 개정되지 않아 이양이 이루어지지 않는 사무가 많았다. 또한, 개별 단위 사무 중심의 지방이양을 결정하다 보니 이를 처리할 법적 근거로서 다수의 법률을 처리해야만 하였다. 국회에서는 관련된 개별 법률마다 해당 상임위원회별로 각각 법안을 심의·의결해야만 하는 절차적 문제에 봉착하여 서로 상이한 의결 결과와 소요 기간이 길어지는 등 비효율적으로 진행되었다.

지방일괄이양법은 국가 권한을 지방자치단체에 넘겨주기 위해 개정되어야 할 단위사무별로 세분화된 다수의 법률을 하나의 법률에 총괄하여 개정한다. 2020년 1월 9일 지방일괄이양법이 '중앙행정권한 및 사무 등의 지방일괄이양을 위한 물가안정에 관한 법률 등 46개 법률일부개정을 위한 법률안'이라는 이름으로 국회를 통과했다. 그동안 단일사무별로 세부화된 입법방식으로 논의해야 했던 이양사무의 비효율적인 사무배분 방식에서 탈피하여 이를 일괄적이고 종합적으로 처리할 수 있게 된 것이다(최진혁, 2020).

「지방분권 및 지방행정체제개편에 관한 특별법」 제11조에 근거한 이번 제1차 지방일괄이양법에는 16개 부처 소관 46개 법률의 400개 사무가 포함되었다. 해양수산부 135개 사무, 7개 법률, 국토교통부 70개 사무, 9개 법률, 여성가족부 51개 사무, 1개 법률, 산림청 31개 사무, 2개 법률, 문화체육관광부 26개 사무, 3개 법률, 산업통상자원부 22개 사무, 4개 법률, 행정안전부 20 사무, 6개 법률, 교육부 15개 사무, 2개 법률, 보건복지부 12개 사무, 3개 법률, 환경부 5개 사무, 2개 법률, 기획재정부 4개 사무, 1개 법률, 식약처 3개 사무, 1개 법률, 과학기술정보통신부 2개 사무, 1개 법률, 농림부 2개 사무, 2개 법률, 국방부 1개 사무, 1개 법률, 소방청 1개 사무, 1개 법률 순이다.

400개 사무 중 349개 사무(87.2%)는 국가에서 지방자치단체로, 51개 사무(12.8%)는 광역자치단체(시도)에서 기초자치단체(시군구)로 이양하는 것으로 대부분 국가에서 광역자치단체(시도)에 이양하는 사무가 절대다수인 242개 사무(60.5%)이고 국가가 기초자치단체에 이양하는 사무는 50개 사무(12.5%) 정도가 된다. 지방이양 비용평가위원회는 신규이양사무에 소요되는 비용을 총 1,549억 원으로 산정하였다.

이양하는 사무의 기대되는 성과를 몇 가지 예로 들면 다음과 같다.

해양수산부의 지방관리항 항만시설 개발운영권한 이전은 지역 내 산업환경 등을 종합적으로 고려한 맞춤형 항만시설의 투자확대가 이뤄져 지역주민 고용창출 효과로 이어질 것으로 기대된다. 국토교통부의 개발이익 환수를 위한 개발부담금 사무는 부담금액의 정확한 산정 부과 및 신속한 징수, 지역 여건을 반영한 부담금 감면 등을 통해 시·군·구 주도로 지역개발 기능이 강화될 수 있을 것으로 기대된다. 보건복지부의 외국인 환자 유치의료기관 및 유치업 등록 관련 9개 사무이양은 지역별로 한방, 성형 등 지역 내 특화된 의료기관을 적극적으로 발굴·등록하게 될 것이다. 나아가 해외마케팅, 연계관광상품 개발 등 국제의료관광객 유치에 인적·물적 자원의 집중투자로 지역개발에 큰 성과를 기대해 볼 수 있다.

〈표 7-3〉 해양수산부의 사무이양(지방일괄이양법 포함 사무 중 예시)

부처	주요 사무(소관기관)
해양 수산부	배타적 경제수역 등 제외한 공유수면의 관리사무(시도) 지방관리무역항의 수상구역 등에서 선박 입출항 관리(시도) 수산업협동조합 관련 지자체 보조사업 관련 업무 감독(지자체) 지방어항 지정(시도와 인구 50만 이상 도시) 지방관리무역항/지방관리연안항에 대한 항만개발관리(시도) 지방관리무역항/지방관리연안항에 항만운송사업 등록취소운임요금 인가 등(시도) 배타적경제수역, 국가관리무역항, 국가관리연안항 외 해역의 해양시설 신고, 변경신고, 출입검사보고 등(시도)

출처: 자치분권위원회 내부자료(2021)

향후 시행령 개정을 통해 가능한 이양사무는 연도별 개정을 통해 추진하고 법의 개편이 필요한 이양사무는 2~3년 단위로 지방일괄이양법 제정을 통해 추진해 나갈 예정이다(조성호, 2019).

셋째, 자치분권 법령 사전협의제를 도입하였다. 자치분권 법령 사전협의제는 법령 제·개정 시 입법예고 전까지 사전평가(사무 배분 적정성 등)를 통해 자치분권의 사전협의를 의무화하는 제도이다. 국무회의 시 사전협의 의견을 첨부하도록 하여 지방자치단체의 자치권을 확보할 수 있게 되었다. 즉, 자치분권 법령 사전협의제는 정부가 발의하는 모든 제·개정법령을 대상으로 제·개정 법령안의 사무배분, 국가 관여의 적정성, 자치권 침해 여부 등 자치분권에 미치는 영향을 검토하여 개선방안을 제시하고 반영 여부에 대한 모니터링을 실시하여 자치단체와 관련된 제·개정 법령 사전심사를 확대·실시하게 되었다.

III. 중앙행정권한의 지방이양 추진의 문제점과 과제

중앙행정권한의 사무이양은 국가가 무슨 일을 어떻게 해야 하는지, 지방자치단체는 어떤 업무를 맡아 어떻게 수행해야 하는지 등의 기능 혹은 역할의 배분 문제이다. 중앙정부가 자치사무와 위임사무로 나누고, 지방자치단체에 처리 권한을 부여하고 이양하는 것을 사무배분이라 한다. 이러한 사무배분이 지방분권과 밀접한 관련을 맺고 지방자치단체에 권한이 분산되어 배분되면, 지방분권체제가 된다. 사무배분은 정부 간 행정사무 처리 권한, 비용부담 주체, 책임소재의 명확한 구분을 통해 인력과 재원까지도 재조정되는 중요성을 지니기에 사무배분 문제가 곧 자치권 행사의 범위를 한정하며 실질적 자치권의 내용이 된다(조성호 외, 2009: 7).

국가와 지방자치단체 간에 사무를 배분하는 방식은 일반적으로 세 가지 유형이 있다. 첫째, 지방자치단체가 처리해야 할 사무를 개별 법률에 일일이 규정하는 개별적 배분 방식이 있다. 둘째, 법률로 특히 금지하거나 국가가 반드시 처리해야 할 사항을 제외하고는 지방자치단체 관할구역 내 주민을 위하여 어떠한 사무라도 처리할 수 있도록 헌법이나 법률에 일괄적으로 권한을 부여하는 포괄적 배분 방식이 있다. 셋째, 이 두 방식의 절충형태로 지방자치 관계 법률에 국가사무와 자치사무를 포괄적으로 예시하는 방식이 있는데 이를 혼합 방식이라고 한다(최환용, 2010: 17~18; 지방자치발전위원회, 2017: 41~42). 우리나라는 지방자치법에서 자치사무와 국가사무를 구분하고 그 종류를 포괄적으로 예시하고 있다는 점에서 혼합 방식을 취하고 있다.

중앙행정권한의 사무이양과 관련하여 앞서 설명한 것처럼 역대 정부와 현 정부는 지속적 추진을 통해 성과를 달성해왔음에도 불구하고 여전히 근본적인 문제점과 과제들이 남아 있다. 첫째, 우리나라는 지방자치법이 제정된 이래 국가와 지방자치단체 간의 기본적 관계를 정립하고 지방자치단체의 기능과 사무를 명확히 하기 위해 노력해 왔으나 열악한 자치 여건 속에서 정해진 원칙과 기준마저 모호하여 제대로 지켜지기 어려웠다(지방자치발전위원회, 2017: 42~43).

우리나라는 중앙정부와 지방자치단체 간의 기능 배분은 분리형보다는 융합형에 가깝다. 중앙정부가 별도의 기관을 설치하여 사무를 처리하기보다는 지역 단위의 행정은 가급적 지방자치단체가 종합적으로 관할하게 하는 한편, 중앙정부는 사무의 집행을 지원하고 지도·감독하는 형태이다. 우리나라 지방자치법에는 국가사무의 위임에 관한 조항이 규정되어 있으며 각 분야의 개별법에서는 많은 국가사무가 지방자치단체에 위임되고 있다. 또한, 지방자치법, 지방재정법 등 지방자치 관련 법률에 경비부담의 원칙, 국가 위임사무에 대한 감독권의 소재, 지방의회의 간여 범위, 위법처리에 따른 배상 책임 등 권한과 책임을 명확히 하기 위한 별도의 규정을 두고 있다. 그러나 권한의 설정과 사무의 배분이 사실상 국가의 입법 활동에 맡겨져 있고 국가사무의 지방 자치단체 위임처리가 광범위하게 시행되고 있는 상황에서는 자치사무와 국가사무의 경계가 모호해지기 쉽다.

지방자치법은 국가사무, 기초와 광역 지방정부의 사무로 구분하여 예시하고 있다. 국가·지방 간 관계 측면에서는 국가사무와 지방사무로 구별할 수 있다. 지방정부 입장에서는 자치사무, 단체위임사무, 그리고 기관위임사무로 구분할 수 있다.

국가사무는 그 성질상 당연히 중앙정부가 수행해야 할 사무로 국가의 존립을 위해 직접 필요한 사항, 전국적 규모의 종합적인 관리와 기준의 통일성을 요하는 사항, 지방정부의 기술과 재정 능력을 감당하기 어려운 사항 등에 관한 사무들이다(지방자치법 제11조). 지방사무는 관할 구역 자치사무와 법령에 의해 지방자치단체에 속하는 사무 그리고 지방정부의 사무로 포괄적으로 예시된 사무들이다. 국가·지방정부 간 사무배분 범위는 아래 〈표 7-4〉와 같다.

그동안 이러한 법령의 규정만으로는 자치사무의 범위가 명확하지 않다는 점이 지적되어왔다. 지방자치법에 예시된 사무범위도 추상적이고 포괄적이어서 개별법령에 정해진 특정 사무가 국가사무냐 자치사무냐 하는 구체적인 판별이 용이하지 않다. 더구나 동법 제9조 제2항 단서에서 "법률에 이와 다른 규정이 있는 경우에는 그러하지 아니하다"라고 법률 유보 원칙을 명시하고 있어 입법자의 의사에 따라 자

사무종류	국가사무
국가사무	① 외교, 국방, 사법, 국세 등 국가 존립 ② 물가·금융·수출입 정책 등 ③ 농산물, 임산물, 축산물, 수산물 및 양곡 수급 조절과 수출입 등 ④ 국가종합경제개발계획, 국가하천, 국유림, 국토종합개발계획, 　　지정항만, 고속국도·일반국도, 국립공원 등 관리 ⑤ 근로 기준, 측량단위 등 전국적 기준 통일조정 관련 ⑥ 우편, 철도 등 ⑦ 고도 기술 요하는 검사·시험·연구, 항공 관리, 기상 행정, 원자력 　　개발 등, 지방정부 자원 능력 초과 사무
지방사무	① 지방자치단체 구역, 조직, 행정관리 ② 주민 복지증진 ③ 농림·상공업 등 산업 진흥 ④ 지역개발과 주민 생활환경시설 설치관리 ⑤ 교육·체육·문화·예술 진흥 ⑥ 지역민방위 및 소방

출처: 지방자치법 제9조·제10조

치사무의 범위가 달라질 수 있는 여지를 남겨두고 있다. 지방자치법 제11조에서 국가사무의 범위 7종을 예시하여 지방자치단체가 처리할 수 없도록 하고 있으면서도 단서에서 법률에 이와 다른 규정이 있는 경우에는 지방자치단체가 국가사무를 처리할 수 있도록 예외를 인정하고 있다.

　실질적으로 각종 사무는 법령의 제·개정으로 생성되고 사무 구분이 결정된다. 그러나 개별법령에서 사무의 종류나 권한의 주체를 설정함에 있어 그 표현 방식이 일정하지 않기 때문에 국가사무냐 자치사무냐를 판별하기가 쉽지 않다. 일일이 문언을 해석하고 입법 취지를 감안하여 판단할 수밖에 없다. 특히 국가위임사무와 자치사무의 구분이 어렵다. 이에 대하여 대법원의 판례는 "법령상 지방자치단체의 장이

처리하도록 규정하고 있는 사무가 자치사무인지 기관위임사무에 해당하는지 여부를 판단함에 있어서는 그에 관한 법령의 규정 형식과 취지를 우선 고려하여 판단하여야 할 것이다"라고 하고 있다. 그러나 개별적 사안에 대한 대법원의 판결은 관련 법규의 문언에만 의존하는 경향이 있다. 결론적으로 지방자치법의 사무구분 기준 자체가 모호하고 관련 법령의 문언이 판단에 중대한 영향을 미친다는 점을 감안한다면 국가사무냐 자치사무냐 하는 구분은 사실상 국가의 입법 재량에 맡겨져 있다고 보아야 한다(지방자치발전위원회, 2017: 43~44).

이러한 모호함으로 인해 국가사무를 지방사무로 이양하는 것은 쉽지 않다. 국가사무와 지방사무를 구분하는 기준이 미흡하고 법령 규정 형식의 미비로 인해 국가·지방사무 구분이 쉽지 않다. 중앙정부가 수행하는 국가사무와 지방사무 비율은 각각 67.7%, 32.3%로 전자가 압도적이다. 또한, 재정이 열악한 지역은 지방이양을 꺼린다. 게다가, 국회에서 통과하여야 하는 정치적 결정이 필요하다.

지방정부 입장에서의 지방사무는 자치사무와 위임사무로 나뉜다. 자치사무는 법령에 의거 지방정부 임무 영역에서 나오는 사무를 말하며 전적으로 지방자치단체에 속하는 고유사무이다. 헌법과 법률에서 지방자치단체가 처리하도록 정한 사무를 말한다. 우리 헌법 제117조 제1항에서는 "지방자치단체는 주민의 복리에 관한 사무를 처리"한다고 명시하고 있다. 지방자치법 제9조 제1항에서는 "지방자치단체는 관할구역의 자치사무와 법령에 따라 지방자치단체에 속하는 사무를 처리한다"라고 하고 제2항에서는 지방자치단체의 사무 범위 6개 분야 57종을 예시하고 있다(지방자치법 제9조).

위임사무는 중앙정부가 지방정부에 위임하여 처리하는 사무를 말하며, 위임방식은 하나의 사무를 단체장에게 위임처리 하는 기관위임, 법인격을 지닌 지방자치단체에 위임하는 단체위임이 있다(김병준, 2009: 386~387).

단체위임사무는 국가나 광역자치단체의 사무를 법령에 근거하여 광역 또는 기초자치단체에 구체적으로 위임한 사무를 말한다. 지방자치법 제9조 제1항의 "법령에 따라 지방자치단체에 속한 사무"라는 표현이 단체위임사무를 지칭하는 것으로 해석하고 있다(문상덕, 2004: 383). 단체위임사무에 대하여는 위임받은 지방자치단체가 조례를 제정할 수 있고 지방의회의 관여도 허용되므로 사실상 자치사무와 유사하게 취급되어왔다. 실정법상 단체 위임사무는 시군의 도세 징수사무 정도에 불과하여 별도의 분류 개념을 인정할 실익이 없으므로 폐지하자는 주장이 제기되어 왔다. 참여정부의 정부혁신지방분권위원회는 2004년 11월 발표한 지방분권 5개년 종합실행 계획에서 타 사무와의 구분이 모호하고 독립적인 사무 유형으로서의 존재 의의마저 의문시되는 단체위임사무를 폐지하겠다는 방침을 발표한 바 있으나 후속 조치는 이루어지지 않았다(지방자치발전위원회, 2017: 44~45).

기관위임사무는 시도지사 또는 시장·군수·구청장에게 위임된 국가나 광역자치단체의 사무를 말한다. 기관위임사무의 법적 근거는 지방자치법 제102조(국가사무의 위임)와 정부조직법 제6조(권한의 위임 또는 위탁)를 들고 있으나 이는 국가사무의 처리방식을 설명하는 데 불과하여 별도의 근거 규정이 필요하다는 견해도 있다. 기관위임사무는 지방자치단체의 장을 국가(또는 광역자치단체)의 하부 행정기관으로 의제하여 국가사무를 처리하게 한다는 점에서 중앙집권적 행정 관행의 잔존이라는 비판을 받고 있다. 기관위임사무는 본질적으로 국가사무이기 때문에 비용은 응당 국가가 전액 부담하여야 함에도 불구하고 국가가 지방재정에 대하여 포괄적으로 지원하고 있음을 이유로 그 일부만을 지원하거나 지원을 기피하는 경우도 있어 지방자치단체에 재정 부담을 초래하는 경우도 없지 않았다.

기관위임사무는 민선 자치 이후 줄어들었다. 1994년 총무처 조사에서 지방위임사무가 1,920개(12%)로 지방사무의 거의 절반을 차지하는 것으로 나타났다. 그 후 2002년 지방이양추진위원회의 법령상 사무 전수조사에서는 1,311개(2.9%), 2009년 행정자치부의 법령상 사무 총조사에서는 1,018개(2.2%)로 나타나 수적으로 점차 감소하고 있으나 아직도 지방자치단체의 업무량 측면에서는 큰 비중을 차지하고 있다. 참여정부는 2004년 지방분권특별법을 제정하면서 제9조에서 "기관위임사무를 정비하는 등 사무구분 체계를 조정"하도록 명시하고 기관위임사무를 가급적 자치사무 또는 국가사무로 전환하겠다는 정비방침을 발표한 바 있다. 2008년 제정된 「지방분권촉진에 관한 특별법」과 이를 승계하여 2013년에 제정된 「지방분권 및 지방행정체제개편에 관한 특별법」에서도 "국가 또는 시·도의 사무로서 시·도 또는 시·군·구의 장에게 위임된 사무는 원칙적으로 폐지하고 자치사무와 국가사무로 이분화하여야 한다는 폐지 방침을 법제화하였다(지방자치발전위원회, 2017: 45~46).

그러나 자치사무와 단체위임사무, 기관위임사무 간 구분이 불명확하여 각 지방자치단체 사무 중 자치사무가 어느 정도를 차지하는 가도 파악하기 어렵다. 대다수 학자 사이에서 자치사무가 50~60%, 기관위임사무가 30~40%, 단체위임이 10% 정도를 차지하고 있다는 설명이 주를 이룬다. 도시지역 지방정부는 자치사무 영역이 넓지만, 농촌 지

<표 7-5> 자치사무와 위임사무

구분	자치사무	단체위임사무	기관위임사무
법적 근거	지방자치법 제9조 제1항 전단, 제2항, 제94조	지방자치법 제9조 제1항 후단, 제94조	지방자치법 제93조, 제94조
사무 성질	지자체가 자기 책임과 부담 하 처리 사무 지자체 존립유지 사무 당해 지자체 이해관계 있는 사무	법령으로 국가나 타 지자체로부터 위임 사무당해 지자체와 전국적 이해관계 동시에 지닌 사무	법령으로 하급단체장에 위임 사무 전국적 이해관계 사무
경비부담	지자체 부담 국가보조 가능	지자체와 위임기관 공동 부담	원칙적 전액 국고부담
상급기관 감독	원칙적 감독 불가 소극적 감독 허용	소극적 합목적성 감독	소극적/적극적 감독 허용
사무예시	상하수도 사업, 운동장 설치관리, 지방도 신설관리, 청결·소독, 오물처리·미화사업, 공설묘지 및 화장장/공중변소/극장 설치관리	예방접종, 국세징수, 생활보호, 보건소 운영, 재해구호사업	총포수리업 허가, 대통령·국회의원 선거사무, 국민투표, 병사사무, 산업통계, 공유 수면매립 면허, 개별지가조사, 천연기념물 관리

출처: 지방자치발전위원회(2017)

역은 위임사무 비중이 상대적으로 크다. 그러나 여전히 위임사무, 특히 기관위임사무 영역이 크며 사무 배분을 놓고 아직도 지방자치단체, 지방의회, 중앙정부 간 갈등이 크다(김병준, 2009: 390).

또한, 법령상 공식적으로 인정된 사무 구분은 아니지만, 국가와 지방자치단체 또는 광역자치단체와 기초자치단체가 하나의 사무를 공동으로 수행하는 경우 편의상 이를 공동사무라고 한다. 2002년 조사에서 3,746개, 2009년 조사에서는 3,034개로 나타났다. 현대 행정은 기능이 다양화되고 지역적으로도 광역화되어 국가와 지방자치단체 간 협력의 필요성을 간과할 수 없다. 융합형 정부구조를 가지고 있는 국가에서는 국가와 지방자치단체의 협력이 필요한 사무를 국가사무와 자치사무로 엄격히 분리하기가 실질적으로 어려운 경우도 많다. 그러나 지방자치를 헌법적으로 보장하고 지방자치법에서 사무이원론에 입각하여 국가사무와 자치사무를 구분하고 있는 이상 권한과 책임을 명확하게 구분하지 않은 공동사무 형태의 입법은 바람직하다고 볼 수 없다.

둘째, 우리나라의 광역과 기초 간 사무배분에 있어서도 다수의 해결해야 할 과제들이 남아 있다. 중앙정부는 지방자치법에서 규정하고 있는 국가사무를 제외하고는 지방정부로 사무를 재배분해야 한다. 이를 통해 지역주민들은 훨씬 더 편하게 빠르게 해당 서비스를 제공받게 된다. 이는 광역지방정부와 기초지방정부 간의 사무 재배분에서도 중요하게 고려해야 할 기준이다.

정부 간 사무는 중앙정부와 광역지자체 간 그리고 광역과 기초지자체 간 나누어 배분한 중앙정부 혼자 감당하기 어려운 사무는 지방자치단체에 일부 위임 및 협조하여 처리하고 있다. 국가사무 중 일부에 대한 광역과 기초자치단체 간 배분 기준은 행정처리 결과가 2개 이상 시·군 및 자치구에 미치는 광역적 사무, 시·도 단위에서 동일한 기준에 따라 처리되어야 할 성질의 사무, 지역적 특성 및 시·도단위로 통일성을 유지할 필요가 있는 사무, 국가와 시·군·구 간 연락·조정 등의 사무, 시·군·구가 독자적 처리하기 부적당한 사무, 2개 이상의 시·군·구가 공동으로 설치하는 것이 적당하다고 인정되는 규모의 시설을 설치하고 관리하는 사무 등으로 규정하고 있다(지방자치법 제10조 제1항). 하지만, 50만 이상 대도시에 대해서는 도가 처리하는 사무 일부를 직접 처리할 수 있는 자율권을 주기도 한다.

기초지방정부는 광역지방정부가 처리하는 것으로 되어 있는 사무를 제외한 사무 등으로 주민복리에 관한 사무를 포괄적으로 처리한다 (지방자치법 제10조 제1항 제2호). 다만, 시·도와 시·군·구의 사무는 서로 경합하지 않도록 하며, 그 사무가 서로 경합되는 경우에는 시·군·구 에서 우선적으로 처리해야 한다고 규정하고 있다(지방자치법 제10조 제3 항). 이러한 지방자치법에 근거한 우리나라 중앙정부와 광역·기초자치 단체 간 사무 배분 현황을 종합하여 정리하면 다음의 〈표 7-6〉과 같다.

〈표 7-6〉 정부 간 사무배분

정부 수준	중앙정부	광역 시·도	기초 시·군·구
안전	외교/국방, 사업, 경찰, 재난재해, 소방	소방	지역민방위
사회적 하부구조	국가종합경제개발계획 국토종합개발계획 직할하천, 국유림 지정항만/간척 고속도로/일반국도 국립공원, 우편/철도	도시계획 종합토지이용계획 SOC 확충 지원 상하수도	지역주택개발/주택사무 장단기 주택공급계획 수립, 도시계획 지방도로, 하천관리 상하수도, 공원/녹지
교육	지방교육자치 대입 자율화, 영어공교육 교원능력 제고 인프라	전문교육/기술교육 고등학교/농업고 지원 대학/연구소/박물관	유아원-고등학교 지원 공공교육시설
복지/ 위생	보건의료 기초생활보장 국민연금, 사회서비스 노인/가족/장애인 정책	공적부조, 모자보건 수질오염, 대기오염 전염병 관리, 종합병원 환경영향평가	주거환경 관련 규제 주민생계복지 관련 주거환경 개선 사회복지시설 보건진료/위생
산업/ 경제	지역경제 활성화 물가/금융 정책 수출입 정책 에너지 및 대체에너지 농수산 관 련 산업육성 축산물/ 수산물/양곡수급	조세 지방세율 조정 대중교통 건축규제	상가지역 개발 공장지대 개발 지역개발 촉진 농림/상공 산업진흥 교통편의시설 지역경제

조성호 외(2009: 62~63, 115~116).

이러한 사무배분 기준과 원칙에도 불구하고 여전히 개념상의 모호성과 배분 기준 체계의 미확립, 과도한 중앙집권체제, 과다한 위임사무, 지방정부의 능력과 사무배분 간의 부적합성 등이 문제점으로 지적되고 있다(조성호 외, 2009: 16~17).

우리나라의 광역과 기초 간 사무배분 현황의 문제점을 정리하면 다음과 같다. 첫째, 도와 시·군 간 사무배분이 획일적이어서 지방정부의 특성을 고려한 기능배분이 되지 않고 있다. 지방자치법에서 도와 시·군간 사무배분에 대하여 일부 50만 명 이상 대도시에 한정하여 특례를 인정하고 있으나 근본적으로는 도와 시·군간 기능배분 시 시·군의 특수성, 도시와 농촌행정수요 차이, 행·재정적 능력, 인구규모 등을 고려하지 않고 있어서 획일적 기능배분이 이루어지고 있다.

둘째, 지방자치법상 도와 시·군 간의 기능배분 기준이 불명확하다. 시·군의 사무는 막연하게 도가 처리하지 않는 사항이라고 규정하고 있다. 도의 사무는 광역사무, 보안대행사무, 연락조정사무, 지도감독사무로 규정하고 있다.

셋째, 도와 시·군 간 사무가 경합되어 있어서 기능배분의 실익이 존재하지 않는다. 도와 시·군 간 기능불경합의 원칙에 의거 서로 중복되어 배분되지 말아야 함에도 동일한 사무가 도와 시·군에 동시에 배분되어 있다. 그 결과 양자 간 권한과 책임이 일치하지 않고 행정책임의 소재도 불분명하다. 지방자치법 제9조에 의한 예시적 사무가 도의 사무인지 시·군의 사무인지 아니면 공동사무인지를 구별하기 어렵고 특히 자치사무만을 예시한 것인지 기관위임사무를 포괄하는 것인지를 알 수 없다. 지방자치법 제10조 제1항의 지방정부 종류별 사무배분 기준이 제2항에 근거하여 동법 시행령 제8조에서 예시하고 있는 사무를 보면 도 사무는 327개이고 시·군 사무는 364개로 되어 있고 그 중 중복된 사무가 103개에 이른다.

넷째, 도와 시군이 상하관계에 있어 관여적 사무가 과다하여 도와 시군은 법령상 대응 관계이지만 실제로 상하관계에 있다. 국가위임사무의 처리에 있어서 도의 지도와 감독을 받을 수밖에 없어 일정 부분 상호 간의 기능이 중복되어있는 것이 부득이하다. 결국, 시·군의 자치사무가 한정적이고 특히 시·군 기능의 명확한 구분은 물론 권한과 책임의 한계도 명확히 구분하기 어렵다(행정자치부, 2003).

IV. 중앙행정권한의 지방이양 원칙의 재확인

중앙행정권한의 지방이양을 추진할 때 기준이 되는 원칙들이 있다. 중요하게 논의되어 온 원칙들을 몇 가지 소개하면 다음과 같다.

첫째, 보충성의 원칙이다. 어떤 행정수요가 발생할 경우, 가능한 한 개인이나 가정에서 스스로 해결하고 개인이나 가정에서 불가능할 경우 단체나 집단(기업, 시민단체 등) 수준에서 충족시키고 단체나 집단 수준에서도 해결이 불가능하다면 시민·주민과 가장 가까운 정부인 기초자치단체가 맡는 것이 바람직하다(하정봉·길종백, 2008: 127). 보충성의 원칙은 기초자치단체 수준에서도 행정수요의 충족이 불가능할 경우 비로소 광역자치단체, 중앙정부, 초 국가기구 순으로 행정수요의 충족 책임이 옮겨가는 것을 의미한다. 이는 지방정부 입장에서는 지역의 행정수요 해결을 원칙적으로는 기초자치단체와 광역자치단체가 담당하고 중앙정부는 지방정부가 감당하기 힘든 기능을 보충적 수준에서 담당한다는 원칙이다(이종수·윤영진 외, 2008: 563). 시민의 입장에서는 단순히 중앙과 지방 간의 사무 배분 원칙을 논한 것이 아니라 공공업무의 처리기준을 명확히 밝힌 것이라 할 수 있는데 공공문제 해결에 있어서 자립적인 개인이 가장 중요하고 우선하는 주체임을 뜻한다(하정봉·길종백, 2008: 127).

둘째, 현지성의 원칙이다. 현지 지역사회 주민이 서비스를 신속하게 받을 수 있어야 하며 현지성에 입각하여 문제의 진단과 예방, 해결방안을 모색하여야 한다는 원칙이다. 현지성의 원칙은 기초지방정부 우선의 원칙이라고도 하며 광역과 기초 지방정부가 행정수요를 처리함에 있어 서로 경합하는 경우에는 기초지방정부에 우선권을 준다는 의미이다(국회행정자치위원회, 2003: 11). 현지성의 원칙에 따라 지방사무에 대해 특별한 제한조치가 없는 한 기초지방정부가 주민들의 일상생활 및 복지증진과 관련된 모든 사무를 처리해야 하며 광범위하고 포괄적인 권한이 부여되어야 한다. 이러한 원칙은 기초지방정부가 처리하기 적합하지 아니한 사무는 중앙정부보다는 광역지방정부가 처리하도록 한다는 데에까지 적용된다(국회행정자치위원회, 2003: 8).

셋째, 행정책임 명확화의 원칙이다. 불경합의 원칙이라고도 하며 중앙정부와 지방정부가 사무를 처리함에 있어서 서로 경합되지 않도록 사무의 소관과 처리의 권한과 책임을 명백히 함과 동시에 경비부담의 관계를 명확히 해야 한다는 원칙이다(최봉석 외, 2015: 10).

넷째, 행정능률의 원칙이다. 기능별로 가장 능률적으로 즉 최소의 비용으로 최대의 효과를 가져올 수 있도록 수행할 수 있는 정부에 사무를 배분해야 한다는 원칙이다. 특정 사무의 처리에 필요한 능력, 규모와 주민편의를 고려하여 최소비용으로 최대효과를 얻을 수 있는 정부 단위에 기능이 적합하게 배분되어야 한다는 원칙이다(이용환 외, 2006: 13).

다섯째, 사회적 형평성의 원칙이다. 기초지방정부의 소속 여부에 관계 없이 모든 주민들에게 최소한도 수준의 서비스를 제공해야 한다는 원칙이다. 기초지방정부 간에 어떤 기능을 수행할 수 있는 행·재정적 능력에 있어서 큰 격차가 존재한다면 기능수행의 결과가 기초지방정부 간에 차이가 크게 날 수 있고 이는 주민들 간 행정서비스의 수혜 정도에 대해서도 영향을 미칠 수 있어 심각한 불균형을 초래할 가능성이 있게 된다(임주형, 1998: 275). 이러한 경우 광역지방정부로 하여금 그 사무를 수행하도록 하여 기초지방정부 간의 불균형을 시정할 수 있도록 해야 한다.

여섯째, 전권한성의 원칙이다. 헌법 제117조 제1항은 지방정부의 업무에 관하여 "주민의 복리에 관한 사무"로 규정함으로써 지방정부 업무의 전권한성을 보장하고 있다(이기우, 1996: 17~18). 지방정부는 법률에 특별한 규정이 없는 한 모든 지역적 사무를 특별한 권한 명의 없이도 자신의 것으로 할 수 있는 권리를 가진다.

위에서 제시한 중앙행정권한의 지방이양 원칙을 하나로 묶는 공통 기준은 해당 주민의 입장을 고려해야 한다는 것이다. 중앙정부가 지방이양을 찬성하는 동기에는 양면성이 있다(Dillinger, 1994). 중앙집권체제가 더이상 적합하게 기능하지 않는다는 원칙과 도시화로 인해 요구되는 엄청난 비용에 대한 재원 마련 책임을 지방정부에 전가하려고 하는 정치적 편의성이 혼합되어 있다. 재원이 열악한 지역뿐만 아니라 대다수 지방정부는 재원과 전문인력의 부족을 이유로 지방이양을 꺼린다. 많은 국가의 중앙정부는 중앙의 기능을 공식적으로 지방정부에 이양 또는 위임해 왔지만, 지방정부가 그 기능을 자율적으로 수행할 수 있는 권한 또는 재원을 완전히 이양 또는 위임하지는 않기 때문이다(Kingsley, 1996). 중앙정부가 이러한 동기로 지방이양을 결정할 경우 결코 바람직한 방향으로 진전될 수 없다. 결국 지방이양은 누가 실질적인 권한을 더 갖느냐가 목표는 아니다. 각각의 정부가 주민의 복리와 안전을 위해 어떻게 가장 적합한 기능을 수행하느냐가 원칙이 되어야 한다. 그리고 너무나도 상식적으로 주민에게 가까운 정부가 주민의 행정수요를 해결하는 출발 기준이 되어야 한다.

| 참고문헌 |

권경득·우문정. (2009). 참여정부 지방분권정책의 실태분석-중앙사무의
　　지방이양을 중심으로-,「한국지방자치학회보」, 21(2): 5-28.

국회행정자치위원회. (2003).「정부계층간 사무재배분사업의 개선방안」.
　　2003 정책연구보고서.

김병준. (2009).「지방자치론」. 서울: 법문사.

김성호. (2000).「한국의 지방이양, 변화와 과제」. 지방이양추진위원회 1주
　　년 워크숍.

김종식. (2003).「지방분권법제에 관한 연구: 일본의 지방분권 개혁의 입법
　　례를 중심으로」. 서울시립대학교 대학원 박사학위논문.

김춘수. (2007).「지방자치단체간 공동사무 재배분에 관한 연구: 경상남도
　　와 시군을 중심으로」. 창원대학교 대학원 박사학위논문.

대통령소속 지방자치발전위원회. (2017).「지방자치발전백서」.

문상덕. (2004). 지방자치단체의 사무구분체계,「지방자치법연구」, 4(2): 381-
　　410.

안성호. (1999). 지방분권화정책의 변동과 향후 개혁과제: 정부간 기능재배
　　분 개혁을 중심으로.「한국지방자치학회보」, 28(4): 29-51.

이달곤. (2004).「중앙과 지방간 사무재배분 방안」. 경기개발연구원.

이용환·박충훈·김준석·이상범·강주희·김진덕·윤국원. (2006).「경기도 자
　　치행정사무 실태분석: 법령상 분장사무를 중심으로」. 경기개발연구원.

이종수·윤영진 외. (2008).「새행정학」. 서울: 대영문화사.

임승빈. (2006).「지방자치론」. 서울: 법문사.

지방자치발전위원회. (2014).「지방자치발전 종합계획」.

지방자치발전위원회. (2015). 지방자치발전위원회 활동 자료집(1기).

지방분권위원회. (2019). 「2019년 자치분권 시행계획」.

정세욱. (2005). 「지방자치학」. 서울: 법문사.

조성호. (2019). 중앙과 지방간 기능재배분 방안. 「한국지방자치학회 동계 학술대회 프로시딩」. 한국지방자치학회·자치분권위원회.

조성호·김익식·안영훈. (2009). 「중앙과 지방간 사무재배분 방안」. 경기개 발연구원.

조정찬. (2008). 「지방자치단체 사무배분에서의 지방자치와 국가행정의 조 화」. 관학협동세미나 자료.

최근열. (2013). 이명박 정부의 지방분권정책평가와 새정부의 지방분권 추 진과제 및 방향, 「한국지방자치연구」, 14(4): 99-122.

최근열. (2017). 「중앙권한 및 사무의 지방이양. 한국지방자치: 발전과제와 미래」, 지방자치발 전위원회 엮음. 박영사.

최봉석. (2015). 지방자치 사무배분 기준의 문제점과 개선과제: 사무배분 사전검토제의 도입가능성 검토. 「지방자치법 연구」, 15(4): 69-95.

최송이·최병대. (2012). 중앙-지방정부간 역할분담에 대한 추이분석-1991 년 이후 지난 20년 간의 사무배분을 중심으로-, 「한국지방자치학회 보」, 24(3): 1-24.

최진혁. (2020). 지방일괄이양법 제정에 부쳐. 자치분권위원회 특별기고문.

최환용. (2010). 「사무 구분체계 개선을 위한 지방자치법 개정방안 연구」, 한국법제연구원.

하정봉·길종백. (2008). 「행정과 지방자치」. 아키즈키 겐고 지음. 논형.

한국지방자치학회. (2018). 「기능중심의 중앙권한 지방이양 추진방안 연 구」. 한국지방자치학회.

행정안전부. (2009). 「행정안전부 백서」.

행정자치부. (2002). 「법령상사무전수조사를 통한 지방이양대상사무발굴연 구」. 서울: 한국지방행정연구원·한국행정연구원.

행정자치부·한국지방행정연구원. (2006). 「사무구분체계 개선방안에 관한 연구」. 연구용역보고서.

행정자치부. (2015a).「지방자치 20년사」.

행정자치부. (2015b).「2015 행정자치통계연보」.

행정자치부·한국지방행정연구원. (2015).「지방자치 20년 평가」.

홍준현. (1999).「중앙사무 지방이양 추진사업의 개선방안」. 서울: 한국행정
연구원.

홍준현. (2001).「지방행정체제 개편논의의 평가와 대안 제시 연구」. 서울연
구원.

Dillinger, W. (1994). Decentralization and Its Implications for Urban
Service Delievery. *Urban Management Programme Discussion
Paper 15*. Washington, D.C.: World Bank.

Kingsley G.T. (1996). Perspectives on Devolution. *APA Journal*. 62,4: 419-
426.

제8장 지방이양비용평가와 과제

라휘문 성결대학교 행정학과 교수

Ⅰ. 들어가는 말

지방분권에 대한 흐름은 우리나라에만 국한된 것이 아니고 이미 세계적인 흐름으로 정착되어 있다. 지방분권에 대한 일치된 개념은 없지만 그 중에 하나는 중앙권한(사무)을 지방자치단체로 이양하는 것이라는 점에 대해서는 학자 및 실무자 간 일정 수준의 공감대가 형성되어 있을 것이다. 우리나라 역시 세계적인 흐름에서 보는 것처럼 지방분권 운동이 전개되면서 중앙권한을 지방자치단체로 이양하기 위하여 지속적인 노력을 하고 있다.

우리나라는 김대중 정부로부터 박근혜 정부에 이르기까지 3,101개의 사무를 이양하기로 확정하였고, 이 중 2,349개의 사무를 이양 완료하였으며, 현재 752개의 사무이양을 추진 중에 있다. 문재인 정부는 미이양사무 752건 중 지방일괄이양법의 제정을 통해 2021년 400건을 일괄이양을 추진하고 있다. 특히, 문재인 정부에서는 지방자치법 개정을 통하여 사무배분의 기본원칙을 명확히 하고자 하였다. 2020년 6월 30일에 지방자치법 전부개정법률안이 국무회의를 통과한 후 국회에 제출되었고 해당 법률안이 2020년 12월 9일 국회 본회의를 통과하였다. 사무배분의 기본원칙 하에 중앙정부의 기능이 지방자치단체로 이양될 수 있는 기틀이 마련되었다고 볼 수 있다.[1]

중앙정부의 사무가 지방자치단체로 이양되면 동시에 고려되어야 하는 것은 이양되는 기능의 규모에 상응하는 비용이 이양되어야 하고 인력과 기구가 확대되어야 한다는 것이다. 그러나 중앙기능을 지방자치단체로 이양 완료하였거나 추진 중임에도 불구하고 충분한 수준의 재정보전이 이루어지지 않았다는 것이 지방재정학자와 실무자들의 일반적인 견해이다. 지방재정에 대한 보전이 없는 상태에서 중앙정부의 사무가 이양되었다면 그리고 향후 지속적으로 이양된다면 열악한 지방재정은 더욱 열악해질 수밖에 없을 것이다. 이는 지방재정을 더욱 어렵게 만드는 요인으로 작용할 것이다.

반면 기획재정부 등 중앙부처는 지방교부세, 지방소비세액의 인상 등의 방식으로 중앙정부의 기능이양분에 대한 재정보전을 하였다고 주장하기도 한다. 그러나 지방교부세는 열악한 지방재정의 보전기능과 지방자치단체 간 재정격차 완화기능을 수행하기 위하여 도입한 제도이기 때문에 기능이양에 따른 재원보전과 직접적인 관련성이 없는

---

1 지방자치법 제11조(사무배분의 기본원칙) ① 국가는 지방자치단체가 사무를 종합적·자율적으로 수행할 수 있도록 국가와 지방자치단체 간 또는 지방자치단체 상호간의 사무를 주민의 편익증진, 집행의 효과 등을 고려하여 서로 중복되지 아니하도록 배분하여야 한다. ② 국가는 제1항에 따라 사무를 배분하는 경우 지역주민생활과 밀접한 관련이 있는 사무는 원칙적으로 시·군 및 자치구의 사무로, 시·군 및 자치구가 처리하기 어려운 사무는 시·도의 사무로, 시·도가 처리하기 어려운 사무는 국가의 사무로 각각 배분하여야 한다. ③ 국가가 지방자치단체에 사무를 배분하거나 지방자치단체가 사무를 다른 지방자치단체에 재배분할 때에는 사무를 배분받거나 재배분받는 지방자치단체가 그 사무를 자기의 책임 하에 종합적으로 처리할 수 있도록 관련 사무를 포괄적으로 배분하여야 한다.

제도이다.[2] 다만, 보통교부세 산정과정에서 공무원 수 등이 포함된바 인건비와 일부 연계성을 가지는 것은 가능하나 이때의 공무원은 기준 인건비와 관련된 기준인력의 범주 내에 있고 100%를 보전하는 것도 아니기 때문에 충분한 보전으로 보기 어렵다. 지방소비세는 지방재정의 자주재원 확충과 자치단체의 재정지출을 통한 지역경제 활성화에 따른 세원확충 효과가 지방자치단체 세입으로 연결되는 지방재정의 선순환 구조의 기틀을 마련하기 위해 2010년 부가가치세액을 과세표준으로 해서 도입한 조세이다. 지방소비세율의 인상은 취득세율 인하에 따른 보전 등과 관련되어 있기 때문에 기능이양과의 관련성이 낮은 수준(라휘문, 2015)이라고 볼 수 있을 것이다.

이러한 제반문제에 대한 검토를 위하여 대통령소속 자치분권위원회는 「지방자치분권 및 지방행정체제개편에 관한 특별법」 제46조에 근거를[3] 두고 있는 각종 전문위원회를 설치하여 운영하고 있다.[4] 지방

---

2 지방교부세는 지방자치단체의 부족한 재원을 보전해주고 지역 간 세원편재에 따른 재정불균형을 해소하는 기능을 수행하며 모든 지방자치단체가 일정한 행정수준을 확보할 수 있도록 재원을 보장하는 재정조정제도이다(손희준, 2019: 242).

3 제46조(위원회의 구성·운영) ⑧ 위원회의 심의 사항을 분야별로 사전에 연구·검토하기 위하여 위원회에 전문위원회를 둘 수 있다.

4 주민자치 전문위원회(주민자치 관련 학계·시민사회 전문가로 구성되고 마을자치 활성화를 위한 정책 검토·개발 및 방향 설정 기능 수행), 재정분권 전문위원회(재정분권 관련 전문가로 구성되고 지방재정의 자율성·책임성 제고를 위한 지방재정제도 개편방안 마련 등 재정분권 관련사항 연구·검토 지원 기능 수행), 중앙권한이양 전문위원회(국가·지방사무 재배분 및 권한이양 관련 전문가로 구성되고 지방이양 대상사무 발굴, 관련 기관 의견청취 및 이양 검토 기능 수행), 지방이양비용평가 전문위원회(지방재정 및 지방이양 비용평가 관련 전문가로 구성되고, 지방이양 사무에 대한 필요 인력 및 재정 소요사항 조사 평가 등의 기능 수행), 자치혁신 전문위원회(지방행정 관련 학계·연구기관 전문가로 구성되고 포스트코로나 자치분권 역량강화 등 혁신과제 검토·연구 기능 수행) 등으로 구성되어 있다.

이양비용평가전문위원회는 지방이양 사무에 대한 필요 인력 및 재정 소요사항 조사 평가 등의 역할을 수행하기 위하여 설치하였다. 위원회는 기재부, 교육부, 행안부 소속 고위공무원 각 1명과 지방재정 및 지방이양 비용평가 관련 전문가 9명으로 구성되어 있으며, 2020년 7월에 출범한 후 현재에 이르고 있다.

이와 같은 배경 하에서 이 글은 중앙기능의 지방이양에 따른 비용평가과정과 성과 그리고 향후의 과제를 제안하고자 하는 목적을 가지고 있다.

Ⅱ. 중앙정부의 기능이양과 재원보전의 필요성

중앙정부의 기능을 지방자치단체에 이양한다는 것은 지방분권을 한다는 것을 의미한다. 즉, 국가의 통치 권력이 중앙정부에 집중되지 아니하고 지방자치단체에 분산되어 있는 것을 의미하는 것이다. 보다 구체적으로는 지방자치단체에 더 많은 권한을 부여하고 보장하는 것을 의미한다. 한편, 중앙정부는 중앙정부의 기능을 지방자치단체에 이양할 경우 상응하는 기구와 인력 그리고 재원의 이양 노력을 전개하여야 한다. 이러한 노력이 있어야 지방분권의 추진목적을 달성할 수 있을 것이다. 특히, 재원의 이양이 전제되지 않을 경우 기구 및 인력이 이양된다고 하더라도 이를 운영할 수 없기 때문에 무엇보다도 재원의 이양이 전제되어야 할 것이다.

만약 재원의 이양이 없는 상태에서 기능이양만 이루어질 경우 발생할 수 있는 현상에는 무엇이 있을까? 즉, 재원이양의 필요성을 살펴볼 필요가 있을 것이다. 기능이양에 따른 재원이양의 필요성은 다양한 관점에서 찾을 수 있을 것이나 다음과 같은 몇 가지 점에서 찾을 수 있을 것이다. 첫째, 지방자치단체로 이양된 중앙정부의 기능을 지방자치단체가 정상적으로 추진하지 못하였을 경우 그 책임을 누가 져야 하는가에 대한 고민이 있어야 한다. 중앙정부의 기능을 지방자치단체로 이양하기 전에 중앙정부는 이미 기구와 인력 그리고 재원의 부족으로 인해 이양된 중앙정부의 기능을 지방자치단체가 수행하지 못할 가능성이 존재한다는 것을 고려하여야 한다. 만약 기능이양에 따른 충분한 재원이양을 하여야 함에도 불구하고 이러한 조치를 취하지 않은 채 기능이양을 하였고 이로 인하여 정상적으로 기능이 작동되지 않았다면 누구의 책임이라고 볼 수 있는지 고민해 보아야 한다. 즉, 중앙정부에게는 어떠한 책임을 부과하여야 하는지 심각하게 고민해 보아야 할 것이다. 지방자치단체에만 책임을 부과하는 시스템으로 운영되어서는 곤란하다. 둘째, 어떠한 대가도 지불하지 않은 채 내가 수행하여야 할 일을 다른 사람에게 넘길 수 있다면 굳이 내가 그 일을 하려고 하는 사람이 얼마나 될 것인지를 고민해 볼 필요가 있을 것이다. 즉, 기구와 인력 확대 그리고 재원의 이양 없이 중앙정부가 수행하는 기능을 지방자치단체로 이양할 수 있다면 굳이 중앙정부가 해당 기능, 특히 성가시고 귀찮게 여겨질 수 있는 기능들을 직접 수행하려고 할 것인가? 중앙정부는 지방자치단체에 기능을 이양하려고 시도할 것이고 이로 인하여 중앙정부기능의 지방자치단체 이양은 더욱 확대될 수밖에 없을 것이다. 상위수준의 정부가 하위수준의 정부에게 비용은 제공하지 않으면서 국가 전체의 편익을 증가시킬 수 있는 행위를 요구할 수 있는 권한을 가지게 된다면 이와 같은 현상은 더욱 가중될 수밖에 없을 것이다. 이는 어려운 지방재정을 더욱 어렵게 할 것이다. 따라서 재정이양이 수반된 기능이양이 있어야 할 것이다. 셋째, 어떤 정권이든 정권을 보유하고 있는 기간 동안 일정한 성과를 창출하기 위한 시도를 하게 된다. 즉, 단기간 동안 성과를 창출하기 위한 정책을 펼치게 된다. 지방분권과 관련된 정책 역시 마찬가지이다. 이를 위하여 필요하다면 추진기구를 설치할 것이고, 추진기구는 성과를 보여주기 위하여 중앙정부 기능의 지방자치단체 이양을 위하여 다양한 노력을 전개하게 된다. 지금까지의 노력이 그러하다. 기능이양에 따른 재원보전에 대한 고려보다는 몇 건의 이양사무를 발굴하여 이양 조치하였다는 것을 홍보하는 데 초점을 맞추었을 뿐 이에 대한 재원보전대책에 대한 관심은 부족하였다고 볼 수 있다. 단기선호주의적 발상과 재원을 고려하지 않은 비전문적 의사결정구조 하에서 이루어진 중앙정부 기능의 지방자치단체이양은 지방자치단체의 재정여건을 더욱 어렵게 할 수 있다. 이러한 현상이 지속될 경우 지방자치단체의 재정여건은 더욱 어려워질 것이다. 따라서 재원보전과 연계한 기능이양방안이 마련될 필요가 있다.

III. 중앙정부 기능의 지방자치단체 이양과 비용평가 및 보전 논의

1. 중앙정부 기능의 지방자치단체 이양

김대중 정부인 2000년부터 박근혜 정부인 2017년까지 3,101개의 중앙정부의 사무가 지방자치단체로 이양되었다. 명칭 상으로는 기능이양이라는 표현을 하고 있으나 실제 이양된 것은 기능단위의 이양이 아니라 역대 정부 모두 개별사무를 이양하였다. 노무현 정부에서부터 는 일괄이양방식의 적용을 위하여 법제화 노력을 기울이기 시작(한국 지방자치학회, 2018)하였다는 점이 특이하다.

〈표 8-1〉 김대중 정부에서부터 박근혜 정부까지의 사무이양

('21.7.31. 기준, 단위: 사무건수)

구분	김대중 정부	노무현 정부	이명박 정부	박근혜 정부	계
이양확정	612	902	1,587	-	3,101
이양완료	611	875	1,003	-	2,489
추 진 중	1	27	584	-	612

주: 역대 정부에서 이양확정한 사무 중, 문재인정부에서 현재 법률개정을 통해 이양 완료한 사무는 292개이며, 이중 291개는 1차 일괄법 시행으로 이양완료된 사무임. '21.1.1 시행된 「지방일괄이양법」상 400개 사무 중 역대 정부에서 이양확정한 사무는 291개('08(7개), '09년(65개), '10년(76개), '11년(119개), '12년(24개))이며, 나머지 109개 사무는 일괄법안 마련 과정에서 위원회(66), 법제처(35), 국회(1) 등에서 기능단위로 연결된 관련 사무로 이양 추가됨
자료: 자치분권위원회(2021)

문재인 정부는 미이양사무 752건 중 현행화를 거쳐 2021년 1월 1 일부터 시행될 수 있도록 400개 사무를 일괄이양 대상사무로 하였고, 2019년에는 45개, 2020년에는 40개의 사무를 이양 확정하였다.

〈표 8-2〉 문재인 정부의 사무이양

(단위: 건)

구분	2017-2018	2019	2020
이양확정	지방일괄이양법 제정추진	45	40
이양완료		-	-
추 진 중		45	40

자료: 자치분권위원회(2020)

2. 비용평가 및 보전 노력

중앙정부는 지방자치단체로 기능을 이양할 때 단위사무 중심으로 이양하였기 때문에 다음에서 살펴보는 것처럼 비용평가 및 보전과 관련된 논의에 소극적인 행태를 보유하였다고 예측된다. 첫째, 중앙정부에서 수행하고 있는 기능을 단위로 해서 지방자치단체로 이양한 것이 아니라 기능을 구성하고 있는 단위사무별로 이양이 이루어졌다. 비용을 평가하려면 단위사무별 평가가 이루어져야 하는데, 이는 쉬운 일이 아니다. 중앙정부의 예산서는 기능을 중심으로 예산이 편성되어 있기 때문에 단위사무별 소요비용을 평가하는 것은 쉽지 않은 접근이 된다. 둘째, 중앙정부로부터 이양된 단위사무의 비용이 이양사무별로 산정하게 되면 매우 소규모이기 때문에 소극적일 수밖에 없었다. 결국 비용보전의 필요성이 주장되기는 하나 소극적인 수준에 지나지 않았다고 볼 수 있을 것이다. 만약, 단위사무의 이양이 아니라 기능이나 법률단위로 이양하게 되면, 비용산정방식도 단순해질 수 있고, 소요비용 역시 적지 않은 규모가 될 것으로 예상되는바 비용평가와 보전에 더 많은 관심을 가질 것으로 보인다. 즉, 기능이나 법률단위의 이양을 하게 되면, 수십 개 또는 수백 개 이상의 단위사무가 하나의 기능이나 법률단위의 이양 속에 포함되어 있기 때문에 소요비용 역시 적지 않은 규모로 예상 가능하고, 비용산정은 기능을 이양하는 중앙부처의 예산항목에 기재되어 있어 쉽게 산출할 수 있을 것으로 판단된다.

1) 비용평가방식과 논의
이양된 기능에 대한 비용평가와 보전방식에 대한 논의를 하기 전에 먼저 비용평가방식에 대해 살펴볼 필요가 있다. 선행연구 등을 고려할 때 비용평가방식은 원가방식, 회귀분석방식, 유사사무비교방식 등과 같이 크게 3가지로 논의 가능하다.

첫째, 원가방식에 의한 비용평가이다. 대표적인 연구로는 한국지방재정학회(2009), 한국지방정부학회(2009) 그리고 한국지방행정연구원(2014)이 수행한 연구를 들 수 있다. 원가방식에 의한 비용평가는 조사표조사를 통하여 이루어진다. 원가를 산정하기 위하여 단위사무별로 인건비, 경상비, 사업비로 구분하여 조사한다. 인건비는 해당사무의 업무량을 파악하고자 하는 것으로 사무수행에 필요한 인력규모가 어느 정도인지를 파악한 후 이를 공무원의 표준인건비에 적용하는 것이다. 경상비는 두 가지의 방식으로 산정할 수 있다. 하나는 소요경비를 실제로 조사하는 것이고 다른 하나는 인건비의 일정비율(한국지방행정연구원 30%)을 경상비로 간주하는 것이다. 사업비는 통상적으로 중앙부처의 예산서에 편성되어 있는 규모를 적용하고 있다. 둘째, 회귀분석에 의한 비용평가이다. 각 기능별로 종속변수인 보전비용과 이에 영향을 미치는 독립변수를 설정한 후 회귀분석을 실시하는 것이다. 보전비용을 산정하기 위하여 회귀식을 기능별로 도출한 후 특정 기능의 사무가 이양될 때 해당 식을 적용하여 보전비용을 결정하는 것이다. 셋째, 유사사무비교방식에 의한 비용평가이다. 이는 몇 단계를 거쳐 보전비용을 결정한다. 먼저, 기 이양된 사무를 기준으로 사무별 비용을 산정한다. 이때에는 원가방식이든 회귀분석방식이든 관계없다. 통상적으로는 원가방식을 활용하고 있다. 다음으로는 이양하고자 하는 사무와 가장 유사한 이양된 사무를 선택하여야 한다. 통상적으로는 해당 사무를 처리하는 절차를 기준으로 판단한다. 즉, 절차가 유사하면 동일한 사무로 간주하는 것이다. 마지막으로는 기 이양된 사무를 기준으로 산정한 비용을 인건비 증가율 등을 고려하여 산정한다. 즉, 해당 사무의 비용에 연간 물가상승률을 곱하여 추가하는 방식이다.

세 가지의 비용평가방식 중 어떤 것이 우월한 것인지는 몇 가지의 기준을 통하여 살펴볼 수 있을 것이다. 첫째, 어떤 방식이 더 정확한가이다. 보전비용이 정확하게 도출되어야 설득력을 가질 수 있을 것이다. 둘째, 추계의 비용효율성이다. 물론 자원이 충분하고 시간적 여건에 제약이 없다면 어떤 대안이든 가능할 것으로 보이나 일정한 제약조건이 있을 때 어떤 대안이 더 활용가능한가를 고려하여야 할 것이다. 셋째, 적용용이성을 고려하여야 한다. 중앙정부 기능의 지방자치단체 이양에 따른 비용산정과 관련해서는 분권추진기구(자치분권위원회 또는 행정안전부)에서 적용하여야 한다. 이 경우 적용이 쉬워야 한다는 점을 고려하여야 한다. 넷째, 추계결과 수용성을 고려하여야 한다. 세 가지 방식 중 어떤 방식에 의하여 추계하였을 때 이해관계자가 해당 결과에 대하여 더 잘 수용할 것인지를 고려하여야 할 것이다. 다섯째, 모형의 갱신비용을 고려하여야 한다. 모형은 개발 후 항구적으로 사용하는 것이 아니라 주기적으로 변화하여야 한다. 이때 소요되는 비용이 적정수준이어야 할 것이다.

지방이양비용평가전문위원회는 2020년 지방일괄이양법의 제정을 통해 2021년 이양될 400개의 사무 중 신규이양사무를 대상으로 비용평가를 하였다. 이양사무는 다시 전국 공통사무와 개별적용사무로 구분하였고 개별적용사무는 특정 지방자치단체에만 적용되는 사무와 일부 지방자치단체에만 적용되는 사무로 구분하였다. 여기에서 말하는 전국 공통사무는 모든 지방자치단체에 적용되는 사무이고, 개별 적용사무는 특정 또는 일부 지방자치단체에만 적용되는 사무를 의미한다. 전국공통사무는 인허가, 등록 등을 의미한다. 개별적용사무는 특정 지역에 한정되어 있는 사무를 의미한다. 즉, 지역특성을 고려할 필요가 있는 사무로서 산림조합 관련 31개 사무 등을 들 수 있다. 이양사무 중 전국공통사무는 지방자치단체 평균값에 인구수와 기초자치단체의 수를 가중치(각 50%)로 적용하고, 개별적용사무는 중앙부처 값과 지역별·사무별 결정요인을 발굴하여 가중치를 고려하여 산정하였다.

지방이양비용평가전문위원회에서는 새로운 모형의 구축이 시간적인 여건상 어려움이 있었기 때문에 위에서 살펴본 세 가지의 방식 중 원가방식에 의하여 비용평가를 하였다. 원가방식을 적용하기 위해서는 모든 지방자치단체를 대상으로 조사할 것인지 아니면 일부 지방자치단체를 대상으로 조사할 것인지를 결정하여야 한다. 위원회에서는 전수조사의 어려움으로 인해 표본 지방자치단체를 추출하여 조사하였다. 표본 지방자치단체를 선정할 때는 2018년에 한국지방행정연구원이 수행한 연구용역결과를 참조하였다. 즉, 한국지방행정연구원은 지방자치단체 전체를 대상으로 조사하였고, 조사결과 자료가 충실하게 작성되었고 그중에서도 지방자치단체를 대표할 수 있다고 판단되는 일부 지방자치단체만을 대상으로 한 것이다.

원가방식에 의하여 비용을 평가하기 위해서는 인건비, 경상비 그리고 사업비를 산정하여야 하는바 다음과 같은 과정을 통하여 평가하였다. 먼저 인건비는 현행 국가사무 중 이양되는 단위사무에 대해 사무별 예상소요인력을 조사하여 1인당 인건비(7급 15호봉 기준, 59,481천 원)를 곱해서 산정하였다. 예상소요인력은 중앙부처, 지방자치단체를 대상으로 조사하였다. 경상비는 신규이양사무 수행에 필요한 인력 운용에 수반되는 경상적 경비(일반운영비, 여비, 업무추진비, 직무수행경비 합산)를 의미하는바, 인건비 대비 30%를 적용하였다. 그 근거는 2018년 한국 지방행정연구원의 연구용역 기초자료 추계치를 적용한 것이다. 사업비는 지방일괄이양법 관련 이양사무 중 중앙부처 예산에 편성된 사업비를 기준으로 산정하였다.

2) 비용보전방식과 논의

이양사무에 대한 비용평가를 실시한 목적은 해당 금액을 기능이양과 함께 보전하기 위해서이다. 그러면 어떻게 비용을 보전하여야 하는가에 대한 논의가 있어야 한다. 지방이양비용평가전문위원회는 중앙정부의 사무이양에 따른 비용평가와 비용보전방안 논의를 위하여 2020년 7월부터 10월까지 10회의 회의를 개최하였고, 2021년에는 자치경찰에 대한 비용평가를 위하여 6회의 회의 그리고 현재는 기관위임사무에 대한 비용평가를 위한 회의를 개최 중에 있다.

비용을 보전할 수 있는 대안을 선정하기 위하여 다양한 대안에 대하여 논의하였다. 그중에서 중점적으로 논의된 것은 크게 세 가지였다. 첫째, 국가균형발전특별회계 지역자율계정을 활용하는 대안이다. 여기에서는 세입, 세출 그리고 보전방식을 결정하여야 한다. 즉, 어떤 재원으로 어디에 그리고 어떻게 보전하는가를 결정하여야 한다는 의미이다. 먼저 세입은 국가균형발전특별법 제34조 제1항의 세입을 보면 6에 "일반회계 또는 다른 특별회계로부터의 전입금"과 관련된 내용이 존재한다. 이에 근거하여 일반회계로부터 기능이양분에 대한 인건비와 경상비를 전입받고, 특별회계(교통시설특별회계 등)로부터 사업비를 전입하는 방식으로 세입을 확보한다. 그 다음으로 제34조 제2항에 보면 세출과 관련된 항목이 제시되어 있다. 이 중에서 이양기능에 대한 재원보전은 "바. 그 밖에 대통령령으로 정하는 사업을 제외한 지방자치단체의 보조사업"에 해당된다. 그 다음으로 결정하여야 하는 것은 보조하는 방식이다. 보조하는 방식은 제40조 포괄보조금의 지원을 활용할 수 있을 것이다. 즉, 제4조 제1항에 따르면 "대통령령으로 정하는 바에 따라 각 시·도 및 시·군·구별로 세출예산의 용도를 포괄적으로 정한 보조금으로 편성하여 지원한다"고 되어 있는 내용을 활용한다는 의미이다. 결론적으로는 국가균형발전특별회계 내 지역자율계정에 일반회계(인건비와 경상비)와 특별회계(사업비)로부터 재원을 전입 받은 후 포괄보조금방식으로 보전하는 방안을 활용하자는 것이다. 그러나 이러한 방식은 포괄보조금이기는 하나 용도는 지정되는바 자율성이 제약되고, 대통령령으로 정하는 사업을 제외한 지방자치단체의 보조사업에만 지원이 가능(국가균형발전특별법 제34조 2항 바)하기 때문에 모든 이양사무를 대상으로 지원할 수는 없다는 것이다.[5]

둘째, 지방소비세와 지역상생발전기금을 연계한 재정보전대안이다. 이 역시 세입과 세출에 대한 논의가 있어야 한다. 먼저, 세입은 지방소비세의 세액을 산정할 때 현행 부가가치세의 100분의 21에다가 이양기능에 대한 비용평가분을 증액반영하는 대안을 활용할 수 있을 것이다. 그 다음에는 이양기능에 대한 비용평가분으로 증액한 금액을 지역상생발전기금으로 전출한다. 그러면 현행 지역상생발전기금의 전환사

---

5 제34조(지역자율계정의 세입과 세출) ② 회계의 지역자율계정의 세출은 다음 각 호와 같다.
  1. 지방자치단체의 다음 각 목의 사업에 대한 보조
    바. 그 밖에 대통령령으로 정하는 사업을 제외한 지방자치단체의 보조사업

업보전계정에 이양기능에 대한 비용평가분으로 증액한 금액을 추가할 수 있을 것이다. 마지막으로 전환사업보전계정에서 지방자치단체별로 이양기능에 대한 비용을 보전한다는 것이다. 그러나 이러한 방식은 전환사업보전계정의 재원 중 3조 5천680억 6천230만원과 관련된 것은 시한이 3년[6]으로 되어 있기 때문에 2022년에 소멸 예정이다. 따라서 지속성을 위해서는 시한 조정조치가 필요하다. 또한 전환사업보전계정의 용도가 98개로 제한(지방자치단체 기금관리기본법 시행령 〈별표〉)되어 있기 때문에 그 이외의 기능이나 사무에 지원하기 위해서는 개정이 필요하다는 문제가 있다.

[그림 8-1] 지방소비세와 지역상생발전기금을 연계한 재정보전대안

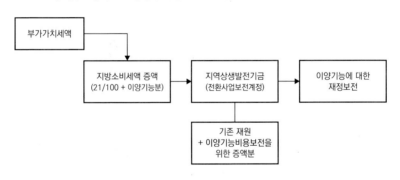

셋째, (가칭)기능이양교부세를 신설하는 대안이다. 기능이양교부세는 몇 가지의 이유 때문에 논의할 필요가 있다. 먼저, 비용보전원칙을 명확히 하기 위해서이다. 자치사무로 전환된 기능이나 사무를 지방의 일반예산(자주재원)으로 추진할 수 있는 제도적 기반을 확보하자는 것

6   2021년 지방재정전략회의('21.8.11.)에서 '26년까지로 4년 연장 발표

이다. 다음으로는 동등보상원칙을 준수하자는 것이다. 지방일괄이양법 시행에 따른 이양사무와 소요비용 보전의 정합성을 제고하고, 중앙기능(사무)의 지방이양에 대한 소요재원 보전과 지원의 근거를 명확하게 제시할 수 있도록 하자는 것이다. 다음으로는 이양사무의 추진에 있어 지방자치단체 기능(사무) 추진의 자율성, 지속성, 안정성, 배분용이성, 형평성, 편의성 및 신속성 등을 강화하자는 것이다. 마지막으로는 향후 중앙기능의 지방이양은 지속될 것으로 예상됨에 따라 표준운영방식을 정립하여 기능(사무)이양에 따른 비용 보전제도로 지속적으로 활용하자는 이유 때문이다. 대안의 내용을 구체적으로 살펴보면 먼저 (가칭)기능이양교부세의 재원은 현행의 내국세입으로 한다. 이양사무 비용(인건비와 경상비 및 사업비) 산정액을 3개년도(2017년~2019년) 내국세입 평균값의 일정률로 환산하여 결정한다는 것이다. 내국세입의 변동을 고려하여 3개년 평균치를 적용하되, 향후 급격한 변화 시 조정할 수 있도록 한다는 것이다. 배분방식은 지방일괄이양법 이양사무의 비용산정 총액에서 개별 지방자치단체의 비용산정액이 차지하는 비중(이양비용 점유율)을 산출하고, 개별 지방자치단체의 '지방이양교부세액'은 총 '지방이양교부세액'에서 해당 지방자치단체의 이양비용 점유율과 동일하도록 점유율을 적용하여 개별 지방자치단체에 배분한다는 것이다. 동 제도를 운영하기 위해서는 지방교부세법 개정을 통해 해당 조항을 신설하여 재원 및 배분 방식 등을 규정하여야 한다. 그리고 현행 방식을 준용하여 행정안전부에서 관리하되 필요시 인건비와 경상비(경상계정) 및 사업비(사업계정) 분리하여 운영할 수 있도록 할 수도 있을 것이다. 그러나 이러한 방식은 내국세입의 변동, 특히 대폭 감소하는 경우 소요비용이 충분히 보전되지 않을 가능성이 존재한다.

살펴본 것처럼 세 가지의 대안은 각각 장단점을 보유하고 있다. 이러한 점을 고려하면 단기적 대안과 중장기적 대안으로 구분하여 대안을 적용하는 것을 고려할 필요가 있을 것이다. 단기적으로는 2021년 1월 1일부터 이양사무에 대한 보전이 이루어져야 하기 때문에 다수의 기간이 소요되는 대안은 곤란하다. 즉, 즉시 시행할 수 있는 대안이 마련될 필요가 있을 것이다. 이러한 점을 고려한다면 첫 번째 대안이 단기대안으로 가능할 것이다. 다음으로는 중장기적 대안이다. 이는 근본적으로 문제를 해소할 수 있도록 하여야 하는바 세 번째 대안을 중심으로 하되 다양한 대안을 발굴하여 적용가능성을 탐색해볼 필요가 있을 것이다.

Ⅳ. 지방이양비용평가: 성과와 과제

1. 성과

문재인 정부는 중앙정부의 기능을 지방자치단체로 이양하기 위하여 다수의 노력을 기울였고, 실제로 기능이양이 이루어졌다. 과거의 정부와는 달리 기능을 이양하는 과정에서 지방자치단체의 의견을 수렴하기 위하여 노력하였고, 지방일괄이양법을 제정하기도 하였다. 또한 지방이양비용평가전문위원회를 설치하여 이양기능에 대한 비용평가와 비용보전방안을 마련할 수 있도록 하였다. 이와 같은 노력의 결과 다음과 같은 성과를 창출하였다고 볼 수 있다.

첫째, 지방일괄이양법의 제정을 통하여 자치분권의 새로운 길이 열렸다는 것이다. 기존에는 개별법률 중심으로 기능을 이양하였는데, 문재인 정부에서는 중앙행정권한 및 사무 등의 지방 일괄이양을 위한 물가안정에 관한 법률 등 46개 법률 일부개정을 위한 법률안(약칭 지방일괄이양법)이 제374회 국회 제2차 본회의를 통과함으로써 16개 부처 소관 46개 법률의 400개 사무를 지방자치단체에 이양할 수 있게 되었다는 점이다. 이와 같은 방식이 자리매김할 경우 신속하고 효과적으로 지방자치단체의 자치권이 확대될 것으로 기대된다.

둘째, 그동안 기능이양에 따른 비용보전에 대한 다수의 논의가 있었음에도 불구하고 비용보전이 이루어지지 않았으나 문재인 정부에서는 실제로 비용보전이 있었다는 점이다. 지방일괄이양법을 통해 이양될 사무 중 기관위임사무를 제외한 신규이양사무에 대한 비용보전방안이 마련되어 자치분권위원회 본회의를 통과하였다는 점이다. 2021년에는 국가균형발전특별회계 내 지역자율계정에 일반회계(인건비와 경상비)와 특별회계(사업비)로부터 재원을 전입 받은 후 포괄보조금방식으로 보전하는 방안을 활용하자는 대안이 적용된 것이다. 물론 2022년 이후 어떻게 적용되어야 하는지에 대해서는 숙제로 남아 있기는 하다. 그러나 신규이양사무에 대한 비용보전이 이루어졌다는 것은 중앙정부가 지방자치단체로 기능을 이양할 때는 보전비용에 대한 고려를 함께 할 수 있어야 한다는 시사점을 제공하였다는 점에서 의의를 가진다.

셋째, 실제 비용보전이 이루어진바 기관위임사무에 대한 비용보전에 대한 관심이 높아졌다는 것이다. 기 위임된 기관위임사무의 비용은 어느 정도이고 이는 어떤 방식으로 보전하여야 하는가에 대한 관심도를 제고하는 출발점이 되었다. 이러한 점을 반영하여 기관위임사무에 대한 비용평가모형을 개발하기 위한 노력이 시작되었다.

2. 과제

문재인 정부는 살펴본 것처럼 기존 정부와 몇 가지 점에서 차이를 보이고 있다. 가장 중요한 점은 개별법률에 의한 기능이양방식이 아니라 지방일괄이양법의 방식에 의한 기능이양방식의 적용을 위한 토대를 마련하였고, 이양기능에 대한 비용평가와 비용보전이 실제로 이루어졌다는 점이다. 만약 기능이나 사무의 이양에 따른 재정보전이 이루어지지 않았다면 그리고 이러한 현상이 지속되었다면 지방자치단체는 기능이나 사무의 수행에 차질이 발생하여 이양 목적의 달성이 불가능해질 것이다. 기능이나 사무의 이양과 재정보전은 불가분의 관계로 간주하고 동시에 고려되어야 할 필요가 있다. 이때의 재정보전은 지방자치단체의 자율성 존중과 재정보전의 지속성 요건이 충족될 수 있도록 추진하여야 할 것이다. 이러한 점들은 기능이나 사무의 이양이 분권국가 지향을 위하여 지속될 것으로 전망되는바 많은 도움이 될 것으로 기대된다.

문재인 정부의 성과에도 불구하고 몇 가지의 숙제는 여전히 남아 있다. 첫째는 비용평가모형을 새롭게 개발하여야 한다는 점이다. 2020년 7월에 가동되기 시작한 지방이양비용평가전문위원회는 2021년에 보전하여야 할 비용을 평가하고 보전대안을 마련하여야 하는바 새로운 모형을 설계하기보다는 기존 방식 중 즉시 적용할 수 있는 방식인 원가방식을 적용하여 비용을 평가하였다. 사무가 이양될 때마다 새롭게 원가를 산출하여야 하는 어려움이 발생할 수 있다. 따라서 지속적인 적용이 가능한 모형을 개발할 필요가 있을 것이다. 둘째, 중앙정부 기능의 지방이양에 따른 비용을 보전할 수 있는 대안을 마련할 필요가 있을 것이다. 현재는 2021년에 즉시 적용할 수 있는 대안을 강구하여야 하기 때문에 제도개선이 필요한 대안을 고려할 수가 없었다. 지속적으로 활용할 수 있는 그리고 바람직하다고 판단되는 비용보전방안을 마련하여야 한다. 그것이 국세의 지방세이양이 되든 아니면 (가칭) 기능이양교부세가 되든 아니면 다른 대안이 되든 새로운 대안이 마련되어야 할 것이다. 이를 위해서는 전문가, 관련 부처들의 적극적인 참여와 관심이 있어야 할 것이다. 비용평가와 비용의 보전은 선택의 문제가 아니라 필수라는 점을 염두에 두고 접근할 필요가 있을 것이다.

| 참고문헌 |

대통령소속 자치분권위원회. (2018).「2018자치분권종합계획」.

대통령소속 자치분권위원회. (2019).「2019자치분권시행계획」.

대통령소속 자치분권위원회. (2020).「2020자치분권시행계획」.

대통령소속 자치분권위원회. (2021).「2021자치분권시행계획」.

라휘문. (2015). 중앙행정권한의 지방이양과 재원보전에 대한 논의.「한국 지방재정학회 발표 논문집」(2015). 24-47.

손희준. (2019).「새지방재정학」. 서울: 대영문화사.

한국지방재정학회. (2009).「제1~3단계 중앙권한 이양에 따른 재정수요분석 연구」. 제주특별자치도 수탁과제.

한국지방정부학회. (2009).「지방일괄이양을 위한 행·재정적 지원방안 연구」.

한국지방행정연구원. (2009).「기관위임사무 및 법정수임사무 행·재정 지원방안」.

한국지방행정연구원. (2010).「중앙권한의 지방이양에 따른 행·재정 수요 판단 연구」.

한국지방행정연구원. (2011).「중앙권한의 지방이양에 따른 지방재정 현황 분석 및 재정 지원 방법 연구」.

한국지방행정연구원. (2014).「중앙행정 권한 및 사무의 지방이양에 따른 소요비용 산정모델 개발과 적용방안 연구」. 한국지방행정연구원.

제9장 자치경찰제의 실시와 발전방향

황문규 중부대학교 경찰행정학과 교수

Ⅰ. 자치경찰제의 개념

자치경찰제는 중앙정부를 중심으로 집권화된 단일의 국가경찰제와 대비되는 개념이다. 따라서 자치경찰 조직의 설치 및 그 운영에 대한 권한과 책임이 지방자치단체(지자체)에 부여된 경찰체제를 자치경찰제라고 개념지을 수 있다.

자치경찰제는 어떻게 디자인하느냐에 따라 다양한 모습으로 나타난다(황문규, 2018). 예컨대, 현행 국가경찰조직을 '그대로 유지'하면서 자치경찰조직을 추가로 '신설'하거나, 아니면 국가경찰조직의 전부 또는 일부를 자치경찰로 전환하는 방식이 있다. 경찰권 분산에는 후자의 자치경찰제가 더 적합할 것이다. 2021년 7월 1일부터 시행되는 자치경찰제처럼 국가경찰조직은 그대로 두면서 자치경찰사무만을 구분하는 전자와 후자를 융복합한 방안도 있다.

이처럼 자치경찰제는 지향하는 정책의 가치와 이념에 따라 매우 다양한 스펙트럼으로 나타난다. 이는 자치경찰제 도입·시행을 위한 공감대를 형성하여 제도적으로 구현하는 것이 얼마나 어려운지를 말해준다. 실제로 자치경찰제에 관한 논의는 광복 직후 대한민국 경찰 창설 당시에서부터 이루어졌음에도, 약 76년이 지난 2021년에서야 본격적으로 시행하기에 이르렀다.

II. 그간의 자치경찰제 추진경과

1. 정치적 중립성 확보 → 지방분권 → 권력기관 개편 차원으로 논의의 중심 이동

문재인 정부에서 자치경찰제는 무엇보다도 검경 수사권조정 등에 따른 경찰권 비대화 우려를 해소하기 위한 차원, 즉 권력기관 개편 차원에서 논의가 이루어졌다. 그렇다고 자치경찰제가 본래적으로 추구하는 경찰분권화, 경찰민주화, 경찰중립화 등의 이념이 배제되었다는 것은 아니다. 무소불위로 비판받던 검찰을 개혁하기 위한 방안으로서 검경 수사권조정은 필연적으로 경찰권 비대화의 문제를 야기할 것이라는 지적에서, 자치경찰제 논의의 중심에는 경찰권 분산이 자리하게 되었던 것이다.

문재인 정부에서는 이러한 배경하에 2018년 6월 21일 법무부 장관과 행안부 장관이 서명한 검경 수사권조정 합의문에서 "수사권조정은 자치경찰제와 함께 추진하기로 한다"는 점을 명시하였다. 권력기관 개편의 연장선에서 자치경찰제를 추진한 것은 전략적으로 필요불가피한 측면도 있었다(황문규, 2017: 50). 왜냐하면 자치경찰제 도입의 직접적 이해당사자인 경찰의 반대 또는 저항을 극복하지 않고는 자치경찰제 도입 논의가 얼마나 진전되었을지는 의문이기 때문이다. 게다가 경찰권 분산은 경찰에 대한 국민의 신뢰와 더 밀접한 관계가 있다. OECD 국가들의 치안지표 간의 관계를 분석한 연구를 보면, 경찰 신뢰도는 경찰관의 수를 늘리는 등 경찰조직의 확대와 관계없이 경찰의 분권화 수준과 비례한다는 점을 확인할 수 있다(박준희, 2020).

자치경찰제 논의는 역대 정부별로 그 초점을 달리하였다. 먼저, 대한민국 경찰 창설 이후 김대중 정부시기까지를 살펴보면, 자치경찰제 논의는 경찰의 정치적 중립을 확보하기 위한 경찰기구의 독립에 초점이 맞추어졌다(최종술, 2003: 103). 남북이 대치된 분단상황임을 고려하여 일사불란한 경찰체제가 우선시되었기에 경찰의 분권화를 위한 자치경찰제 논의는 끼어들 틈이 없었다. 다만, 13대 국회(1988. 5.~1992. 5.)부터는 국가경찰제를 기본으로 하면서도 지방분권화 측면에서 자치경찰제를 절충하는 형태가 본격적으로 논의되기 시작하였다.

이러한 논의는 노무현 정부 때 큰 변화를 맞이하게 된다. 노무현 정부에서는 그간 정치적 중립을 위한 자치경찰제 논의가 '지방분권과 국가균형발전'의 차원에서 이루어지기 시작하였다. 자치경찰제를 도입하여 국가경찰 및 지방자치단체의 권한과 책임을 합리적으로 배분하여 주민생활 중심의 치안서비스를 제공하게 하자는 것이다. 이를 위한 방안으로, 국가경찰조직을 그대로 유지하면서 기초단위 지자체에 자치경찰을 신설하는 이른바 기초단위 자치경찰제 모델이 제시되었다. 이 모델은 2006년 7월 제주지역에 한정하여 제주자치경찰제라는 이름으로 시범 실시되었으며, 이명박 정부와 박근혜 정부에서도 중심 모델로 추진되었다(양영철, 2014: 45). 그러나 문재인 정부에서는 경찰권 분산에 미흡한 제주자치경찰제가 오히려 뛰어넘어야 할 대상으로 인식되었다(황문규, 2017: 31).

2. 기초단위 자치경찰제에서 광역단위 자치경찰제로 전환

경찰의 정치적 중립을 위한 자치경찰제에서 벗어나 '경찰 분권'에 주안점을 둔 이후, 자치경찰제는 기초단위 지자체별로 도입하는 방식으로 추진되었다. 풀뿌리 민주주의를 실현하고 지방자치제도의 보충성 원칙에 부합하는 지역치안서비스를 위해서는 기초단위 자치경찰제가 효과적이라는 논리가 먹혔기 때문이다. 그럼에도 시도지사협의회 등을 중심으로 광역단위 자치경찰제 주장이 제기되었으나, 기초단위 자치경찰제의 정책방향을 바꾸지는 못했다.

기초단위 자치경찰제는 크게 국가경찰조직을 기초단위로 (전부 또는 일부) 분산하거나, 제주자치경찰 모델과 같이 국가경찰조직을 그대로 둔 채 자치경찰을 추가로 신설하는 방식이 있다. 전자의 경우 국가경찰을 전국 250여 개의 경찰서 단위로 쪼개는 방식이어서, 풀뿌리 민주주의 제도에 부합하는 풀뿌리 치안을 가능하게 하는 자치경찰제라고 할 수 있다(김원중, 2017: 120). 2차 세계대전 후 일본에서 실시한 시정촌 자치경찰제가 여기에 해당한다. 그러나 일본의 시정촌 자치경찰제도는 당시 집단적 범죄와 광역범죄 등에 대해 효율적, 효과적인 대응의 곤란, 조직의 소규모화에 따른 인사의 적체와 능력저하, 부패 등의 문제로 인해 폐기되었다(오승은, 2017: 282). 이 모델은 사실상 우리나라 국가경찰의 와해나 다름없어, 도입에 대한 경찰조직의 극심한 저항은 물론, 지역토호세력과의 유착가능성도 가장 높다는 단점이 있다. 다만, 경찰조직을 전국 250여 개로 분산한다는 점에서 경찰권 분산의 효과는 가장 크다.

후자의 경우 제주자치경찰 모델과 같이 경찰권 분산의 효과를 기대하기 어렵다는 점에서 권력기관 개편 차원에서 논의되는 자치경찰제와는 거리가 있다. 국가경찰과는 별개로 자치경찰이 추가로 신설되므로 경찰 총량이 오히려 늘어나고 재정부담도 높아지지만, 과연 투입에 비례하는 치안 효과를 거둘지는 미지수다. 이러한 문제점은 제주자치경찰제의 운영 과정에서 고스란히 드러났다(김동규, 2017: 69).

광역단위 자치경찰제는 문재인 정부 초기 자치경찰제 설계 과정에서 이러한 문제점을 극복하는 대안으로 주목을 받게 되었다.

3. 이원화 모델에서 일원화 모델로 전환

대통령소속 자치분권위원회는 2018년 11월 13일 문재인 정부의 광역단위 자치경찰제 도입방안을 제시하였다(김순은, 2018: 7). 국가경찰의 기능 가운데 지구대와 파출소를 중심으로 한 생활안전, 여성청소년, 교통 등의 기능을 자치경찰로 전환하되, 수사, 정보, 보안, 경비 등의 기능은 국가경찰로 존치시키는 것을 주요 내용으로 하고 있다. 기존 단일의 국가경찰을 국가경찰과 자치경찰 등 2개의 경찰로 만들되(이원화 모델), 자치경찰을 추가적으로 신설하는 것이 아니라 국가경찰을 자치경찰로 전환하는 방식이다. 경찰조직의 지역적 분산을 꾀한 모델이다.

그러나 이 방안은 홍익표 의원의 자치경찰법안으로 가는 과정에서 축소되고 어그러지는 현상이 발생하여 이원화가 가지는 최악의 결과를 초래할 가능성이 높은 모델로 변하였다. 여기에는 국가경찰을 자치경찰로 전환하면 해당 국가경찰의 조직과 사무를 축소 또는 폐지해야 함에도 이를 국가경찰에 그대로 유지하고자 했던, 그래서 국가경찰을 그대로 두면서 자치경찰을 추가적으로 신설하는 방안이나 다름없을 정도의 이원화 방안으로 변질되어 버린 데 그 원인이 있다. 게다가 국가경찰 인력의 약 40%가 전환되는 자치경찰제임에도 초동조치권조차도 허용치 않아 40%에 이르는 치안공백이 불 보듯 뻔히 예상될 정도였다고 해도 과언이 아니었다. 마치 제주자치경찰의 단점을 최대한 보완하고자 마련된 방안이 제주자치경찰을 전제한 자치경찰로 변질된 것이었다(황문규, 2019: 313~315). 국가경찰의 사심?이 개입되어(황문규, 2020), 자치분권위원회에서 설계한 방안과 괴리된 법안이 발의됨으로써(김순은, 2021: 20), 결과적으로 투입되는 비용은 더 커지고 당초 의도한 정책효과는 기대하기 어렵게 되어 버린 것이었다.

여기에 코로나19로 인한 사회적 환경의 변화로 국가재정이 압박받는 상황은 자치경찰제 이원화 모델을 포기하지 않을 수 없는 결정적 요인으로 작용하였다(김순은, 2021: 20). 가장 약한 형태의 자치경찰제라는 비판(김인회, 2021)에도 불구하고, 현재의 일원적 자치경찰제 모델이 탄생한 이유다. 그렇지만 일원화 모델은 가장 약한 형태일지언정 어쩌면 지금 실시한다는 점에서 가장 좋은 자치경찰제라고 할 수 있을 것이다(양영철, 2021: 100). 또한 현재의 국가경찰 중심의 일원화 모델은 자치경찰 중심의 일원화 모델로 전환할 가능성이 그 어느 모델보다 높다. 이미 종전 경찰청의 사무를 담당하기 위한 하부조직인 '지방경찰청'은 '시도경찰청'으로 변경된 상태다.

III. 경찰법상 자치경찰제의 주요 내용

1. 일원화 모델

일원화 모델은 2021년 1월 1일부터 시행된 「국가경찰과 자치경찰의 조직 및 운영에 관한 법률(이하 '경찰법'이라 한다)」에 근거하고 있다.

[그림 9-1] 자치경찰제 일원화 모델

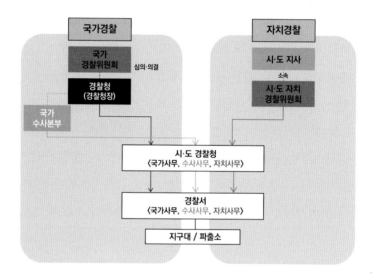

일원화 모델은 기존 국가경찰체제를 유지하는 것을 전제로, 경찰사무만을 국가경찰과 자치경찰의 사무로 구분하고, 그 사무에 따라 지휘·감독의 주체를 달리한다. 즉, 자치경찰사무이든 국가경찰사무이든 이를 수행하는 것은 국가경찰조직과 국가경찰공무원으로 일원화하되, 자치경찰사무에 대해서는 시도지사 소속 자치경찰위원회의 지휘·감

독을 받게 하는 방식이다. 국가경찰사무의 경우 경찰청장, 수사사무는 국가경찰사무로 행해지든 자치경찰사무로 행해지든 전부 국가수사본부장의 지휘·감독을 받는다. 경찰사무의 유형에 따라 지휘·감독의 주체가 달라지지만, 이처럼 상이한 지휘·감독도 모두 시도 경찰청장이라는 단일 통로로 이루어진다. 말하자면, 경찰의 머리는 3개이나, 실제 움직이는 몸통은 시도 경찰청장 → 경찰서 → 지구대·파출소로 일원화된 모델이다.

2. 자치경찰의 사무

자치경찰의 사무는 경찰법 제3조에서 정한 경찰의 임무[1] 범위에서 관할 지역의 생활안전·교통·경비·수사 등에 관한 사무로 구성되어 있다. 이러한 자치경찰사무는 경찰법 제4조 제1항 제1호에 따라 국가경찰의 사무(경찰법 제3조에서 정한 경찰의 임무를 수행하기 위한 사무)에서 제외된다. 때문에 이론적으로는 자치경찰사무와 국가경찰사무의 경계 또는 중첩되는 영역에서 공백이 발생할 가능성도 제기될 수 있다. 그렇지만 자치경찰사무이든 국가경찰사무이든 궁극적으로 국가경찰에 의해 수행되는 일원화 모델이기에 현실적으로 치안공백의 발생 가능성은 없다.

---

1 경찰법 제3조(경찰의 임무) 경찰의 임무는 다음 각 호와 같다. 1. 국민의 생명·신체 및 재산의 보호, 2. 범죄의 예방·진압 및 수사, 3. 범죄피해자 보호, 4. 경비·요인경호 및 대간첩·대테러 작전 수행, 5. 공공안녕에 대한 위험의 예방과 대응을 위한 정보의 수집·작성 및 배포, 6. 교통의 단속과 위해의 방지, 7. 외국 정부기관 및 국제기구와의 국제협력, 8. 그 밖에 공공의 안녕과 질서유지

다만, 자치경찰사무를 수행하는 주체가 국가경찰이라는 점에서 기존 획일화된 치안서비스를 지역실정에 따라 또는 지역주민이 필요로 하는 자율적이고 창의적인 치안서비스를 제공할 수 있을지는 의문이다. 자치경찰사무와 관련하여 시도경찰청장을 지휘·감독하는 자치경찰위원회에서 자치경찰사무를 얼마나 실질적으로 관장하느냐의 문제와 직결되어 있다(이에 대해서는 자치경찰위원회 부분에서 서술한다).

경찰법(제4조 제1항 제2호)에서 규정한 자치경찰사무는 아래 표에서 보는 바와 같이 「자치경찰사무와 시·도자치경찰위원회 조직 및 운영 등에 관한 규정(대통령령)」에 구체화되어 있고, 다시 시도별로 제정된 조례[2]에서 구체적인 사항과 범위가 열거되어 있다.

〈표 9-1〉 자치경찰사무와 그 구체적인 범위(예시)

자치경찰사무 (경찰법)	범위 기준(대통령령)	구체적 사항 및 범위(서울시 조례)
1) 생활안전을 위한 순찰 및 시설의 운영	가) 지역 주민 안전을 위한 범죄예방 시설 설치·운영	① 범죄취약지역 환경 개선 등 지역 범죄 예방환경설계(CPTED) 사업 추진 ② CCTV 통합관제센터 운영 지원
	나) 지역 주민 안전을 위한 범죄예방진단	① 지역·건물의 범죄취약요소 현장진단 및 점검·관리 ② 범죄예방 강화구역 관리 등 범죄예방진단 전담 경찰관 운영
	다) 지역 주민 안전을 위한 순찰과 범죄예방활동 시 행·관리	① 시기·장소별 범죄예방활동 시행·관리 ② 범죄예방을 위한 순찰 시행

---

2 서울의 경우 2021. 5. 20. 제정·시행되는 「서울특별시 자치경찰사무 및 자치경찰위원회의 조직·운영 등에 관한 조례」, 경남의 경우 2021. 5. 3. 제정·시행되는 「경상남도 자치경찰사무와 자치경찰위원회의 조직 및 운영 등에 관한 조례」가 있다.

문제는 이처럼 대통령령과 조례에서 자치경찰의 구체적 사무를 규정하는 방식으로 인해 자치경찰사무의 범위가 지나치게 한정됨으로써 현장경찰활동에 대한 책임 귀속의 주체가 누구인가의 문제로 이어질 우려가 있다는 점이다. 예컨대, 경찰 현장에서 행해진 경찰사무가 조례에서 정한 자치경찰사무의 범위를 넘어서지만 경찰법상 자치경찰사무에 해당한다면, 이는 자치경찰사무인가, 아니면 국가경찰사무인가? 경찰법에 따라 자치경찰사무로 보지 않을 수 없을 것이다. 만약 자치경찰사무로 볼 수 없다면, 국가경찰사무에서는 자치경찰사무를 제외하고 있다는 점을 고려할 때, 경찰법과 조례와의 괴리로 인한 치안의 사각지대가 발생하는 것이나 다름없다. 나아가 지구대 및 파출소에서 수행하는 사무가 경찰법상 자치경찰사무에 해당하지만, 그 사무가 조례의 범위를 넘어선 경우라면 자치경찰사무가 아닌 국가경찰사무로 볼 수 있겠는가? 만약 자치경찰사무로 본다면, 이 사무를 수행한 지구대 및 파출소 소속 경찰공무원에 대한 지휘·감독권은 시도경찰청장을 경유하여 최종적으로 경찰청장이 아니라 자치경찰위원회에 있다고 할 수 있는가 등의 문제에 직면하지 않을 수 없다.

이러한 문제는 자치경찰사무의 법적 성격이 무엇인가의 문제와도 연결되어 있다. 경찰법 제2조에서 "국가와 지방자치단체는 국민의 생명·신체 및 재산을 보호하고 공공의 안녕과 질서유지에 필요한 시책을 수립·시행하여야 한다"고 규정하고 있다. 경찰법 제3조에서 경찰의 임무를 규정한 후, 동법 제4조 제1항 제1호에서는 국가경찰사무를, 제2호에서는 자치경찰사무를 명시하고 있다. 바로 이 점에서 경찰법에서 규정한 경찰의 임무는 국가와 지방자치단체 간 공동사무로 설정하고, 양자 사이 권한과 책임을 명확히 배분하고자 한 것으로 이해할 수 있다. 그중에서 자치경찰사무는 지방자치법상 지자체의 사무로 볼 수 있을 것이다. 다만, 국가사무를 지자체에 위임하여 수행하도록 한 통상의 경우와 반대로, 자치경찰사무(자치사무)를 국가에 위임하여 수행하도록 하고 있다.[3] 자치경찰사무만 있고 이를 수행할 자치경찰관이 없는 가장 약한 형태의 자치경찰제 또는 '타치(他治) 경찰제'라는 비판이 제기되는 이유다.

3. 유일한 자치경찰조직으로서 자치경찰위원회 및 그 사무국

1) 자치경찰위원회의 구성

자치경찰위원회는 일원화 모델에서 시도지사 소속의 유일한 자치경찰 조직으로서 자치경찰의 사무를 관장한다. 자치경찰위원회는 경찰법 제18조에 따라 그 권한에 속하는 업무를 독립적으로 수행할 수 있도록 합의제 행정기관의 법적 지위를 갖고 있다. 지방정치세력의 부당한 정치적 영향력으로부터 자치경찰의 독립성을 확보하기 위한 장치이다.

자치경찰위원회는 위원장 1명(상임)을 중심으로 상임위원 1명과 비상임위원 5명 등 총 7명의 위원으로 구성되어 있다. 자치경찰위원장은 위원 중에서 시도지사가 임명하고, 상임위원은 자치경찰위원회의 의결을 거쳐 위원 중에서 위원장의 제청으로 시도지사가 임명한다(경

---

3 이기우, [시론] 자치사무, 국가가 처리하는 것이 자치경찰인가, 2021. 1. 26.자 인천일보(http://www.incheonilbo.com/news/articleView.html?idxno=1077174).

찰법 제20조 제3항). 위원은 시도지사가 지명하는 1명, 시도의회가 추천하는 2명, 국가경찰위원회가 추천하는 2명, 위원추천위원회[4]가 추천하는 2명 등에 대해 시도지사가 임명한다(경찰법 제20조).

위원은 특정 성(性)이 10분의 6을 초과하지 아니하도록 노력하여야 하며, 위원 중 1명은 인권문제에 관하여 전문적인 지식과 경험이 있는 사람이 임명될 수 있도록 노력하여야 한다(경찰법 제19조 제2항 및 제3항). 그러나 전국 18개 시도 자치경찰위원회의 구성이 대부분 '60대 남성'들로 편중되어 있다는 지적이 제기되고 있다.[5] 이는 그렇지만 시도지사의 위원 임명권이 추천기관에서 추천한 인원에 대해 반드시 임명해야 하는 것인지, 아니면 임명거부 및 재추천 요구도 가능한지의 문제와 관련되어 있는데, 법 시행 초기에 이 부분이 명확치 않아 시도지사의 조정이 이루어지지 않았기 때문이다. 이와 관련 대법원은 "…그 사무국 소속 직원을 이 사건 연구위원회 위원장의 추천을 받아 임명하도록 규정한 것은 원고(도지사)가 그 추천받은 자를 반드시 임명하여야 하는 것은 아니고 그 임명 여부의 최종적인 결정 권한은 여전히 원고가 행사할 수 있다"고 해석하고 있다(대법원 2009추53).

---

4 위원추천위원회는 시군구의회의장 지역협의체 추천 1명, 시군구청장 지역협의체 추천 1명, 경찰청장 추천 1명, 지방법원장 추천 1명, 시도 본청 소속 기획조정실장 등 5명으로 구성된다(자치경찰사무와 시·도자치경찰위원회의 조직 및 운영 등에 관한 규정 제5조 제2항).

5 2021. 6. 1.자 한겨레, '60대·경찰·남성'이 장악한 자치경찰위…여성·인권전문가는 구색만, 인터넷(https://www.hani.co.kr/arti/area/yeongnam/997462.html#csidxfb4a9776 17718f7a8bfd464054eeab4).

2) 자치경찰위원회의 소관 사무와 그 한계

자치경찰위원회의 소관 사무는 경찰법 제24조에서 다음과 같이 규정하고 있다.

〈표 9-2〉 시도자치경찰위원회의 소관 사무

구 분	소관 사무(경찰법 제24조)
자치경찰의 정책수립 및 운영	(제1호) 자치경찰사무에 관한 목표의 수립 및 평가 (제2호) 자치경찰사무에 관한 인사, 예산, 장비, 통신 등에 관한 주요정책 및 그 운영지원 (제4호) 자치경찰사무 담당 공무원의 부패 방지와 청렴도 향상에 관한 주요 정책 및 인권침해 또는 권한남용 소지가 있는 규칙, 제도, 정책, 관행 등의 개선 (제5호) 경찰법 제2조에 따른 시책 수립 (제6호) 경찰서장의 자치경찰사무수행에 대한 평가 및 결과 통보
자치경찰사무 수행 경찰공무원의 통제	(제3호) 자치경찰사무 담당 공무원의 임용, 평가 및 인사위원회 운영 (제7호) 자치경찰사무 감사 및 감사의뢰 (제8호) 자치경찰사무 담당 공무원의 주요 비위사건에 대한 감찰요구 (제9호) 자치경찰사무 담당 공무원에 대한 징계요구 (제10호) 자치경찰사무 담당 공무원의 고충심사 및 사기진작 (제11호) 자치경찰사무와 관련된 중요사건·사고 및 현안의 점검
국가경찰과의 협의·조정	(제6호) 시도경찰청장의 임용과 관련한 경찰청장과의 협의 (제13호) 지방행정과 치안행정의 업무조정과 그 밖에 필요한 협의·조정 (제14호) 비상사태 등 전국적 치안유지를 위한 경찰청장의 지휘·명령에 관한 사무 (제15호) 국가경찰사무·자치경찰사무의 협력·조정과 관련하여 경찰청장과 협의 (제16호) 국가경찰위원회에 대한 심의·조정 요청
규칙 제·개정권	(제12호) 자치경찰사무에 관한 규칙의 제정·개정 또는 폐지
기타	(제17호) 그 밖에 시도지사, 시도경찰청장이 중요하다고 인정하여 자치경찰위원회의 회의에 부친 사항에 대한 심의·의결

이러한 소관 사무에 대해 자치경찰위원회는 재적위원 과반수의 출석과 출석위원 과반수의 찬성으로 '심의·의결'하는 방식으로 시도경찰청장을 지휘·감독하게 된다(경찰법 제28조 제4항). 그러나 자치경찰위원회에서 심의·의결할 시간적 여유가 없거나 심의·의결이 곤란한 경우, 대통령령으로 정하는 바에 따라 자치경찰위원회의 지휘·감독권이 시도경찰청장에게 위임된 것으로 본다(경찰법 제28조 제4항). 다만, 이 규정은 시도경찰청장에 대한 자치경찰위원회의 지휘·감독권을 양자 간의 역 지휘·감독권으로 전환해버리는 등 형식적인 지휘·감독관계로 만드는 요인이 된다는 비판이 있다(양영철, 2021: 84).

그렇지만 여기에는 합의제 행정기관으로서 자치경찰위원회의 특성상 자치경찰사무를 수행하는 현장 경찰관 또는 개별적·구체적인 상황에 대한 실시간 지휘·감독이 현실적으로 불가능하다는 점이 고려된 측면이 강하다. 자치경찰위원회의 지휘·감독권은 개별 경찰관이 아니라 시도경찰청장을 통해서만 이루어지지만, 실무적으로 지휘감독권에는 시도 경찰청장의 사전적·사후적 보고가 내재되어 있다. 따라서 자치경찰위원회의 지휘·감독권을 실질적으로 행사하기 위한 가능성은 열려있다고 봄이 타당하다. 시도경찰청장이 국가경찰과 자치경찰을 연결하는 중간매개자의 역할을 얼마나 적극적으로 수행하느냐에 자치경찰제의 성공여부가 달려있다. 시도경찰청장은 국가경찰과 자치경찰의 가교 역할을 수행하는 '플랫폼'이 되어야 한다(황문규, 2021: 123). 그렇지 않을 경우 지역별로 경찰사무의 자율적이고 창의적인 수행이 강조되는 자치경찰과 경찰청을 중심으로 일사불란한 지휘·통제에 익숙한 국가경찰 간 충돌과 갈등을 피하기 어려울 것이다.

3) 자치경찰위원회의 사무기구

경찰법에서는 자치경찰위원회의 사무를 처리할 사무기구(사무국)를 두도록 하고 있다(경찰법 제27조 제1항). 자치경찰위원들이 제한된 시간과 전문성 부족 등의 한계를 보완하여 자치경찰위원회 활동의 질적 수준을 담보할 수 있는 장치이다. 국가경찰위원회의 경우 자치경찰위원회와 달리, 그 사무를 경찰청에서 수행하도록 되어 있다(경찰법 제11조 제1항). 국가경찰위원회가 경찰청의 자문기구에 머물 수밖에 없는 이유다.

자치경찰위원회 사무국의 조직·정원·운영 등에 관하여 필요한 사항은 경찰청장의 의견을 들어 대통령령으로 정하는 기준에 따라 시도 조례로 정하도록 되어 있다(경찰법 제27조 제4항). 서울시 조례에 따른 자치경찰위원회 사무국의 조직은 다음과 같다(서울시, 2021).

[그림 9-2] 서울시 자치경찰위원회 사무국

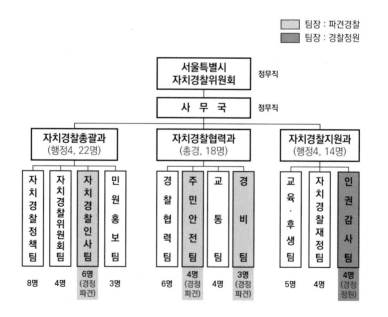

사무국의 장은 자치경찰위원장의 명을 받아 소관 사무를 처리하고 소속 직원을 지휘·감독한다(자치경찰사무와 시도자치경찰위원회의 조직 및 운영 등에 관한 규정 제18조 제2항). 사무국장은 자치경찰위원회 상임위원이 겸임한다(지방자치단체의 행정기구와 정원기준 등에 관한 규정 제11조의2 제1항 별표 2). 때문에 자치경찰위원장과 상하관계에 있는 사무국장이 합의제 행정기관의 상임위원으로서 다른 목소리를 낼 수 있는지는 의문이다.

사무국은 자치경찰위원회 자체의 운영을 위한 일반 행정사무뿐만 아니라 자치경찰사무의 수행과 관련한 사무를 처리하게 된다. 여기에는 ⓐ자치경찰위원회 자체의 관리유지 기능, ⓑ자치경찰위원회 소관 사무에 대한 심의·의결 기능을 보좌하는 기능, ⓒ자치경찰사무의 원활한 수행 및 지방행정과의 연계성 확보를 위한 특수시책의 발굴과 관련한 기능, ⓓ자치경찰사무 수행에 대한 평가, 감사 및 이를 환류하고, 홍보하는 기능, ⓔ자치경찰사무 수행 경찰관, 경찰서장, 시도경찰청장, 그리고 시도지사와 상호협력, 경우에 따라서는 긴장 및 갈등관계를 조정하는 기능 등이 해당된다.

이러한 점에 비춰보면, 사무국은 자치경찰위원회에서 관장하게 될 생활안전·여성청소년·교통 등 자치경찰사무의 수행에 관한 정책입안 및 평가, 그리고 자치경찰사무를 수행하는 경찰관을 감독하는 실무를 담당하게 된다. 이는 사무국의 기능이 자치경찰사무와 관련한 경찰청의 해당 기능과 경우에 따라서는 시도경찰청의 해당 기능과 중복 또는 중첩될 가능성이 높다는 것을 의미한다. 그렇다면 자치경찰사무를 관장하는 자치경찰위원회가 실질적으로 기능하기 위해서는 경찰청의 관련 기능과 조직을, 경우에 따라서는 시도경찰청의 관련 기능과 조직에 대해서까지 축소·재편할 필요가 있다. 자치경찰제가 전국적으로 전면 시행됨에도 기존과 같이 관련 기능과 조직을 운영할 경우 기능 중복의 문제로 인해 향후 자치경찰사무 관련 경찰청, 자치경찰위원회 사무국, 시도경찰청 간 갈등은 물론 인력 등의 낭비가 초래될 것이다. 따라서 경찰청의 관련 기능과 조직을 축소하고, 그 소속 인력 등을 현장으로 전환하여 만성적 부족 현상에 시달리는 치안현장 인력을 보강하는 효과를 제고할 필요가 있다.

IV. 현행 자치경찰제의 의의와 한계 및 향후 과제

이제 단일의 국가경찰체제를 마감하고, 바야흐로 전국 18개 시도의 다양한 자치경찰이 활동하는 자치경찰시대에 접어들었다. 무엇보다도 국가경찰에 의한 '관리'중심의 치안에서 탈피하여 자치경찰의 자율적·창의적 활동을 통해 18개 시도 자치경찰위원회·경찰청 간 치안의 협력적 경쟁(coopetition)을 촉진하게 되었다는 의의가 있다. 또한 지자체도 국가와 더불어 치안에 대해 공동의 책임을 져야 한다. 바로 이 점에서 1991년 지방자치제가 실시된 이후 마지막까지 남아있던 자치경찰이라는 퍼즐 조각을 맞춤으로써 자치분권을 완성하게 되었다고 할 수 있다.

그러나 여전히 넘어야 할 한계와 과제도 적지 않다. 여기서는 지면 관계상 세 가지 사항을 중심으로 언급한다. 첫째, 현행 자치경찰제가 과연 지역실정에 부합하는, 그리고 지역주민이 필요로 하는 자치경찰 활동을 보장할 수 있는가라는 의문이다. 이원화 모델과 달리, 자치경찰사무는 여전히 국가경찰 조직과 인력에 의존하지 않을 수 없다. 물론 자치경찰사무의 자율적·창의적 수행을 담보하게 할 시도경찰청장에 대한 자치경찰위원회의 지휘·감독권이 있다. 그러나 앞서 지적한 바와 같이 형식적 지휘·감독권에 머물 가능성을 배제키 어렵다. 이는 시도경찰청장이 자치경찰위원회의 지휘·감독권의 단일 통로임에도 지휘·감독권의 이행을 강제할 수 있는 담보 장치가 충분하지 않다는 점에서 더욱 그러하다. 기껏해야 경찰청장이 시도경찰청장의 임용을 추천할 경우 자치경찰위원회와 협의하도록 한 것이 전부다(경찰법 제28조 제2항). 게다가 자치경찰사무 수행을 위한 예산은 여전히 사용 범위가 명확히 정해진 경찰청 사업비(국고보조금)에 전적으로 의존되어 있다. 따라서 자치경찰사무에 대한 별도의 재원을 만들어 기획재정부에서 자치경찰위원회로 직접 교부하거나, 지자체가 자체적으로 충당하는 방안이 적극 강구되어야 한다. 또한 자치경찰사무를 담당하는 경찰에 대한 인사권의 대상도 시도경찰청의 자치경찰부장(서울의 경우 자치경찰차장) 소속 경찰관 전체로 확대할 필요가 있다. 그러지 않을 경우 자치경찰사무와 국가경찰사무를 겸임하는 경찰관에 대한 인사권의 주체에 대한 갈등이 초래됨은 물론, 자치경찰위원회의 실질적인 지휘·감독권을 보장할 수 없다.

둘째, 과연 경찰권 분산의 효과를 기대할 수 있는가라는 의문이다. 자치경찰위원회를 신설하여 자치경찰사무를 관장토록 하고 있을 뿐, 그 사무를 수행하는 것은 국가경찰의 조직과 인력이다. 더구나 자치경찰위원회에서 생활안전·여성청소년·교통 등의 자치경찰사무를 관장토록 하였음에도, 여전히 그와 관련한 경찰청의 기능과 조직을 유지하여 기능 중복의 문제를 야기하고 있다. 오히려 자치경찰제 도입으로 18개 시도 경찰청에 경무관급 자치경찰부장(서울의 경우 치안감급 자치경찰차장)의 직급이 신설되었으며, 자치경찰위원회 사무국에 총경 이하 48명의 경찰공무원이 증원되었다(시·도자치경찰위원회에 두는 경찰공무원의 정원에 관한 규정 제2조 제1항 별표). 경찰권 분산은커녕 경찰의 총량을 확대하는 자치경찰제인 것이다. 국가수사본부의 신설까지 고려하면, 문재인 정부의 경찰개혁은 경찰권의 확대·강화에 방점이 있었다고 해도 과언이 아닐 정도다. 이러한 점을 고려하면, 최소한 자치경찰사무와 관련한 경찰청의 기능과 조직, 경우에 따라서는 시도경찰청의 기능과 조직을 조속히 축소·재편해야 한다. 나아가 자치경찰제 시행을 위한 경찰법 시행을 앞두고 112치안종합상황실 소속으로 전환한 지구대 및 파출소를 다시 종전대로 경찰서 생활안전과로 변경해야 한다.

또한 지구대·파출소에서 근무하는 경찰공무원에 대한 인사권을 자치경찰위원회에 부여해야 한다. 이는 지구대·파출소 업무의 상당 부분이 자치경찰사무와 관련되어 있다는 점에서 더욱 그러하다. 심각한 문제는 112치안종합상황실장 소속의 지구대, 파출소가 112신고 출동·대응 이외에 과연 자율적인 범죄예방활동에 나서겠는가라는 점이다. 왜냐하면 기존 생활안전과에서 범죄예방활동과 더불어 112신고·대응 업무를 소관 사무로 하였는데 반해, 112치안종합상황실에서는 범죄예방활동을 수행할 필요도 없고, 그에 대한 관리도 예전과 같이 충실하게 이루어지는 것을 기대하기 어렵기 때문이다. 실제로 서울경찰청의 경우 112치안종합상황실장의 임무에는 범죄예방에 관한 업무가 배제되어 있다(경찰청과 그 소속기관 직제에 관한 시행규칙 제34조 제2항 참조). 지역주민 맞춤형 치안서비스 제공을 목적으로 한 자치경찰제가 범죄예방활동이라는 치안공백을 야기시키고 있는 것은 아닌가라는 의 구심을 던지지 않을 수 없다. 이것이 바로 세 번째의 한계와 과제이다.

이제 자치경찰제는 출발했다. 여전히 약한 형태, 무늬만 자치경찰제로 만드는 요소도 남아있다. 그러나 일사불란한 지휘통제에 따른 경찰의 경직된 운영 관행을 떠받치던 중앙집권적 국가경찰제에 구멍이 난 것을 되돌릴 수는 없다. 지역주민을 먼저 생각하는 자치경찰의 필요성에 대해 점점 더 많은 지역주민이 인식하고 공감할 것이다. 코로나19 등의 상황에서 불가피하게 선택한 일원화 모델이 종전 "경찰청의 사무"를 수행하기 위한 경찰청의 하부기관에 불과했던 '지방경찰청'에서 탈피하여 완전한 시도의 (자치)경찰청으로 발전할 수 있도록 더 많은 관심과 애정이 필요하다.

| 참고문헌 |

김순은. (2018). 「자치경찰제 특별위원회」. 광역단위 자치경찰제 도입방안. 「자치경찰제 특별위원회안 발표 및 정책토론회 자료집」. 서울: 대통령소속 자치분권위원회.

김순은. (2021). 자치경찰제의 추진과정과 의의 및 향후 과제. 「문재인 정부의 자치경찰 이해와 적용」. 대통령소속 자치분권위원회.

김원중. (2017). 자치경찰제도 도입 논의에 관한 비판적 검토와 입법적 제언. 「지방자치법 연구」. 17(2): 111-132.

김인회. (2021). 「김인회의 경찰을 생각한다」. 서울: 준평.

박준희. (2020). OECE 국가의 자치분권과 자치경찰제. 「형사정책연구소식」. 153.

서울특별시. (2021). 서울특별시 자치경찰사무 및 자치경찰위원회의 조직·운영 등에 관한 조례안 검토보고서.

양영철. (2014). 응답하라!: 자치경찰 도입의 어제, 오늘 그리고 내일. 「서울행정학회 포럼」, 2014(3): 45-49.

양영철. (2021). 문재인 정부 자치경찰 도입에서 국가경찰과 자치경찰과의 관계. 「문재인 정부의 자치경찰 이해와 적용」. 대통령소속 자치분권위원회.

오승은. (2017). 일본의 통합형 경찰제도에 관한 연구. 「한국지방자치학회보」, 29(3): 275- 298.

최종술. (2003). 한국적 자치경찰제의 도입방안에 관한 연구. 「행정논총」, 41(1): 101-132.

황문규. (2017). 문재인 정부의 광역단위 자치경찰제에 관한 고찰. 「한국지방자치학회보」, 29(4): 23-54.

황문규. (2018). 현 시점에서 도입가능한 자치경찰제 모델 구상과 과제.「한국경찰연구」, 17(3): 249~282.

황문규. (2019). 광역단위 자치경찰제의 기대역할과 한계 및 과제.「한국공안행정학회보」, 75: 297-328.

황문규. (2020). 중부일보 [기고] 내가 경찰관이라면, 자치경찰제를…. 8. 26 (http://www. joongboo.com/news/articleView.html?idxno =363441078).

황문규. (2021). 자치경찰조직과 인사: 자치경찰위원회 및 사무기구의 권한과 역할을 중심으로.「문재인 정부의 자치경찰 이해와 적용」. 대통령 소속 자치분권위원회.

제10장 교육자치와 지방자치의 연계·협력 성과와 과제

하봉운 경기대학교 교직학부 교수

Ⅰ. 교육자치와 지방자치 연계·협력 강화의 방향과 체계

1991년 지방교육자치체 실시와 1995년 지방자치제 전면 실시 이후 교육자치와 일반자치단체 간의 교육협력에 대한 체계적인 지원을 위하여 교육경비보조에 관한 규정 제·개정, 교육정책협의회 설치·운영, 지방교육행정협의회 설치·운영, 교육협력관 및 연계협력 담당부서 설치·운영, 교육지원조례 제정, 교육정책 설명회 및 교육사업 컨설팅단 구성·운영 등이 지속적으로 이루어져 왔다. 이를 통하여 중기계획 수립 시 사전협의 절차준수, 교육비특별회계 전출시기 관련 조례 제·개정, 시·도-교육청 간 주민참여예산위원회의 정기적 공동 모임, 포럼, 워크숍 개최 및 교차 운영 실시 등이 제도화되어 지방자치단체와 교육청 간에 협력적 재정관계를 구축하고 재정의 효율성과 책임성을 제고하는 방안이 마련되었다.

문재인 정부 또한 100대 국정과제로 '획기적인 자치분권 추진과 주민참여의 실질화', '지방재정 자립을 위한 강력한 재정 분권', '교육 민주주의 회복 및 교육자치 강화' 등을 천명함에 따라 민주주의를 실현하는 자치분권의 국정운영 계획에 맞춰 장기적 관점에서 교육정책을 마련하고 지역과 현장의 자율성이 강화되도록 교육 거버넌스를 개편하고자 노력하였다.

[그림 10-1] 문재인 정부의 교육자치 강화의 국정과제 체계도

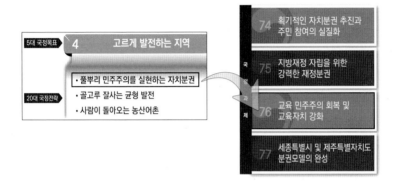

특히 거버넌스라는 개념을 통해 교육자치와 일반자치의 협치 구조를 확립하자는 주장과 이를 바탕으로 한 실천 사례가 주목을 받고 있다. 거버넌스는 「지방자치법」과 「지방교육자치에 관한 법률」의 문제를 넘어 국민의 교육 받을 권리를 보장하고 안정적으로 교육행정을 수행하기 위해서는 한국형 지방교육자치제도의 정착이 요구되는데 하향식으로 집행되던 일방적 행정의 관행과 기관 혹은 영역별 칸막이 구조하에서 집행되던 분절적 행정의 관행을 시민을 포함한 다양한 참여자들과의 소통과 상호작용, 기관 간 협업 체제를 통해 수평적이고 통합적인 것으로 변화시키는 것이다. 나아가 거버넌스는 지역주민들이 정책의 형성과 집행, 평가에 이르는 일련의 과정에 참여하여 스스로의 자

치 역량을 함양하는 것까지를 포함하는 개념이다.

교육자치단체와 일반자치단체의 협력 방식은 다음과 같이 4단계로 구분될 수 있다. 즉 두 기관 간의 협력은 단순히 교육재정을 보조하고 지원하는 단계(재정협력단계)를 넘어 지방교육발전에 필요한 지식과 기술 인력의 상호지원을 통해 제휴 협력하는 단계(인적 협력 단계), 시설과 설비, 물자와 환경 등의 상호지원을 통해 제휴 협력하는 단계(자원협력 단계), 나아가 교육과정 개발과 교육활동의 상호지원을 통해 유대를 강화하는 단계(프로그램 협력 단계)까지 확대 발전하고, 이를 통해 통합적인 교육거버넌스를 확립하는 단계(통합거버넌스 단계)로까지 나아갈 수 있다(조동섭, 2010).

[그림 10-2] 기관 간 거버넌스 단계

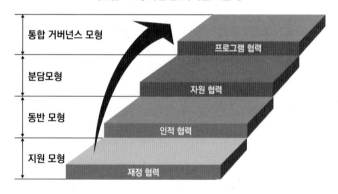

출처: 조동섭(2010)

따라서 "지방자치와의 연계·협력 활성화"는 지방교육기관과 지역사회와의 협력 등 주민참여 확대방안과 교육서비스의 질 제고를 위해 광역자치단체와 기초자치단체 모두를 정책대상으로 지역의 자원을 활용하는 협력방안(자치단체-교육기관 공동 교육지원센터 설치, 마을교육 네트워크 형성, 온종일 돌봄 체계 구축 등) 마련뿐만 아니라 지방교육기관과 자치단체의 연계 강화를 위한 제도 개선방안을 지속적으로 추진하여 주민생활의 편익을 증진하는 데 그 주안점을 두고 있다.

〈표 10-1〉 교육자치와 지방자치와 연계·협력 활성화 사무

법령	사무내용
「지방교육 자치법」	■ 교육자치에 대한 주민참여 확대 • 지방교육기관과 지역사회와의 협력 ■ 교육자치와 지방자치 연계·협력 활성화 • 지역의 자원을 활용하는 협력방안 마련 (자치단체-교육기관 공동 교육지원센터 설치, 마을교육 네트워크 형성, 온종일 돌봄 체계 구축 등) • 지방교육기관과 자치단체의 연계 강화를 위한 제도 개선방 안 마련(지방교육행정협의회 활성화, 인사교류, 중기지방 재정계획 수립 및 예산 사전협의 절차 도입 등)
「지방교육재정 교부금법」	• 지방자치단체의 부담(제11조)
「지방자치단체의 교육경비 보조에 관한 규정」	• 보조사업의 범위(제2조) • 보조사업의 제한(제3조) • 보조의 신청 등(제4조) • 목적 외 사용의 금지(제5조) • 보고 및 검사(제6조) • 보조금의 집행(제7조)

Ⅱ. 지방자치와 교육자치 연계·협력
성과와 과제

1. 주요 성과

지난 수년간의 다양한 지역사회 연계 사업(ex. 혁신교육지구, 마을교육공동체, 온종일돌봄 등)을 통하여 당초 사업이 기대했던 공교육 혁신과 마을학교 체계 구축의 성과를 이루어냄으로써 성공적인 교육 발전 기반을 이루었다. 적극적인 재정 투자 및 사업의 추진으로 교육 혁신의 토대는 어느 정도 마련되어진 상태이며, 이제 사업의 질적 도약을 꾀해야 할 시점으로 평가할 수 있다.

1) 지역연계 사업 확대: 혁신교육지구 사업, 돌봄 사업

지역과 학교의 자발적인 요구로 출발한 혁신교육지구는 현 정부의 대표적인 교육정책의 하나로 적극적으로 추진되고 있다. '혁신교육지구'는 2010년대 등장한 용어로, 교육청과 지방자치단체, 그리고 교육현장에서 '교육'을 중심으로 추진된 교육청과 지자체의 협력적인 거버넌스를 의미하며, 그 안에서 해당 지역의 관과 민이 함께 교육의 혁신을 모색하는 정책적·행정적 개념이자 실천적 개념으로 자생적으로 이루어져 온 '마을교육공동체' 운동과 결합된 광범위한 지역교육 운동이다(강민정, 안선영, 박동국, 2018).

사업을 시작한 연도와 지정된 지구 수는 지역별로 차이가 있지만, 2020년 3월 현재 16개 시·도, 190개 시·군(84%)에서 혁신교육지구 내지 마을교육공동체의 이름으로 활발하게 사업을 추진하고 있다. 관내 모든 기초자치단체가 혁신교육지구를 운영하는 시·도는 서울, 대구, 광주, 대전, 경기, 강원, 충북, 전북, 전남 등이다.

혁신교육지구는 일반행정과 교육행정 간 이원적 자치구조에서 교육청과 지자체가 협력하는 모델을 넘어 공동으로 지역의 공동체 복원과 지역사회 발전에 기여하는 인재 양성을 목적으로 학교혁신뿐만 아니라 삶의 질 및 지역교육력 제고를 위해 학교와 지역을 함께 혁신하는 추세에 맞춰 학교와 마을, 교육청과 지자체의 협력체제를 안정적으로 구축하고, 지역특성에 맞는 다양한 협업프로그램 개발·운영하고 있다.

〈표 10-2〉 전국 혁신교육지구 사업 운영 현황(2021. 3. 1. 기준)

법령	명칭	지정 현황	운영 현황	년도 별 지정 현황
서울	서울형혁신 교육지구	25/25	2013 : 구로구, 금천구 2015 : 은평구, 도봉구, 노원구, 종로구, 서대문구, 강동구, 동작구, 관악구, 강북구 2016 : 영등포구, 양천구, 강서구, 동대문구, 중구, 광진구, 성동구 2017 : 서초구, 용산구, 마포구, 성북구 2019 : 중랑구, 송파구, 강남구	2014(5) 2015(11) 2016(5) 2017(1) 2018(1) 2019(2)
부산	다행복교육 지구	9/16	2018 : 북구, 동구, 영도구, 사하구, 사상구 2019 : 부산진구, 연제구 2021 : 금정구, 해운대구	2018(5) 2019(2) 2021(2)
대구	대구미래 교육지구	8/8	2020 : 동구, 서구, 남구, 북구, 수성구, 달서구 2021 : 중구, 달성군	2020(6) 2021(2)
인천	교육혁신지구	7/10	2015 : 미추홀구 2017 : 부평구, 계양구, 중구 2019 : 연수구, 서구, 남동구	2015(1) 2017(3) 2019(3)
광주	마을교육 공동체	5/5	2016 : 동구, 서구, 남구, 북구, 광산구	2015(5)
대전	행복이음혁신 교육지구	5/5	2019 : 대덕구 2020 : 동구, 중구, 서구, 유성구	2018(1) 2019(4)
울산	서로나눔 교육 지구	2/5	2020 : 중구, 남구	2019(2)

법령	명칭	지정 현황	운영 현황	년도 별 지정 현황
세종	행복교육지구	1/1	2019 : 세종	2018(1)
경기	혁신교육지구	31/31	2011 : 광명, 구리, 시흥, 안양, 오산 2016 : 부천, 안산, 군포, 화성, 의정부 2017 : 성남, 안성, 여주 2018 : 의왕, 고양, 동두천 2019 : 광주, 수원, 양평, 이천, 평택, 포천, 김포, 양주, 용인, 가평, 과천, 연천, 파주, 하남 2021 : 남양주	2011(5) 2016(5) 2017(4) 2018(1) 2019(15) 2021(1)
강원	행복교육지구	18/18	2016 : 태백, 화천 2018 : 원주 영월, 정선, 철원, 인제 2019 : 속초, 삼척, 홍천, 평창, 양구 2021 : 춘천, 강릉, 동해, 고성, 양양, 회성	2015(2) 2017(5) 2018(5) 2020(6)
충북	행복교육지구	11/11	2017 : 충주, 제천, 보은, 옥천, 진천, 괴산, 증평, 음성 2018 : 청주, 영동, 단양	2017(8) 2018(3)
충남	행복교육지구	14/15	2017 : 아산, 논산, 당진, 부여, 서천, 청양 2018 : 공주, 홍성, 예산 2019 : 천안, 보령, 서산 2020 : 금산, 태안	2017(6) 2018(3) 2019(3) 2020(2)
전북	혁신교육특구	14/14	2015 : 전주, 정읍, 남원, 완주 2017 : 익산, 김제, 진안, 무주, 장수, 임실, 순창, 고창, 부안 2019 : 군산 ※ 농어촌교육특구를 전북교육협력지구로 통합	2015(4) 2017(1) 2017(8) 2019(1)
전남	전남혁신 교육지구	22/22	2013 : 장흥 2014 : 장성, 영광 2015 : 함평, 영암, 강진, 고흥, 곡성, 나주, 광양 2016 : 무안, 해남, 화순, 담양, 여수 2017 : 보성 2018 : 구례, 목포, 순천, 신안, 완도, 진도	2012(1) 2013(1) 2014(3) 2015(8) 2016(2) 2017(1) 2018(6)
경북	경북 미래교육지구	5/23	2020 : 경주, 안동, 상주, 의성, 예천	2020(5)
경남	행복교육지구	13/18	2017 : 김해 2018 : 밀양, 양산, 남해 2019 : 진주, 사천, 고성, 하동 2020 : 합천 2021 : 통영 거제, 산청, 창녕	2016(1) 2017(3) 2019(4) 2020(5)
제주	해당사항 없음			

출처: 교육부(2021).

혁신교육지구와 관련하여 교육부 또한 2018년과 2019년 '풀뿌리 교육자치 협력체계 구축 지원사업'과 2019년에 선정하여 2020년부터 운영하고 있는 혁신교육지구의 선도모델인 '미래형 교육자치 협력지구 사업'을 통하여 교육자치 활성화와 학교혁신 정책을 적극적으로 추진해오고 있다. 2018년부터 교육부 공모사업으로 2년간 추진한 '풀뿌리 교육자치 협력체계 구축 지원사업'은 지역 단위에서 자생적으로 추진되어 왔던 혁신교육지구를 '교육자치 협력체계'로 명명하면서 정부 차원의 지원과 정책 추진을 처음으로 시도하였으며(교육부, 2018), 2018년 18개 지역(서울 8개 구(성동·성북·도봉·양천·광진·강북·서대문·동작), 인천 계양구, 광주 광산구, 대전 대덕구, 경기 5개 시(오산·의정부·부천·수원·시흥), 강원 화천군, 충북 옥천군, 충남 3개 시(공주·아산·당진), 전북 정읍시, 전남 2개 시군(순천시·곡성군), 경남 김해시), 2019년에 4개 지구(울산 중구, 부산 금정구, 경북 의성군, 대구 남구)를 추가 선정하여 2018년에 선정된 지구는 1억 8천만 원, 2019년에 추가된 신규사업 지구는 1억 6천만 원을 지원하여 교육청-기초지방자치단체 간 협력이 장기간, 체계적으로 지속될 수 있도록 아래로부터의 제도적·조직적 기반을 구축하고 혁신학교의 내실 있는 운영과 혁신교육지구 확산을 촉진하였다.

이어서 2019년부터는 지역 특성을 반영한 교육협력 거버넌스 구축을 토대로, 혁신교육지구 심화모델 개발을 선도하는 우수 지역 집중 지원을 통해 지속가능한 우수 사례와 모델을 발굴하고 확산시키기 위하여 '미래형 교육자치 협력지구 사업을 추진하였다(교육부, 2019a). 혁신교육지구 협약을 맺은 지역 중 공모하여 총 11개 지구(서울 3개 구(성북·강북·도봉), 부산 사하구, 울산 중구, 경기 시흥, 충북 2개 시군(충주·옥천), 충남

공주, 전북 정읍, 전남 3개 시군(순천시·곡성군·구례군))를 선정하여 ①교육자치 생태계 교육협력 거버넌스 구축(공동협력센터, 마을교육자치회), ②협력지구 내 학교혁신 선도(자율학교 확대, 마을연계 교육과정 운영 등), ③심화모델 개발 및 연계지원(고교학점제, 방과후 돌봄, 평생학습도시, 직업교육, 체육예술교육, SW 센터, 생활SOC, 주민 자치회, 농어촌지원, 마을 돌봄 등) 등에 지원하였다.

[그림 10-3] 공동 협력센터의 기능과 역할 예시

출처: 교육부(2019a).

또한 돌봄 서비스의 부처별 분절적 추진으로 인한 한계를 극복하고 질 높은 돌봄서비스 확대를 위하여 2017년부터 학교와 지자체의 협업을 통해 지역사회의 인적·물적 자원을 최대한 활용하여 초등돌봄서비스를 확대하고 내실화하고자 노력하였다. '18년~'20년 지역특성에 맞는 초등 돌봄 서비스 제공을 위한 모델 발굴 선도사업으로 9개 지역(서울 구로·노원·성동·성북구, 대전 서구, 경기 시흥·오산시, 충남 홍성군, 전남 광양)을 선정지원하였고, 현장점검 및 컨설팅 등을 통한 우수모델 발굴로 지역의 여건과 돌봄 수요에 부합한 지자체 중심의 맞춤형 돌봄서비스 제공을 위하여 법제화 및 행·재정적 지원을 강화하였다.

[그림 10-4] 범정부 돌봄서비스 협력 및 전달체계

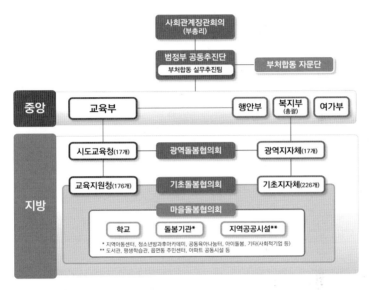

출처: 관계부처 합동(2018. 4a) p.17.

2) 비법정전입금 증가

교육자치와 일반자치 간의 협력적 연계방안 강화는 교육발전에 필요한 다양한 자원을 효과적으로 확보하고, 일반자치단체의 교육에 대한 관심을 제고시키는 데 기여하였으며, 무엇보다 지방의 교육발전이라는 책무성을 공유하는 데도 일조하였다. 특히 지방자치단체의 지역교육환경 개선에 대한 투자 증가가 이를 잘 보여준다.

최근 5년간 세입 결산액은 2015년 62.4조 원에서 2019년 87.4조원으로 연평균 7.7% 규모로 증가하였고, 지방교육재정교부금을 주요 재원으로 하는 중앙정부 이전수입의 경우 연평균 9.7% 규모로 증가하였으며, 지방자치단체 이전수입은 지방세 세입의 증가로 연평균 7.1% 규모로 지속 증가하였다. 이는 법정이전수입 중 시·도세전입금과 지방교육세전입금이 안정적으로 전입되었기 때문으로 보이며, 특히 지방자치단체가 교육비특별회계와 단위학교에 지원하는 경비인 비법정 이전지출(비법정전입금, 교육경비보조금, 기타 법령에 의한 지원)은 2015년 8,064억 원에서 2019년 1조 6,679억 원으로 크게 증가하였다.

〈표 10-3〉 최근 5년간 재원별 세입결산액 현황 (단위: 백만원, %)

재원별	2015		2016		2017		2018		2019	
	결산액	구성비	결산액	구성비	결산액	구성비	결산액	구성비	결산액	구성비
계	62,360,538	100.00	66,097,940	100.00	72,443,464	100.00	78,836,465	100.00	87,387,293	100.00
중앙정부이전수입	40,088,837	64.29	43,834,458	66.32	50,677,395	69.95	56,563,253	71.75	64,571,638	73.89
지방교육재정교부금	39,405,566	63.19	43,161,624	65.30	46,566,712	64.28	52,477,714	66.57	60,530,510	69.27
보통교부금	38,018,542	60.97	41,639,909	63.00	44,808,354	61.85	50,950,868	64.63	58,801,044	67.29
특별교부금	1,387,024	2.22	1,521,715	2.30	1,758,358	2.43	1,526,845	1.94	1,729,466	1.98
국고보조금	683,271	1.10	672,835	1.02	169,801	0.23	192,823	0.24	225,790	0.26
특별회계전입금					3,940,881	5.44	3,892,717	4.94	3,815,338	4.37
지방자치단체이전수입	10,989,507	17.62	11,903,546	18.01	12,916,184	17.83	13,443,914	17.05	13,924,743	15.93
법정이전수입	10,183,030	16.33	11,037,487	16.70	11,821,052	16.32	12,059,534	15.30	12,256,805	14.03
지방교육세전입금	6,190,238	9.93	6,406,113	9.69	7,028,806	9.70	7,194,507	9.13	7,194,974	8.23
담배소비세전입금	518,496	0.83	596,437	0.90	734,893	1.01	642,716	0.82	588,545	0.67
시·도세전입금	2,293,608	3.68	2,573,559	3.89	2,836,488	3.92	2,975,630	3.77	3,155,758	3.61
학교용지일반회계부담금	425,015	0.68	590,919	0.89	237,245	0.33	239,157	0.30	251,292	0.29
지방교육재정교부금보전금	755,672	1.21	843,124	1.28	960,789	1.33	983,248	1.25	1,038,239	1.19
교육급여보조금			27,335	0.04	22,831	0.03	24,276	0.03	27,998	0.03
비법정이전수입	806,477	1.29	866,059	1.31	1,095,133	1.51	1,384,380	1.76	1,667,938	1.91
광역자치단체전입금	396,234	0.64	458,757	0.69	643,674	0.89	794,943	1.01	900,555	1.03
기초자치단체전입금	410,243	0.66	407,303	0.62	451,459	0.62	589,438	0.75	767,383	0.88
기타이전수입	92,878	0.15	147,516	0.22	109,335	0.15	131,875	0.17	151,209	0.17
민간이전수입	80,139	0.13	96,148	0.15	78,049	0.11	114,129	0.14	135,355	0.15

재원별	2015		2016		2017		2018		2019	
	결산액	구성비	결산액	구성비	결산액	구성비	결산액	구성비	결산액	구성비
자치단체간이전수입	12,739	0.02	51,368	0.08	31,286	0.04	17,746	0.02	15,854	0.02
자체수입	1,404,551	2.25	1,465,925	2.22	1,700,098	2.35	1,700,439	2.16	1,604,342	1.84
입학금 및 수업료	966,960	1.55	984,214	1.49	946,839	1.31	869,201	1.10	725,699	0.83
사용료 및 수수료	22,550	0.04	29,158	0.04	24,180	0.03	26,118	0.03	25,659	0.03
자산수입	227,154	0.36	157,457	0.24	227,430	0.31	277,900	0.35	271,338	0.31
이자수입	80,092	0.13	118,510	0.18	110,218	0.15	129,866	0.16	140,740	0.16
기타수입 등	107,795	0.17	176,587	0.27	391,430	0.54	397,353	0.50	440,907	0.50
지방교육채 및 기타	9,784,765	15.69	8,746,495	13.23	7,040,453	9.72	6,996,983	8.88	7,135,360	8.17
지방교육채	6,126,816	9.82	3,010,194	4.55	1,143,123	1.58	320,927	0.41	0	0.00
기타	3,657,949	5.87	5,736,301	8.68	5,897,330	8.14	6,676,056	8.47	7,135,360	8.17
순세계잉여금	1,321,889	2.12	1,962,098	2.97	2,049,875	2.83	2,057,979	2.61	2,233,728	2.56
보조금사용잔액	6,091	0.01	41,233	0.06	13,844	0.02	12,490	0.02	15,800	0.02
전년도이월금	2,329,969	3.74	3,732,970	5.65	3,833,611	5.29	4,605,587	5.84	4,885,832	5.59

출처: 한국교육개발원(2020). 지방교육재정분석 종합보고서, p.19.

2. 과제

연계·협력사업 확대 및 사업비 증가 등의 성과에도 불구하고 연계·협력에 대한 인식 공유, 정보 및 재원 공유, 상호 협력 문화·사업 조성 등에 대한 상호 간 의견 차이가 여전히 존재함에 따라 향후 다양한 교육자원의 확보와 교육에 대한 공동관심과 책무의식을 제고하고 공동협력 사업을 안정적으로 수행하도록 하기 위한 개선 방안을 제시하면 다음과 같다.

1) 지자체-교육청 간 입장 차이 해소

일반자치단체와 교육자치단체 간 협력적 관계는 필요하다는 점에서는 대체적으로 공감하면서도, 지방교육재정교부금법 시행령에 따른 전입금 세출예산 협의를 위한 교육행정협의회를 제외하고는 타 안건의 협의에 대한 필요성 인식 부족 및 참여율 저조, 교육청에서 요구하는 안건들이 교육재정과 연계된 요구가 많아 지자체에서는 안건 검토에 소극적이며 협의가 어렵다는 점, 지자체의 정치적 이해관계에 따른 개최의 어려움, 지자체의 단순홍보성 안건 상정 등의 문제점이 제기되었다.

특히 학교급식비와 누리과정 지원처럼 지방자치단체장과 시·도교육감 간 교육지원의 내용과 범위에 대한 이견이 발생할 경우엔 지역사회 전체가 혼란에 휩싸여 심각한 갈등과 후유증을 남길 수 있으며, 일부 연계·협력 조치가 실시되고 있으나, 대부분 특정사업 중심의 임시적 협력에 불과하고 지속성이 확보되지 못하고 있다.

교육자치와 일반자치는 지방의 교육 및 학예에 대한 업무를 처리함에 있어 교육재정 지원과 학교용지 확보 및 시설 지원 분야 등에서 확실한 인과관계가 있다고 판단됨으로 양 단체가 상호 협력함으로써 업무 처리에 있어 효율성과 합리성을 제고할 수 있는 여지가 있음을 상기할 필요가 있다. 앞으로의 교육협력 사업의 방향 선정과 전략과제 도출을 위해선 우선적으로 선출직 자치단체장의 실적 쌓기에 따른 비연속적 또는 선심성 지원은 학교 현장의 혼란을 초래하고 교육효과를 담보할 수 없으므로 경계하고, 교육청의 다양한 지역사회 연계 사업 (ex. 혁신교육지구, 마을교육공동체, 온종일돌봄 등)의 내용과 상호 연계를 강화하며, 지역주민의 의사가 최대한 반영된 우선순위에 따라 집행하여 중복적인 투자가 발생하지 않도록 하여야 한다. 교육자치와 일반자치의 분리된 상황, 지역교육청이 자치단체가 아니고, 학교자치가 이루어지지 않은 상황에서 상호 협력이 어떤 기능과 역할로 지방교육자치 실현이라는 목적에 부합될 수 있을지를 검토하여야 한다.

2) 연계·협력을 위한 추진조직 구축 및 교직원 파견 해소

교육·학예 사무 처리를 위해 시도와 교육청 간 지방교육행정협의회 관련 규정은 있으나, 통합 사무기구 설치 근거 규정은 부재하여 시도·교육청, 지역 대학, 민간, 시·군이 참여하는 통합 교육 추진 사무기구 설치 근거 마련을 위해 「지방자치법」 개정이 필요하다. 즉 광역 단위 교육 관련 통합사무 기구가 있을 시 교육 관련 연계·협력의 수준과 내용이 높아질 수 있기 때문에, 타 시·도의 통합사무 기구 설치 활성화를 위해서는 법률 개정이 필요하다.

> 지방자치법 제121조의2 추가
> **제121조의2(통합교육추진기구 설치 등)** ① 지방자치단체는 교육·학예에 관한 사무를 공동으로 처리하기 위하여 통합교육 추진 기구를 둘 수 있다.
> ② 통합교육 추진 기구는 업무수행을 위하여 필요하다고 인정하는 경우에는 기관 간 협의를 거쳐 「국가공무원법」 제2조제2항 및 「지방공무원법」 제2조에 따른 공무원과 법인 또는 단체의 임직원의 파견을 요청할 수 있다.

또한 교육청(교육지원청)과의 연계·협력을 위한 추진조직 구축 시 교(직)원파견에 대하여 교육감의 전향적 검토가 요구된다. 지역사회 교육 관련 사업의 활성화를 위해선 전문가의 참여와 역할이 중요한데 현재 시·군·구에는 교육관련 전문가가 부재한 실정이다. 일부 시·군·구에서 직접 운영하거나 산하 재단법인 위탁을 통하여 교육지원센터를 운영하는 경우 관내 교원을 파견받고 싶으나 현행 관련 규정상 근거가 없어 교육감들이 망설이는 실정이며, 이에 따라 양 기관 간 MOU체결을 통해 고용휴직으로 교원을 채용하고 있다. 향후 교육지원센터가 전문성을 갖추고 지역 교육발전의 컨트롤타워로서의 역할뿐만 아니라 플랫폼의 역할까지도 수행할 수 있도록 교(직)원의 센터 파견이 중요하다.

3) 「지방자치단체의 교육경비 보조에 관한 규정」 제3조 (보조사업의 제한) 제3호 삭제

「지방자치단체의 교육경비 보조에 관한 규정」 제3조는 교육경비 보조가 지방재정 운영을 저해해서는 안 된다는 취지로 교육경비 보조가 허용되는 지방자치단체의 요건을 규정하고 있다. 이 규정에 따르면, 지방채를 발행하여 보조사업에 대한 보조금의 재원을 마련하고자 하는 경우, 국고보조금 또는 특별시·광역시·도 보조금의 지원에 따라 법령 또는 조례의 규정에 의하여 시·군·자치구가 부담하여야 할 경비의 미부담액이 있는 경우, 그리고 당해연도의 일반회계세입에 계상된 지방세와 세외수입의 총액으로 당해 소속공무원의 인건비를 충당하지 못하는 경우에는 보조금을 교부해서는 안된다. 이는 이 규정의 제정 당시부터 시·군·구의 열악한 재정상황에서 시도의 사무인 지방교육에 재원을 투입하는 것을 적절하지 않다는 당시 내무부의 인식이 반영된 결과이다.

그러나 이 규정은 현실에서 효과적으로 적용되고 있지 못한 실정이다. 일례로 2018년 지방자치단체 예산개요에 따르면, 지방세와 세외수입 등 자체수입으로 소속공무원의 인건비를 충당하지 못하는 단체는 전체 243개 단체 중 71개(29.2%)에 달하는 것으로 나타났다. 시·군·구 별로 살펴보면 시는 75개 단체 중 4개(5.3%), 자치구는 69개 단체 중 11개(15.9%)가 자체수입으로 인건비를 해결하지 못하고 있으며, 특히 군은 82개 단체 중 56개(68.3%) 단체가 인건비를 해결하지 못하고 있다. 이러한 상황으로 볼 때 다수의 시·군·구들은 인건비를 충당하지 못함에도 보조금을 교부하여 「지방자치단체의 교육경비 보조에 관한 규정」 제3조 제3호를 위반하고 있음을 알 수 있으므로 실효성이 없고 기초자치단체의 교육지원조례 제정을 망설이게 하는 행정규제로 적용되고 있는 이 조문에 대한 삭제가 필요하다.

4) 공동 성과 관리 및 피드백 시스템 구축

협업이 성공하기 위해서는 두 조직 간의 신뢰를 형성하는 것이 매우 중요하다. 특히 두 조직 간의 권력, 자원, 기술의 차이가 있을 경우에 협업이 성공하기 위해서는 처음부터 이러한 차이에 대한 논의가 이뤄져야 한다. 지방교육재정과 지방재정 간의 진정한 의미의 협업이 이뤄지기 위해서는 두 조직이 지닌 정보를 공개하고 신뢰를 형성한 바탕 위에서 구체적인 공동전략의 형성과 행동이 이뤄질 수 있다.

시·도청과 시·도교육청 간, 그리고 시·군·구청과 교육지원청 간의 협력적 교육 거버넌스를 보다 활성화시키려면 협력과 소통을 통해 나름대로 획득된 성과를 관리하여 교육에 대한 투자 확대와 지원의 타당성을 제고해야 할 필요가 있다. 지방교육재정과 일반재정 모두 공공재정의 성과 관리 대상이 되므로 그 성과 관리 시스템을 만들어 해당 성과가 어떤 지방 발전을 촉진하였는지를 보다 세밀하게 평가하여야 한다.

기존의 다양한 성과 관리 시스템이 있지만 일반행정과 교육행정이 상호 협력하여 이룩한 사업에 대한 성과 관리는 협력 대상 기관의 공동 성과 관리 체제로 실행되어야 한다. 공동 성과 관리 시스템이 구축되면 이를 통해 상호 커뮤니케이션 체제도 증진될 것이고 나아가 성과의 공유로 지역 주민이나 학부모들의 재정 투자에 대한 정책 지지도도 더욱 강화될 수 있을 것이다(김홍주 외, 2015).

이에 따라 지역사회 교육에 관해 중장기적 발전방안에 대한 체계적 계획 수립과 운영을 통해 운영성과에 대한 책무성을 강조하고, 지역 교육의 활성화를 위하여 지방자치단체의 교육경비보조금 지원사업 연차별 실시계획 수립 및 보조금 지원기관의 추진실적 보고서 작성·제출과 지방자치단체의 보고서 평가를 조례 등에 명시함으로써 교육경비보조금 지원사업 운영평가를 위한 법적 근거를 명확히 제시할 필요가 있다.

〈표 10-4〉 「수원시 교육경비 보조에 관한 조례」 상 보고 및 검사 체계

조항	수원시 교육경비 보조에 관한 조례
보고 및 검사	제12조(보고 및 검사) ① 보조금을 교부받은 각급학교의 장은 다음 각 호의 보고서를 시장이 정하는 바에 따라 제출하여야 한다. 1. 보조사업을 개시한 때에는 사업개시보고서 2. 보조금에 대한 매분기의 경리보고서 3. 보조사업을 종료한 때에는 사업종료(실적)보고서 4. 그 밖에 시장이 요구하는 사항에 대한 보고서 ② 보조금을 교부받은 각급학교의 장은 보조사업 완료 시 보조금 교부 시 부여된 정산 절차에 따라 사업비 정산서를 시장 및 관할 교육청의 장에게 제출하여야 한다. (개정 2008. 07. 14) ③ 시장은 보조금에 관한 예산의 적정한 집행을 기하기 위하여 필요하다고 인정할 때에는 보조금을 교부받은 각급학교에 대하여 소속 공무원으로 하여금 서류와 장부를 검사하게 할 수 있다.

5) 협력사업 관련 통계자료 공동 수집·관리·교류 체계화

교육의 질적 수준과 만족도를 높이고 교육지원행정의 효율성을 제고하기 위해서는 학생과 교(직)원에 대한 정보뿐만 아니라 각종 교육 정책 정보·통계 자료를 적극적으로 상호 수집·관리·교류할 필요가

있다. 정확하고 포괄적인 데이터에 근거하여 의사결정을 함으로써 보다 나은 정책의 결정과 집행을 기대할 수 있기 때문에 적시성과 정확성이 확보된 데이터는 교육자원의 배분과 활용을 위한 합리적인 의사결정에 있어서 핵심적인 요소이다. 특히 교육경비보조금 사업 및 각종 협력사업 운영과 관련된 문제점의 진단과 해결, 그리고 새로운 기회의 창출에 있어서 사업 운영 현황에 관한 정보·통계의 수집 및 관리는 교육경비보조금 사업 및 각종 협력사업의 특수한 상황을 고려한 의사결정의 도출에 유용한 판단 근거를 제공할 수 있다.

그러나 관련 정보·통계가 가지는 유용성과 필요성에도 불구하고 실제 교육경비보조금 사업 및 각종 협력사업 현장에서는 관련 정보의 수집·관리·교류가 제대로 이루어지지 않고 있다. 지역사회 교육관련 사업 정보·통계에 대한 수요와 요구가 점차 다양해지고 관련 자료의 요청이 빈번해지고 있으나, 이를 체계적으로 관리하는 담당 부서나 인력은 취약한 실정이며, 특히 교육경비보조금 사업 및 각종 협력사업 기관의 조직, 인사, 재정과 관련한 통계자료는 대부분 교육기관, 교육행정기관, 위탁기관의 자체보고서에 의존하여 수집되고 있어 해당 자료의 정확성 및 신뢰성에 한계가 있다는 지적이 제기되고 있다. 이러한 운영체계와 관리의 미흡은 자료의 활용에도 지대한 영향을 미치기 때문에 자료 활용도 제고 방안에 앞서 자료 엄밀성 제고 방안이 먼저 마련되어야 한다.

따라서 지방분권 및 자치 강화의 시대에 맞춰 교육청과 지방자치단체의 연계·협력과 협력사업 운영의 지속적인 발전을 위해서는 교육경비보조금 사업 및 각종 협력사업의 정보·통계 현황을 파악하고, 이를 자체적으로 수집·관리하는 방안을 마련하는 것이 선결과제이다. 또한 학교별로 중복사업 방지 및 정확한 성과분석 등 지자체와 교육청 간 협력사업의 효율적 운영을 위하여 교육청의 학교 지원 예산(목적사업비 등)에 대한 정보 공유도 필요하다.

| 참고문헌 |

강민정·안선영·박동국. (2018).「혁신교육지구란 무엇인가?: 학교혁신에서 돌봄까지」. 서울: 맘에드림.

관계부처 합동. (2018a).「온종일 돌봄체계 구축·운영 실행계획」.

관계부처 합동. (2018b).「온종일 돌봄 생태계 구축 선도사업 기본계획」.

교육부. (2018).「풀뿌리 교육자치 협력체계 구축 지원사업」추진계획(안).

교육부. (2019a).「미래형 교육자치 협력지구 공모계획」.

교육부. (2019b).「미래형 교육자치 협력지구로 지역중심의 교육공동체 확산 추진」. 보도자료. 2019. 12.

교육부. (2020).「2020년 혁신학교(지구) 지원 기본계획」. 2020. 2.

교육부. (2021).「2021년 혁신교육지구(미래교육지구) 시도담당자 협의회」. 2021. 4. 5.

김혜자·엄문영·김민희·이현국·하봉운·김용남·김지하. (2016).「지방교육재정 관련 법령 개선방안 연구」. 서울: 한국교육개발원.

김흥주·김순남·나민주·하봉운. (2015).「일반행정과의 협력적 교육거버넌스 구축 및 활성화 방안」. 서울: 한국교육개발원.

나민주·하봉운·김민희·이덕난·이수경. (2017).「교육자치 및 분권의 성과와 향후 과제」. 충북대학교 한국지방교육연구소.

문보경·김경주·이인회. (2019). 혁신교육지구사업의 중간지원조직 체제분석.「교육행정학 연구」. 37(5): 179-208.

조동섭. (2010). 교육자치와 지방자치의 연계 협력 방안 탐색.「교육행정학 연구」. 28(4): 43-61.

하봉운. (2015). 지방교육재정 확보의 현안과 제도적 개선방안.「지방교육재정의 현안과 제도적 개선 모색 발표자료집」. 한국교육개발원.

| 제4부 |

재정분권과 자치분권

제11장 재정분권과 자치분권

유태현 남서울대학교 세무학과 교수

Ⅰ. 제1단계 재정분권의 의미와 주요 내용

1. 재정분권 추진의 불가피성

1) 사회경제 등 환경의 변화

학자들 간에 견해 차이는 존재하지만 우리나라 산업화는 1961년 제1차 경제개발5개년 계획 추진으로 본격화되었다고 하겠다. 이후 전 (全) 세계에서 가장 빠르게 경제성장을 이룩하였고, 선진국에 준하는 경제적 위상을 갖추게 되었다. 하지만 1997년 IMF 외환위기, 2008년 글로벌 금융위기 등이 연속적으로 발생하면서 우리 경제는 이전과 같은 활력을 기대하기 어렵다는 평가를 듣는다.

저성장 흐름으로 말미암아 중앙과 지방 모두 세수 위축과 그에 따른 세입기반 약화의 위기에 직면해 있다. 그런 가운데 저출산·고령화 등 국가적 난제에 대응하기 위해 중앙은 물론 지방도 재정지출을 확대하지 않으면 안 되는 처지이다. 최근 추세 등을 감안할 때 이와 같은 양상이 앞으로 더욱 심화될 것으로 예상된다.

달라진 환경과 연계되어 빚어지고 있는 중앙 및 지방의 세입기반 약화와 세출수요 팽창 문제를 현행 재정체계로 실효성 있게 대처하기는 난망하다. 그것이 가능했다면 애초에 현재의 재정시스템에서 그런 상황이 나타나지 않았을 것이다. 따라서 중앙과 지방의 재정관계를 원점에서 점검하여 미래지향적 모습으로 다듬는 중앙과 지방 간 재정시스템 개혁이 이루어져야 한다.

재정분권은 변화된 환경과 조화를 이룰 수 있는 방향에서 중앙과 지방 간 재정관계를 재정립하여 중앙과 지방이 상생 협력하는 재정운영 틀을 구축할 수 있도록 뒷받침하기 위하여 요구되는 재정개혁의 의미를 갖는다.

2) 지방자치단체 자주재정권의 취약성

중앙이든 지방이든 공공목적의 소요재원은 정당한 근거에 기초하여 국민 또는 주민을 대상으로 하여 확보할 수 있어야 한다. 이런 환경이 만들어져 있을 때, 중앙과 지방은 재정자주권(자주재정권)을 온전하게 행사할 수 있다.

중앙과 지방을 막론하고 세입의 근간은 조세이다. 따라서 자주재정권의 정도는 조세를 자율적으로 부과 징수할 수 있는 권한(과세자주권)이 얼마나 부여되어 있는가에 의해 결정될 것이다. 그런데 우리나라는 헌법 제59조를 통해 조세는 법률에 근거해야 한다는 조세법률주의를 채택하고 있다. 이는 법률이 아닌 조례를 통해서는 지방자치단체(지방정부)가 지방세를 부과 징수할 수 없음을 시사한다. 다시 말해 법정외 세제도를 도입하고 있지 않다.

지방자치단체는 11개 지방세 가운데 지방소비세, 레저세, 면허분 등록면허세 등을 제외한 나머지 세목에 대해 탄력세율을 적용할 수 있다. 지방세 탄력세율제도는 지방자치단체가 당해 지방세의 표준세율을 50%(담배소비세, 주행분 자동차세 등 국세 관련 세목은 30%) 범위 내에서 조례를 통해 가감할 수 있는 방식으로 운영된다. 그런 까닭에 법정외세제도를 도입하지 않고 있는 우리나라에서 지방자치단체가 과세자주권을 행사할 수 있는 대표적인 통로에 해당한다.

하지만 2021년 당초예산 기준으로 243개 지방자치단체의 평균 재정자립도는 48.7%에 불과하고, 전체의 71.2%인 173곳은 재정자립도가 30% 미만이다. 이렇게 재정자립도가 낮은 지역은 지방세 세원 기반이 미약하기 때문에 탄력세율을 적용하여 세입(세수)을 늘리는 재정확충을 기대하기 어렵다. 이는 우리나라 지방재정 현실을 감안할 때, 재정자립도가 양호한 극히 제한적인 지방자치단체에서만 지방세 탄력세율제도가 과세자주권 행사 수단이 될 수 있을 뿐임을 의미한다.[1]

지방세 탄력세율제도는 법정외세제도 부재 등을 보완한다는 점에서 보면 분명 지방자치단체가 과세자주권을 발휘하는 기제이므로 적절한 활용이 마땅하다. 하지만 동 제도가 드러내는 한계도 뚜렷하다.[2]

---

1 일반회계 세입이 지방세로만 구성된 재정자립도가 30%인 어떤 지방자치단체가 지방세수를 전년도보다 100% 늘리면 지방세수는 30에서 60이 될 것이고, 세입은 100에서 130이 됨으로써 재정자립도는 46%(=60/130%)가 된다. 그런데 지방세수를 전년도보다 100% 인상하는 조치는 현실적으로 받아들여지기 쉽지 않다. 더욱이 이렇게 지방세를 확대해도 재정자립도는 여전히 50%를 밑돈다. 한편 지방세 탄력세율제도는 법정 표준세율의 50%까지만 세율을 높일 수 있을 뿐이다. 이런 점들을 종합하면 지방세 탄력세율을 활용하여 필요한 만큼 지방세와 지방세입을 확충할 수 있는 지방자치단체(지방정부)는 매우 제한적이라고 하겠다.

2 지방자치단체가 지방세 탄력세율제도 활용에 소극적인 이유로 다음과 같은 점을 들 수 있다. 첫째, 정(+)의 탄력세율 적용은 결과적으로 지방세 세율 인상을 통해 주민

그런 까닭에 지방재정의 근본적 확충을 위해서는 중앙과 지방간 재정분권이 보다 긴요한 과제라고 하겠다.

3) 지방재정시스템 유지의 한계

우리나라의 대부분 지방자치단체는 기준재정수요와 기준재정수입 간 차이에 해당하는 재정부족액을 지방교부세(보통교부세)에 의존하여 보전 받고 있다. 따라서 전체 지방자치단체의 70% 이상이 재정자립도 30% 안팎에 불과한 우리나라에서는 지방세보다 지방교부세가 더욱 중요한 근간 세입원(歲入源)이라고 해도 과언이 아니다.

의 세부담을 높임으로써 조세저항을 빚게 된다. 그렇기 때문에 지방자치단체장과 지방의원을 지방선거로 선출하는 현행 지방자치제도 아래서는 지방세 탄력세율 활용이 제한적일 수밖에 없다. 둘째, 지방세 탄력세율제도는 그것을 시행(적용)하는 지역으로부터 그렇지 않은 곳으로 세원을 이동시키는 문제를 발생할 수 있다. 이는 지방세 원리(원칙) 가운데 하나인 세원의 정착성을 훼손시키는 부작용을 수반하게 된다. 셋째, 지방세 탄력세율 적용으로 세수입이 증대될 경우 지방교부세(보통교부세) 교부액이 감소할 수 있다. 대부분 지방자치단체가 지방세보다 지방교부세(보통교부세)에 의존해서 세입을 확보하고 있는 우리나라의 지방재정 현실을 고려할 때, 이 점은 지방세 탄력세율제도 활용을 가로막는 가장 큰 장애 요인이라고 하겠다. 다만, 이와 관련해서는 지방교부세 관련 법령이 개정되면서 어느 정도 보완이 이루어졌다. 그간 개인분 주민세, 특정자원분 지역자원시설세(원전분, 화전분 제외)에만 한정하여 그것들의 표준세율에 정(正)의 탄력세율을 적용하여 늘어난 세수는 보통교부세의 기준재정수입에 포함시키지 않았다. 하지만 2020년부터는 기존 특정자원분 지역자원시설세(원전분, 화전분 제외)와 개인분 주민세 이외에 취득세, 부동산분 등록면허세, 재산세, 소유분 자동차세도 정(正)의 탄력세율을 적용하여 그것의 세수를 확충하였을 때 보통교부세 기준재정수입에서 제외하도록 하였다. 이는 지방세 탄력세율제도를 활용하여 지방자치단체가 재원 확보에 더욱 노력하도록 유인하기 위한 차원의 조치라고 하겠다.

구분	2010	2011	2012	2013	2014	2015	2016	2017	2018	2019	2020	2021
보통교부세 총액	23.2	25.8	29.2	31.4	31.9	32.1	33.2	37.6	42.5	45.8	45.0	42.9
재정부족액 총액	27.3	28.3	30.6	34.3	35.4	35.6	35.8	38.5	44.7	53.0	53.9	58.1
조정률	0.824	0.882	0.925	0.890	0.873	0.867	0.897	0.941	0.915	0.864	0.836	0.739
조정률 100%인 경우 추가 재원3)	4.8	3.3	2.3	3.8	4.5	4.7	3.7	2.3	3.8	7.2	8.9	15.2

주: 조정률 = 보통교부세 총액(제주특별자치도 몫 3%, 분권교부세 보전 등 제외)/재정부족액
   이 발생한 지방자치단체(지방정부)의 재정부족액 총액
자료: 행정안전부, 각 연도 〈보통교부세 산정해설〉3

문제는 2021년 현재 내국세의 19.24%로 설정되어 있는 정률분 지방교부세 재원의 규모가 〈표 11-1〉을 통해 알 수 있듯이 보통교부세를 교부받아야 할 지방자치단체의 재정부족액을 모두 합한 금액보다

---

3 2021년도 지방교부세 재원은 내국세 239조 5,647억원(담배 부과 개별소비세의 45% 제외)의 19.24%에 해당하는 45조 9,151억원(정률분), 부동산교부세(종합부동산세) 4조 9,357억원, 소방안전교부세 9,039억원[2021년 담배 부과 개별소비세×45%-2019년 減정산분(2,288백만원)] 등 51조 7,547억원으로 구성된다. 이 가운데 정률분 교부세 45조 9,151억원은 그것의 97%에 해당하는 보통교부세 44조 5,377억원과 3%인 특별교부세 1조 3,774억원으로 나뉜다(행정안전부, 2021a: 11~12). 한편 불교부단체를 제외한 지방자치단체의 재정부족액(기준재정수요액-기준재정수입액)은 58조 804억원인데, 「제주특별자치도 설치 및 국제자유 도시 조성을 위한 특별법」 제75조의 특례에 따라 보통교부세 총액의 3%를 정률로 교부받는 제주특별자치도의 산정액(1조 3,361억원)과 불교부단체에 교부되는 분권교부세 보전분(3,086억원)을 제외한 보통교부세 총액은 42조 8,930억원이다. 따라서 2021년도 조정률은 보통교부세 총액(428,930억원)을 재정부족액(580,804억원)으로 나눈 0.739이고, 조정률 100%를 충족하기 위해 필요한 추가 재원은 대략 15.2조원(=58.1조원-42.9조원)에 이른다(행정안전부, 2021a: 109). 다른 연도의 경우도 마찬가지 방식으로 조정률과 그것이 100%일 때의 추가재원을 산정했다.

그간 작았을 뿐만 아니라, 앞으로도 그런 양상이 지속될 것으로 전망된 다는 점이다. 국세(내국세)의 위축에 따라 보통교부세 재원은 줄고 있는 가운데 지방자치단체의 재정부족액이 빠르게 커지고 있다. 이는 지방 자치단체가 부족재원을 이전재원(보통교부세)으로 확보하는 현행 지방 세입 시스템을 그대로 유지하기 쉽지 않다는 것이다. 이를 타개하기 위 한 방편으로 중앙과 지방 간 재정분권 추진은 불가피하다고 하겠다.[4]

2. 문재인 정부 재정분권의 목표와 특징

1) 문재인 정부의 재정분권 관련 국정과제

문재인 정부는 출범초기 국정기획위원회를 통해 〈표 11-2〉에 제시 된 재정분권 분야 국정과제를 발표하였다. 그 기본방향은 자체재원주 의에 기초하여 지방세입의 구조를 혁신함으로써 지방 스스로 재정운 영을 주도하고, 그 결과에 책임을 지는 자율과 책임의 지방재정 틀 구 축을 지원하기 위한 것이라고 할 수 있다.

자체재원 확충을 위한 세부과제로 지방소비세 비중 확대, 지방소득 세 규모 확대, 지방세 신세원 발굴, 지방세 비과세·감면률 15% 수준 관리를 설정했고, 이전재원 시스템의 개선과 관련해서는 지방교부세 율 상향 및 지역상생발전기금 확대, 국고보조사업 정비, 실질적인 포 괄보조금 제도 도입을 제시하였다. 또한 지방재정의 건전성 강화 차원 에서 고액·상습체납자 대상 징수활동 강화, 지방 세외수입 업무시 스템

---

4 그밖에 중앙과 지방 간 재정분권을 실효성 있게 추진해야 하는 이유로 중앙정부 채무 의 급증, 국세 세수의 저감현상 등을 지적할 수 있다.

<표 11-2> 문재인 정부의 재정분권 과제

국정과제	지방재정 관련 세부과제 내용
75. 지방재정 자립을 위한 강력한 재정분권	
● 국세-지방세 구조개선: 국세-지방세 비율을 7:3을 거쳐 장기적으로 6:4 수준까지 개선	· 지방소비세 비중 확대 · 지방소득세 규모 확대 · 국가-지방 간 기능 재조정 · 지방세 신세원 발굴 · 지방세 비과세·감면율 15% 수준 관리
● 이전재원 조정으로 지방재정의 자주역량 제고: 지역 간 격차완화 및 균형발전 추진	· 지방교부세율 상향 및 지역상생발전기금 확대 · 국고보조사업 정비 · 실질적인 포괄보조금 제도 도입
● 지방재정의 건전성 강화: 지방세 및 세외수입 체납징수율 제고, 예산 낭비사업 근절을 위한 제도개선	· 고액·상습체납자 대상 징수활동 강화 · 지방 세외수입 업무시스템 통합 · 예산낭비신고센터 및 국민감시단 활성화
● 고향사랑 기부제도 도입 추진: 지방재정 보완 및 지역경제 활성화	· 재정이 열악한 지자체에 기부할 경우 인센티브 제공 · 투명하고 공정한 기부금 모집·활용을 위한 제도개선
●주민참여 예산제도 확대	· 지자체 핵심정책·사업까지 주민참여 예산제도 확대를 통한 주민에 의한 자율통제 강화

자료: 국정기획자문위원회(2017)

통합, 예산낭비신고센터 및 국민감시단 활성화를 과제로 포함시켰다. 더 나아가 지방재정 보완 및 지역경제 활성화를 위해 고향사랑 기부제도를 도입하고, 지자체 핵심정책·사업까지 주민참여 예산제도를 확대함으로써 주민에 의한 자율통제를 강화하는 방식으로 주민참여 예산제도의 내실화를 이루어나갈 구상을 밝혔다.

2) 대통령소속 자치분권위원회의 재정분권 추진방안

자치분권을 총괄하는 대통령소속 기구인 자치분권위원회는 2018년 9월 11일 「자치분권 종합계획」을 발표했다. 동 계획에서는 재정분권이 주요 과제로 다루어졌고, 문재인 정부가 추진하고자 하는 재정분

권을 뒷받침하는 세부내용을 담았다.[5]

「자치분권 종합계획」의 재정분권 관련 내용은 국세·지방세 구조 개선, 지방세입 확충 기반 강화, 고향사랑 기부제 도입, 국고보조사업 개편, 지방교부세 형평 기능 강화, 지역상생발전기금 확대 및 합리적 개편의 6개 분야로 구성되어 있다. 동 종합계획에 담겨 있는 재정분권 방향 또는 방안은 문재인 정부의 재정분권 분야 국정 과제를 대체로 수용하는 한편 그것을 구체화하기 위한 실행전략 및 추진일정 등을 포함하는 성격을 띤다.[6]

3) 문재인 정부 재정분권의 목표

문재인 정부의 재정분권은 지방자치단체의 재정기반을 튼실하게 재편함으로써 지방 스스로 자율성과 책임성을 갖고 재정을 꾸려나갈 수 있는 기제(mechanism)를 구축하도록 지원하는 것을 목적으로 한다. 그렇기 때문에 재정분권은 중앙과 지방 간 재정관계를 조정하는 결과를 낳게 되며, 상대적으로 재정여건이 취약한 지방의 재정기반을 확충하는 방식으로 이루어질 수밖에 없다. 이런 까닭에 현실적으로 재정분권은 지방재정을 확충하는 조치로 받아들여지는 경향이 작지 않다.

---

5 대통령소속 자치분권위원회가 발표한 「자치분권 종합계획」은 자치분권과 관련된 6대 전략 33개 과제를 담고 있다. 6대 전략은 1. 주민주권 구현, 2. 중앙권한의 획기적인 지방이양, 3. 재정분권의 강력한 추진, 4. 중앙-지방 및 자치단체 간의 협력 강화, 5. 자치단체의 자율성과 책임성 확대, 6. 지방행정체제 개편과 지방선거제도 개선이다. 재정분권은 전략 3. 재정분권의 강력한 추진과 관련된 분야이고, 그 세부추진 과제는 6개 항목으로 설정되어 있다. 자세한 내용은 대통령소속 자치분권위원회(2018: 4)를 참조하기 바란다.

6 대통령소속 자치분권위원회가 설정한 재정분권 분야 종합계획의 구체적인 내용은 대통령소속 자치분권위원회(2018: 24-29)에 제시되어 있다.

지방자치단체의 취약한 재정여건 개선을 위해서는 무엇보다도 지방세입 기반을 튼튼하게 만들 수 있는 실질적인 대책을 찾아야 한다. 지방세입을 확충함에 있어 이전(의존)재원을 늘리는데 초점을 맞춘 방식은 지방재정 운영의 자율성 약화와 지방재정의 중앙의존성 심화 등의 부작용을 수반할 개연성이 높다. 따라서 자체재원을 확대하는 접근이 바람직하다고 하겠다. 하지만 우리나라 지방자치단체들의 재정여건은 전반적으로 취약하며 동종 지방자치단체 간 재정격차도 크다. 대다수의 지방자치단체들은 지방세를 비롯한 자체재원 확충을 통해 필요한 만큼의 재원을 담보할 수 없는 처지이다. 이런 현실을 감안할 때 지방세입의 확충은 자체재원[7]강화에 초점을 맞추되 이전재원의 확대도 함께 고민하는 방향으로 추진되어야 한다.

문재인 정부의 재정분권은 중앙과 지방의 재정연계를 내실화하고자 하는 취지와 아울러 지방과 지방 간(광역과 기초 간, 광역과 광역 간, 기초와 기초 간)에도 연대와 상생을 모색하는 방향을 설정하고 있다. 나아가 지방세입의 확충에 더하여 지방세출 분야(예: 국고보조금제도 등)의 정비, 중앙과 지방 간 재정조정제도(예: 지방교부세제도, 지역상생발전기금 등)의 개선, 광역과 기초 간 재정조정제도(예: 조정교부금제도 등)의 개편을 주요한 과제로 설정하였다. 이런 측면에서 보면 문재인 정부가 추진하고자 한 재정분권은 적어도 그 계획단계 내지 초기에는 종합적이고 포괄적인 재정시스템 개혁을 모색했다고 하겠다.[8]

---

7 지방자치단체의 자체재원은 지방세와 지방세외수입으로 구성되는데, 재원규모, 확보의 안정성, 중요성 등을 고려할 때 지방세외수입보다 지방세를 늘리는데 중점을 두는 지방세입 확충이 요구된다.

8 문재인 정부가 재정분권의 목표로 설정한 종합적이고 포괄적인 재정시스템 개혁이

4) 문재인 정부 재정분권의 특징

(1) 자체재원주의와 재정중립을 연계한 지방재정 혁신

일반재원주의는 지방교부세 증액에 초점을 맞춘 지방세입 확충 방안에 해당하지만, 자체재원주의는 지방세 중심의 지방세입 강화 방식을 말한다.[9] 문재인 정부는 재정분권과 관련하여 기본적으로 자체재원주의를 따르되 지방세 확충이 초래하는 지역 간 지방세수(지방세입) 격차를 보완하는 장치로 정률분 지방교부세의 조정(증액)도 포함시켰다. 이에 근거해 보면 문재인 정부의 재정분권은 자체재원주의를 근간으로 하면서 일반재원주의를 부분적으로 가미하여 현실수용성과 실효성을 담보하려는 취지를 갖는 실용적 재정개혁의 성격이 띠었다고 하겠다. 자체재원주의의 지향은 지방자치단체로 하여금 재정운용상 자율성과 책임성을 발휘할 수 있도록 하기 위한 것이다.

문재인 정부의 재정분권은 자체재원주의 지향과 아울러 재정중립을 기본으로 한다. 재정중립이란 국민(주민)의 조세부담률과 중앙·지

의도한 만큼의 성과를 거두었는가? 이에 대해서 실패라고 단정하기는 쉽지 않다. 다만, 최초 목표치에 도달했거나 초과했다는 평가를 내릴 수는 없을 것이다.

9   행정안전부(2021b: 307)에 따르면 지방자치단체의 자체수입(자체재원)과 자주재원은 다른 의미를 갖는다. 자체수입(자체재원)은 지방세[보통세+목적세(지방교육세 제외)+과년도 수입]+지방세외수입(경상적세외수입+임시적세외수입)의 합을 말하며, 자주재원은 지방교부세+조정교부금으로 정의된다. 이런 구분을 받아들이면 지방자치단체의 자체수입(자체재원)인 지방세와 지방세외수입을 지방세입의 근간으로 삼아야 한다는 접근이 '자체재원주의'라고 하겠다. 반면 자체수입(자체재원)에 그 재원을 사용함에 있어 지방자치단체가 재량을 행사할 수 있는 자주재원(지방교부세+조정교부금)을 추가한 일반재원(재량재원)의 확충과 그 중요성을 강조하는 방식을 '일반재원주의'로 부를 수 있을 것이다.

방간 가용·재원(총재정사용액) 배분 비율을 변경하지 않는 방향에서의 재정분권 추진을 의미한다고 하겠다.[10]

(2) 포괄적 재정시스템 개혁 모색

재정분권을 추진함에 있어 특정 지방세에만 한정된 개편이나 일부 국고보조금 보조율의 조정만을 다루는 등의 부분개편 방식은 개혁성과에 한계를 드러낼 수밖에 없다. 또한 재정중립의 조건을 충족하기 위해서는 지방세 비중을 높이는 대신 국고보조금과 지방교부세 비중을 낮추는 방안의 검토가 불가피하다. 이럴 경우 지방교부세보다 국고보조금 비중을 축소하는 방향이 되어야 할 것이다. 이와 같은 문재인 정부의 재정분권은 일본의 삼위일체 개혁과 유사하지만 큰 틀에서 차이가 있다.

일본은 삼위일체 재정개혁 초기 지방세 확충에 따른 지역 간 지방세(지방세입) 격차가 심화되는 문제를 겪었고, 이에 대한 보완 장치로서 추후에 지방교부세를 강화하는 조치를 단행하였다. 반면 문재인 정부의 재정분권은 지방세 확충에 따라 일본처럼 지역 간 지방세수 격차가 심화되는 상황을 사전에 보완하는 차원에서 지방교부세 법정교부율 조정(인상)을 포함시켰다.[11] 또한 지방세 확충으로 지방의 자체재원

---

10 문재인 정부가 제시한 재정분권 관련 내용을 보면 국민(주민)의 동의와 공감대 형성이 이루어지지 않은 상황에서는 증세 등 국민의 부담을 추가적으로 늘리는 재정분권(지방재정 확충) 방안은 발견되지 않는다. 따라서 재정중립은 국민부담 측면에서의 중립을 의미하며, 더불어 현재 중앙과 지방이 재원을 사용하는 비율인 4:6을 유지하는 체계를 말한다고 하겠다. 다만, 증세를 비롯하여 국민의 부담을 늘리는 조치를 원천적으로 하지 말아야 한다는 것은 아니며, 국민이 그 필요성 등에 대해 동의한다면 향후에 증세를 추진하는 방안은 열어놓고 있는 것으로 해석된다.

이 늘어나는 상황과 조화를 이룰 수 있도록 중앙정부 기능을 지방으로 이양하기 때문에 지방세출 분야 조정이 포함되어 있으며, 지방과 지방 간 상생·연대를 위해 관련 제도(예: 조정교부금, 지역상생발전기금 등)를 다듬는 보완도 함께 다루도록 설계되었다.

(3) 관련 부문 간 재정연대·협력 강화와 재정책임성 제고

문재인 정부의 재정분권은 지방자치단체가 스스로 지역의 재정운영에 대해 책임을 지도록 유도하고자 하는 취지가 강하다. 그래야 재정분권 추진의 목표에 해당하는 자율과 책임의 지방재정 시스템 구축이 가능할 것이기 때문이다. 이런 측면에서 보면 우리나라 재정관련 제도 개혁은 중앙과 지방(지방교육청 포함) 간, 지방과 지방교육청 간, 지방과 지방 간(광역과 광역 간, 광역과 기초 간, 기초와 기초 간)에 밀접하게 연계되어 있다는 점을 명확하게 인식하는 토대 위에서 그 파급효과를 고려하는 방식으로 구체적인 방안이 모색되어야 한다.

문재인 정부의 재정분권은 그간 중앙과 지방 간 재정관계 재정립에

11　문재인 정부의 재정분권과 관련하여 실패한 일본의 삼위일체 재정개혁을 벤치마킹했기 때문에 소기의 성과를 거두기는 어려울 것이라는 일각의 지적이 있다. 그런데 일본의 삼위일체 재정개혁을 놓고 동 개혁의 성공 또는 실패 여부를 단정하여 평가하는 것이 적절한가는 의문이 아닐 수 없다. 더욱이 일본은 삼위일체 재정개혁 추진 과정에서 드러난 부작용을 교정하는 조치를 지속적으로 추진하였고, 지금도 그런 보정이 이어지고 있다고 한다. 그렇기 때문에 일본의 삼위일체 재정개혁은 아직도 현재 진행형이라고 할 수 있다. 한편 문재인 정부가 설정한 재정분권과 일본의 삼위일체 재정개혁이 내용 측면에서 중첩적인 것은 양국 재정제도의 유사성 등을 고려하면 자연스러운 현상일 것이다. 문재인 정부의 재정분권도 역대 정부의 그것과 마찬가지로 한계를 내포하고 있다. 하지만 우리 실정을 반영한 중앙과 지방 간 재정관계 재정립(합리화)을 지향했다는 점은 눈여겨 볼 대목이 아닐 수 없다.

초점을 맞추었던 접근을 넘어 지방과 지방교육청 간, 지방과 지방 간 협력도 함께 이루고자 하는 측면이 뚜렷하다. 이런 접근은 관련 부문 간 연대협력, 상생에 기초하여 재정체계를 한 단계 발전시키는 성과로 이어질 수 있다.[12] 문재인 정부의 재정분권은 이런 측면을 염두에 두었다는 점에서 보면 이전의 재정분권보다 진일보했다고 하겠다. 뿐만 아니라 중앙과 지방이 함께 협력해야 할 세출분야인 교육, 사회복지, 환경 등의 내실화를 위해 중앙과 지방간은 물론 광역과 기초 간 해당 서비스의 제공 수준과 그것에 대한 재정 부담 책임을 재설계하려는 계획을 주요한 내용으로 포함시켰다. 이는 세입과 세출 모두를 대상으로 합리화를 모색하는 것을 말하며, 관련 부분들이 더불어 개선방안을 마련하는 접근의 성격을 갖는다.[13]

---

12 다만, 문재인 정부가 그런 측면을 사전에 점검하여 재정분권 방향과 방안을 마련했는가에 대해서는 확실히 알려진 바가 없다. 한편 문재인 정부에서 재정분권이 성공적으로 추진되었다고 해서 그것이 완성(종료)되었음을 의미하지는 않는다. 재정분권은 중앙과 지방이 관계를 맺는 한 지속적일 수밖에 없는 국가적 과제이다. 앞으로 어떤 정부가 재정분권을 추진하든 관련 부문 간의 관계를 종합적으로 고려하지 않으면 안 되고, 상호 협력하고 연대하는 방식을 외면하기는 어렵다. 이런 점에서 보면 문재인 정부의 재정분권은 향후 정부도 참고해야 할 주요한 준거가 아닐 수 없다.

13 문재인 정부가 재정분권 방향과 방안을 제시함에 있어 이런 측면을 명확하게 밝힌 바는 없다. 하지만 문재인 정부의 재정분권이 이전 정부에서 추진된 재정분권과 다르게 부문 간 관계를 포섭하거나 관련된 제도를 종합적으로 고려하고자 측면은 부인하기 어렵다.

3. 문재인 정부 재정분권의 내용과 평가

1) 문재인 정부 재정분권의 기본체계

문재인 정부의 재정분권은 2018년 10월 30일 발표된 관계부처 합동 재정분권 추진방안을 기초로 한다고 할 수 있다([그림 11-1]).

[그림 11-1] 관계부처 합동 재정분권 추진방안의 기본체계

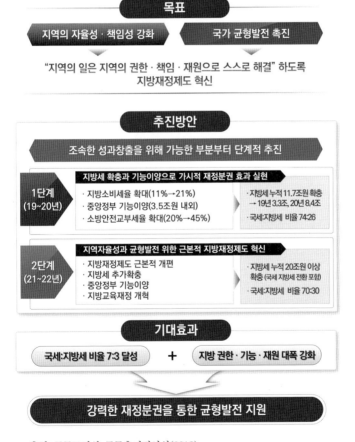

출처: 국무조정실·국무총리비서실(2018).

관계부처 합동 재정분권 추진방안이 마련되기까지 경과를 보면 먼저 2017년 11월부터 대통령소속 자치분권위원회 산하에 '범정부 재정분권 1차 TF'('17.11월~'18.3월)가 구성되어 '재정분권 추진방안(안)'을 논의하였다. 이어 2018년 9월 11일 재정분권 추진방향 등을 담은 대통령소속 자치분권위원회의 자치분권 종합계획이 발표되었다. 그 이후 범정부 재정분권 1차 TF의 논의결과와 대통령소속 자치분권위원회의 자치분권 종합계획 등을 토대로 하여 재정분권 추진방안에 대한 관계부처 간 협의·조정 과정('18.7월~'18.10월, 국무조정실)을 거쳐 2018년 10월 30일에 범정부 차원의 관계부처 합동 재정분권 추진방안이 확정·발표되었고, 이 과정에 국무조정실, 기획재정부, 행정안전부, 교육부가 참여하였다. 이런 까닭에 관계부처 합동 재정분권 추진방안은 부처협의 및 조정과정을 거친 범정부 차원의 재정분권 추진방안이라고 하겠다. 하지만 재정분권의 직접적 당사자라고 할 수 있는 지방자치단체의 입장이 충실하게 반영된 방안인가에 대해서는 그렇다고 단정하기가 쉽지 않음도 사실이다.

관계부처 합동 재정분권 추진방안은 다음을 기본원칙으로 설정하였다([그림 11-1]). 첫째, 지역의 다양성과 창의성이 발휘될 수 있도록 "지역의 일은 자율성과 책임성을 갖고 지역이 스스로 해결"하도록 지방재정제도의 혁신을 도모하며, 이를 위해 중앙정부의 기능과 재원을 지방자치단체(지방정부)로 대폭 이양하여 '22년까지 국세·지방세 비율을 7:3으로 개선한다(지방의 자율성·책임성을 제고하기 위한 지방재정제도 개혁). 둘째, 재정격차가 심화되지 않고 균형발전을 촉진할 수 있도록 지역 간 세원 불균형에 대한 보정장치를 마련하여 재정분권을 추진함으로써 어느 지역도 현 지방재정제도보다 불리해지는 경우가 없도록 세

심하게 제도를 설계한다(재정분권을 통한 국가 균형발전 촉진 및 재정격차 완화). 셋째, 재정분권에 대한 조속한 성과 창출 및 정부의 의지가 실현될 수 있도록 당장 추진이 가능한 사항을 중심으로 1단계 추진방안을 마련하여 '19년부터 시행하고, 지역의 자율성 강화와 균형발전 촉진을 위하여 근본적인 제도개편 방안을 담은 2단계 추진방안을 '19년 중 마련하여 '21년부터 시행하도록 한다(재정분권의 단계적 추진).

2) 재정분권 1단계의 주요 내용[14]

문재인 정부의 재정분권 1단계는 관계부처 합동 재정분권 추진방안(2018.10.30.)에 제시되어 있듯이 2019-2020년이 대상 기간이다. 그 추진내용을 보면 지방세입 측면에서는 지방소비세 세율인상, 소방안전교부세 교부율 인상 등이 이루어졌다. 세출 측면에서는 중앙정부가 시행하던 국가균형발전특별회계 지역자율계정 가운데 3.6조원 규모의 지역밀착형 기능(사업)을 지방으로 이양하도록 결정되었다.

2018년 기준 부가가치세 세수의 11%인 지방소비세 세율을 2019년 15%(+4%p), 2020년 21%(+6%p)으로 10%p 인상시켰다. 이와 관련된 재원의 배분은 다음의 방식을 따르도록 하였다. 첫째, 최초 지방소비세(5%p분)의 시·도별 배분비중 등은 그대로 유지한다. 2010년에 처음 도입된 지방소비세(5%p분)의 경우 소비지수×지역별 가중치(수도권:광역시:도=1:2:3)를 적용하여 광역자치단체별로 세수를 배분하는 체계인데, 2019년 이후 지방소비세율 추가 인상분(2019년 4%p+2020년

---

14 본 항은 유태현(2020: 177~180)의 관련 내용을 발췌하여 수정하는 방식으로 인용하였다.

6%p=10%p)에 대해서도 이 방식을 따르도록 하였다. 한편 취득세수 감소 보전 등의 용도인 지방소비세 6%p의 처리도 변경 없이 기존 틀을 유지시켰다.[15]

둘째, 2020년부터 지방소비세 세율 10%p 인상으로 발생하는 8.5조원의 지방소비세수 증가분은 〈표 11-3〉과 같이 ①중앙정부 기능의 지방이양에 따른 지방자치단체 재원 보전분(3.6조원), ②조정교부금(0.8조원) 및 지방교육청 전출금(0.1조원) 관련 조정분 0.9조원, ③권역별 가중치(1:2:3) 적용 및 수도권의 지역상생발전기금 35% 출연 대상분(지방소비세율 4.7%p 해당, 4.0조원)으로 구분하여 배분하도록 결정되었다. 이와 같은 용도 가운데 중앙정부 기능의 지방이양에 따른 지방자치단체 재원 보전분(3.6조원), 조정교부금 및 지방교육청 전출금 관련 조정분(0.9조원)은 3년간 정액(3.6조원+0.9조원=4.5조원)으로 운영한 후 일몰하도록 했다. 다만, 평가 등을 통해 연장여부를 검토하되, 종료 이후에는 잔여 지방소비세 배분기준에 통합할 예정이다.

중앙정부 기능의 지방이양과 관련된 지방자치단체 재원 보전분 3.6조원은 지역상생발전기금 내에 전환사업보전계정(2020~2022년, 3년간 한시운영)을 만들어 출연하도록 했고, 그것을 배분함에 있어서 지방이 이양사업을 실제 예산에 얼마나 편성했는가를 조사하여 그 결과를 반

---

15 지방소비세는 2010년에 부가가치세 세수의 5%를 세수(재원)로 도입되었다. 따라서 최초 지방소비세의 세율은 5%이었다. 이때 세수 배분은 권역별 가중치와 소비지표를 적용하여 광역자치단체에 배분하는 방식으로 결정되었다. 이것을 지방소비세 최초 도입분 또는 5%p분이라고 한다. 이후 2014년에 지방소비세 세율이 6% 추가 인상되었는데, 이는 취득세 세율인하 등에 따른 취득세 감소분 보전 등을 위한 목적이었다. 여기에 더하여 2019년과 2020년에 지방소비세 세율이 4%p와 6%p 인상됨으로써 2021년 현재 지방소비세 세율은 21%이다.

〈표 11-3〉 정부의 지방소비세 세율 인상분(10%p, 8.5조 원) 배분방안

중앙정부 기능의 지방이양에 따른 지방자치단체 재원 보전분16) : 3.6조 원		조정교부금 조정분	교육전출금 조정분	잔여 지방소비세 [권역별 가중치(1:2:3) 적용 및 수도권의 지역상생발전기금 출연] : 지방소비세 10%p 세율인상 중 4.7%p 해당
시·도 2.8조 원	시·군·구 0.8조 원	0.8조 원	0.1조 원	4.0조 원 (수도권 지역상생발전기금 출연 4,200억 원)

영하는 방식을 따르도록 하였다.[17] 세부적으로는 지방의 안정적 재원 보장을 위해 지역상생발전기금 내에 시·도분(2.8조) 및 시·군·구분(0.8조)을 구분하여 운영하도록 했고, 조사결과에 따라 시·도세 보전액이 변동될 수 있으며, 이 경우 조정교부금(기초)과 교육전출금(지방교육청)도 함께 조정하도록 했다. 조정교부금과 교육전출금 모수(母數) 산정시 2.8조 원(시·도분)은 제외된다.[18]

셋째, 그간 운영성과분석 등을 토대로 지역상생발전기금을 확대·개편(국정과제)한다. 지방소비세 세율은 2019년 4%p, 2020년 6%p로 단

---

16 중앙정부 기능의 지방이양과 관련하여 지방자치단체를 대상으로 하는 재원 보전분 배분은 2019년도 국가균형발전특별회계상 지방이양 사업예산액에서 각 지방자치단체 몫을 나누어주는 방식을 따르도록 하였다. 이 경우 광역자치단체분과 기초자치단체분은 전체 3.6조원 가운데 각각 2.8조원과 0.8조원으로 추정되었다.

17 덧붙여 말하면 중앙정부 기능의 지방이양과 관련된 지방자치단체 재원 보전분 3.6조원은 지방이양사업 지속을 전제로 실제 지방자치단체의 예산편성 결과를 반영하여 재원을 보전하도록 결정되었음을 의미한다.

18 지방소비세 세율 인상과 관련하여 시·도 재원 보전분 2.8조원을 조정교부금과 교육전출금 산정에서 제외하도록 함에 따라 감소되는 조정교부금과 교육전출금을 기초자치단체(0.8조원)와 지방교육청(0.1조원)에 직접 보전하도록 했다. 이 조치는 권역별 가중치(1:2:3)를 적용하여 시·도 재원 보전분 2.8조원을 배분하도록 했기 때문에 빚어질 수 있는 기초자치단체와 지방교육청의 재원변동을 방지하기 위한 것이다.

계적인 인상이 이루어졌는데, 2019년 인상분 4%p에 대해서는 그 해에 한정하여 수도권의 지역상생발전기금 출연을 유예시키는 한편 그 세수는 지역별 가중치를 반영한 소비지표를 적용하여 광역자치단체에 배분하도록 하였다. 2020년 이후는 지방소비세 인상분 10%p(2019년 인상분 4%p+2020년 인상분 6%p)는 수도권이 지역상생발전기금을 출연해야 하고, 지역별 가중치를 반영한 소비지표를 적용하여 광역자치단체에 배분된다. 이에 따라 최초 지방소비세 5%p에 대해서는 2020년 이후 수도권의 지역상생발전기금 출연이 중단(폐지)되지만, 지방소비세 인상분(2019년 4%p, 2020년 6%p)에 대해서는 2020년부터 새롭게 수도권 광역자치단체가 지역상생발전기금을 출연하여야 한다.

재정분권 1단계에서는 지방소비세 확충과 더불어 소방직 국가직화와 소방인력 충원을 지원하기 위해 소방안전교부세 재원도 확대되었고, 늘어난 소방안전교부세를 소방직 관련 인건비에 지원할 수 있도록 확정되었다.[19] 소방인력 단계적 충원계획(2022년까지 총 2만명)에 따라 소방안전교부세 재원(담배분 개별소비세의 20%)을 2019년 35%, 2020년 45%로 점진적인 인상을 계획했지만 국회 논의 지연 등에 따라 2020년 4월부터 담배분 개별소비세수 가운데 소방안전교부세 교부율이 기

---

19 지방교부세법제9조의4(소방안전교부세의 교부) ① 행정안전부장관은 지방자치단체의 소방 인력 운용, 소방 및 안전시설 확충, 안전관리 강화 등을 위하여 소방안전교부세를 지방자치단체에 전액 교부하여야 한다. 이 경우 소방 분야에 대해서는 소방청장의 의견을 들어 교부하여야 한다. ② 제1항에 따른 소방안전교부세의 교부기준은 지방자치단체의 소방 인력, 소방 및 안전시설 현황, 소방 및 안전시설 투자 소요, 재난예방 및 안전강화 노력, 재정여건 등을 고려하여 대통령령으로 정한다. 다만, 소방안전교부세 중 「개별소비세법」에 따라 담배에 부과하는 개별소비세 총액의 100분의 20을 초과하는 부분은 소방 인력의 인건비로 우선 충당하여야 한다(개정 2019.12.10., 시행 2020.4.1.).

존 20%에서 45%로 한꺼번에 25%p 인상이 이루어졌다.[20]

재정분권 1단계는 자체재원인 지방세 확충에 초점을 두면서 관련 부문 간 재정중립, 광역과 기초 간 상생연대 등을 추구하였다. 이런 까닭에 지방세수(지방소비세수)가 확충되는 점을 감안하여 지방소비세·소방안전교부세 인상에 따른 지방교부세 재원 감소분은 미보전하도록 했다. 그 결과 지방교부세 재원규모 축소로 빚을 수 있는 기초자치단체의 세입(지방교부세) 감소는 광역자치단체가 조정교부금을 통해 기초자치단체에 지원하도록 결정되었다. 이는 광역과 기초 간 재정연대 강화 또는 내실화의 의미를 갖는다. 반면 지방소비세와 소방안전교부세 인상은 국세의 지방 이양방식이었기 때문에 그로 말미암은 지방교육재정 감소분에 대해서는 국정과제 추진에 따른 재정소요(所要), 관련 부문 간 재정중립 등을 감안하여 지방교육재정교부금 법정교부율 인상으로 결정되었다. 이에 따라 지방교육재정교부금의 법정교부율은 2018년 20.27%에서 2019년 20.46%, 2020년 이후 20.79%로 조정이 이루어졌다. 이런 조치는 2010년에 지방소비세 도입이 이루어지면서 지방교부세의 법정교부율은 그대로 유지되었지만 지방교육재정교부금의 법정교부율은 인상된 것과 똑같은 방식이다.

---

20 소방안전교부세의 재원은 담배에 부과하는 개별소비세 총액의 100분의 20%에서 2020년 4월 1일부터 개별소비세법에 따라 담배에 부과하는 개별소비세 총액의 100분의 45에 해당하는 금액으로 변경되었으며, 담배에 부과하는 개별소비세 총액의 100분의 20을 초과하는 부분은 소방 인력의 인건비로 우선 충당하여야 한다.

3) 재정분권 1단계의 평가

(1) 중앙과 지방 간 재정체계 개혁 모색

2010년 지방소비세 도입은 지방세 및 지방세입 확충을 이끈 중앙과 지방 간 재정분권에 해당한다. 하지만 당시 지방소비세 신설은 중앙정부 정책에 따라 발생된 지방재정 약화 등을 보전하기 위한 차원의 조치 성격이 뚜렷했다. 우리나라는 2008년 글로벌 금융위기로 가라앉은 경기에 활력을 불어넣기 위해 국세인 소득세와 법인세의 감면을 단행하는 한편 부동산 거래 촉진 등을 목적으로 부동산 거래세를 인하(당시 취득세와 등록세 감면)하는 정책을 펼쳤다. 이에 따라 지방교부세 재원과 지방세수가 줄어듦으로써 지방세입 기반이 위축되었다. 뿐만 아니라 국세인 종합부동산세의 세대별 합산과세방식이 헌법 불합치 판결을 받음으로써 지방에 이양되는 부동산교부세가 감소되는 상황이 빚어졌다. 이렇게 중앙정부 정책으로 지방세입이 약화되면서 그 보전대책으로 2010년에 지방소비세가 도입되었다고 할 수 있다. 다시 말해 우리나라의 지방소비세는 중앙정부 정책에 의해 지방이 세수와 세입이 감소되는 상황에 직면했기 때문에 중앙이 불가피하게 동 세목의 신설을 허용한 측면이 강했다는 것이다.

반면 문재인 정부의 재정분권 1단계에서 결정된 지방소비세율 추가인상은 이런 경우와는 다르다. 중앙정부에 의한 지방자치단체 세수 또는 세입 감소가 없는 상황에서 이루어졌다. 이런 측면에서 보면 문재인 정부의 재정분권은 역대 정부에서 이루어졌던 이전의 재정분권과는 다른 차원의 접근으로 볼 수 있다. 문재인 정부 재정분권 1단계의 핵심 내용에 해당하는 지방소비세율 추가인상은 지방세입 구조를 자체수입 중심으로 개선하여 지방의 재정운영상 자율성을 제고하는 한편 그 결과에 대해 지방이 책임을 지는 지방세입 틀의 구축을 지원하는 것을 목적으로 한다. 그렇기 때문에 재정분권 1단계는 중앙과 지방 간 주고받기식[21]이 아닌 지방세입 감소보전과 무관한 중앙과 지방 간 재정관계 개혁의 성격을 띤다.

(2) 지방 의견수렴 미흡

문재인 정부의 재정분권 1단계는 범정부 재정분권 TF 논의(2017년 11월~2018년 3월), 대통령소속 자치분권위원회의 [자치분권 종합계획](2018년 9월 11일) 등을 토대로 하여 국무조정실, 행정안전부, 기획재정부, 교육부 간 협의·조정 과정을 거쳐 만들어진 관계부처 합동 재정분권 추진방안(2018.10.30)에 근거하여 추진되었다. 따라서 그 성격상 범정부 차원의 재정분권 대책에 해당한다. 하지만 재정분권의 직접적 당사자인 지방자치단체의 입장이 충실하게 반영된 방안과는 거리가 있다.

(3) 단계적 재정분권 추진

문재인 정부의 재정분권은 1단계(2019~2020년)와 2단계(2021~2022년)로 나누어 단계적으로 실행전략을 마련하는 방식을 따른다. 이렇게 단계를 구분하여 재정분권을 도모하기 때문에 지방자치단체를 비롯한

---

21 2010년 지방소비세 도입은 중앙정부 정책(예: 2008년 글로벌 금융위기 타개를 목적으로 이루어진 소득세와 법인세 감세에 따른 지방교부세 재원 감소 등)으로 지방이 재정상 손실을 입었기 때문에 그 보전을 위해 중앙 세원을 지방에 이양한 조치로 볼 수 있다. 이런 관점에서 보면 당시 지방소비세 신설은 중앙과 지방 간 [주고받기식]의 재정관계 조정에 해당한다고 하겠다.

관련 부문이 제도 등의 개편에 순차적으로 적응할 수 있도록 하여 혼란을 줄이는 장점을 가질 수 있다. 반면 여건이 변동되면 당초 예정된 재정분권 추진계획이 중단되는 문제에 봉착될 수 있다는 우려의 목소리가 재정분권 2단계 마련 직전까지 제기되었다.

(4) 재정분권 목표 조정

문재인 정부는 재정분권 관련 국정과제에서 국세와 지방세 간 기존 8:2의 관계를 획기적으로 개선하여 6:4로 만드는 목표를 제시하였다. 하지만 우리나라의 그간 재정개혁 경험, 문재인 정부의 집권 기간(5년)의 한정, 현실 수용성 등을 감안하여 재정분권 로드맵에서는 그 수준을 낮추었다. 국세와 지방세 비율의 목표치가 7:3으로 조정되었다. 이를 위해서는 지방세수 20조원의 증대가 필요하다.

문재인 정부는 재정분권 1단계에서 지방소비세 세율을 기존 11%에서 21%로 10%p 인상하여 지방세수를 8.5조원 정도 증대시켰다. 따라서 20조원에서 8.5조원을 제외한 나머지 12조원 정도의 지방세수는 2022년 기한(期限)의 재정분권 2단계에서 확충되어야 국세와 지방세 간 7:3 비율 실현이 가능하게 된다. 따라서 문재인 정부의 재정분권은 1단계에 이어 2단계가 실효적으로 추진돼야 완성형의 모습을 갖는다고 하겠다.

(5) 기초자치단체 지방세 확충 미포함

문재인 정부의 재정분권 추진은 재정운영상 지방의 자율성·책임성 확보를 뒷받침하는 지방재정체계 구축을 핵심 목적으로 하고 있다. 이를 위해서는 지방세입이 지방의 자체수입인 지방세를 근간으로 하는 틀이 되어야 한다. 따라서 문재인 정부 재정분권의 핵심 과제는 지방세 확충에 초점을 맞추고 있다.

문재인 정부의 재정분권 1단계에서는 지방세 확충과 관련하여 광역자치단체 세목인 지방소비세의 세율 인상만 결정되었다. 따라서 기초자치단체의 지방세 확충은 이루어지지 못했다. 광역자치단체와 비교하여 기초자치단체의 재정여건이 상대적으로 더욱 취약하고 우리의 삶의 터전은 기초자치단체임을 감안할 때 이에 대해서는 실효적 보완이 요구된다. 이는 재정분권 1단계를 점검하는 한편 재정분권 2단계에서는 기초자치단체의 지방세 또는 세입 기반 확충에 보다 관심을 기울어야 함을 의미한다.

(6) 지방교부세 감소분 미보전과 지방 간 재정불균형 조정

문재인 정부 재정분권 1단계의 핵심은 지방소비세 확충으로 귀결되었다고 해도 과언이 아니다. 지방소비세 확대는 국세인 부가가치세의 이전 몫을 늘리는 방식을 따르기 때문에 법정률 지방교부세 재원을 감소시킬 수밖에 없고, 이는 지방교부세(보통교부세) 교부단체의 지방세입을 줄이는 영향을 미치게 된다. 이에 대한 대책으로 재정분권 1단계에서는 19.24%의 현행 지방교부세 법정교부율을 인상하는 등의 조치를 통해 지방교부세 재원 감소분을 보전해주는 방식이 아닌, 광역자치단체가 늘어난 지방소비세수 범위 내에서 산하 기초자치단체에 조정교부금을 지원하는 방식으로 개혁 이전의 지방세입이 담보될 수 있도록 하였다. 이런 까닭에 문재인 정부의 재정분권 1단계 추진방안은 중앙과 지방 차원뿐만 아니라 지방과 지방(광역과 기초)간 연대를 통해 재정불균형 조정을 모색하는 특징을 갖는다.[22]

Ⅱ. 제2단계 재정분권의 내용과 향후 과제

1. 지방재정의 현주소

1) 취약한 지방재정 여건

지방자치를 실효성 있게 시행할 수 있기 위해서는 여러 토대의 구축이 요구되는데, 그 가운데 안정적인 재정기반은 지역에서 필요로 하는 사업 또는 사무를 원활하게 추진할 수 있느냐를 결정한다는 점에서 보면 무엇보다도 중요한 요소가 아닐 수 없다. 하지만 우리나라 대부분 지방자치단체의 재정여건은 열악하다.

〈표 11-4〉에는 2000년 이후 우리나라 지방자치단체 재정자립도의 추이가 제시되어 있는데 2000년대 이후 등락의 양상을 나타내었지만 지속적으로 낮아졌다. 재정자립도는 2000년 59.4%에서 20201년 48.7%로 10.7%p 하락하였는데, 이런 결과는 우리나라의 지방자치가 성공적 시행과는 거리가 있음을 보여주는 단적인 증거라고 하겠다.[23]

---

22 지방소비세는 지방교부세, 국고보조금, 조정교부금, 지역상생발전기금 등 여러 지방재정제도와 연계되어 있다. 이에 따라 재정분권 1단계에서 이루어진 지방소비세 세율 10%p 추가 인상은 지역상생발전기금 운영체계 정비, 지방소비세 세수 배분지표의 합리화, 광역과 기초 간 조정교부금제도 개선 등 보완해야 할 후속과제를 남겼다.

23 행정안전부(2021b: 274)에 따르면 지방재정자립도는 일반회계를 기준으로 지방자치단체(지방정부) 예산규모에서 자체수입(지방세+세외수입)이 차지하는 비중을 나타낸다. 2014년부터 잉여금 및 이월금, 회계 간 전입금 등 실질적 세입이 아닌 재원을 세외수입에서 제외한 새로운 기준을 적용하여 지방재정자립도를 산정하는 방식도 채택되었는데, 이에 따르면 2021년 지방재정자립도는 48.7%에서 43.6%로 낮아진다.

〈표 11-4〉 연도별 지방재정자립도 추이 (단위: %)

연도	'00	'05	'06	'07	'08	'09	'10	'11	'12	'13	'14	'15	'16	'17	'18	'19	'20	'21
자립도	59.4	56.2	54.4	53.6	53.9	53.6	52.2	51.9	52.3	51.1	50.3	50.64	52.5	53.7	53.4	51.4	50.4	48.7

자료: 행정안전부 등, 각 연도 〈지방자치단체 예산개요 및 통합재정 개요〉

2021년 (당초)예산기준으로 우리나라 243개 지방자치단체 가운데 재정자립도가 50% 미만의 곳은 230개로 전체의 94.7%에 이르며, 173곳(전체의 71.2%)의 재정자립도는 30% 미만에 불과하다. 특히 재정자립도 30% 미만의 지방자치단체('17년 153곳→'18년 155곳→'19년 158곳→'20년 170곳→'21년 173곳)가 늘고 있다(〈표 11-5〉).

〈표 11-5〉 지방재정자립도 분포(2021년 당초예산 기준) (단위: 단체 수)

구분	합계	시·도	시	군	자치구
합계	243(100%)	17	75	82	69
10% 미만	3(1.2%)	-	-	3	-
10~30% 미만	170(70.0%)	5	42	76	47
30~50% 미만	57(23.5%)	8	28	3	18
50~70% 미만	10(4.1%)	3	4	-	3
70~90% 미만	3(1.2%)	1	1	-	1
90% 이상	-	-	-	-	-

자료: 행정안전부(2021b: 273)

지방자치단체의 재정여건이 취약한 근본적인 이유는 재원(세수) 신장성을 담보할 수 있는 세원이 중앙에 집중되어 있고, 자체수입인 지방세와 지방세외수입의 과세대상(세원)이 협소하기 때문이다. 이처럼 지방재정의 열악성은 세원의 중앙 편중성을 비롯한 우리나라 중앙과 지방 간 재정구조의 특수성에서 비롯된 측면이 강하다. 따라서 이와 같은 현실이 반영된 방식으로 중앙과 지방 간 재정관계를 재정립하고, 그것을 토대로 하여 지방재정제도(지방세제도, 지방재정조정제도 등) 전반에 걸친 개혁이 요구된다.

지방자치단체 또는 지방재정 관련 학자들이 이전수입 중심의 우리나라 지방세입 체계는 지방재정의 타율성을 심화시키고 책임성의 결여를 초래할 수밖에 없기 때문에 지방재정 운용의 자율성, 책임성, 효과(성과)성 제고를 위해 자체수입인 지방세 중심의 지방재정체계 정립이 불가피함을 주장해 왔다. 이에 따라 일부 국세의 지방이양 등이 이루어졌고, 이는 현행 지방세의 강화로 이어졌다. 하지만 국세의 지방이양, 중앙과 지방 간 세원공동이용방식의 확대(공동세 활성화) 등에도 불구하고, 지방세입 구성에 있어 자체수입인 지방세 비중의 획기적 증대는 여의치 않다.

전체 지방자치단체의 71.2%가 재정자립도 30% 미만의 처지이고, 이들 지역은 자체수입인 지방세를 100% 증액해도 재정자립도가 50%를 넘지 못하기 때문에 여전히 이전수입이 중요할 뿐만 아니라 늘어나는 지방재정수요에 대응하기 위해서는 오히려 그것을 증액하지 않으면 안 되는 상황이다. 이런 현실 때문에 지방자치단체 재정여건 개선을 위해서는 자체수입의 증대와 더불어 이전수입의 확충이 함께 요구된다.

2) 중앙재정과 지방재정의 연계성

우리나라는 중앙정부, 지방자치단체, 지방교육청 등이 재정적으로 밀접하게 연계되어 있다. 2021년 당초예산 기준으로 중앙정부와 지방자치단체(지방교육청 포함) 간 재정사용액의 세부내역은 〈표 11-6〉과 같다. 동 표를 통해 알 수 있듯이 중앙정부는 417조 4,021억원의 세입 예산 가운데 176조 402억원을 지방자치단체와 지방교육재정에 각각 117조 7,171억원과 58조 3,231억원 지원하고 있다. 또한 지방자치단체도 지방교육청에 적지 않은 재정을 투입한다.

〈표 11-6〉 2021년도 국가와 지방의 재정사용액 비교(순계예산 기준) (단위: 억원, %)

구분		중앙정부	지방정부(지방자치단체)	지방교육
예산서상 규모 7,523,543		4,174,021(55.5%)	2,630,917(35.0%)	718,605(9.5%)
이전재원공제내역	계 (・1,880,157)	・1,760,402	・146,901	27,146
	① 중앙정부→자치단체	・1,177,171 ┌ 지방교부세 517,547 └ 국고보조금 659,624	(1,187,213억원) ⊕10,0421) ┌ 지방교부세 492,632 └ 국고보조금 694,581	-
	② 중앙정부→지방교육	・583,231 ┌ 교육교부금 580,899* └ 교육보조금 2,332 ・유아교육지원특별 39,168 포함	-	(559,949) ⊕23,282 ┌ 교육교부금 521,269 └ 교육보조금 2,133 └ 특별회계전입금 36,547
	③ 자치단체→지방교육	-	・136,859 ┌ 전출금(의무) 108,785 └ 보조금(재량) 28,074	(132,995) ⊕3,8642) ┌ 전출금(의무) 120,342 └ 보조금(재량) 12,653
재정사용액 5,643,386		2,413,619(42.8%)	2,484,016(44.0%)	745,751(13.2%)

주: 1) 중앙정부-자치단체 간 이전재원 차이(10,042억원)는 중앙정부에서 기금 재원으로 교부한 국고보조금을 자치단체에서는 일반회계 또는 특별회계 예산으로 편성한 경우 등의 사유로 발생함
　　 2) 중앙정부-지방교육청 간 이전재원 차이(23,282억원)는 지방교육청에서 이전재원 예측을 보수적으로 함에 따라 적게 반영한 금액임[자치단체-지방교육청간 이전재원 차이(3,864억원)도 동일]
자료: 행정안전부(2021b: 25)

중앙정부, 지방자치단체, 지방교육청 등이 재정적으로 연결되어 있기 때문에 재정제도 개편을 모색함에 있어서는 이런 관계에 대한 정확한 인식과 아울러 각 제도 및 정책 등의 변경에 의해 야기될 파급효과를 고려한 접근이 필요하다.

최근 지방재정 여건이 악화되는 가운데 지방자치단체의 지방교육청에 대한 재정지원은 늘고 있다. 이는 열악한 지방재정 상황을 더욱 어렵게 만드는 원인이라는 지적을 받는다. 현행 지방재정시스템이 고수되면 이런 문제는 심화될 개연성이 높으므로 지방일반재정과 지방교육재정의 통합을 포함한 양자의 관계 재정립이 요구된다.

3) 국고보조사업 확대에 따른 지방재정 왜곡

지방자치단체는 재원의 용도가 지정되어 있고 매칭방식으로 지방비를 부담해야 하는 국고보조사업이 급속하게 증가되면서 커다란 재정적 압박에 직면해 있다. 그간 국보조사업의 증가와 궤를 같이 하면서 지방비 부담비율도 늘어왔는데, 이는 취약한 지방재정의 현실을 감안할 때 과도한 부담을 지우고 있다는 목소리가 크다.[24]

국고보조사업의 확대는 지방자치단체의 취약한 재정상황을 더욱 압박하는 주요 원인이며, 세출의 자율성을 떨어뜨리는 가장 큰 요인에 해당한다.[25] 이런 까닭에 재정분권 또는 지방자치단체의 재정여건 개

---

24 행정안전부(2021b: 82)에 따르면 2021년도 당초예산 기준으로 국고보조금은 66.7조
    원(국고보조율 68.4%)이며, 그것과 연계된 대응지방비 부담액은 30.8조원(지방부담
    율 31.6%)에 이른다.

25 A와 B 지방자치단체가 소요비용 100억원의 사업을 추진하는 상황을 상정하자. 이
    때 A 지방자치단체의 세입은 자체수입 중심이고, B 지방자치단체의 세입은 의존수

선을 위해서는 세입과 세출 모두에 걸쳐 정비 작업이 이루어져야 하며, 세출측면에서는 국고보조사업의 과감한 정비 등을 통해 세출 전반을 효율화하는 방안이 모색되어야 할 것이다.

2. 재정분권 2단계의 경과와 추진방안

1) 재정분권 2단계의 쟁점

문재인 정부의 재정분권은 관계부처 합동 재정분권 추진방안(2018. 10.30.)을 기본으로 하며, 동 방안은 1단계와 2단계로 나누어 국세와 지방세 간 7:3 비율 실현 등 여러 내용을 추진하도록 계획되어 있다. 세부적으로 관계부처 합동 재정분권 추진방안의 재정분권 2단계에서는 다음과 같은 사항을 다루도록 결정되었다. 첫째, 지방분권세(지방공유세)[26] 등을 포함한 국세-지방세 구조 또는 지방재정조정제도의 개편과

입이 근간이다. 예를 들면 A 지방자치단체는 자체수입 80억원, 의존수입 20억원으로 100억원의 사업비 조달이 가능하고, B 지방자치단체는 100억원 소요재원을 자체수입 20억원, 의존수입 80억원으로 마련할 수 있다. 이런 상황은 B 지방자치단체가 전체 100억원의 소요재원 가운데 20억원만 스스로 조달하면 이 사업을 추진할 수 있음을 의미한다. B 지방자치단체처럼 지역사업 추진 또는 지역주민을 위한 서비스 등에 소요되는 재원을 중앙정부 지원 등으로 힘들이지 않고 확보할 수 있다면 사업 시행여부를 판단함에 있어 자체수입으로 사업을 해야 하는 경우보다 쉽게 결정할 소지가 높다. 국고보조사업 시행이 지방자치단체의 신청주의를 따르더라도 외부 지원으로 소요재원의 대부분을 조성하는 B 지방자치단체가 스스로 재원을 마련해야 하는 A 지방자치단체보다 재정운용에 있어 낭비성, 방만함을 드러낼 개연성이 클 수밖에 없다. 그렇기 때문에 지방세입의 근간은 의존수입보다 자체수입이 보다 바람직하다.

26 문재인 정부는 1단계와 2단계 각각에 대해 범정부 재정분권 TF를 만들어 지방분권세(지방공유세)를 비롯한 여러 방식의 재정분권 방안을 검토하였다. 범정부 재정분권 TF에서 논의된 지방분권세는 형식적으로 재정여건이 취약한 지방자치단체의 세

아울러 지방소득세, 교육세 등 추가적인 지방세수 확충방안을 모색한다. 둘째, 국민최저보장적 복지사업 부담 등을 감안하여 중앙정부 기능의 추가적인 지방자치단체 이양방안을 마련하는 한편 지방교육재정 교부금제도 개편, 지방 자율성 제고를 위한 재원배분, 지방제도 개선 등을 추진한다.

국세와 지방세 간 7:3 비율 실현을 위해서는 20조원 정도의 지방세수 증대가 필요하다. 재정분권 1단계에서는 지방소비세 세율을 기존 11%에서 21%로 10%p 높임으로써 지방세수를 8.5조원 정도 증대시켰다. 그렇기 때문에 관계부처 합동 재정분권 추진방안의 이행 준수를 전제하면 재정분권 2단계(2021~2022년)에서는 지방세가 12조+a만큼 확충되어야 국세-지방세 간 7:3 비율 실현이 가능하게 된다.

2019년 말에 불어 닥쳐 코로나19 팬데믹은 2021년 8월 현재 기세가 여전하다. 이로 말미암아 경기둔화가 이어지고 있으며, 전염병 방역 등 의료분야 지출 팽창, 생계 곤란층을 비롯한 국민생활 지원 확대 등으로 재정수요가 급증되고 있다. 재정분권 2단계 방안 모색에 있어서는 이와 같은 예상치 못한 여건변화를 어떻게 처리해야 하느냐의 문제를 고민하지 않을 수 없는 상황이 빚어졌다. 애초 관계부처 합동 재

입을 보전하는 근간 틀에 해당하는 우리나라의 지방교부세 등을 공동세 형태의 지방세로 전환하여 지방자치단체들이 중앙정부 간섭 없이 세수를 나누는 제도를 말한다. 하지만 이 제도를 제안한 기획재정부조차 지방분권세가 지방세이냐에 대해서는 명확한 답변을 내놓지 못했을 뿐만 아니라 그 과세체계 및 지방자치단체가 협력하는 방식으로 세수(재원)를 나눌 수 있는가와 관련해서도 학계와 직접적 당사자인 지방 등이 부정적인 입장을 드러내었다. 이런 까닭에 지방분권세는 국세의 지방이양을 찬성하지 않는 기획재정부가 더 이상 국세를 지방으로 넘기지 않기 위한 방어수단으로 제시한 대안으로 간주되었고, 2단계 범정부 재정분권 TF에서도 소수(少數) 견해의 지방세 확충 방안으로 다루어졌다.

정분권 추진방안에서 설정한 재정분권 2단계 목표의 이행을 무조건 강제하도록 하는 것은 적절하지 않을 수 있으며, 달라진 환경을 빌미로 재정분권 수준(지방세 확충규모 등)을 관련 부문 간 합의 없이 낮추는 조치도 바람직하지 않음은 물론이다.

　재정분권은 중앙과 지방 간 재정관계를 변화된 환경 등을 고려하여 재정립하는 성격을 띠며, 또한 기한(期限)이 있는 1회성 조치가 아니라 중앙과 지방이 함께 이루어나가야 할 영속적 과제라고 하겠다. 재정분권 2단계는 예정된 일정과 간극을 드러내었지만 당사자들의 의견 수렴을 통해 재정분권 취지를 반영하는 한편 차기 정부 등에서 추진될 재정분권과 연계될 수 있는 대안을 찾아 제시함으로써 중앙과 지방 간 재정관계를 진일보에 기여하는 성과를 내야 하는 과제를 안았다.[27]

27　재정분권 2단계 방안 모색을 위해 대통령소속 자치분권위원회가 주관하는 2단계 재정분권 TF가 구성되어 '19.9.~'20.7.의 기간 동안 운영되었다. 동 TF는 위원장(대통령소속 자치분권위원회 부위원장) 이외 11명(관계부처 실장급 4, 자치단체 협의회 추천 2, 민간전문가 5(기재부 추천 3, 행안부 추천 1, 시도교육감협의회 추천 1)으로 이루어졌고, 총 19차례 회의('19.9.6.~'20.7.31., 월평균 2회) 등을 통해 논의된 안을 중심으로 「2단계 재정분권 추진방안(TF대안): 12조원 확충(순확충 3.4조 규모, 국세 대 지방세 개선효과 70:30('20년 결산기준 74:26)」을 마련하여 제시하였다. 이후 청와대(BH) 협의 과정에서 국무조정실 주관으로 관련 부문 간 이견을 조정키로 결정되었다('20.10.). 국무조정실에서는 2단계 재정분권 TF 대안을 토대로 국조실(안) 제시 및 관계부처 의견수렴 등이 이루어졌고, 국무조정실장 주재 관계부처 차관급 회의가 개최(1차 '20.12.10., 2차 '21.2.17., 3차 '21.3.10.)되었지만 부처 간 합의안 도출이 성사되지 못했다. 이런 상황 속에서 여당인 더불어민주당 内 재정분권특별위원회(1대 위원장 홍영표 의원)가 출범되어 운영('21.2.~'21.7.)되었고, 2차례 회의(1차 '21.2.3., 2차 '21.4.8.)를 거쳐 그 간 논의된 안을 중심으로 행안부·분권위 조율 대안[7조원 확충(순확충 4.5조원 규모), 국세 대 지방세 개선 효과 72:28('20년 결산기준 74:26)]이 검토되었지만 결론을 이끄는 데는 실패하였다. 이에 따라 더불어민주당 재정분권특별위원회(2대 위원장 김영배 의원)는 당·정·청 전체회의 2차례(1차 '21.6.2., 2차 '21.7.28.) 및 소위 3차례(1차 '21.6.23., 2차 '21.7.7., 3차 '21.7.19.) 등 총 5

2) 재정분권 2단계의 원칙과 기본방향

관계부처 합동 재정분권 추진방안에 제시된 재정분권 2단계는 현실 수용성 등을 감안할 때, 다음을 뒷받침하는 접근이 불가피했다. 첫째, "지역의 일은 자율성과 책임성을 갖고 지역이 스스로 해결"하도록 지방재정제도의 혁신을 도모해야 하며, 이런 목표의 실현을 위해서는 지방의 자체수입인 지방세수를 늘리는데 무게를 두어야 한다. 둘째, 2단계 재정분권 방안은 어느 지역도 현 지방재정제도보다 불리(세입 감소 지방자치단체 발생 차단)해지는 경우는 발생하지 않도록 실행전략이 마련되어야 한다. 셋째, 지방세수의 확충은 중앙정부 기능의 지방 이양과 연계하되 양자 간에 균형 및 조화를 이룰 수 있는 방안이어야 한다.

재정분권 2단계에서는 우리나라 지방재정의 현실(현주소), 코로나19 팬데믹 발생에 따른 여건 변화 등을 감안하여 다음을 반영할 수 있는 방안 모색이 요구되었다. 첫째, 우리나라 지방재정제도의 특성 때문에 지방세수가 확충된 규모와 똑같은 수준에서 중앙정부 기능이 지방으로 이양되면 지방세 확충에 따른 파급효과가 지방교부세, 지방교육청 전출, 조정교부금 등에 영향을 미치게 됨으로써 [제도 개편(2단계 재정분권의 추진)에도 불구하고 어느 지역도 세입이 감소되는 곳을 발생시켜서는 안 된다]는 원칙을 실현할 수 없는 상황이 빚어질 수 있다. 이런 문제를 발생시키지 않기 위해서는 최초 지방세 확충 규모가 아니라 그것이 지방재정제도 등에 미치는 영향까지 포함하여 최종적으로 확정되는 지방세입 순증가액과 중앙정부 기능의 지방이양으로 발생되는

차례 회의 개최를 통해 2021년 7월 28일 관계기관 합의안을 도출함으로써 재정분권 2단계 방안의 골격이 완성되었다.

소요비용(재원)이 일치되거나 전자가 후자보다 커야 된다. 재정분권 2단계의 방안은 이와 같은 조건을 충족하는 방식이어야 한다.[28]

둘째, 재정분권의 추진은 그것과 관련된 중앙정부(중앙부처)와 지방자치단체를 비롯한 여러 부문의 기능, 세입 등에 변화를 초래하게 된다. 이에 따라 관련 부문들의 이해관계가 첨예하게 대립될 수밖에 없다. 이런 문제 때문에 그간 재정분권을 추진함에 있어 중앙과 지방 등 관련 부문 간 재정중립을 전제하였다. 재정분권 2단계에서도 관련 부문 간 혼란을 줄이고, 재정분권 구체화 방안의 현실 수용성 담보를 위해 재정중립이 준수되어야 한다.[29]

셋째, 재정분권 2단계에서는 지방세입(지방세) 기반의 강화와 더불어 지방세출의 합리화(적정화)를 함께 도모해야 한다. 많은 지방자치단체들이 사회복지지출 팽창으로 지역유지에 필수적인 세출조차 줄여

28　우리나라의 지방세를 포함한 지방재정제도는 서로 복잡하게 연계되어 영향을 주고 받는 체계로 되어 있다. 이런 현실을 감안하지 않고, 지방세 확충규모와 중앙정부 기능의 지방이양(국고보조사업의 지방이양)에 따른 소요비용을 똑같게 하는 방식으로 재정분권 방안을 마련하게 되면 그런 조치 이전과 비교하여 세입이 줄어드는 지방자치단체가 발생할 수 있다. 지방세 확충규모와 중앙정부 기능의 지방이양(국고보조사업의 지방이양)에 따른 소요재원 규모가 똑같으면 지방재정제도 등의 작동과 맞물려서 세입이 감소되는 지방자치단체가 발생됨으로써 이런 방식의 재정분권 2단계 추진방안은 현실 수용성을 담보하기 어렵다. 그래서 문재인 정부의 재정분권 1단계에서도 지방세 확충규모와 중앙정부 기능의 지방이양에 따른 소요재원의 관계에서 전자보다 후자가 적은 방식을 따랐다.

29　재정중립은 여러 가지 의미로 해석될 수 있다. 재정분권 또는 국세-지방세 간 구조개선 차원에서의 재정중립은 중앙과 지방이 재원을 4:6의 비중으로 사용하고 있는 현재의 관계가 그대로 유지되는 경우를 말한다. 다시 말해 재정중립은 현재처럼 재원이 중앙과 지방간에 4:6로 사용되는 상황이 바뀌지 않는 동시에 관련된 여러 제도의 기본체계가 유지되는 방향에서 재정분권 또는 국세-지방세 간 구조개선을 이루는 방식이라고 하겠다. 이는 중앙정부 또는 지방자치단체(지방정부)의 재원사용 몫이 현행보다 늘거나 줄지 않아야 한다는 것이다.

야 하는 재정압박을 겪고 있다. 문재인 정부의 재정분권은 궁극적으로 지방재정 여건의 개선을 목적으로 한다. 따라서 지방재정을 압박하는 원인이 되는 지방세출 항목의 정비는 지방세입 확충 못지않게 중요한 과제라고 하겠다. 재정분권 2단계에서는 중앙정부와 지방자치단체 간 세출관계를 미래지향적 방향에서 재정립할 필요가 있다.

넷째, 우리나라 세제는 세원분포 측면에서 신장성을 갖춘 소득 및 소비과세의 세원이 중앙에 편중되어 있는 특징을 갖는다. 이에 따라 지방재정 확충을 위해 지방세를 강화하고자 할 경우 새로운 세원을 발굴하여 과세하는 방식은 소기의 성과를 기대하기 어렵다. 그렇기 때문에 지방세 확충은 국세의 세원 또는 세수를 지방세로 넘기는 방식을 따를 수밖에 없는 상황이다. 한편 국세의 지방 이양을 통한 지방세 확충은 지방교부세 재원을 줄임으로써 의존수입 중심의 세입체계를 따르는 지방자치단체는 세입이 줄어드는 문제에 직면할 수 있다. 따라서 재정분권 2단계에서는 세입이 감소되는 지방자치단체 발생의 방지를 위해 지방세 확충과 더불어 지역 간 재정격차를 완화할 수 있는 방안 마련을 주요 과제로 고민해야 한다.

다섯째, 지방재정의 취약성, 학령인구의 감소 등 변화된 환경을 감안할 때, 일반지방재정과 지방교육재정을 분리해서 운영하는 현행 체계가 지속될 수 있느냐에 대하여 부정적인 의견이 적지 않다. 이를 개선하는 첫 걸음으로 지방자치단체와 지방교육청이 예산 운용에 있어 상호 협력하는 방안 모색이 요구된다.

3) 재정분권 2단계의 내용과 의의

재정분권 2단계 방안은 집권당인 더불어민주당 재정분권특별위원회에 정부 부처, 청와대 등이 참여한 2021년 7월 28일 당·정·청 회의 전체회의에서 결정되었다. 따라서 재정분권 2단계 방안은 기재부·행안부·BH(청와대) 등 관계기관 합의를 거친 대안에 해당한다. 그 내용을 보면 지방소비세 확충, 지역소멸대응기금 신설, 기초단체 국고보조 인상, 재정제도 개편을 핵심으로 하고 있다.

〈표 11-7〉 2단계 재정분권 당·정·청 최종 합의안 (단위: 억원, %)

지방재정 부담(ⓐ+ⓑ)	(3.1)	지방재정 확충(①+②+③)	+5.3
		지방세 확충(①)	+4.1
ⓐ 지역밀착형 국고보조사업 지방 이양	(2.3)	① 지방소비세 세율 인상(4.3%p↑)	+4.1
ⓑ 지방교부세 자연 감소	(0.8)	② 지역소멸대응 기금 지원	+1.0
		③ 기초연금 등 국고보조 핀셋지원	+0.2

주: 세계일보(2021년 7월 29일자 기사, https://www.segye.com/newsView)

재정분권 2단계에서는 지방소비세 세율을 2021년 기준 21%에서 2022년에는 2.7%p, 2023년에는 1.6%p을 단계적으로 인상하여 총 4.3%p를 높여 2023년부터 25.3%로 운영하도록 결정되었다. 이와 연계하여 2.25조원 규모의 지역밀착형 국고보조사업 등을 지방으로 이양(중앙정부 기능의 지방이양)하되 2022년에는 1.03조원, 2023년에는 1.22조원을 넘기는 순차적 방식을 따르도록 하였다. 이렇게 되면 지방세수(지방소비세수)는 재정분권 2단계가 시행되는 2022년에는 2.6조원, 2023년에는 1.5조원이 추가로 늘어나 총 4.1조원의 확충효과를 나타낼 것으로 전망된다.

한편, 지방소비세 세율 인상에 따라 빚어지는 지방교부세 재원 감소분(0.8조원)은 늘어나는 지방소비세 세수를 통해 보전하는 방식을 따르도록 함으로써 지방재정은 1조원의 순확충이 예상된다. 지방소비세

수 순증분 1조원은 광역 6 : 기초 4로 배분할 계획인데, 조정교부금을 감안하면 실제 배분은 광역 4 : 기초 6이 되고, 국세 : 지방세 비율은 2020년 기준 73.7 : 26.3에서 2022년에는 72.6 : 27.4로 1.1%p 개선되는 효과를 전망하고 있다(지방소비세 확충).

재정분권 2단계의 방안으로 낙후지역 인프라 확충을 위하여 자치단체 지역소멸대응기금 1조원을 신설하고, 그에 따른 재원은 중앙정부에서 지원할 예정이다. 이와 관련하여 개정 법률은 2022.1.1일부터 시행하되, 2022년은 준비기간을 고려하여 4.1일부터 0.75조원을 지원하고, 이후는 매년 1조원을 지원할 계획이다. 지역소멸대응기금의 존속기한은 10년으로 설정하되 성과 등 평가 후 연장여부를 검토하도록 하였다. 동 기금 재원은 기초의 상황을 고려하여 광역-기초 간 '2.5 대 7.5' 비율로 배분하도록 결정되었다(지역소멸대응기금).

재정분권 1단계의 후속조치 성격을 띠는 재정분권 2단계 논의 과정에서는 기초단체의 재정여건 보강의 목소리가 컸다. 반드시 그런 이유 때문이라고 단정하기는 어렵지만 재정분권 2단계의 주요 내용으로 기초단체 국고보조 인상이 포함되었다. 구체적으로 자치구 대응지방비 부담완화를 위해 기초연금 보조율 인상 등 핀셋지원(0.2조)을 시행하도록 하였다. 이후 국고보조를 0.2조 이상으로 확대하는 방안 등에 대해서도 추가적으로 검토할 예정이다(기초단체 국고보조 인상).

재정분권 2단계의 방안 가운데 가장 눈길이 가는 항목으로 일반지방재정과 지방교육재정 간 협력을 위한 첫 단계를 작동시킨 점을 들 수 있다. 재정분권 2단계 방안으로 교육청-시·도 간 공동사업 특별회계 도입이 포함되었다. 이는 그간 역대정부의 재정분권 과정에서 교육분야를 포함하는 개혁방안 논의를 협상 테이블에 올려놓는 것조차 못한 한계를 뛰어넘는 성과가 아닐 수 없다(재정제도 개편).

재정분권 2단계의 추진방안은 다음과 같은 의의를 갖는다. 첫째, 재정분권 1단계의 경우와 마찬가지로 재정분권 2단계에서도 지방재정 순증을 따르는 접근을 하였다. 이런 방식의 2단계 재정분권은 문재인 정부가 설정한 지방세입을 자체재원 중심으로 전환하여 지방이 재정 운용상 자율성과 책임성을 갖도록 하고자 하는 재정분권 취지를 유지한 것으로 볼 수 있다. 하지만 국세와 지방세 간 7:3 비율 실현을 위해서는 재정분권 2단계에서 지방세수 12조원 이상 증액이 필요했는데, 코로나 19 발생 등 변화된 여건이 감안되어 지방소비세 4.1조원 확충에 그친 점은 재정분권 목표의 축소라고 지적하지 않을 수 없다(지방세입 순확충을 통한 지방의 재정운용 자율성 제고).[30]

둘째, 재정분권을 위해 지방세 확충을 포함한 개별 방안을 추진하게 되면 우리나라처럼 지역 간 재정력 격차가 큰 상황에서는 그 정도가 더욱 심해질 개연성이 높다. 그렇기 때문에 지역 간 재정력 격차를 조정하기 위한 보완 장치를 함께 강구하지 않을 수 없다. 재정분권 2단계에서는 우리나라 지방재정 현실을 감안하여 광역보다 기초의 세입 확충을 강조하였고, 이와 더불어 지역소멸대응기금의 신설을 통해 기초단체에 활력을 불어넣는 기제로 삼고자 하였다(침체 지역을 위한 활력기제 모색).

셋째, 재정분권 2단계에서는 1단계와 비교하여 기초단체의 재정여

---

30 재정분권 2단계 방안을 추진하게 되면 지방소비세 순확충 1.0조원(=지방소비세율 4.3%p 인상분 4.1조원-지역밀착형 국고보조사업 지방 이양 2.3조원-지방교부세 자연감소분 0.8조원), 지역소멸대응기금 지원 1.0조원, 국고보조율 인상분 0.2조원을 합한 2.2조원 수준에서 지방재정의 순확충이 이루어지게 된다.

건 강화를 우선하는 방법을 강구하되 세입과 세출 양 측면을 고려하였다. 세입 확충과 관련해서는 늘어난 지방소비세수가 궁극적으로 광역과 기초 간에 4:6의 비율 배분되도록 하였으며, 지역소멸대응기금의 광역과 기초 간 배분 비율도 2.5 대 7.5로 결정되었다. 나아가 세출 분야에서는 기초단체 국고보조 인상을 주요 방안으로 채택하였다. 이런 조치들은 재정분권 1단계가 상대적으로 기초보다 광역 중심으로 이루어졌다는 일각의 지적을 보완하는 한편 재정여건이 열악한 기초단체의 처지를 반영하고자 노력한 결과로 여겨진다(기초단체 재정여건의 실효적 개선 도모).

넷째, 자치단체의 지방교육청 재정지원, 학령인구의 감소 등을 고려할 때, 일반지방재정과 지방교육재정 간 상호 연계성을 높이는 재정제도의 마련은 국가적 과제가 아닐 수 없다. 이런 현실 등이 고려되어 재정분권 2단계 방안으로 교육청-시·도 간 공동사업 추진을 뒷받침하는 특별회계 도입이 포함되었다고 할 수 있다. 이는 향후 양자의 관계 합리화뿐만 아니라 지방재정시스템 전반을 효율화하는 역할을 할 수 있을 것으로 기대된다(일반지방재정과 지방교육재정 간 연계 고리 마련).[31]

3. 재정분권의 미래 과제

1) 광역과 기초의 기간세 체계 구축

우리나라 지방재정시스템은 변화된 여건에 부합하는 체계인가? 항

---

[31] 2021년 7월 28일 발표된 재정분권 2단계 방안은 관련 법안 당론 발의(8월초) → 법안 통과(9월 정기국회) → 시행('22.1.1.)의 향후일정을 예정하고 있다.

구성과 영속성 등 안정적 운영을 담보할 수 있는 틀을 갖추고 있는가? 이런 질문에 대해서는 서로 다른 평가가 존재할 수 있다. 하지만 현행 지방재정시스템의 한계 등을 고려할 때, 미래에도 개선을 위한 노력은 지속되어야 할 것이며, 이는 차기 정부에서도 재정분권은 국가적 과제가 아닐 수 없다는 것이다.

기간세(基幹稅, mainstay tax)는 국세와 지방세를 구성하는 세목들 가운데 세수비중 등에서 근간을 이루는 조세를 말한다. 또한 세원의 보편성, 세수의 안정성 등의 측면에서도 다른 세목을 압도하는 위치에 있는 조세를 가리킨다.[32]

우리나라 지방자치단체는 2원의 행정체계인데, 특별·광역시(광역단체)-자치구(기초단체)의 체계[33]와 도(광역단체)-시군(기초단체)의 체계로 나뉜다. 2021년 현재 특별·광역시-자치구 행정체계의 경우는 자치구가 11개 지방세 가운데 재산세와 등록면허세 2개 세목만 과세권을 갖고 있으며, 나머지 9개 세목은 특별·광역시세이다. 반면 도-시군 행정체계의 경우는 도세(지방소비세, 등록면허세, 취득세, 지방교육세, 레저세, 지역자원시설세, 6개 세목)와 시군세(주민세, 지방소득세, 재산세, 담배소비세, 자동차세, 5개 세목) 세목 개수가 비슷하다.

향후에도 현재의 행정체계와 지방세제 구성이 그대로 이어진다고 하면 다음과 같은 방식으로 기간세 강화를 검토할 수 있을 것이다. 특

---

32 일본은 광역단체(도도부현)와 기초단체(시정촌) 모두 기간세 체계를 구축하고 있다. 도부현의 기간세는 도부현민세, 지방소비세, 사업세의 3개 세목이고, 시정촌의 기간세는 시정촌민세와 고정자산세의 두 세목이다.

33 광역시 가운데 부산(기장군), 인천(강화군, 옹진군), 대구(달성군), 울산(울주군)은 자치구 이외에 군(郡)을 포함하는 행정체계로 되어 있다.

별·광역시-자치구 행정체계의 경우 자치구의 기간세는 현재처럼 재산세를 중추로 하면서 특별·광역시세 일부 세목을 이양 받는 접근이 요구된다. 이와 관련하여 그간 특별·광역시세 가운데 자동차세, 담배소비세, 주민세가 자치구세로의 전환이 제안되었다. 특별·광역시의 핵심 세목은 취득세, 지방소득세, 지방소비세이다. 따라서 특별·광역시의 기간세 체계는 이들 세목을 내실화하는 방식으로 개선하는 것이 현실적일 수 있다.

도-시군의 행정체계에서 도(道)의 경우는 취득세, 지방소비세가 기간세이며, 이 두 세목의 세수를 확충하는 보완을 추진해야 할 것이다. 시군의 경우는 지방소득세와 재산세가 기간세에 해당한다. 두 세목 모두 기간세 역할 강화를 위해서는 세수기반을 넓혀주는 보강이 요구된다.

2) 지방세 확충에 따른 지역 간 세수격차 조정원칙 마련

어떤 지방세 세목을 막론하고, 그 세원이 전국에 걸쳐 고르게 분포되어 있지는 않기 때문에 세수의 지역 간 편중성(집중성)은 자연스런 현상일 수 있다. 하지만 이에 대한 보완 장치를 마련하지 못한 상황에서 지방세를 신설하거나 국세를 추가적으로 지방에 이양하게 되면 부작용 발생이 불가피하다.

세수의 지역 간 격차를 조정하는 방안은 그 세목이 광역단체세냐? 기초단체세냐를 구분하여 다른 대책 마련이 요구된다. 광역단체세 확충에 따른 세수 편중은 다음의 방향에서 보완을 검토할 수 있을 것이다. 첫째, 광역단체세를 확충하는 조치는 수도권인 서울특별시와 경기도의 세수 편중을 발생시킬 개연성이 높은데, 이에 대한 대책으로 세수가 집중된 광역단체에서 지방교육청 전출금을 늘리는 방안을 고민할 필요가 있다. 이런 조치는 그 지역에서 발생하는 세수와 해당 지역에서 이루어지는 교육 간 연계성을 높이는 장점을 갖는다. 수도권의 해당 지방교육청 전출금이 늘게 되면 지방교육재정교부금에서 수도권에 지원되는 재원을 줄일 수 있게 됨으로써 비수도권 광역단체의 지방교육청 전출금(광역단체세의 3.6%)을 축소시키는 효과도 기대된다. 둘째, 세수가 늘어나는 광역단체의 국고보조사업 보조율을 낮추는 조치를 검토한다.

기초단체세 확충에 따른 세수 편중은 다음의 방향에서 보완을 모색할 수 있을 것이다. 첫째, 세수가 늘어나는 기초단체의 국고보조사업 보조율을 낮추는 조치를 추진하도록 한다. 예컨대 법인지방소득세의 인상에 따라 경기도의 일부 시 지역의 자체수입(지방세) 기반이 크게 확충될 경우 이들 지역의 국고보조사업 보조율을 조정(국고보조율 인하)하면 그 대책이 될 수 있을 것이다. 둘째, 광역단체와 산하 기초단체들의 관계 등을 고려하여 세수가 늘어나는 기초단체에 대한 조정교부금 지원을 조정(축소)하는 방안의 추진에 대한 검토가 요구된다.[34]

3) 중앙과 지방 간 기능배분의 기준 정립

재정분권은 중앙과 지방의 세입 및 세출 모두를 대상으로 더 나은 모습으로 다듬는 과정이다. 따라서 세입 측면에 한정된 국세-지방세 구조 개선으로 좁혀 접근해서는 안 된다. 세출 측면에서 중앙과 지방

---

34 그 밖에 늘어난 기초단체세의 일부를 세수(재원)로 하는 기초단체 간 공동세를 만들어 대처하는 방안도 검토대상이 될 수 있을 것이다. 이때 공동세는 기초단체 간 수평적 재정형평화제도에 해당한다.

의 상황이 달라진 환경을 반영하는 틀을 갖추지 못했다면 그것을 개선하기 위한 국가(중앙)와 지방 간 사무(기능)의 재배분도 재정분권의 중요한 과제(범주)로 다루어져야 한다.

국가(중앙)와 지방 간 사무(기능) 배분은 고정된 것으로 간주하지 말고 상호 협력 또는 기존 틀의 전면 개편도 포함한 조정에 대해 열어놓아야 한다. 예를 들면 현재의 지방사무(국고보조사업)을 국가(중앙)으로 전환하거나 반대의 조치에 대해서도 검토와 추진이 필요하다. 이런 관점이 중앙과 지방 간 기능조정에서 고려되어야 한다. 또한 코로나 19, 4차 산업혁명 등으로 말미암아 나타나는 부문 간 융합, 연계, 결합, 연대 등이 강조되는 최근 환경(여건) 변화가 반영되는 방식이어야 할 것이다.

중앙과 지방 간 기능배분(재배분)의 원칙 또는 기준은 비정형의 허용, 변화된 환경의 반영, 변경이후의 사회후생증진, 상대적 약자인 지방의 입장 배려, 현실수용성 등을 종합적으로 고려해야 하며, 미래지향의 모습(체계)을 따라야 한다.

4) 지방교부세의 본원적 개편

지방교부세법 제1조(목적)에 따르면 [이 법은 지방자치단체의 행정운영에 필요한 재원(財源)을 교부하여 그 재정을 조정함으로써 지방행정을 건전하게 발전시키도록 함을 목적으로 한다.]라고 규정되어 있다. 이는 1962년에 제정되어 지금도 그 골격을 유지하면서 시행되고 있는 지방교부세의 핵심 목적이 주민의 삶의 질과 지역 여건 개선보다는 지방행정을 지원하는데 있음을 밝히는 것이다.

지방교부세법 제정 당시의 상황에서는 지방교부세제도가 이런 목적을 갖는 것이 현실적일 수 있지만 동 법 시행이후 60년 안팎의 세월이 흐른 현시점에서 보면 동 제도의 목적은 비현실적이라고 지적하지 않을 수 없다. 한편 현행 지방교부세는 그 종류로 부동산교부세, 소방안전교부세를 포함하고 있는데, 이는 지방교부세의 본질을 훼손하는 측면이 작지 않다.

달라진 환경 등을 고려할 때, 지방교부세법의 정비(전부 개정)를 추진할 필요가 있고, 이와 관련하여 지방교부세법 제1조에 규정된 지방교부세 목적의 재정립이 요구된다. 예를 들면 지방교부세의 기능(목적)을 ①재원보장, ②지역 간 재정형평화로 2분화하고, 그에 맞추어 지방교부세의 종류를 재원보장과 관련된 보통교부세(특별교부세 포함)와 지역 간 재정형평화 기능을 하는 (가칭)지역균형발전교부세[35]로 나누어 각각의 운영체계 등을 다르게 하는 지방교부세법 전부개정이 검토될 필요가 있다는 것이다.

재원보장 기능과 관련된 영역은 현행처럼 지역의 표준행정서비스 제공에 소요되는 재원을 뒷받침하는 역할을 하도록 한다. 이는 현재의 보통교부세 산정 틀을 유지하면서 변화된 여건을 반영한 보완을 모색해 나가야 한다는 것이다. 반면 (가칭)지역균형발전교부세는 지방자치단체 간 재정격차(불균형)을 완화하는 목적을 갖기 때문에 주민의 실질적 삶의 질 제고 및 지역여건 반영을 유인하는 체계로 배분방식을 결

---

35 (가칭)지역균형발전교부세는 재원의 원천과 규모, 배분방식 등을 새롭게 설정하도록 하고, 지방자치단체별 수요액(배분액)을 산정함에 있어서는 지역의 특색이 반영될 수 있도록 다른 지방자치단체에 대한 맑은 물 및 청정공기 제공, 뛰어난 자연경관 및 문화재, 지역의 지하자원 부존량과 생산시설 설치, 환경오염정화 시설 입지 등을 측정항목으로 고려하는 체계를 검토할 필요가 있다.

정하도록 한다. 한편 부동산교부세, 소방안전교부세는 현행 지방교부세법상 지방교부세 종류에서 분리하여 각각에 대해 별도의 법령(예: 부동산교부세법, 소방안전교부세법)을 제정하여 운영하는 방식으로 개편을 검토할 필요가 있다.[36]

5) 맞춤형 재정분권의 모색

우리나라 전체 243개 지방자치단체(지방정부)는 큰 틀에서 보면 똑같은 재정시스템을 적용받는다. 이는 서울시와 작은 군(郡) 또는 시(市)가 동일한 재정체계로 운영되고 있음을 의미한다. 2021년 기준으로 서울시는 생활인구가 1천만명을 상회하고, 80% 안팎의 재정자립도를 나타낸다. 반면 군 지역을 보면 거주인구가 3만명 이하인 곳이 20개에 가깝고, 재정자립도는 50%를 넘는 곳이 없다. 이렇게 지역여건 차이가 현격함에도 불구하고 이들 지방자치단체가 시행하는 지방재정체계와 그 운영방식은 거의 동일하다. 따라서 전국 지방자치단체의 실제 상황을 반영하지 못하는 작금의 획일적 지방재정운영 틀은 지

---

36 재정분권이 원활하게 추진되어 지방의 자체수입(지방세)이 큰 폭으로 확대되면 보통교부세 불교부단체가 증가될 가능성이 크며 이럴 경우 현행 보통교부세는 지방자치단체 간 수평적 불균형을 완화시킬 수 있는 기제가 될 수 없다. 이런 상황에 대처하는 한편 재정분권에 따라 빚어질 수 있는 지역 간 수평적 재정 불균형을 완화하는 장치로 (가칭)지역재정형평화기금의 도입도 검토될 필요가 있다. (가칭)지역재정형평화기금의 재원은 재정분권을 통해 확충되는 지방세수 가운데 일부를 대상으로 하여 조성하는 방안이 제안될 수 있을 것이다. (가칭)지역재정형평화기금의 배분 기준은 재정분권 추진 전과 후의 세입 변화이며, 그렇기 때문에 동 기금은 보통교부세 교부 후 최종 단계에서 지방자치단체 간 세입 불균형을 해소하는 기능을 수행할 수 있을 것으로 기대된다. (가칭)지역재정형평화기금은 지방교부세제도의 본원적 개편이 이루어지지 않은 상황에서 그 대안이 될 수 있을 것이다.

방자치의 취지와 배치될 뿐만 아니라 재정운영 성과의 개선과 재정책임성 담보에도 한계를 드러낼 수밖에 없다.

[맞춤형 재정분권 추진방향]

우리나라 지방자치단체 가운데 재정자립도가 80% 수준인 서울(본청)과 경기도 내의 정률분 지방교부세 불교부단체인 일부 시(市)를 제외하면 거의 모든 지방자치단체가 지방세 탄력세율제도를 활용하여 필요한 만큼의 자체재원(지방세수)을 확보하는 것이 가능하지 않다. 이런 현실을 타개하는 방안으로 지방자치단체의 재정여건에 따라 재정운영체계를 달리하는 맞춤형 재정분권(차등적 또는 이원적 재정분권)의 추진을 더 이상 미루지 말고 수면 위에 올려 검토해야 한다. 이는 재정여건이 상대적으로 양호한 지방자치단체의 세입체계는 자체재원 중심으로 만들어 재정운용상 자율성과 책임성을 발휘할 수 있도록 함으로써 재정성과의 향상을 유도하고, 그 반대로 재정여건이 취약한 지방자치단체는 현재처럼 이전재원으로 지방세입을 지원하되 점차적으로 자체재원을 늘릴 수 있도록 관련 기반과 제도 등을 정비해 나가는 지방재정 개혁을 추진해야 한다는 것이다.

지방세를 확충하여 해당 지역의 재정을 스스로 꾸려나갈 여지가 있는 서울 및 수도권 일부 지방자치단체는 (가칭)자율형 지방자치단체로 설정하고, 그 나머지 대부분의 지방자치단체는 중앙정부로부터 재정 지원을 받지 않으면 독자적인 재정운용이 가능하지 않을 뿐만 아니라 심지어 존립조차 쉽지 않기 때문에 (가칭)자립지향형 지방자치단체로 구분할 필요가 있다. 이렇게 하여 양자의 재정운용체계를 다르게 구축하는 맞춤형 재정분권은 지방자치원리에도 부합할 것이다.[37]

(가칭)자율형 지방자치단체는 그 명칭처럼 재정운용에 있어 중앙 및 다른 지방자치단체와 충돌하지 않는 범위 내에서 자율권을 부여하고, (가칭)자립지향형 지방자치단체에 대해서는 중앙에 의한 적정 재정관리와 더불어 중장기적으로 자체재원 기반이 확충될 수 있도록 지원하는 방식을 병용하도록 한다. (가칭)자율형 지방자치단체는 세입에서 자체재원(=지방세와 지방세외수입)이 차지하는 비중이 80%를 넘거나 지방교부세(보통교부세) 불교부단체 등을 대상으로 할 수 있을 것이다. 맞춤형 지방재정체계에서는 (가칭)자립지향형 지방자치단체가 그 세입 구성을 자체재원 중심으로 개선하여 (가칭)자율형 지방자치단체의 면모를 갖추게 되면 (가칭)자립지향형 지방자치단체로 그 지위를 격상시키고 관련된 권한 등을 확대해주도록 한다.[38]

---

37 이와 같은 정의(定義) 이외에 얼마든지 다른 견해가 존재할 수 있다. 보다 현실적이고 합리적인 정의는 관련 부문을 대상으로 충실한 의견 수렴을 통해 모색되어야 할 것이다.

38 (가칭)자립지향형 지방자치단체는 이전재원(의존재원)으로 필요 재원의 큰 몫을 확보할 수밖에 없기 때문에 도덕적 해이가 발생할 우려가 있다. 이런 문제의 차단을 위해서는 일정 기간(예: 선거주기 4년 기준)을 단위로 설정하여 자구노력(자체재원 확충 노력)의 정도를 감안하여 이전재원 지원을 조정하는 등의 방안을 함께 강구할 필요가 있다.

| 참고문헌 |

국무조정실·국무총리비서실. (2018). 「보도자료: 정부, 재정분권 본격화한다」. 서울.

국정기획자문위원회. (2017). 「문재인 정부 국정운영 5개년 계획」. 서울.

권오성·심우현·탁현우·윤영근·김민영·이단비·이다솜·이기우·고문현·김성호·곽현근·이현국·김홍주·곽채기·안권욱·유태현·안영훈·박재희·조성호·윤기석·임성진·초의수·이상훈·이상열·남재성. (2021). 「포용국가를 지향하는 분권형 정부체계 수립에 관한 연구」(협동연구총서 21-21-01). 경제·인문사회연구회. 296-333.

대통령소속 자치분권위원회. (2018). 「자치분권 종합계획」. 서울.

유태현. (2020). 1차 재정분권의 점검과 2차 재정분권 추진의 실행력 제고. 「2020년도 한국재정정책학회 하계학술대회 발표 논문집」. 171-191.

행정안전부. 각 연도. 「보통교부세 산정해설」. 서울.

행정안전부. (2021a). 「2021년 지방교부세 산정해설」. 세종.

행정안전부. (2021b). 「2021년 지방자치단체 통합재정 개요(상)」. 세종.

세계일보. 2021.7.29.기사(https://www.segye.com/newsView/20210728520515?OutUrl=daum)

재정분권과 자치분권
정부간 관계와
지방정부

제12장 중앙정부와 지방정부의 관계
성과와 방향

최근열 경일대학교 경찰행정학과 교수

Ⅰ. 문제 제기

　중앙정부와 지방정부의 관계는 연방제 국가나 단방제 국가를 불문하고 국정운영에 있어서 중요한 관심사가 되어왔다. 왜냐하면 중앙정부와 지방정부 간의 적절한 권한 및 역할 분담이 정책의 성과는 물론 정부의 성공과 실패를 좌우하기 때문이다. 중앙정부와 지방정부는 국가를 구성하고 있는 양대 축으로서 서로 갈등하거나 어느 한쪽의 역할이 미흡할 경우 국가체제는 충분한 역량을 발휘하기 어렵고 국정성과와 국가경쟁력 확보에 어려움이 있을 것이다. 따라서 영국, 프랑스, 일본 등 선진국들은 국가경쟁력을 강화하기 위해 분권형 국가로의 전환을 통해 중앙-지방정부의 관계를 기능적 수평적 협력 관계로 도모해왔다. 반면에 우리나라는 1991년 지방자치제 부활을 계기로 역대 정부에서 지속적인 자치분권을 추진하고 있지만, 여전히 중앙정부 우위의 수직적인 중앙-지방정부 관계에서 벗어나지 못하고 있다고 지적된다. 이러한 중앙-지방정부 관계를 벗어나기 위해 문재인 정부에서는 주민주권구현, 중앙권한의 획기적인 지방이양, 재정분권의 강력한 추진, 중앙-지방 및 자치단체 간의 협력강화, 자치단체의 자율성과 책임성 확대, 지방행정체제 개편과 지방선거제도 개선 등 6대 전략 33개 추진과제로 『자치분권 종합계획』을 수립하여 시행하고 있다. 그중 다수 추진과제와 관련된 지방자치법 전부 개정, 지방일괄이양법 통과로 중앙권한 및 사무의 지방이양, 국세인 부가가치세 상향조정(21%)을 통한 지방소비세 확충, 담배에 부과하는 개별소비세 상향조정(45%)을 통한 소방안전교부세 확충, 광역단위 자치경찰제 도입 등 성과를 이루었다. 특히 지방자치법 전부 개정 제183조에 "국가와 지방자치단체는 주민에 대한 균형적인 공공서비스 제공과 지역 간 균형발전을 위하여 협력하여야 한다."라고 규정하고 있으며, 아울러 제186조에 "국가와 지방자치단체 간의 협력을 도모하고 지방자치 발전과 지역 간 균형발전에 관련되는 중요 정책을 심의하기 위하여 중앙지방협력회의를 둔다."라고 규정하고 있어 중앙-지방정부의 관계가 지시·명령하는 수직적 관계가 아니라 국정운영의 동반자 관계로 본다는 점에서 의의가 크다고 본다. 여기서는 중앙정부와 지방정부의 관계는 우리나라에서 중앙정부와 지방정부의 국정운영의 주요 정책을 심의하는 중앙지방협력회의 구성과 운영을 중심으로 살펴보고자 한다.

Ⅱ. 중앙정부와 지방정부 간 관계 이론적 논의

1. 중앙-지방정부 간 관계의 개념

중앙-지방정부 간 관계는 연방주의(Federalism: FED), 정부 간 관계(Intergovernmental Relations: ING), 정부 간 관리(Intergovernmental Management: IGM)와 구분되기도 한다(Wright, 1990: 171-173). 연방주의는 연방-주정부, 주정부 간 관계에 한정되지만, 정부 간 관계는 연방-주-지방, 주-지방, 연방-지방, 지방정부 간 관계를 포함하고 정부 간 관리는 정부 간 관계에 더하여 공-사 관계도 포함한다는 것이다. 따라서 정부 간 관계는 중앙-지방정부 간 관계뿐만 아니라 지방정부 상호 간의 관계까지 포함하는 개념으로 볼 수 있고, 정부 간 관리는 정부 간 관계에 더하여 정부-시민사회 간 협치(governance)까지 포함하는 개념이라고 할 수 있다. 연방주의, 정부 간 관계, 정부 간 관리의 개념을 비교해 보면 〈표 12-1〉과 같다.

〈표 12-1〉 연방주의, 정부 간 관계, 정부 간 관리

구분 특징	연방주의(FED)	정부 간 관계(IGR)	정부 간 관리(IGM)
1. 포함 단위	국가-주, 주상호 간	국가-주-지방 주-지방 국가-지방 지방상호 간	정부 간 관계단위를 기본으로 하며, 행정 연결망의 정치, 공공-민간 부문의 혼합
2. 권위 관계	국가가 최고 권위	정부 간 계층 질서	비 계층의 연결망
3. 갈등 해결 방법	법, 법원, 선거	시장, 게임, 동맹	거래, 협상, 토론, 문제의 처리
4. 가치	목적(임무)	관점(정책과 행정)	산출물, 프로그램 결과(관리)

구분 특징	연방주의(FED)	정부 간 관계(IGR)	정부 간 관리(IGM)
5. 정치적 요소	고도의 정치 (당파주의)	정책결정(조정)	집행(문제 해결)
6. 주도자	선거직 정치인	일반 행정인	정책전문가

출처: Write(1990: 158); 강용기(2021: 114) 재인용

2. 중앙-지방정부 간 관계이론

중앙-지방정부 간 관계에 관한 이론은 연방제 국가를 대상으로 한 분류와 단방제 국가를 대상으로 한 분류로 구분해 볼 수 있다.

1) 연방제 국가에서의 중앙-지방정부 간 관계이론

연방제 국가인 미국의 중앙-지방정부 간 관계에 관한 설명은 Wright(1978)가 분류한 세 가지 모형이 대표적이다. 즉 Wright는 연방정부, 주정부, 지방정부의 관계를 분리권위모형, 포괄권위모형, 중첩권위모형으로 구분하고 있다.

(1) 분리권위모형(separated-authority model)

분리권위모형은 연방정부와 주정부가 동등한 권한을 가지고 있고 지방정부는 주정부에 포함되는 관계를 지칭한다. 이 모형은 연방정부와 주정부는 독자적인 사무와 대등한 권한을 가진 독립적인 존재로서 상호 협력하거나 의존할 필요성이 거의 없다는 점을 강조한다.

(2) 포괄권위모형(inclusive-authority model)

포괄권위모형은 연방정부, 주정부, 지방정부를 수직적 포함관계로

보는 모형이다. 즉, 주정부가 연방정부에 종속되고 지방정부는 주정부에 종속되는 관계를 지칭한다. 이 모형에서 정부 간 관계는 수직적인 지배 복종 관계로서 하급정부(주정부와 지방정부)는 상급정부에서 결정된 정책을 단순히 집행하는 대리인의 지위를 갖는다고 보는 견해이다.

(3) 중첩권위모형(overlapping-authority model)

중첩권위모형은 연방정부, 주정부, 지방정부가 독립적 실체로서 존재하며, 상호협력적 관계로 보는 것이다. 즉 연방정부, 주정부, 지방정부 모두 제한된 권한을 가지고 있으며, 특정 정부가 배타적인 권위를 행사하는 영역이 크지 않다는 점을 강조한다. 또한, 가장 이상적인 실천모형으로 보고 있다.

이상 세 가지의 모형을 중앙-지방정부 간의 상태, 관계, 권위, 사무부담, 재정관계, 인사관계 등 측면에서 살펴보면 〈표 12-2〉와 같다.

〈표 12-2〉 중앙과 지방정부 간의 관계에 대한 이론 모형

구분	분리권위형	포괄권위형	중첩권위형
상태	분리	포괄	중첩
관계	독립적	의존적	상호의존적
권위	독립형	계층형	흥정형
사무부담	고유사무-주종 기관위임사무-전무	고유사무-약세 기관위임사무-주종	고유사무-강세 기관위임사무-약세
재정관계	독립론 (재정의 완전분리)	종속론 (재정의 완전종속론)	협조관계론 (재정의 상호의존성)
인사관계	독립론 (인사권의 완전분리)	종속론 (인사권의 완전종속)	인사권의 분리 및 상호교류형

자료: 이용선(2019: 107)

2) 단방제 국가에서 중앙-지방정부 간 관계이론

단방제 국가에서 중앙-지방정부 간 관계이론으로는 엘코크(Elcock) 모형과 윌슨과 게임(Wilson & Game) 모형을 들 수 있다.

(1) 엘코크 모형

Elcock(1994)는 중앙-지방정부 간 관계를 대리인모형, 동반자모형, 상호의존형으로 구분하고 있다. 첫째, 대리인모형은 지방정부는 중앙정부의 대리인이라고 보고 있다. 즉, 중앙정부의 지시를 충실히 수행하는 것이 지방정부의 존재 목적이라고 보는 것이다. 둘째, 동반자모형은 주민 서비스 공급에 있어서 중앙정부와 지방정부가 동반자 관계에 있다고 보는 모형이다. 즉, 중앙정부와 지방정부가 국정의 파트너로서 서로 동등한 권한과 의무를 지는 관계를 갖는다고 묘사한다. 셋째, 상호의존모형은 중앙과 지방이 서로 독자적인 권한을 가지고 있지만, 어느 한쪽이 지배적인 지위를 누리지 못하고 서로 협력하고 의존하는 관계를 형성한다고 주장한다.

(2) 윌슨과 게임 모형

Wilson & Game(1988)은 중앙-지방정부 간 관계를 대리인모형, 권력-의존모형, 지배인모형으로 구분하고 있다. 첫째, 대리인모형(agency model)은 지방정부가 중앙정부에 완전히 종속된 관계로 본다. 즉, 지방정부는 중앙정부 대리인의 지위를 갖는 것으로 보며, 국가정책을 집행하는 데 있어 자율권을 거의 인정하지 않는다. 둘째, 권력-의존모형(power-dependence model)은 엘코크의 동반자모형과 유사한 것으로 중앙정부와 지방정부 간을 동반적이고 평등한 파트너 관계로 보는 것이다. 이러한 모형에서는 상호 간의 협상을 중요하게 생각한다. 셋째, 지배인모형(stewardship model)은 지방정부가 중앙정부의 통제하에 놓여 있기는 하지만, 어느 정도의 상대적 자율성을 가지고 있다고 보는 모형이다. 지배인이나 재산관리인이 사장이나 주인으로부터 일정한 권한을 위임받아 그 권한 내에서 자율권을 행사하는 것처럼 중앙정부와 지방정부 간의 관계를 지배인 혹은 재산관리인의 지위로 평가하는 것이다.

3. 중앙-지방정부 간 관계이론 논의

중앙-지방정부 간 관계에 관한 이론 모형은 연방제 국가와 단방제 국가에 있어서 그 명칭과 내용 면에서 다소간 차이가 나지만 중앙정부와 지방정부의 상대적 권위 관계에 대하여 세 가지 유형으로 구분하고 있다는 점에서 공통적이다(하혜수, 2019; 강용기, 2021).

첫째, 연방제 국가에 대한 포괄권위모형은 이론적으로 가능할 수 있지만, 현실적으로 나타나기 어려운 모형이라고 할 수 있다. 즉, 연방제 국가에서 연방과 주정부는 상대적인 우월관계를 유지할 수 있겠지만 어느 쪽이 다른 쪽을 완전히 지배하거나 종속하기는 어려울 것이다. 주정부는 국내적으로는 단방제의 국가에 준하는 자율성을 가지고 있으므로 주정부가 연방정부에 완전히 종속되는 포괄권위모형이 현실적으로 존재하기 어렵다는 것이다. 실제로 미국의 역사에서도 연방정부가 주정부를 완전히 지배하는 포괄권위모형이 발견되지 않았다. 단방제 국가에 대한 대리인모형도 지방자치제를 시행하고 있는 국가에서는 존재하기 어려운 모형이라고 판단된다. 지방정부가 자치권이 전혀 없는 국가 일선 기관의 지위에 머물러 있는 경우 지방정부는 중앙정부의 정책을 단순히 집행하는 대리인에 불과할 수 있지만, 현실적으로 지방자치제를 시행하지 않는 국가를 제외하면 이러한 지방정부는 존재하기 어렵다.

　둘째, 분리권위모형은 연방제 국가에서 어느 정도 가능할 수 있을 것이다. 연방정부는 외교와 국방 그리고 주정부 간 관계에 대하여 배타적인 권한을 갖지만, 대다수 국내문제는 주정부가 독자적인 권한을 가진다고 볼 수 있기 때문이다. 실제 미국의 역사에서도 초기에는 이러한 대등 권한에 기초한 모형들이 제시되기도 하였다. 동반자모형도 연방제 국가의 연방-주정부 간 관계에서는 가능하지만 단방제 국가의 중앙-지방정부 간 관계에는 적용하기 어려울 것이다. 즉 단방제 국가의 중앙-지방정부 간 관계는 연방제 국가의 연방-주정부간 관계에서 상정되는 상호 배타적이고 독립적인 관계를 유지할 수 없기 때문이다. 단방제 국가인 영국에서 강력한 권한을 가진 지역정부(스코틀랜드 및 웨일즈 지역정부)의 창설 이후에도 중앙-지역정부의 관계는 거버넌스 모형에서 전제하는 수평적 관계로 전환되지 못하였고, 여전히 강한 중앙정부 또는 중앙 우위의 비대칭적 권한 모형을 유지하고 있다는 주장 역시 동반자모형의 적실성을 떨어뜨리고 있다.

　셋째, 연방정부와 주정부가 독자적인 권위영역을 가지면서도 공통적인 권위영역을 가진다는 중첩권위모형은 이론적으로나 현실적으로 가장 실현 가능성이 큰 모형이라고 할 수 있다. 어떤 연방제 국가에서든 연방과 주정부의 권위영역을 완전히 독립적으로 설계하기는 어렵고, 당초 독립적으로 설계한 경우에도 현실적 필요로 협력적 권위영역을 설정할 수밖에 없기 때문이다. 그러나 중첩권위모형도 현실의 연방-주정부 관계를 정확하게 반영하기는 어려운 모형으로 생각한다. 단방제 국가에 관한 상호의존모형도 중앙-지방정부 간 관계를 적절히 반영한다고 볼 수 있다. 중앙정부는 국가정책의 효과적인 집행을 위해서는 지방정부의 자원에 의존해야 하므로 전략적인 상호의존관계를 유지할 수밖에 없다는 것이다. 그러나 상호의존모형의 경우에도 현실적으로 나타날 수 있는 중앙 우위 또는 지방 우위를 설명하지 못하고 있기는 마찬가지이다. 즉 상호의존이라고 하여 동등한 지위에서 수평적인 관계를 유지한다고 보기 어렵기 때문이다. 영국의 역사 속에서 제시된 모형을 보더라도 강한 중앙, 약한 중앙, 비대칭적 권한모형 등이 제시되고 있는 것으로 미루어볼 때 현실적으로 중앙정부 우위 또는 지방정부 우위의 상호의존관계가 나타날 수 있을 것이다. 요컨대, 현실적으로 중앙과 지방정부는 기본적으로 상호의존적 관계를 유지하지만, 어떤 쪽이 더 큰 통제력을 갖는가 하는 점에서 중앙 우위의 상호의존관계와 지방 우위의 상호의존관계를 양극단으로 하는 스펙트럼을 생각할 수 있을 것이다.

최근 우리나라 중앙-지방정부 간 관계를 세 가지 준거 기준(제도, 조정양식, 자원)[1]에 의해 진단한 하혜수(2019) 연구에 의하면, 자원측면에서 대등적 상호의존관계가 발견되고 권력측면 중 행정제도에서 지방

---

1 중앙-지방정부 간 관계 진단을 위한 준거 기준으로 크게 권력적 측면과 자원 측면으로 구분하고, 권력적 측면을 다시 제도적 측면과 조정양식으로 구분하였다. 그리고 제도적 측면은 행정적 측면과 정치적 측면으로 구분할 수 있다. 행정적 측면은 사무 구분제도, 재정제도, 협의제도, 기구정원제도, 감사·평가제도 등을 포함하고, 정치적 측면은 정당의 역할과 선출직 공무원(자치단체장과 지방의원)의 영향력 등을 포함한다. 조정양식은 계층제적 조정, 협상적 조정, 설득적 조정 등으로 구분하고, 자원 측면은 정치적 자원, 인적 자원, 재정적 자원, 정보적 자원 등으로 구분하였다.

정부의 자율성이 증대되고 있으나 권력측면 중 정치제도에서 중앙정부 우위의 계층 관계가 여전하고, 조정양식 측면에서 계층제적·권력적 수단이 지배하는 등 전반적으로 중앙정부 우위의 계층 관계에 있다고 진단하고 있다.

III. 중앙정부와 지방정부 간 관계의 성과와 방향

1. 우리나라 기존 중앙정부와 지방정부 간의 협의제도

현행 지방자치법 제165조 제4항 및 제5항에 따라 지방자치단체장 등의 협의체가 지방자치에 직접적인 영향을 미치는 법령 등에 관한 의견을 행정안전부장관을 통하여 제출하는 제도와 행정안전부가 주관하는 전국시·도행정부시장·부지사회가 존재한다. 이 가운데 행정안전부장관을 통한 지방자치단체장 등의 협의체 의견제출은 구속력이 없어 그 수용 여부는 전적으로 중앙정부에 달려 있으며, 나머지 제도들도 중앙정부의 정책을 일방적으로 전달하는 비정기적인 회의여서 중앙정부와 지방정부 간 협의체로서 역할을 기대할 수 없다고 볼 수 있다. 그리고 시·도지사와 대통령과 간담회 등도 법적 근거도 없는 비정기적인 회의여서 역시 중앙정부와 지방정부 간 협의체로서 본래 역할 수행하기 어렵다고 본다.

2. 우리나라 중앙지방협력회의 추진 현황 및 내용

1) 추진 연혁

중앙지방협력회의의 설치 근거 및 설치법령 추진현황을 살펴보면, 2012년 10월 31일 당시 새누리당 이철우 의원 대표 발의로 중앙지방협력회의 설치에 관한 법률안이 발의되었으며, 아울러 중앙지방협력회의체 설치 근거 마련을 위한 지방자치법 개정안도 동시에 발의되어 행안위 전체회의에 상정되어 대체토론 후 법안소위에 회부되었으나 결실을 보지 못하였다. 그 이후 여러 차례 중앙지방협력회의의 설치 근거 및 설치에 관한 법률안이 발의되었으나 결실을 보지 못하였다. 문재인 정부에 들어와 중앙지방협력회의의 구성 및 운영에 관한 법률안을 정부안으로 2019년 12월 27일 국회에 제출하였으나 역시 20대 국회 임기 종료로 결실을 보지 못하였다. 제21대 국회 개원 이후 중앙지방협력회의 설치 근거 법률인 지방자치법 전부 개정안과 함께 중앙지방협력회의 구성 및 운영에 관한 법률안을 정부안으로 2020년 7월 3일 국회에 제출되어 지방자치법 전부개정과 중앙지방협력회의 구성 및 운영에 관한 법률이 각각 2021년 1월 12일, 2021년 7월 13일 제정되어, 2022년 1월 13부터 시행예정이다.

2) 추진 필요성

중앙지방협력회의의 구성 및 운영 필요성은 국가와 지방자치단체 간 소통·협력 강화를 통한 수평적 동반자적 관계를 구축하고, 아울러 국가와 지방자치단체 간 협력, 국가와 지방자치단체 간의 권한, 사무 및 재원 배분, 지역 간 균형발전, 지방자치단체의 재정 및 세제에 영향을 미치는 국가정책 등 지방에 중대한 영향을 미치는 정책결정 과정에 지방자치단체의 참여를 제도화로 자치분권 정책의 효율적·협력적 추진 등을 위해서이다.

3) 추진 방안 및 내용

(1) 중앙지방협력회의의 기구 설치 근거 마련

2022년 1월 13일부터 시행예정인 지방자치법 제186조에 "국가와 지방자치단체 간의 협력을 도모하고 지방자치 발전과 지역 간 균형발전에 관련되는 중요 정책을 심의하기 위하여 중앙지방협력회의를 둔다."라고 규정하고 있으며, 아울러 중앙지방협력회의의 구성과 운영에 관한 사항은 따로 법률로 정하도록 규정하고 있다.

(2) 중앙지방협력회의의 구성과 운영에 관한 법률의 주요 내용

여기서는 2021년 7월 13일 제정된 중앙지방협력회의의 구성 및 운영에 관한 법률을 중심으로 살펴보고자 한다.

① 목적

지방자치법 제186조에 따른 중앙지방협력회의의 구성과 운영 등에 필요한 사항을 정함으로써 국가와 지방자치단체의 대등하고 협력적인 관계를 바탕으로 지방자치 발전과 지역 간 균형발전 정책의 효과를 제고 하는 것을 목적으로 하고 있다(법률 제1조).

② 기능

중앙지방협력회의는 국가와 지방자치단체 간 협력에 관한 사항, 국가와 지방자치단체의 권한, 사무 및 재원의 배분에 관한 사항, 지역 간 균형발전에 관한 사항, 지방자치단체의 재정 및 세제에 영향을 미치는 국가정책에 관한 사항, 그 밖에 지방자치 발전에 관한 사항 등을 심의하는 기능을 수행한다(법률 제2조).

③ 구성 및 운영

가. 구성

중앙지방협력회의는 대통령, 국무총리, 기획재정부장관, 교육부장관, 행정안전부장관, 국무조정실장, 법제처장, 특별시장·광역시장·특별자치시장·도지사·특별자치도지사(이하 "시도지사")·시·도의회 의장 협의체의 대표자, 시장·군수·자치구의 구청장 협의체의 대표자, 시·군·자치구의회의 의장 협의체의 대표자 및 그 밖에 대통령령으로 정하는 사람으로 구성한다(법률 제3조 제1항). 협력회의의 의장은 대통령이 되고 국무총리와 시·도지사 협의체의 대표자(이하 "시·도지사협의회장"이라 한다)가 공동으로 부의장이 된다(법률 제3조 제2항 및 제3항).

나. 운영

의장은 협력회의를 소집하고 이를 주재한다. 부의장은 의장에게 회의의 소집을 요청할 수 있으며, 의장이 협력회의에 출석하지 못하는 경우에는 국무총리, 시·도지사협의회장의 순으로 그 직무를 대행한다(법률 제3조 제4항 및 제5항). 그리고 협력회의의 구성원은 협력회의에 심의할 안건을 제출할 수 있으며, 의장은 제출된 안건의 심의를 위하여 필요한 경우에는 안건과 관련된 중앙행정기관의 장, 지방자치단체의 장, 관계 공무원 또는 해당 분야의 민간전문가를 협력회의에 참석하게 하여 의견을 들을 수 있다(법률 제3조 제6항 및 제7항).

④ 심의 결과 활용

국가 및 지방자치단체는 협력회의의 심의 결과를 존중하고 성실히 이행하여야 하며, 심의 결과에 따른 조치 계획 및 이행 결과를 협력회의에 보고하여야 한다. 다만, 심의 결과를 이행하기 어려운 특별한 사유가 있는 경우에는 그 사유와 향후 조치 계획을 협력회의에 보고하여야 한다(법률 제4조).

⑤ 관계기관 등에 대한 협조 요청

협력회의는 심의를 위하여 필요하다고 인정하는 경우에는 관계 중앙행정기관의 장, 지방자치단체의 장 및 지방의회의 의장 등에게 필요한 자료의 제출을 요청하거나 의견을 수렴할 수 있다(법률 제5조).

⑥ 실무협의회

협력회의에 상정할 안건을 사전에 조정하고 의장으로부터 지시받은 사항을 처리하기 위하여 실무협의회를 두고, 실무협의회는 기획재정부의 차관 중 기획재정부장관이 지명하는 1명, 교육부차관, 행정안전부차관, 국무조정실의 차장 중 국무조정실장이 지명하는 1명, 법제처 차장, 특별시·광역시·특별자치시·도·특별자치도의 부시장 또는 부지사(해당 지방자치단체에 부시장 또는 부지사가 2명 이상인 경우에는 해당 시·도지사가 지명하는 사람을 말한다), 전국적 협의체의 대표자가 그 구성원 중에서 각각 지명하는 사람 및 그 밖에 대통령령으로 정하는 사람으로 구성한다(법률 제6조 제1항 및 제2항). 이러한 실무협의회 위원장은 행정안전부장관과 시·도지사협의회장이 시·도지사 중에서 지명하는 사람이 공동으로 맡도록 하며, 실무협의회를 소집하고 이를 주재한다. 또한 실무협의회의 위원장은 필요한 경우에는 관계 공무원 또는 해당 분야의 민간전문가를 실무협의회에 참석하게 하여 의견을 들을 수 있다(법률 제6조 제3항, 제4항 및 제5항).

3. 주요 외국 중앙-지방협력체계의 특징 및 시사점

주요 외국(일본, 미국, 영국, 독일)의 중앙-지방협력체계의 주요 특징은 〈표 3〉과 같으며,[2] 먼저 각국의 정치제도 및 지방행정체제의 특수성에도 불구하고 중앙과 지방 간의 정책협의를 위한 다음의 세 가지 유형의 제도적 장치를 갖추고 있다. 첫째, 연방제를 택하고 있는 국가의 경우 연방의회를 구성하는 상원의회가 국가정책적 사항에 대한 지방의 요구 및 의견을 수렴하여 국가정책에 반영하는 기능을 수행하고 있다. 둘째, 대부분의 국가에서 각 자치단체별로 자치단체 협의회를 구축하고 있으며, 자치단체 협의회를 통해 의견이 수렴되고 이를 관계 중앙정부에 전달하고 있다. 셋째, 중앙과 지방 간의 파트너십을 위한 공동의 협의체를 구성하고 국가 정책적 사안에 대한 정책설명과 이에 대한 의견수렴 기능을 수행하고 있다.

---

2 주요 외국의 중앙-지방협력체계의 특징은 이민호 외(2014)의 『중앙-지방협력체계 사례 연구조사』 연구보고서를 참조함.

<표 12-3> 주요 외국의 중앙-지방협력체계의 주요 특징

구분	일본 "국가와 지방의 협의의 장"	미국 "Advisory Commission on Intergovernmental Relations" (정부 간 관계 자문위원회)	영국 "Central-Local Partnership Meeting" (중앙-지방파트너십 회의)*	독일 "Deutsche Landkreistag" (광역자치단체 협의회)
유형 및 연혁	• 법정 상설협의체 • 2011년 5월 관련 법률 제정을 통한 협의체 구성	• 1959년 Public Law86– 380에 의거 자문위원회 형태로 설립 • 1996년 폐지	• 1997년 중앙과 지방 간 파트너십을 위한 실무 협의체로 설립	• 독일 295개의 광역자치단체 연합회
구성	• 중앙 : 관방장관, 특명담당대신 총무대신, 재무대신, 총리 가 지정하는 국무대신 약 간명 • 지방 : 6대 협의체 장 - 지사회, 도도부현의회의장회, 시장회, 시의회의장회, 정촌회, 정촌의회의장회 • 의장 : 총리가 지정하는 국무대신 • 부의장 : 6대 지방협의체 대표 중 호선	• 26명의 위원 구성 • 6명 의회지명 • 주지사 4명, 주의원 3명, 시장 4명, county official 3명은 주정부 및 지방정 부협의회에서 제출한 명 단 중 대통령이 임명 • 민간 3명, 연방정부 부처 대표자 3명은 대통령이 임명	• 부총리가 회장 • 중앙 : 지방자치장 관, 재무문화 체육, 교육, 환 경 등 • 지방 : 지방정부협의 회의 장, 부회 장, 간부 등	• 295개 광역자치 단체장으로 구 성 • 광역자치단체장 간의 선거를 통 한 회장 선출
주요 기능	• 국가의 정책기획, 입안 및 실시 에 대한 사전협의 • 협의 대상 : 국가와 지방자치단 체 간 역할 분담, 지방자치사항, 국가 정책 중 지방자치에 영향 을 미치는 정책	• 연방 정부내 정부간 관계 활동에 대한 점검 및 분 석을 통한 연방정부와 지 방정부 간 소통 및 협력 활성화 • 정부 간 관계 이슈에 대 한 진단 및 관련 법령, 규 제, 예산 배분 등에 대한 제언	• 국가 안보를 제외한 모든 분야에 대한 중 앙과 지방간 정책협의 - 노동 대책, 주택계 획 정부조달의 혁신 방법 지역경제 성장 커뮤니티 예산을 포 괄적으로 배분하는 정책 등 • 정책우선순위에 대 한 합의 및 정책지원	• 지방정부의 공 동이익결집 및 대변 • 연방정부에 대 한 정책제언
운영 방식	• 협의체의 상설운영 • 내각총리대신의 자유로운 출석 및 발언권한 • 안건별 분과위원회 설치 가능 • 자료제출 요구권 • 협의결과 국회에 제출되어 보 고됨(존중의무)	• 의회의 예산지원 및 주정 부 예산지원, 정부간 관 계사업 수익 등을 통한 예산지원 • 연구조사-정책제언-소통 의 단계를 통한 운영프로 세스 • 보고서 발간 및 연구용역 을 통한 사업	• 연 3회 운영 • 중앙정부 부처의 정 책설명과 이에 대한 지방정부의 의견수 렴 방식으로 운영	• 비공식적 방식 으로 광역자치 단체협의회 운 영과정에 연방 정부 관계자의 참여

구분	일본	미국	영국	독일
	"국가와 지방의 협의의 장"	"Advisory Commission on Intergovernmental Relations" (정부 간 관계 자문위원회)	"Central-Local Partnership Meeting" (중앙-지방파트너십 회의)*	"Deutsche Landkreistag" (광역자치단체 협의회)
기타	• "국가와 지방자치단체간 협의의 장"협의체는 총리대신이 구성원에서는 제외 • 총리대신이 매년 의장(관방 장관)의 자문을 통해 정기적으로 혹은 임의적으로 소집	• 대통령 소속의 정부 간 관계실(the office of intergovernmental affairs) 운영을 통한 의견수렴		• 주수상협의회 및 주부처 장관협의회 운영 과정에서 연방정부의 관계 장관 등 참여하여 의견 전달 및 수렴

* 영국의 중앙-지방협력회의는 3개 지역별로 즉 영국 잉글랜드 "Central-Local Partnership Meeting"(CLP: 중앙-지방 파트너십 회의), 영국 웨일즈 "Partnership Council for Wales" (PCfW: 웨일즈 파트너십 위원회), 영국 스코틀랜드 "Community Planning Partnership"(CPP: 지역계획 파트너십)을 구성하여 운영되고 있다.

자료: 이민호 외(2014: 86)의 재구성

다음 주요 외국의 중앙과 지방 간의 파트너십을 위한 공동의 협의체 구성, 협의체 기능, 협의체 운영방식에 대한 시사점을 제시하면 다음과 같다. 첫째, 협의체 구성과 관련해, 관계 중앙행정기관의 수장과 함께 다양한 지방자치 단위의 대표자들이 포함되어 대표성을 반영하며, 대통령이나 총리는 위원 임명에는 관여하나 직접 협의체 구성에 포함되지 않는다. 둘째, 협의체 기능과 관련해, 지방정부에 영향을 미칠 수 있는 국가적 정책 사안에 대한 협의를 하고 있다. 셋째, 협의체 운영방식과 관련해, 상설운영이 원칙이나 정기회의나 연 3~4회 정도, 연구조사나 정책제언을 중심으로 한 운영방식을 채택하며 이에 대한 조직적 지원이 가능하다.

4. 중앙지방협력회의의 성과 및 향후 추진 방향

문재인 정부에서는 중앙지방협력회의의 설치를 위해 『자치분권 종합계획』상 단위과제로 지방자치법 전부 개정과 중앙지방협력회의의 구성 및 운영에 관한 법률제정을 설정하여 추진한 결과, 지방자치법 전부 개정과 중앙지방협력회의의 구성과 운영에 관한 법률이 각각 2021년 1월 12일, 2021년 7월 13일 제정되어, 2022년 1월 13일부터 시행한다. 즉, 중앙지방협력회의의 설치 근거는 지방자치법 전부 개정 제186조에 마련하고 있으며, 중앙지방협력회의의 구성 및 운영은 개별법률인 중앙지방협력회의의 구성 및 운영에 관한 법률로 마련하고 있다.

중앙지방협력회의의 구성 및 운영에 관한 법률의 주요 내용을 보면, 협력회의의 참여 구성원 및 장, 심의기능의 범위 및 결과 활용 등 측면에서 전술한 주요 외국의 중앙-지방 협력체계보다 훨씬 진일보 내용으로 구성되어 있다고 할 수 있다. 따라서 지방자치법 전부 개정과 중앙지방협력회의의 구성 및 운영에 관한 법률 제정으로 국가와 지방자치단체가 대등하고 협력적인 관계를 바탕으로 지방자치 발전과 지역 간 균형발전 정책을 심의할 수 있는 중앙지방협력회의를 설치할 수 있게 되었다.

향후 중앙지방협력회의의 구체적인 운영과 관련된 대통령령을 제정하는 등 후속 절차를 신속히 마련하여 법률이 시행되는 2022년 1월 13일 전까지 중앙지방협력회의가 구성 및 운영될 수 있도록 철저한 준비가 필요하다. 다만, 중앙지방협력회의가 설치되기 전까지는 중앙-지방 간 소통과 협력을 위한 대통령 주재 시도지사간담회, 행정안전부장관 주재 중앙-지방정책협의체 개최 등을 적극적으로 활용할 필요가 있다.

| 참고문헌 |

강용기. (2021). 「현대지방자치론」. 고양: 대영문화사.

이민호 외. (2014). 「중앙-지방협력체계 사례연구조사」. 서울: 한국행정연구원.

이용선. (2019). 「지방자치론」. 고양: 대영문화사.

자치분권위원회. (2021). 「2020년 자치분권 시행계획 추진과제별 세부 평가 결과」.

자치분권위원회. (2021). 「2021년 자치분권 시행계획」.

하혜수. (2019). 우리나라 중앙-지방 관계의 모형화에 관한 연구. 「2019년 한국지방자치학회 동계학술대회 발표논문집」.

행정안전부. (2010). 「중앙-지방간 창조적 협력관계 정립을 위한 연구」.

Elcock, Howard. (1994). *Local Government: Policy and Management in Local Authorities*, London: Routlegde.

Wilson, David & Game, Chris. (1998). *Local Government in the United Kingdom* England, U.K: Macmillan press LTD.

Wright, Deil S. (1978). *Understanding Intergovernmental Relations*, MA: Duxbury Press.

Wright, Deil S. (1990). Federalism, Intergovernmental Relations, and Intergovernmental Management: Historical Reflections and Conceptual Comparisons, *Public Administration Review*, March/April: 168-178.

중앙지방협력회의의 구성 및 운영에 관한 법률(2021.7.3. 제정, 2022.1.13. 시행).

지방자치법(2020.12.9. 제정, 2022.1.13. 시행).

제13장 지방정부 간 관계

장인봉 신한대학교 행정학과 교수

Ⅰ. 들어가며

지금은 자치와 분권의 시대이다. 지방자치가 부활한 지 어느덧 30년이 되었고, 공자의 말씀대로라면 이립(而立)이다. 그리고 이제 자치와 분권의 시대에 걸맞은 뜻을 세우기 위해 지난 2020년 12월 9일 드디어 지방자치의 기본법인 「지방자치법」을 전부개정하여 자치분권의 제도적 기반을 더욱 공고화하고 정책과제의 전면적이고 실질적인 이행을 추진할 수 있게 되었다. 32년 만에 전부개정된 지방자치법에는 지방자치의 새 역사로 기록될 만한 획기적이고 중요한 내용이 포함되어 있다.

먼저 자치권의 근거와 주체가 국민주권을 위임한 단체자치 중심에서 주민주권에 기초한 풀뿌리 주민자치로 전환되어 '자치분권 2.0 시대'의 개막을 천명하고 있다. 주민조례 발안제도 강화, 주민감사 청구권 확대, 주민투표 대상 확대, 주민소환 청구요건 완화 등 주민참여권을 획기적으로 강화하였다. 특히 주민발안 제도의 강화는 지방자치에 대한 효능감 제고와 주민의식 고양으로 이어질 것으로 기대된다. 또한 사무배분의 보충성 원칙도 명시되었고, 지방사무에 국제교류협력과 자치경찰이 포함되었으며, 지방정부의 기관구성 다양화와 특별지방자치단체의 도입, 지방의회의 독립성과 전문성 강화, 중앙지방협력회의 설치 등으로 새로운 지방자치를 할 수 있는 제도적 틀을 마련했다고 평가할 수 있다.

사실 지방자치는 이론적으로나 실무적으로 여러 중요한 분야가 있다.

대표적인 분야를 살펴보면, 논자에 따라 다르겠지만 지방자치의 역사 등은 논의에서 제외하더라도 자치권, 지방자치단체 구역, 집행기관(지방자치단체장), 지방행정(지방조직, 인사, 예산), 지방의회, 정부 간 관계(IGR), 지방선거, 지방재정, 지방경영, 주민참여와 거버넌스, 위기 및 재난관리, 지방외교, 교육자치, 자치경찰 등이다.

이 중에서 우리의 지방자치에서 그동안 주로 관심과 연구를 진행해왔던 분야는 중앙정부와 지방정부 간 관계를 중심으로 한 '정부 간 관계'였다고 해도 과언이 아니다. 이는 우리나라의 지방자치 역사가 일천하고 너무나 강력한 중앙집권의 역사 속에서 지방자치의 중요성이 제대로 인식되지 못한 데 그 원인이 있다고 할 수 있다.

특히 지방정부 간 관계는 지방자치가 부활한 지 30년이 지난 지금까지도 여전히 관심과 연구주제에서 상당히 소외된 분야라고 생각한다. 관련 저서나 논문을 그저 손꼽을 정도라는 것이 그 현실을 제대로 보여주고 있다. 지방정부 간 관계는 정부 간 관계의 하위영역으로서 일부 논의되거나 광역행정이나 도시행정에서 함께 논의되는 정도에 머무르고 있다.

그러나 자치와 분권이 강조되고 조직, 인력, 기능, 예산이 중앙정부에서 광역지방정부(시·도)에서 기초지방정부(시·군·자치구)로 이양되고 있는 지금 이제 지방정부 간 관계는 주민중심의 지방자치 실현과 국가성장 구조의 혁신이라는 대전제를 위해 매우 중요한 주제이다. 물론 그전에도 관련한 여러 논의, 특히 지방정부 간 선호시설(PIMPY) 유치, 혐오시설(NIMBY) 기피 등 수많은 갈등을 통한 사회적 비용의 초래는 우리 사회에 지방정부 간 협력관계를 구축하는 데 필요한 법·제도 개선의 필요성을 지속적으로 제기해 왔다.

지난 지방자치법 전부개정을 통해 바로 이러한 문제들을 해결할 수 있는 기반, 즉 법·제도적인 개선이 마련되었다. 특히 주목을 요하는 부분은 중앙정부와 지방정부 그리고 지방정부 상호 간의 관계를 새롭게 정립하였다는 점이다. 중앙정부와 지방정부의 관계가 과거의 '지도·감독'에서 '대등·협력'의 관계로 변화되었고, 지방정부 간에는 협력과 상생을 위한 다양한 제도가 신설 또는 개선되었다. 지방자치단체장의 직 인수위원회를 제도화 한 점(제105조), 광역사무의 처리를 위하여 지방정부 간 행정협의회의 활성화를 꾀한 점(제169조), 국가와 지방정부 간의 협력을 도모하고 지방자치 발전과 지역 간 균형 발전에 관련되는 중요 정책을 심의하기 위하여 '중앙지방협력회의'를 설치한 점(제186조), 인구 100만 이상 대도시의 경우 특례시 명칭을 부여하고 자율적이고 실질적 자치가 가능하도록 한 점(제198조) 등이다. 이 중에서도 가장 큰 주목을 받고 있는 것은, 바로 특별지방자치단체에 관한 규정을 재정비하여 새롭게 제도화하였다는 점이다(제199조~제211조). 이는 광역적 사무를 처리하기 위한 행정 수요에 적절히 대응하기 위한 것이라 생각된다.

여기에서는 전부개정 지방자치법의 지방정부 간 관계에 대한 주요 개정 내용을 소개하고 그러한 법·제도를 통해 어떻게 지방정부 간 협력관계를 구축함으로써 주민을 위한 '주민 중심의 지방자치', '자치와 분권의 시대'를 실현할 수 있는지에 대해 논의해 본다.

Ⅱ. 지방정부 간 관계의 개념과 중요성

대통령소속 자치분권위원회의 「자치분권 종합계획(안)」이 2018년 9월 11일 국무회의에 원안 통과하여 확정되었을 때, 위원회는 이와 관련하여 자치분권에 새로운 이정표로써 중앙정부와 지방정부가 동반자적 관계로 대전환하고 자치분권의 최종 지향점이 주민에게 있다는 점을 분명하게 담고 있다고 발표하였다. 그러나 '연방제에 준하는 분권형 개헌'을 약속한 현 정부이기에 진정한 의미의 자치와 분권에 따른 정부 간 관계가 정립될 수 있는 내용인가에 대해서는 논란이 있는 것이 사실이다. 이에 따라 정치권은 물론 학계에서도 정부 간 관계에 대한 논의가 새삼 중요하게 부각되고 있으며, 여기에서는 이러한 정부 간 관계 특히 지방정부 간 관계의 개념과 중요성에 대해 살펴본다(장인봉, 2018a: 24~26).

'정부 간 관계(Inter-Governmental Relationship: IGR)'는 1930년대부터 쓰이기 시작하였으며, 1970년대 들어서 미국 등에서 연방주의(Federalism)에 상응하는 중앙정부와 지방정부 간 관계를 어떻게 설정할 것인가에 대한 논의에서 본격적으로 체계적인 연구가 시작되었다. 즉, 정부 간 관계라는 용어를 처음으로 사용한 학자는 스나이더(C. F. Snider)로 1937년 「American Political Science Review」에서 사용된 것으로 알려져 있으며(최송이·최병대, 2012: 4), 1970년대 들어 미국 등 연방국가에서 연방제에 상응하는 중앙정부와 지방정부 사이의 합리적인 관계정립을 위해 본격적으로 연구되기 시작했다(문유석, 2015: 394-395). 특히 대표적인 학자가 라이트(D. S. Wright)이다. Wright(1988)는 정부 간 관계를 미국 연방제 내의 모든 유형과 수준에 있어서 정부단위 간에 발생하는 활동 또는 상호작용의 핵심적 총체라고 개념 정의한다. 대체로 정부 간 관계는 국가 내 모든 형태의 정부단위나 수준 간에 일어나는 상호작용과 활동의 총체로 정의되고 있으며, 이를 우리나라에 적용시켜 보면 중앙정부, 광역지방정부, 기초지방정부 사이에서 발생하는 중앙과 지방, 지방과 지방 사이에 발생하는 상호작용과 관계 또는 총체적인 활동으로 이해할 수 있을 것이다(심익섭, 2010: 9). 또한 정부 간 관계는 각 정부 구성원 간의 공식적인 관계는 물론 비공식적인 접촉과 정보 교환행위 등에 관한 관심을 기울일 것을 함축하고 있으며, 법률적 관계를 넘어서 정책문제와 정책과정, 그리고 정부 간에 형성된 관계의 정치경제적 성격과 배경 등을 중시한다는 특징이 있다(김병준, 2015).

그런데 우리나라에서의 정부 간 관계에 대한 논의는 후진성을 면하지 못하고 있다. 현행 헌법은 중앙집권시대인 1987년 정해진 이래 30여 년간 계속되어 온 것이다. 그러다 보니 '제8장 지방자치'에서 지방자치 관련 2개 조항만을 규정하고 있다. 그 2개 조항은 제117조가 지방자치단체의 기능과 종류, 118조가 지방의회이며 그마저도 법률에 위임하고 있다. 지방자치가 '헌법상 권리'가 아닌 '법률상 권리'에 불과하게 된 것이다. 이로 인해 강력한 권한을 가진 지방자치단체장(집행기관)의 지역주민의 표를 의식하지 않을 수 없는 행태로 인해 지방정부 간에는 늘 협력보다는 갈등의 구조에 놓여질 수밖에 없었다. 또한 중앙정부와 지방정부의 관계가 늘 상하관계에 머무를 수밖에 없었듯이 광역지방정부와 기초지방정부 간 관계도 재정지원과 업무협조 등의 이유로 대등한 상호협력 동반자로서의 역할은 커다란 한계를 가질 수밖에 없게 된 것이다(장인봉, 2018b: 25).

한 마디로 우리나라의 지방정부 간 관계에 대한 그동안의 논의는 '발에 의한 투표(voting by foot)'가 이루어지는 지방자치에 있어서 지방정부 간 협력관계를 위한 논리적 근거는 무엇인지? 그리고 어떠한 체계를 갖추어야 할지에 대한 연구는 이루어지지 않고 있는 실정이다. 이러한 측면에서 앞으로 이론적인 측면과 실제적인 측면에서 지방정부 간 관계에 관한 보다 종합적이고 구체적인 논의를 통한 논리구성이 요구된다.

이론적인 측면에서는 지방정부 간 관계는 지방자치행정이 종합행정이라는 측면에서 단순히 행정학 측면에서의 접근만이 아니라 정책학, 정치학, 법학, 경제학, 사회학, 교육학, 경찰학 등의 전통적인 사회과학 영역과 함께 최근 중요성이 크게 부각된 보건 및 환경 등을 위한 보건학, 의학, 질병학, 환경관리학 등의 모든 학문영역의 말 그대로 학문 간 통섭(Consilience)이 필요한 것이다.

실제적인 측면에서는 하나의 지방정부에 대한 연구와 분석도 어려운 것이 현실인데 지방정부 간 관계는 우리나라의 경우 17개의 광역지방정부와 226개의 기초지방정부 총 243개의 지방정부에 대한 논의다. 때로는 1：1, 때로는 1：n, 때로는 n：n의 관계를 다루는 것이다. 그리고 그러한 과정에서 단순히 지방정부 간 갈등관계는 지양하고 협력적인 관계를 위한 고민만을 하는 것이 아니라 이제 지방정부 간 관계에 있어서 바로 위의 두 가지 측면, 즉 이론적인 측면과 실제적인 측면에서의 구체적이고도 실천적인 처방이 제공되어야 진정한 의미의 지방정부 간 상생(Win-Win)과 함께 선순환의 과정을 통해 국가성장을 도모할 수 있다는 것이다.

Ⅲ. 지방정부 간 관계에 대한 이론적 논의 경향

1. 전통적인 정부 간 관계 이론

지방정부 간 관계에 관한 이론적 논의는 세 가지 측면에서 가능하다. 첫째는 어느 정도의 위계구조를 가지고 있는 광역지방정부와 기초지방정부의 관계이다. 이는 각 지방정부 간의 관계를 어떻게 설정할 것인가에서부터 출발할 수 있으며, 양자 간 상호 균형적인 관계를 지향하는가, 아니면 상하 위계적인 관계를 지향하는가에 따라 기능과 사무배분에 차이가 존재할 수밖에 없다. 둘째는 동일 수준의 지방정부 간 관계이다. 이는 지방정부 간의 관계를 어떻게 설정할 것인가에서부터 출발할 수 있으며, 양자 간 상호 협력적인 관계를 지향하는가, 아니면 상호 경쟁적이고 갈등지향적인 관계를 지향하는가에 따라 차이가 존재할 수 밖에 없다. 마지막으로, 광역지방정부와 기초지방정부가 적어도 하나 수준 이상에서 복수로 관계가 설정될 때이다. 이 경우에는 구조적으로 복잡해질 뿐 위의 두 가지 기본적인 입장이 기본적으로는 그대로 적용되는 것이기에 결국은 위의 두 가지 측면에서의 지방정부 간 관계에 대한 이론적 논의를 살펴보면 될 것이다.

그리고 지방정부 간 관계에도 광역과 기초라는 지방자치의 계층구조 기준이든 동원가능하고 활용 가능한 자원의 수준 측면이든 일종의 위계질서가 틀림없이 존재한다는 측면에서 중앙정부와 지방정부 간 관계에 대한 이론적 논의를 적용해도 크게 무리는 없을 것이다.

대표적인 학자인 라이트(Wright)에 따르면 정부 간 관계는 포괄형, 중첩형, 분리형의 세 가지 형태로 구분하여 논의할 수 있다(장인봉, 2018a: 25~26).

첫째, 포괄형(Inclusive Model)은 지방정부가 중앙정부에 대해 일방적으로 의존적인 관계에 있는 형태를 의미한다. 즉, 지방정부의 역량이나 동원 가능한 자원 등이 미약한 수준이어서 독립성과 자율성을 가지고 재량권을 행사하지 못하고, 중요한 국가차원의 정책결정 및 집행과정 뿐 만 아니라 조직, 인사, 재원의 전반적인 운영과정 등에서 지방정부에 대한 중앙정부의 통제를 강조하는 모형이다. 이 모형에서는 지방수준에서의 의사결정은 행정을 통한 중앙 각 부처의 지방통제에 의해 규정되고 광역지방정부(시·도)는 중앙정부와 기초지방정부(시·군·구)의 매개자, 전달자 역할을 담당하게 된다. 중앙정부와 지방정부 간 사무분담은 지방정부의 독자적인 자치권이 극히 제한되어 지방의 고유사무 비율이 낮고, 위임사무의 비율이 높다. 이를 광역지방정부와 기초지방정부 간의 관계에 적용하면 결국은 기초지방정부가 광역지방정부에 대해 일방적으로 의존적인 관계에 있는 형태를 의미한다.

둘째, 중첩형(Overlapping Model)은 중앙정부와 지방정부 간, 지방정부(광역·기초) 간에 상호의존적인 관계로 Wright는 이를 정부 간 관계의 가장 이상적인 모형으로 간주하고 있다. 이 모형에서는 정부 간 관계에서 집권과 분권의 적절한 조화를 강조하고, 각 정부 간의 독립성과 자율성을 인정하며, 시민의 각종 수요와 지지에 적극적으로 대응하기 위해서는 중앙정부와 지방정부 상호 간의 협력이 중요하다고 본다. 이러한 상호의존성은 여러 측면에서 나타나며, 이를 광역지방정부와 기초지방정부 간의 관계에 적용하면 결국은 광역지방정부와 기초지방정부가 광역행정의 공동이익을 위한 공동운명체라는 입장에서 서로의 재정지원이 원활히 이루어지는 형태이다.

셋째, 분리형(Separated Model)은 중앙정부와 주정부의 명백한 분리를 전제하지만 지방정부는 주정부 내에 포함되거나 종속되는 모형이다. 중앙정부와 주정부 간의 권력관계는 독립적이고 자치적이다. 따라서 지방정부의 사무는 고유사무가 주를 이루며 주민과 밀접한 관련이 있는 사무에 대해서는 다른 정부와 관계없이 독립적이고 자율적으로 이루어진다. 또한 지방정부의 행정서비스도 원론적으로 자체부담으로 충당해야 한다. 이 모형은 정치적으로 중앙정부의 지나친 통제에서 벗어날 수 있고 지방정부의 특수성을 반영할 수 있는 장점이 있으나, 중앙정부와의 갈등, 지방정부 단위 간의 소통과 협력의 어려움, 상위 차원의 국가 이득의 침해 등이 발생할 수 있는 한계가 있다. 이를 광역지방정부와 기초지방정부 간의 관계에 적용하면 결국은 기초지방정부는 광역지방정부에 포함되거나 종속하게 되는 형태를 의미한다.

위에서 보았듯이 정부 간 관계를 바라보는 시각은 그 초점에 따라 다르게 평가할 수 있다. 우리나라의 광역지방정부와 기초지방정부 간 관계는 법적 형식으로는 중첩형 모형에 속하나 실질적, 기능적으로는 포괄형 모형에 가깝다고 할 수 있다. 즉 기초지방정부의 자치권이 법률로는 보장되고 있으나, 보다 상위의 광역차원의 주요 정책결정과 집행과정에 기초지방정부의 참여가 거의 이루어지지 않고 있고, 기초지방정부의 업무수행에 대한 광역지방정부의 광범위한 통제가 이루어지고 있으며, 적정한 재원과 역량을 갖추고 있지 못한 기초지방정부는 자치업무의 수행을 위해 광역지방정부의 지원에 크게 의존하고 있는 형편이다. 그러므로 앞으로 광역지방정부와 기초지방정부 간 관계에 대한 접근모형은 포괄형 모형에서 중첩형 모형으로 그 지향점과 근본적인 내용이 바뀌어야 한다.

2. 최근의 지방정부 간 관계 이론 : 거버넌스 관점

사실 지방자치는 '발에 의한 투표'이기 때문에 부여된 권한이 유사한, 동일한 수준에 위치한 지방정부 간의 경쟁 예컨대, 광역지방정부와 광역지방정부 혹은 기초지방정부와 기초지방정부 간의 경쟁은 당연한 것이라고 할 수 있다. 즉, 지방정부가 기업이나 인구 등 생산적 자원을 지역 내로 유치하기 위해 다른 지방정부와 벌이는 경쟁은 1995년 본격적인 민선 지방자치가 실시되면서 지속적으로 강화되고 있다. 기업이나 인구 등의 생산적 자원의 유치는 지역경제 활성화는 물론 고용창출, 지방재정력 강화와 함께 공공서비스의 향상 등의 많은 효과를 가져다준다. 그렇기에 지방정부는 생산적 자원을 유치하기 위한 다양한 인센티브, 예를 들어 조세 감면 및 비과세, 규제 완화 및 탈규제, 각종 지원금 지급 등을 경쟁적으로 제공한다. 이러한 공공영역에서 정부 간의 경쟁은 시민들에게 세금부담을 줄이면서 공공서비스의 수준을 높이는 효과를 창출한다. 보다 거시적으로, 정부 간의 경쟁은 자원의 배분을 최적화시킴으로써 모든 사람의 복리를 증진시킨다(Tiebout, 1956; Oates, 1972; Brennan & Buchanan, 1980; Oates & Schwab, 1999; 유재원, 2014에서 재인용).

또한 지방분권화는 지방정부 간 갈등의 표출을 제도화함으로써 지방정부 간 갈등을 파국으로 치닫지 않고 국가적 통합에 이르도록 유도한다는 주장도 있다(안성호, 1993: 830~832).

그러나 지역 간 경쟁의 긍정적인 측면에도 불구하고 우리나라의 경우 지방정부에 부여된 입법적, 재정적 자율성의 제약으로 인해 지방정부가 다른 지방정부와 경쟁할 권한이 충분히 부여되어 있지 못하다. 게다가 생산적 자원의 유치로 인한 재정적 혜택이 지방세로 전환되는 것이 아니라 국세로 빠져나가는 고유의 세원배분 체제의 특징으로 인해 자치단체가 생산적 자원을 유치할 동기가 약하다. 이로 인해 지역 간 경쟁이 활성화 되지 못하고, 지역 간 경쟁의 미 활성화는 자치행정을 매우 비효율적이고 비생산적으로 만드는 중요한 요인이 되고 있다(유재원, 2005, 2008a; 유재원, 2014에서 재인용).

사실 고전적 정부 간 관계는 상하의 수직적 관계에서 법적, 재정적 권한의 분배문제를 중점적으로 다루는 이른바 고전적 통치론(government)을 근간으로 이루어져 왔다고 볼 수 있다. 그러나 최근의 정부 간 관계론에서는 정부 간 참여와 상호의존적 동반 관계, 시장 원리에 의한 합리적 선택 기제의 활용, 문제 해결의 네트워크, 자율적 문제해결 등이 강조되고 있는데 이러한 정부 간 관계의 모형을 거버넌스 관점에서 접근하는 것이 최근 추세이다. 즉, 지금의 지방자치 환경은 코로나19 팬데믹 사태에서 볼 수 있듯이 하나의 지방정부가 잘한다고 해서 극복하고 해결할 수 있는 문제들이 아니다. 오히려 모든 지방정부들이 함께 협력적인 관계를 구축하고 최선을 다해 거버넌스를 작동해야 대응하고 극복할 수 있다. 이런 측면에서 지방정부 간 관계를 포괄형보다는 중첩형의 관점에서 광역지방정부와 기초지방정부를 국가이익을 위한 공동운명체 내지는 파트너로 보고 상호 동등한 관계 하에서의 협력관계를 강조하는 추세이다. 이러한 측면에서 이번 지방자치법 개정을 통해 지방정부 간 관계를 거버넌스 관점에서 그 내용을 강화한 것은 매우 의미가 크다고 할 것이다.

IV. 지방자치법 전부개정을 통한 지방정부 간 관계의 주요성과

이번 지방자치법 전부개정의 주요내용 중에서 지방정부 간 관계에 있어서 주요성과를 살펴보면 다음의 〈표 13-1〉과 같다.

〈표 13-1〉 지방자치법 전부개정을 통한 지방정부 간 관계에 있어서 주요성과

주요 내용	구 지방자치법	현 지방자치법	비고
1. 지방정부 간 갈등관계 해결 및 협력지원 1) 매립지 관할 결정 절차 개선 2) 경계조정 절차 신설 3) 자치단체 간 협력지원	- 매립지 관할 관련 이견이 없는 경우에도 중분위 절차를 거쳐 결정 - 규정 없음 (미규정)	- 분쟁 없는 경우 별도 심의의결 절차 생략 등 결정 가능 - 자치단체 간 자율협의체를 통해 경계조정 협의 추진 / 미해결 시 중분위 심의를 거쳐 조정 가능 - 관계 중앙행정기관 장의 자치단체 간 협력 활성화를 위한 필요한 지원규정 신설	제5조 제6조 제164조
2. 지방재정의 조정	(미규정)	- 지역 간 재정불균형 해소를 위해 국가·자치단체, 자치단체 간 재정조정을 하도록 국가와 자치단체의 노력 명시	제136조

주요 내용	구 지방자치법	현 지방자치법	비고
3. 행정협의회 활성화	- 행정협의회 구성 시, 자치단체 간에 정한 규약을 지방의회 의결 후 고시 - 설립 시 지방의회의 의결 필요 - 자치단체 간 협력에 대한 지원 근거 없음	- 행정협의회 구성 시, 자치단체 간에 정한 규약을 지방의회에 보고한 후 고시 - 설립시 지방의회에 보고로 간소화 - 관계 중앙행정기관의 장은 협력활성화를 위해 필요한 지원 가능	제169조
4. 중앙지방협력회의 신설	(미규정)	- 중앙지방협력회의 설치 근거 마련	제186조
5. 지방외교 강화 (국제교류·협력)	(미규정)	- 국제교류·협력에서 지방자치단체의 역할 명시 - 외국지방자치단체, 민간기관, 국제기구와 협력 - 해외사무소의 효율적 설치·운영	제193조 ~ 제195조
6. 특별지방자치단체 도입	- 세부사항 미규정 ※ 현행 법 제2조제3·4항에 특별지방자치단체의 설치·운영에 관하여 필요한 사항은 대통령령으로 정하도록 규정(대통령령 미규정)	- 광역사무의 효율적 처리를 위한 특별지방자치단체 설치, 구성, 운영 등 규정 - 2개 이상의 자치단체가 공동으로 광역사무 처리를 위해 필요 시 특별지방자치단체 설치·운영 근거 규정	(제12장) 제199조 ~ 제211조

여기에서 보면 지방자치법 전부개정을 통해 지방정부 간 관계에 있어서 다음의 6대 주요핵심성과가 창출되었다고 할 수 있다. 지방자치법 조문 순서에 따라 정리해 보면 다음과 같다. 첫째, 지방정부 간 갈등관계 해결 및 협력지원이다. 둘째, 지방재정의 조정이다. 셋째, 행정협의회 활성화이다. 넷째, 중앙지방협력회의의 신설이다. 다섯째, 지방외교 강화이다. 여섯째, 특별지방자치단체 도입이다. 이러한 주요핵심성과를 중심으로 내용을 조금 더 자세히 살펴보면 다음과 같다.

1. 지방정부 간 갈등관계 해결 및 협력지원

지방정부 간 갈등관계 해결 및 협력지원을 위한 주요개정 내용은 다음과 같다.

첫째, 지방정부 간 갈등관계의 해결을 위한 행정 효율성 제고 노력에서 가장 눈에 띄는 것은 두 가지이다. ⅰ) 매립지 및 등록 누락지가 속할 지방자치단체 결정 절차 개선이다(제5조). 종전에는 행정안전부장관이 매립지 및 등록 누락지가 귀속될 지방자치단체를 결정하는 경우, 이의제기기간 중 다른 지방자치단체로부터 이의제기가 없더라도 지방자치단체중앙분쟁조정위원회(이하, 중앙분쟁조정위원회)의 심의·의결을 거쳐 결정하도록 하였으나, 앞으로는 이의제기기간 동안 아무런 이의제기가 없는 경우에는 중앙분쟁조정위원회의 심의·의결 없이 매립지 등이 귀속될 지방자치단체를 결정하도록 그 절차를 간소화하였다. 또한 매립지 귀속과 관련되어 기초지방정부(시·군·구) 상호 간 비용 분담 등에 대하여 분쟁이 발생하는 경우, 종전에는 광역지방정부(시·도)에 설치되어 있는 지방자치단체지방분쟁조정위원회(이하, 지방분쟁조정위원회)의 심의·의결을 거쳐 시·도지사가 조정하도록 하였으나, 앞으로는 중앙분쟁조정위원회에서 매립지 귀속 결정과 함께 병합하여 심의·의결하여 행정안전부장관이 조정하도록 함으로써 매립지 귀속 결정과 관련된 분쟁을 보다 효율적으로 해결할 수 있도록 하였다. ⅱ) 지방자치단체 관할 구역 경계변경 제도 개선이다(제6조). 관계 지방정부의 장은 주민생활에 불편이 큰 경우 등에는 행정안전부장관에게 관할 구역 경계변경에 관한 조정을 신청하도록 하고, 행정안전부장관은 그 신청내용을 공고한 후 경계변경자율협의체를 구성·운영하게 하여 상호 협의하도록 하는 장을 마련하며, 경계변경자율협의체에서 구성을 요청받은 날부터 120일 이내에 경계변경에 관한 합의를 하지 못한 경우 중앙분쟁조정위원회의 심의·의결을 거쳐 행정안전부장관이 경계변경에 관한 사항을 조정하도록 하였다. 또한 지방정부 간 경계변경에 관한 합의가 된 경우이거나 중앙분쟁조정위원회에서 경계변경을 하는 것이 적정하다는 의결을 하는 경우에는 행정안전부장관은 이를 반영하여 대통령령안을 입안하도록 하였다. 지방자치단체 간 관할구역 경계변경 과정에서 상호 비용 부담, 그 밖의 행정적·재정적 분쟁이 발생한 경우 경계변경에 관한 조정과 병합하여 중앙분쟁조정위원회의 심의·의결을 거쳐 행정안전부장관이 조정하도록 함으로써 관할 구역 경계변경에 관한 분쟁을 효율적으로 조정하도록 하였다.

둘째, 지방정부 상호 간의 협력을 위한 지원이다(164조). 지방정부는 다른 지방정부로부터 사무의 공동처리에 관한 요청이나 사무처리에 관한 협의·조정·승인 또는 지원의 요청을 받으면 법령의 범위에서 협력하여야 하고, 관계 중앙행정기관의 장은 지방정부 간의 협력 활성화를 위하여 필요한 지원을 할 수 있도록 규정하였다.

셋째, 지방정부 상호 간의 분쟁조정을 위한 노력이다(165조). 지방정부 상호 간 또는 지방정부의 단체장 상호 간에 사무를 처리할 때 의견이 달라 다툼(이하 "분쟁"이라 한다)이 생기면 다른 법률에 특별한 규정이 없으면 행정안전부장관이나 시·도지사가 당사자의 신청을 받아 조정할 수 있다. 다만, 그 분쟁이 공익을 현저히 해쳐 조속한 조정이 필요하다고 인정되면 당사자의 신청이 없어도 직권으로 조정할 수 있다. 또한 이에 따른 분쟁의 조정과 협의사항의 조정에 필요한 사항을 심의·의결하기 위하여 행정안전부에 중앙분쟁조정위원회를, 시·도에 지방분쟁조정위원회를 둔다(166조).

2. 지방재정의 조정

지방정부 간 협력이 미약한 이유에는 여러 가지가 있겠지만, 무엇보다도 이들을 연결하는 유기적인 연결고리가 없다는 것이다. 사실 지방정부 간 협력관계에서 가장 중요한 것은 확실한 연결고리를 만드는 것이다. 이런 연결고리를 할 수 있는 것 중의 하나가 지방정부 간 재정적 협력의 장이다. 지방정부 간의 재정적 협력에 바탕을 둘 경우 상호호혜의 원칙에 따른 협력이 가능할 것이다(김석태, 1992: 920).

그러나 지방자치의 전면적 재실시와 더불어 제기되는 가장 심각한 과제의 하나는 지방자치의 실질적 기반이 되는 지방재정 확충문제와 지역 간 불균형 발전의 문제라고 할 수 있다. 이러한 과제는 수직적으로 중앙-지방 간에 있어서의 재원 및 기능의 적정배분과 관련되며 수평적으로 지역 간 자원의 편재에 직접적으로 연관되어 있다고 할 수 있으므로 궁극적으로는 중앙-지방, 지방-지방의 입체적 상호관계 속에서 그 해결책이 모색되어야 한다. 즉, 재정적 자주성이 없는 상태에서는 진정한 자치는 얻어질 수 없는 것이다(심정근·김보현, 1997: 3). 이에 이번에 전부개정 지방자치법 제136조에 지역 간 재정 불균형을 해소하기 위하여 국가와 지방자치단체 간, 지방자치단체 상호 간 재정조정을 하도록 조치하였고 그 구체적인 내용을 보면 다음과 같다(김상미, 2021: 48~49).

첫째, 국세와 지방세의 구조개선이다. 대통령소속 자치분권위원회는 국세와 지방세의 76.4:23.6 비중(2019년 기준)을 7:3을 거쳐 6:4로 함을 기본방향으로 하고 있는데, 지방세 확대를 광의의 지방재정조정 제도로 볼 수 있다.

둘째, 지방재정조정제도로서 지방교부세 개선이다. 우리의 경우 지방자치단체의 부족한 재원을 보완하고 지방자치단체 간 재정적 균형을 위해 교부하는 지방교부세가 지방재정조정제도의 역할을 한다. 지방교부세법 제1조에 의하여 지방행정을 건전하게 발전시키기 위한 지방재정조정제도로 활용하고 있다. 지방교부세 세율 산정에 지역균형 수요를 별도 보정하는 조치를 취하고 있는데, 현행 보정 수요 산정 요소들은 그 종류가 많고 복잡하므로 지방자치단체 간 재정격차 완화에 중점을 두는 방향으로 개선하는 후속조치를 준비하고 있다.

셋째, 국고보조금 차등보조율 적용이다. 국고보조금의 경우에도 지방자치단체의 재정자주도, 분야별 재정지출지수 등 재정사정을 고려하여 기준보조율에서 일정 비율 더하거나 빼는 차등보조율을 적용할 수 있도록(보조금의 관리에 관한 법률 제10조) 지방재정 균등화를 위한 기능을 일정 정도 수행하고 있다.

넷째, 서울시의 재산세 공동과세이다. 독일의 수평적 지방재정조정 제도와 유사한 제도로 2008년부터 시행되고 있는 서울시의 재산세 공동과세제도가 있다. 서울시는 25개 각 자치구청이 징수하는 재산세의 50%를 공동으로 거둬들여 이를 균등 재분배하고 있다. 재산세 공동과세는 재정력이 우수한 강남 3구 등지에서 거둔 재산세를 재정이 열악한 다른 구로 재분배해 강남·북 균형발전을 도모하자는 취지에서 만들어졌다. 지방세기본법 제9조와 10조를 개정하여 세입귀속비율의 조정을 통한 광역지방정부 간 또는 기초지방정부 간 재정조정 또는 공동세의 도입과 연계할 수 있는 근거 규정을 제시할 수 있다.

3. 행정협의회 구성 간소화

우리나라에서는 그동안 지방정부는 중앙정부나 상급지방정부의 통제 속에서 운영되어 지역 간에 상호협력이 활발하게 이루어지지 못해 왔다. 즉, 교통, 환경, 지역경제 등 광역행정상의 문제가 생기면 상호협력적으로 문제를 해결하기보다는 중앙정부나 상급지방정부에 의존하여 해결하는 방식에 의존해 왔다고 해도 과언이 아니다. 그러나 이제는 교통이나 상하수도관리, 쓰레기 처리, 환경이나 교육 등 광범위한 문제에서 광역행정상의 문제를 지방정부 간의 상호협력을 통하여 해결하지 않으면 안 된다. 이에 지방자치법 전부개정을 통해 구성 자체가 어려워 유명무실했던 기존 행정협의회의 구성을 간소화하였다.

구체적인 내용을 보면, 종전에는 행정협의회 구성 시, 자치단체 간에 정한 규약을 지방의회 의결 후 고시하도록 하였었으나 이번 개정으로 행정협의회 구성 시, 자치단체 간에 정한 규약을 지방의회에 보고한 후 고시하도록 하여 지방의회의 의결을 보고로 간소화하였다(169조). 또한 종전에는 지방정부 간 협력에 대한 지원 근거가 없어 실질적인 활성화에 어려움이 있었으나, 이번 개정으로 관계 중앙행정기관의 장은 협력활성화를 위해 필요한 지원이 가능하도록 되어 행정협의회의 활성화에 크게 도움이 될 것으로 기대된다.

4. 중앙지방협력회의 신설

전부개정 지방자치법으로 중앙과 지방관계는 크게 바뀌게 되었다. 지방자치단체라는 용어 자체는 헌법에 있는 용어이다. 그동안 지방자치단체는 지역주민이 참여하는 정부라기보다 중앙정부가 시키는 역할을 잘 수행하는 단체라고 그 역할을 한정해 왔다고 해도 과언이 아니다. 이러한 점에서 전부개정된 지방자치법 제9장의 명칭이 '국가의 지도·감독'에서 '국가와 지방자치 간의 관계'로 변경된 것은 커다란 상징적 의미를 지닌다. 이제는 지방자치단체가 지방정부의 위상을 갖게 된 것이다. 국가가 국정을 운영할 때 종전에는 하위단체라는 생각에 지도와 감독만 하면 되는 것이었다면, 이제는 중앙과 지방을 협력관계로 정의하였고 이 협력을 용이하고 제도적으로 뒷받침하기 위해 중앙지방협력회의를 설치하도록 하였다(김순은, 2021: 16).

그리고 '중앙지방협력회의의 구성 및 운영에 관한 법률'이 제정됨으로써 2022년부터 운영된다. 중앙지방협력회의는 대통령 또는 중앙정부의 장과 지방정부의 장들 간의 상호협력을 강화 하고 지방자치와 지역의 균형적 발전을 위한 정책을 심의하기 위해 구성하는 협의체라는 의미가 있다. 협력회의를 통해 중앙과 지방정부 간의 정례적 소통을 강화하고, 이를 통해 지방의 의견을 국가 주요 정책에 비중 있게 반영할 수 있는 길을 마련했다고 할 수 있다. 국가정책에 대한 지방의 정례적 참여와 의견 개진은 지역주민의 삶의 질 향상과 지역 간 균형 발전으로 이어지는 절차상의 핵심적 개혁 이슈이기 때문이다(문병기, 2021: 24). 명실공히 중앙지방협력회의는 지방정부를 국정의 동반자로 격상시킬 것이다.

5. 지방외교 강화

세계화는 이론의 여지 없이 각국의 행정과 정책에 영향을 미치는 중요한 환경이 되었다. 개별 국가에 영향을 미친 세계화는 이제 지방정부에 직접적으로 영향을 미치고 있다. Meyer(2008)는 국민국가의 존재가 약화되고 개별 주체들이 세계화의 전선에 뛰어드는 '국가 없는 세계화(stateless globalizations)'로 설명하였다. 개인과 국가 사이의 다양한 계층에 존재하는 수많은 집단과 조직들이 새롭게 힘을 얻고 정당성을 가진 주체로서 세계사회에서 활동하는 것이다(Meyer, et. al, 1997: 171). 지방정부 역시 세계사회에서 새롭게 힘을 얻은 주체(empowered actor)로서 자신의 정체성과 활동 및 역할범위(actorhood)를 한정하지 않고 지구촌에 곧바로 편입하는 양상을 보이고 있다(정명은·박나라·장용석, 2009: 257; 정명은, 2012: 241에서 재인용).

지방정부의 세계화 노력은 다양하게 나타난다. 세계화 시대에 지역의 자생적 경쟁력을 갖추어야 한다는 점에서 각종 도시경쟁력, 지역경쟁력 측정지표에서 세계화 수준이 중요한 지표로 포함되고 있다. 이에 최근 지방정부들은 경쟁적으로 세계적 수준의 대회, 축제, 박람회, 시설 유치에 앞장서고 있다. 준비가 안 된 일부 지방정부들의 '묻지마 유치' 식의 세계대회 유치로 인해 혈세 낭비, 낮은 사업성, 취소 번복 등의 폐단이 나타나면서 전시성 행정이라는 지적도 받고 있다. 지방정부의 국제교류 확산에 대해 세계사회 속의 능동적인 행위자(조직)로서 지방정부의 세계화 노력은 국제교류 체결(자매결연, 우호교류)과 국제기구 가입의 방법 등이 가능할 것이다. 지방정부의 행정현장을 보면 특정 해외 지방정부나 도시와의 국제교류 체결이 국제기구에 가입하는 것에 비해 더 일반화된 정책행태로 여겨진다. 특히 기초지방정부들에게 있어서 국제기구에 가입하는 것은 매우 생소한 것, 중앙정부가 가입하는 것으로 여겨지고 있다. 지방정부의 다양한 외향적 세계화 노력 중에서 국제교류 체결을 가장 보편적인 정책이나 사업으로 볼 수 있으며 국제기구 가입은 비교적 보편성이 낮은 수준이라고 할 수 있다(정명은, 2012: 241~242).

이에 이번 지방자치법 전부개정에서는 국제교류·협력에서 지방자치단체의 역할 명시, 외국지방자치단체, 민간기관, 국제기구와 협력, 해외사무소의 효율적 설치·운영 등에 대한 조항을 신설함으로써 지방외교가 광범위하게 가능하도록 했다.

6. 특별지방자치단체 도입

개정된 지방자치법에서 또 하나 주목할 대목은 특별지방자치단체의 설립이다. 특별지방자치단체의 설립은 현행 법률에서도 근거는 있지만, 구체적인 규정이 없어 실제 설립에 어려움이 있었는데 이의 실질적인 운영과 활성화를 위하여 새롭게 신설한 조항이다.

특별지방자치단체는 교통과 통신의 발달, 생활권 변동, 지리적 영향 등 여러 가지 이유로 기존 행정구역을 넘어서는 광역행정수요가 발생함에 따라 효율적인 행정서비스를 제공하기 위하여 지방정부 간 새로운 협력체제가 필요하다는 당위성에서 비롯된 것이다. 다만 특별지방자치단체의 설치와 폐지는 변화하는 환경에 따라 신속하게 결정되어야 할 경우가 많을 것으로 보아, 일반지방자치단체와 유사한 법적 지위에 있음에도 법률이 아닌 행정안전부 장관 승인만으로 설치·폐지하도록 하였다(김순은, 2021: 18).

특별지방자치단체의 설립은 기본적으로 특별지방자치단체를 구성하게 되는 지방정부 간의 협의에 따라 규약을 정하고, 그 규약에 따라 운영하면 된다. 그 과정에 참여하는 지방정부의 의회 의결이 필요하고, 이는 이후 행정안전부의 승인을 요하도록 하고 있다. 특별지방자치단체는 법인이며(제199조 제3항), 규약에 목적, 명칭, 구성 지방자치단체(특별지방자치단체의 구성원이 되는 지방정부), 관할 구역, 사무 등에 관하여 정해야 한다(제202조). 특별지방자치단체의 의회는 구성 지방자치단체 의회의 의원들로 구성하고, 그 장은 특별지방자치단체의 의회에서 선출하도록 하고 있다. 운영 경비는 구성 지방자치단체가 분담한다(최우용, 2021: 40).

특별지방자치단체의 설립은 이번 지방자치법 개정과정에서 '뜨거운 감자'로 부각되었던 특례시 문제를 해결하는 데도 활용할 수 있을 것이다. 전국의 기초지방정부들이 특례시 지정을 경쟁적으로 요구하고 나선 것은 자치 분권의 수준이 획일적이고 매우 미흡하다는 것을 반증한다. 중앙정부나 광역지방정부의 권한과 기능을 기초지방정부로 대폭 이양해 지역 여건에 맞는 자치행정을 펼칠 수 있는 토대가 마련된다면, 특례시 지정을 둘러싼 대립과 갈등을 줄일 수 있을 것이다. 특례시 논쟁을 계기로 우리나라도 지방정부의 역량에 따라 행·재정적 권한을 차등 이양하는 방안을 적극적으로 도입할 필요가 있다. 영국의 경우 중앙정부와 지방정부가 분권협상(Devolution Deal)을 통해 연합정부(CA)에 권한을 이양하고 있는 것이 대표적인 사례라고 할 수 있다(정정화, 2021: 30).

나아가 기초지방정부들 사이에서도 합의에 따라 특별지방자치단체를 설립하게 된다면 해당 지역주민의 광역적 특수수요와 숙원사업 진행에 크게 이바지할 수 있을 것으로 보인다.

또한 지역의 문제를 주민 스스로 또는 주민과 가까운 정부가 해결할 수 있도록 해야 한다는 '보충성의 원칙'과 지역의 차별적 이점을 고려한 '차별화의 경제' 실현 차원에서 해당 주민과 지방정부가 요구할 경우 특별지방행정기관 이관은 당위성을 지니는데, 이 경우에 특별지방자치단체를 활용한다면 특별지방행정기관 이관 정책이 보다 탄력을 받을 수 있을 것이다. 기존의 여러 지방자치단체가 공동 규약에 따라 특별지방자치단체를 구성하여, 특별지방행정기관 사무를 여러 지방자치단체 구역에 걸쳐 효율적으로 처리할 수 있다.

V. 결론

최근 우리는 급격한 인구절벽, 고용절벽 그리고 코로나19로 대표되는 위기와 함께 자치와 분권, 4차 산업혁명으로 대표되는 기회가 혼재되어 있는 대전환기에 놓여 있다. 인구의 급격한 감소와 유동성의 증가, 교통·통신의 발달, 거주지역과 직장과의 불일치, 중복 투자로 인한 예산 낭비, 지역 간 재정력의 격차, 전국적 표준화의 필요성 등으로 인하여 둘 이상의 지방정부에 걸쳐 공동적 내지 통일적으로 수행해야 할 사무의 비중이 점차 커지고 있다. 이에 오늘날 전 세계는 정부 간 관계를 상하 위계적 입장에서 보는 것에서 탈피하여 상호 대등하고 협력적인 관계를 강조하는 정부 간 관계의 입장에서 적극적으로 고려하고 있다. 즉, 오늘날 정부 간 관계는 어느 정부가 어느 기능을 전담하여 수행하느냐보다는 각각의 정부가 어떻게 협력하여 다양한 기능을 효율적으로 수행해 나가느냐에 초점을 두고 있다. 이는 지방정부 간 관계에서 더욱 필요하다.

우리나라의 정부 간 관계가 실질적인 상호의존모형으로 전환되기 위해서는 기초지방정부로부터 시작하여 광역지방정부 그리고 중앙정부로 올라가는 상승형의 관계 즉 보충성의 원리를 중시해야 하고, 자원과 역량을 갖춘 종합적이고 자율적인 지방정부의 확립을 통한 정부 간 대등한 관계의 확대가 요구되며, 이를 위해 입법, 조직, 인사, 재원 등은 물론 국가적인 정책결정 및 집행을 위한 권한배분과 참여방식 등에 대한 전반적인 조정이 요청된다.

이러한 관점에서 볼 때 지방정부 간 관계는 다음과 같은 방향으로 발전되어야 한다.

첫째, 지방정부 간 관계는 어느 정부가 어느 기능을 전담하여 수행하느냐보다는 각각의 정부가 어떻게 협력하여 다양한 기능을 효율적으로 수행해나가느냐에 초점을 두고 논의해야 한다.

둘째, 지방정부 간 관계는 각 정부 단위의 권한배분의 문제를 기본으로 하여 그의 실제적이고 효율적인 실현을 위한 기능, 사무, 재원의 재분배를 종합적으로 고려하여야 한다. 선진국은 대체로 기초지방정부와 광역지방정부 간에 기능과 권한을 완전히 분리하고 있다. 예컨대, 영국은 기초지방정부는 주민의 일상생활과 밀접한 관계를 가지고 있는 기능인 주택, 쓰레기 처리, 상·하수도 관리, 교육(초등학교), 복지 등의 사무를, 광역지방정부는 조금 더 광역단위의 기능인 교통(고속도로), 경찰 등을 분담하고 있으며, 프랑스는 분리형으로 사무를 배분하고 광역과 기초를 대등한 지방정부 간 관계로 보고 있다. 앞으로 우리나라도 이러한 부분에 대한 인식전환과 실질적인 자치와 분권이 가능하도록 지속적인 법·제도 개선과 관리노력이 필요하다.

셋째, 지방정부 간 관계에서 주의해야 할 것은 특례시 규정이 또 다른 지방정부 간 갈등의 불씨가 되지 않도록 해야 한다는 것이다. 개정 법률은 인구 100만 이상 대도시의 경우, 관계 법률에 따라 기존의 인구 50만 이상의 대도시에 주어지던 특례에 추가적으로 특례를 부여할 수 있도록 하였다. 그 구체적인 내용 역시 따로 법률로 정하도록 하고 있어, 어떤 사무에 관하여 특례가 주어질 것인가는 향후 주요 과제라고 하겠다. 오래전부터 특례시 인정을 주장해 온 창원시, 수원시 등 인구 100만 이상의 지방정부의 입장에서는 고무적인 내용이지만, 특례시의 등장으로 관내 특례시와 관계 재정립이 필요한 경기도와 경상남도는 다른 입장일 수 있다. 특례시 규정이 또 다른 지방정부 간 갈등의 불씨가 되지 않기 위해서는 향후 관계 법률의 내용이 중요한 만큼 만반의 준비가 필요해 보인다.

넷째, 국가 경쟁력은 지방의 경쟁력이 가장 중요한 기반이므로 지역적 특성을 고려하여 우선순위에 따라 지역발전의 정책결정과 집행이 이루어지도록 중앙정부보다는 광역지방정부 그리고 광역지방정부보다는 궁극적으로 기초지방정부 주도의 지역발전이 이루어져야 한다.

마지막으로, 지방정부 간 관계에 있어서 위와 같은 방향으로 발전하기 위한 가장 중요한 전제는 지방정부 스스로의 부단한 자기개발 노력과 그를 통한 역량의 강화임은 물론이다. 지방정부는 자치행정 과정의 투명성을 스스로 확보함과 동시에 자율, 창의, 성과로 연결되는 지방자치시대의 새로운 패러다임에 걸맞는 적극적인 노력이 요구된다. 이를 위한 지방정부 간의 연대적 협력관계의 구축과 지방행정조직에 대한 관리방식의 전환, 시대가 요구하는 지방공무원의 능력발전체제의 구축 등 미래의 분권형 사회시스템에 걸맞는 대응능력의 강화에 주력해야 할 것이다. 또한 주민들도 자치행정과정에서 수혜자 또는 비판자로서의 한정적 역할에서 벗어나 욕구의 전달과 지역문제의 해결에 능동적으로 참여하는 새로운 규범의 내면화가 이루어져야 할 것이다.

| 참고문헌 |

김병준. (2015). 「지방자치론」. 서울: 법문사.

김상미. (2021). 자치분권 2.0시대 대응과 과제: 자치분권 2.0시대 어떻게 맞을 것인가. 「대통령소속자치분권위원회 경기·인천권 대토론회 발표자료집」.

김석태. (1992). 지방정부간 수평적 재정조정. 「한국행정학보」, 26(3): 913-932.

김순은. (2021). 희망찬 자치분권 2.0 시대를 이끌어 나가겠습니다. 「행정포커스」, 150: 12-20.

문병기. (2021). 지방행정의 관점에서 바라본 전부개정 지방자치법의 핵심내용 및 의의. 「행정포커스」, 150: 22-26.

심익섭. (2010). 중앙과 지방정부 간의 합리적 권한 관계에 관한 비교연구. 「사회과학연구」. 16(2): 5-32.

심정근·김보현. (1997).「지방재정학: 이론과 실제」. 서울: 박영사.

안성호. (1993). 우리나라 지방분권화의 논거. 「한국행정학보」, 27(3): 825-845.

유재원. (2014). 지역간 경쟁: 논리, 현황 및 강화방안. 「국가정책연구」, 28(4): 117-140.

장인봉. (2018a). 정부 간 관계(IGR)의 논거. 「지방행정」. 통권 780호(2018년 10월).

장인봉. (2018b). 중앙-지방 협력체계: 제2국무회의. 「지방행정」, 통권 775호(2018년 5월).

정명은. (2012). 지방정부의 경쟁적 세계화: 수직적 확산과 수평적 확산. 「한국행정학보」, 46(3): 241-270.

정정화. (2021). "지방자치법 전부개정의 미래와 향후과제". 한국행정연구원. 「행정포커스」, 150: 27-31.

최송이·최병대. (2012). 중앙-지방정부간 역할분담에 대한 추이 분석: 1991년 이후 지난 20년간의 사무배분을 중심으로. 「한국지방자치학회보」, 24(3): 5-25.

최우용. (2021). "정부 간 관계의 지방자치법 전부개정 내용과 의의". 「행정포커스」, 150: 38-43.

Meyer, John, John Boli, George Thomas, & Francisco Ramirez. (1997). World Society and the Nation-State. *American Journal of Sociology*, 103(1): 144-181.

Wright, Deil S. (1988). *Understanding intergovernmental relations*. 3rd edition. Brooks/Cole Pub. Co.

제14장 자치단체의 자율성과 책임성 강화: 성과와 방향

김태영 경희대학교 행정학과 교수

I. 논의의 본질과 범위

1. 논의의 본질

문재인 정부가 추진해 온 자치분권의 성과를 현시점에서 평가한다는 것은 적절하지는 않을 것이다. 정책의 효과는 시차를 두고 나타나기 때문이다. 다만, 법제도 등이 구축되면 일단 간접적인 성과는 확인된 것으로 볼 수 있다는 점에서 제한된 평가는 가능할 것이다. 이 장에서는 자치단체의 자율성과 책임성 관점에서 문재인 정부가 현재까지 어떤 노력을 했고, 또 어떤 성과를 거두었는지를 점검하고 향후 추진방향에 대해서도 고민해보고자 한다.

자치단체의 자율성과 책임성을 논하기 전에 자율성과 책임성의 개념에 대한 이해가 우선 필요하다. 자유(freedom)는 외부 조건 등에 얽매이지 않고 자기 마음대로 생각하고 행동하는 것을 의미하는 반면 자율(autonomy)은 자기 스스로 자신을 통제하며 절제하는 것을 의미한다.[1] 지방자치(local autonomy)는 그 자체로 책임성을 내포하고 있는 개념이기 때문에 자치단체의 자율성과 책임성(accountability)을 별도로 논한다는 것은 어법상 맞지 않은 표현이다. 자율성 강화에 대한 평가 내에 책임성 강화 평가도 이미 내포되어 있다고 볼 수 있기 때문이다. 그럼에도 불구하고 자율성과 책임성을 관례적으로 함께 사용하는 이유는 우선 자율성에 대한 이해가 다소 미흡하거나, 또는 책임성을 구체적으로 명시하지 않으면 당사자들이 자율성의 개념을 오해할 수 있다고 믿기 때문일 것이다.[2]

지방자치제도가 1991년 부활한 이래 지속적으로 지방분권이 추진되어 왔고, 이를 통해 지방자치제도가 점차 성숙되어 왔다. 그 과정에서 기대와 우려가 늘 함께했는데, 준비되지 않은 상황에서 급격한 지방자치제도의 도입은 자칫 국가경쟁력을 저하시킬 수 있다는 취지에서 우려가 더 크기도 했다. 지방공무원, 지방의회 의원들의 전문성과 역량에 대한 의심이 가장 큰 우려 중 하나였다. 결국 자치분권의 핵심요소인 자치단체의 자율성 강화는 반드시 책임성의 확보와 함께 추진

---

1   Edward Deci(1985)는 Ryan과 함께 자기결정이론(Self Determination Theory: SDT)을 보완 발표했는데, 내용의 핵심은 발전을 위해서는 자율성(autonomy)이 중요한 요소라는 것이며, 자율성은 자기 책임하에 절제하며 스스로의 계획에 의하여 자신을 관리한다는 것이다. 개인에 해당되는 연구지만 자율성의 개념을 명확히 했다는 점에서 자치단체에도 적용할 수 있는 개념이다. 최초의 이론은 Deci(1980)의 자기결정의 심리학(The Psychology of Self Determination)에 등장했다.

2   중앙정부가 지방자치단체의 역량을 의심해 온 것이 지난 30년 대한민국 지방자치의 역사다. 지방자치단체의 집행부와 지방의회에 종사하는 공직자들은 늘 중앙부처 공직자들에 비하여 전문성이 부족하다는 비판을 받아왔다. 더 나아가 집행부에 속한 공직자에 비하여 의회에 속하는 공직자들의 전문성과 역량이 부족하다는 점도 근거 없이 강조되어 왔고, 그 결과 자치단체의 자율성 강화가 논의될 경우에는 반드시 책임성 강화에 대한 논의가 바늘과 실처럼 함께 한 역사를 갖고 있다.

되어야 한다는 의미로 이해할 필요가 있다.

2. 논의의 범위

자치단체의 자율성과 책임성을 강화한다는 것은 광의로 해석될 수도 있고, 협의로 해석될 수도 있다. 광의로 본다면 자치분권을 강화하는 모든 하위 요소를 대상으로 자율성과 책임성 강화를 설명할 수 있다. 협의로 본다면 조직운영의 자율성 강화, 인사제도의 자율성 강화, 재정운용의 자율성 강화에 국한하여 자율성과 책임성의 강화 정도를 이해할 수 있다. 또한 더 협의로 이해한다면 자치단체의 기구와 정원에 관한 자치조직권의 강화로 이해할 수 있다.[3]

이 장에서는 문재인 정부라는 시간적 범위를 강조하여 넓은 의미에서 자치단체의 자율성과 책임성이 어느 정도 강화되었는지를 개략적으로 확인하겠지만 동시에 가급적 좁은 의미에서 기구와 정원 관련 기관운영의 자율성과 책임성에 국한하여 살펴보고자 한다. 물론 자치조직권의 강화에 더하여 재정운용의 자율성, 지방의회의 자율성 등에 대해서도 추가적으로 살펴볼 것이다. 이를 위하여 우선 정권 초기에 시

---

3 자치단체의 자율성과 책임성을 강화하기 위한 수단을 분별해 내는 것은 쉽지 않다. 자치분권을 추진하는 일체의 행위가 자치단체의 자율성과 책임성을 강화하는 조치로 이해될 수 있기 때문이다. 그러나 교과서적으로만 따지면 자치입법권의 강화, 자치행정권의 강화, 자치사법권의 강화 중 자치행정권의 강화와 책임 확보가 자치단체의 자율성과 책임성 강화와 직접적인 관련이 있다. 자치행정권을 어떻게 이해하느냐에 따라 또다시 넓은 의미와 좁은 의미로 분류될 수 있다. 가장 좁은 의미는 자치단체의 기구와 정원을 자기 책임하에 자유롭게 관리할 수 있도록 해주자는 것이다. 따라서 3개의 단계적 범주로 나누어 접근할 수 있다.

도된 헌법 개정의 내용을 통하여 자치단체의 자율성과 책임성을 어떻게 강화하려 노력했는지를 거시적으로 살펴보고자 한다. 헌법 개정이 불발되고 난 후, 정부는 자치단체의 자율성과 책임성을 강화하기 위하여 어떤 노력을 기울이고 또 어떤 성과를 거두었는지를 살펴보고자 한다. 만약 자치단체의 자율성과 책임성을 강화한다는 관점에서 미흡한 부분이 확인되면 향후 보완하도록 제언하고자 한다.

지방자치단체에 자율성을 부여하고 책임성을 확보하려는 시도는 중앙정부에 의하여 주도될 수 있는 사안이 아니고, 헌법을 통하여 보장되는 것이 적절하다. 자치권은 그 자체 지역주민으로부터 위임받은 권한이기 때문이다. 그동안 자치단체의 자율성을 중앙정부로부터 권한을 이양해온 개념으로 인식해 온 것이 사실이다. 국가는 국민으로부터 권한을 위임받고 권한을 행사한다. 마찬가지로 지방자치단체는 지역주민으로부터 권한을 위임받아 권한을 행사한다. 국민과 주민의 차이점은 그들이 국가 및 지방자치단체에 요구하는 공공서비스에 대한 차이에 기인한다고 볼 수 있다. 예컨대, 국방서비스에 대한 요구는 국민 자격으로 행사된다. 동네 환경 개선서비스에 대한 요구는 주민 자격으로 행사된다. 따라서 헌법 개정을 통하여 국민과 주민을 동등한 개념으로 명시할 필요가 있으며, 이 경우에만 온전한 의미에서의 지방자치가 작동될 수 있다.

그동안 지방이 먼저 존재했다는 관점에 기초하여 국가로의 권한 이양을 추진하자는 입장은 존재하지 않았다. 국가가 먼저 존재했고, 필요에 따라서 지방으로의 권한 이양을 하자는 입장이 주류다. 헌법 개정이 절실한 이유다. 현행 헌법에 의하면[4] 지방자치는 주민의 복리에 관한 사무를 처리한다는 점에 근거를 두고 있기 때문에 만약 지방자치가 주민의 복리를 증진시킬 수 없다면 동 제도는 제한될 수도 있다는 한계를 내포하고 있다. 그렇다면 지방자치와 자치분권은 그 자체로 목적인가? 아니면 더 나은 사회를 구축하기 위한 수단인가? 국민주권이 수단이 아니라 목적 그 자체인 것처럼 주민주권 역시 수단이 아니라 그 자체 목적이다. 권력의 소재가 국민과 주민에게 있다는 것은 헌법에 명시된 민주공화국의 구현과 관련이 있기 때문이다. 그렇다면 대한민국 공동체 안에 속하는 사람은 국민으로서 먼저 존재하는가? 주민으로서 먼저 존재하는가?의 질문에 대한 답이 요구된다. 2017년 헌법 개정안에 포함된 지방분권 관련 내용을 살펴보면, '사람'이 특별히 강조된다. 국민보다 주민으로서의 사람이 먼저 존재한다는 것이다. '국민'을 '사람'으로 전부 수정한 점이 이를 증명한다. 대한민국 구성원은 국민이 아니라 사람이다. 국민은 관념적 존재이지만, 사람은 실체적 개념이다. 사람은 현장에 존재한다. 중앙은 관념이지만 지방은 현장이다. 문재인 정부 초기 이러한 문제인식에 기초하여 헌법 개정을 시도한 것으로 판단되며, 자치단체의 자율성과 책임성의 강화 관점에서도 긍정적으로 평가된다.

비록 헌법 개정이 무산되어 정확한 의미의 자치단체의 자율성(self governing right)을 정의하기는 쉽지 않지만, 현행 헌법 내에서도 자치단

---

4   헌법 제117조 1항은 "지방자치단체는 주민의 복리에 관한 사무를 처리하고 재산을 관리하며, 법령의 범위 안에서 자치에 관한 규정을 제정할 수 있다"고 명시하고 있다.

체의 자율성을 자치단체가 지역주민으로부터 위임받은 권한을 자율적으로 행사할 수 있는 권리로 정의할 수 있다. 권한(power)이란 입법권, 행정권, 사법권을 의미한다. 권한행사의 완결은 권력의 3요소를 전부 행사할 수 있을 때 가능하기 때문이다. 그러나 단방국가에서 중앙정부와 지방정부가 사법권을 나누어 갖는 것이 가능할지에 대해서는 의문이 많다. 따라서 광의의 의미로 접근하더라도 자치입법권과 자치행정권에 국한하여 자치단체의 자율성을 검토할 수밖에 없다. 자치입법권에 대한 논의도 단방국가와 연방국가 간 헌법적 차이를 감안하면 한계가 있을 수밖에 없다. 일부 학자들과 운동가들이 주장하는 것처럼 자치입법권의 확보 없이는 자치분권에 대한 논의는 공허할 수밖에 없을지도 모른다. 다만, 조례제정권한의 확대, 법률을 위반하지 않은 범위로의 확대 등의 조치를 통하여 부분적인 자치입법권 확보는 기대할 수 있다는 점에서 자치입법권 확대를 통한 자율성의 강화 정도도 부분적으로는 평가될 수 있다.

자치 행정권은 인사, 조직, 재정 측면에서의 권한의 자율성을 의미한다. 주민으로부터 권한을 위임받았다는 의미는 자치단체 스스로 인사권, 조직권을 행사할 수 있고, 동시에 자율적인 재정 권한을 행사할 수 있어야 한다는 것이다. 따라서 문재인 정부가 제한적이기는 하지만, 주어진 여건 속에서 지방자치단체의 기구와 정원에 관한 규정을 어떤 방향으로 개정해왔는지를 성과 관점에서 평가할 필요가 있다. 자치단체의 자율권의 핵심은 기구와 정원에 관한 내용이며, 이에 국한하여 성과를 살펴보는 것은 의미가 있다. 지방자치법 제112조와 지방자치단체의 행정기구와 정원기준 규정에 관한 대통령령에 명시된 자치조직권이 자치단체의 자율성을 가늠할 가장 중요한 핵심 요소이다. 또한 자치재정권과 관련하여 그 자체 논의구조가 방대하기 때문에 별도의 지면을 통하여 성과 평가가 이루어져야 하겠지만 재정운용의 자율성에 대한 평가는 일정 부분 추가되는 것이 합당할 것이다. 이에 지방의회의 자율성과 책임성에 대한 논의를 추가할 것이다. 정리하면, 이글은 지방의회의 운영, 자치입법권, 조직운영의 자율성, 인사운영의 자율성, 재정운용의 자율성 관점에서 자치단체의 자율성과 책임성 강화 노력을 평가할 것이며, 그에 따른 의의를 살펴보고 향후 추진 방향에 대한 논의도 추가할 것이다. 자치분권위원회가 마련한 과제번호 순서대로 정리하면, 지방의회 인사권독립 및 의정활동 정보공개, 자치조직권 강화 및 책임성 확보, 지방인사제도 자율성 및 투명성 확보, 지방공무원 전문성 강화, 지방재정운용의 자율성 제고, 지방재정정보 공개 및 접근성 확대, 자치분권형 평가체계 구축, 자치단체 형태 다양화 등이 자치단체의 자율성과 책임성 강화 관련 과제다. 다만, 상기 과제 중 직접적인 관련이 있는 기구와 정원 규정의 변화를 중심으로 살펴보고자 한다.

Ⅱ. 자치단체의 자율성과 책임성 강화: 문재인 정부 초기 노력

문재인 대통령은 후보 시절 대선 공약으로서 연방제 수준의 지방분권을 추진하겠다고 선언한 바 있다. 당선 이후 2017년 6월 14일 대통령은 청와대에서 열린 시도지사 간담회에서 "연방제에 버금가는 강력한 지방분권"을 추진하겠다는 의지를 표명했다. 특히 개헌을 통하여 지방분권을 추진하겠다는 언급은 주목할 만하다. "개헌할 때 헌법에 지방분권을 강화하는 조항과 함께 제2국무회의를 신설할 수 있는 헌법적 근거를 마련할 것"이라고 천명했다.[5]

지방분권에 대한 대통령의 강한 의지 표명에 이어 2017년 10월 26일 지방자치의 날을 맞이하여 지방4대 협의체가 전라남도 여수에 모여 소위 '여수선언'을 공표했다.[6] 여수선언의 핵심 내용은 다음과 같다. 첫째, 지방자치단체는 중앙정부와 서로 대등한 국정운영의 동반자로서 지역의 발전과 국가 경쟁력 향상을 함께 도모한다. 둘째, 국가사무와 자치사무는 보충성의 원칙에 입각하여 독립적으로 구분되며, 지방자치단체는 지방 행정·재정·입법의 자율성과 책임성을 가진다. 셋째, 국가는 보편적인 공공서비스 제공과 국가 균형발전을 위하여 지방자치단체별로 충분한 재원확보를 보장한다. 넷째, 지방자치단체는 주민이 지방의 정책과정에 자발적으로 참여할 수 있는 기회를 보장하고, 공정하고 효율적으로 행정서비스를 제공한다. 여수선언은 대통령이 언급한 '연방제에 준하는 지방분권' 추진의지를 보다 구체적으로 표현한 것으로 볼 수 있다.[7]

---

5 연합뉴스 2017년 6월 14일.

6 행정안전부 보도자료(2017년 10월 26일)에 의하면 "주민이 국가와 지역의 주인입니다"라는 것이며, 추후 추진되는 개헌논의의 핵심을 사전에 선언한 것으로 보아도 무방하다.

7 그 이후 정부는 개헌 전이라도 하위 법령부터 고쳐 지방분권을 강화하겠다는 의지를 표명한 바 있다. 실제로 자치입법권, 자치행정권 강화를 위한 20개 대통령령을 일괄 개정하겠다는 입법 예고를 했다. 연합뉴스 2017년 11월 7일.

대통령이 언급한 연방제 수준의 지방분권 추진 열망과 지방4대 협의체가 선언한 4개의 결의문을 통하여 문재인 정부의 지방분권 추진 의지가 얼마나 강한지를 확인할 수 있다. 이러한 의지 표명과 노력은 2017년 헌법 개정안에 반영된 것으로 판단된다. 지방분권 관련 헌법 개정안의 주요 내용은 다음과 같다. 제1조 제3항을 추가하여 "대한민국은 지방분권국가를 지향한다"고 명시되어 있다. 제4장 제3절 국무회의와 국가자치분권회의와 관련하여 제97조 제1항은 "정부와 지방정부 간 협력을 추진하고 지방자치와 지역 간 균형발전에 관련되는 중요 정책을 심의하기 위하여 국가자치분권회의를 둔다"고 명시했고, 제2항, 제3항 제4항은 국가자치분권위원회의 위상과 역할에 관하여 명시하고 있다. 제9장 지방자치를 별도로 추가하여 제121조부터 124조에 걸쳐서 지방자치단체라는 명칭 대신 지방정부라는 명칭을 사용하면서 자치권의 주체, 현지성의 원칙에 따른 사무처리, 지방의회의 역할 등에 관하여 광범위하게 명시하고 있다. 정리하면 헌법 개정을 통하여 대한민국은 지방분권국가임을 명료히 했는데, 우선 국무회의와 위상을 함께 하는 국가자치분권위원회를 둔 점이 이를 상징적으로 보여준다.

제10차 헌법 개정 시도가 무산되어 강력한 지방분권의 추진을 위한 토대가 약화된 것은 사실이지만, 지방분권 추진에 대한 의지는 여전히 남아 있기 때문에 주어진 여건 속에서 다른 방안을 마련할 필요에 대한 공감대는 형성되었다. 일부 시민단체 등은 헌법 개정 없는 지방분권 추진은 소용이 없다는 강한 입장을 밝히면서 헌법 개정 재시도를 위한 여지를 남겨두었다. 헌법 개정을 통해서만 실효성 있는 지방분권 추진이 가능하다는 주장에 대해서는 충분히 공감하지만, 현실적 접근을 할 수밖에 없는 상황을 수용하여 대안을 모색하고자 시도한 것은 적절했다고 평가된다.

III. 자치단체의 자율성과 책임성 강화: 노력과 성과

1. 지방자치법 개정 내용과 자치단체의 자율성과 책임성 강화

1) 지방자치법 개정의 방향과 내용

지방분권을 강하게 추진하려는 노력은 충분히 엿보였지만 제10차 개헌안이 국회를 통과하지 못한 탓에 사실상 지방분권 관련 세부적인 노력들이 허사로 돌아간 것으로 보아도 무방하다. 이에 정부는 헌법 개정 대신 지방자치법 전부개정을 통하여 강력한 지방분권 추진을 시도했고, 여러 한계가 있음에도 불구하고 2018년 10월 30일 지방자치의 날을 맞이하여 지방자치법 전부 개정안을 마련했다. 헌법 개정 시도가 무위로 돌아감에 따라 문재인 정부는 "우리 삶을 바꾸는 자치분권"이라는 비전을 새롭게 재수립했고, 이에 기초하여 2018년 9월 '자치분권종합계획'을 확정했으며, 이를 이행할 수 있도록 지방자치법 전부 개정안을 국회에 제출했다. 자치분권위원회는 2019년 시행계획을 마련하고 지방자치법 전부 개정안 통과와 병행하여 자치분권 강화를 위한 노력을 기울였다.

지방자치법 전부 개정안의 기본 방향은 첫째, 주민주권 확립을 통해 실질적인 지역민주주의를 구현하고, 둘째, 자치단체의 자율성을 확대하고 이에 상응하는 투명성과 책임성을 확보하며, 셋째, 중앙과 지방의 관계를 협력적 동반자관계로 전환하자는 것이다. 또한 법안의 핵심 내용은 주민참여권 보장 및 주민참여제도의 활성화, 실질적인 자치권의 확대, 투명성과 책임성 확보, 자치단체 사무수행 능률성 향상이다. 지방자치법 전부개정법률안은 2019년 3월 29일 국회에 제출되었다.[8] 동 법안은 심도 있는 논의를 거쳐 2년 후인 2020년 12월 9일 국회 본회의를 통과했다. 논의 과정에서 조정된 부분은 일정 부분 자치단체의 자율성과 책임성 강화에 부정적 영향을 미친 것으로 판단된다. 예컨대, 자치조직권 확대 부분이 누락된 점은 자치단체의 자율성 강화 관점에서 지방분권 추진에 퇴행한 것으로 평가된다. 그러나 지방자치법 개정은 전반적으로 당초 정부안이 크게 수정되지 않은 범위에서 통과된 것으로 판단되며, 문재인 정부의 성과로 평가할 수 있다. 지방자치법의 개정 전후를 살펴보면 큰 특징은 다음과 같다.

2) 지방자치법 개정 전후 자치단체의 자율성과 책임성

첫째, 획기적인 주민주권 구현을 시도했다. 지방자치법의 목적규정에 '주민자치'의 원리를 명시하고, 지방의 정책결정 및 집행과정에 대한 주민의 참여권을 신설한다. 이와 같은 맥락에서 지방자치법에 근거

---

8 대통령소속 자치분권위원회는 주민중심 자치분권 시대가 열릴 것으로 기대하며, 동 개정안의 통과와 후속조치를 위한 세부 과제들을 추진해 나가겠다고 밝혔다. 2019년 4월 5일.

를 둔 주민조례발안법을 별도로 지정하여 주민이 의회에 조례안의 제정, 개정, 폐지를 청구할 수 있도록 하며, 주민조례안, 주민감사청구권의 인구요건을 완화하고, 참여연령을 19세에서 18세로 하향 조정하는 등 폭넓은 주민참여를 촉진하자는 것이다. 지역여건에 따라 주민투표로 단체장의 선임방법 등 자치단체의 기관구성 형태를 선택할 수 있는 근거를 마련하고, 별도 법률로 정하도록 했다. 다만, 당초 정부안에 포함된 주민자치회 본격실시를 위한 조항은 기존 제도와의 차별성 등 운영방안에 대한 추가적인 논의가 필요하다는 의견이 제기되어 이번 개정안에서 제외되었다. 주민 중심 지방자치로의 전환을 시도하되 책임성을 강화하자는 조치로 평가된다.

둘째, 지방자치단체의 역량강화와 자치권의 확대다. 중앙부처의 자의적인 사무배분을 방지하기 위해 지역적인 사무는 지역에 우선 배분하는 보충성의 원칙 등 국가-지방 간 사무배분의 원칙과 준수의무를 규정하고, 자치단체의 국제교류 협력 추진 근거를 마련한다. 법령에서 조례로 정하도록 위임한 사항에 대해 하위법령에서 위임의 내용과 범위를 제한하거나 직접 규정하지 못하도록 하여 지방자치단체의 자치입법권을 강화한다. 인구 100만 이상 대도시를 특례시로 지정하고, 행정수요, 균형발전, 지방소멸위기 등을 고려하여 대통령령으로 정하는 기준과 절차에 따라 행안부 장관이 정하는 시군구에 특례를 부여할 수 있는 근거를 설치한다. 그 중 특례시는 지방자치단체의 종류가 아닌 행정적인 명칭으로서, 개별법에 의해 지방자치단체의 종류를 명기하도록 하는 '주소나 각종 공적 장부'에는 사용이 제한될 수 있으며, 그간 제기된 재정격차 심화 우려를 감안하여, 특례시에 대해서는 '다른 자치단체의 재원 감소를 유발하는 특례를 두어서는 안 된다'는 국회 행안위의 부대의견이 추가되었다. 그 외에도 지방의회 사무직원의 임용권을 의회 의장에게 부여하고, 자치입법, 예산심의, 행정사무감사 등을 지원할 '정책지원전문인력'을 도입함으로써 지방의회의 독립성과 전문성 강화를 도모한다. 자치의 주체를 집행부에서 지방의회로 인식하려 한다는 점에서 큰 의의가 있고, 동시에 지방의회의 자율성을 강화하자는 것으로 평가된다.

셋째, 자치단체의 책임성과 투명성을 제고하자는 것이다. 지방의회의 투표결과 및 의정활동, 집행기관의 조직, 재무 등 지방자치 정보를 주민에게 선제적으로 공개하도록 하고, 정보공개시스템을 구축하여 주민의 정보접근성을 제고한다. 지방의회의 윤리성과 책임성을 제고할 수 있도록 윤리특별위원회 설치를 의무화하고, 민간위원으로 구성된 윤리심사자문회의를 설치하여 의원에 대한 징계 등을 논의 시 의무적으로 의견을 수렴하도록 한다. 지방의원이 직무를 통해 부당한 이득을 취하는 것을 예방하기 위해 그간 논란이 되어 왔던 겸직금지 의무규정을 보다 구체화하고, 겸직이 허용되는 경우라도 의무적으로 겸직 내역을 공개하도록 한다. 시군구의 위법한 처분, 부작위에 대해 시도가 조치하지 않을 경우 국가가 직접 시정, 이행명령을 할 수 있도록 하여 위법한 행정에 대한 중앙정부의 지도 감독 장치를 보완한다.

넷째, 중앙-지방 간 협력관계 정립 및 행정 능률성 제고를 강조했다. 지방에 영향을 미치는 국가의 주요 정책결정 과정에 지방의 주요 주체가 참여할 수 있도록 '중앙지방협력회의'를 설치한다. 행정구역과 생활권이 달라 주민들이 겪는 불편을 신속히 해결할 수 있도록 지방자치단체 간 행정구역 경계에 대해 자율협의체를 구성하여 논의하도록 하고, 합의가 되지 않을 경우 중앙분쟁조정위원회를 통해 조정하는 절차를 마련한다. 자치단체 간 협력을 통해 교통, 환경 등 지역의 공동대응을 위한 특별지방자치단체의 구성 근거를 구체화하고, '행정협의' 설립 절차(의회 의결 보고)를 간소화하며, 지방자치단체장의 직 인수위원회의 운영근거를 마련한다. 이 역시 자치단체가 주체가 되어 임무를 수행할 수 있도록 역량과 자율성, 책임성을 확대해가자는 것으로 평가된다.

2020년 12월 9일 개정된 지방자치법은 공포 후 1년 후부터 시행될 예정이며, 행정안전부는 지방분권특별법, 주민조례발안법, 중앙지방협력회의법, 지방공무원법, 교육훈련법 등 관계법률과 대통령령 등 하위법령 제·개정을 준비해야 한다. 총 26개 개정 조항 중 대략 13개 조항이 자치단체의 자율성과 책임성을 강화하는 것과 직·간접적으로 관련되어 있는 것으로 판단된다. 이 중 자율성 강화 조항은 5개(자치단체 기관구성 형태 다양화, 자치입법권 보장 강화, 사무배분 보충성의 원칙 규정, 지방의회 인사권 독립, 지방의회 운영 자율화)이며, 책임성 강화 조항이 주민참여권 강화 등 8개인 것으로 판단된다. 그러나 이는 넓은 의미에서의 해석이고, 좁은 의미에서 해석하면 자치단체의 자율성과 책임성을 강화하려는 자치조직권 관련 조항은 일단 누락된 것으로 판단된다.[9]

9 행정안전부 보도자료에 의하면 지방자치법 전부개정은 주민참여 확대, 지방의회의 역량 강화와 책임성 확보, 지방자치단체 행정효율성 강화 등 획기적 자치분권의 내용

2. 조직운영의 자율성, 인사제도의 자율성, 재정운용 자율성 강화 노력

1) 지방자치법 개정안과 자율성, 책임성

조직운영의 자율성을 강화하려는 노력은 일단 누락되었고, 동시에 인사제도의 자율성에 관한 논의도 누락되어 자치단체의 자율성을 강화하겠다는 직접적인 의지는 일단 2020년 12월 9일 통과된 지방자치법에는 반영되지 못한 것으로 판단된다. 투융자 심사제도 개선 등에 소극적 입장을 취함으로써 재정운용의 자율성 강화 노력도 미흡한 것으로 평가된다. 애당초 정부 제출법안에는 행정수요에 탄력적으로 대응할 수 있도록 기존 법정 부단체장 외에 특정 업무를 수행하는 시·도 부단체장 1명(인구 5백만 명 이상 2명)을 필요시 조례를 통해 자치단체가 자율적으로 둘 수 있도록 하여 시·도 부단체장 직위 설치의 자율성을 강화하겠다고 했다. 또한 실·국 설치 자율성 확대 등 기타 자치조직권 확대와 관련된 과제는 대통령령 개정으로 추진해 나가며 책임성 확보 방안도 병행 추진하겠다고 했는데, 최종 지방자치법 개정에 반영되지 못하여 향후 주목의 대상이다.

2) 지방의회 자율성과 책임성, 재정운용의 자율성과 책임성 강화

지방의회를 자치의 핵심축으로 인식한 점 자체가 큰 성과로 여겨진다. 지방의회의 인사권을 집행부로부터 독립시킨 점은 자치단체의 자율성 강화의 핵심 요소로 평가된다. 아울러 기관구성의 다양성 관점에

을 담고 있다고 한다. 2020년 12월 9일 보도 자료.

서 기관통합형도 주민들이 원하기만 하면 구성될 수 있다는 점도 넓은 의미에서 자치단체의 자율성과 책임성을 강화한 것으로 볼 수 있다. 의정활동에 도움을 줄 수 있는 정책지원전문인력 운영, 조례에 위임하여 회의 운영 방식 등 지방의회 운영 자율화 등도 자치단체의 책임성 강화 차원에서 이해된다. 또한 법령에서 조례로 정하도록 위임한 사항에 대해 법령의 하위법령에서 위임 내용과 범위를 제한하거나 직접 규정하지 못하게 하는 자치입법권 보장 역시 자치단체의 자율성 강화의 일환이다. 집행부의 조직, 재무 정보 등을 위시한 지방의회의 의정활동을 확대 공개하는 조치, 기록표결제도 도입, 지방의원 겸직금지 대상의 구체화와 겸직신고 내역 공개 의무화 등은 자치단체의 책임성을 강화하는 조치로 이해되며 성과로 평가된다. 지방의회에 윤리특위를 설치하고 민간위원으로 구성된 윤리심사자문위원회의 설치 등도 책임성 강화의 일환으로 평가되며 전체적으로 자치단체의 자율성 강화와 책임성 확보가 균형 있게 추진되었다고 평가된다.

한편 지방재정 운영의 자율성 제고와 지방재정정보공개 및 접근성 확대 과제는 지방자치법 개정안에 반영되지 않아서 적어도 재정운용의 자율성 강화와 책임성 확보 관점에서는 큰 성과를 거두지 못한 것으로 평가된다. 다만, 전년도에 이어 2021년 자치분권종합계획과 시행계획에서도 구체적으로 해당 과제의 계속 추진전략이 포함되어 있기 때문에 향후 더 적극적인 노력이 기대된다. 재정운용의 자율성과 책임성 문제는 집행부뿐만 아니라 지방의회에도 해당된다는 점을 감안하여 향후 보다 정밀하게 검토되어 자율성과 책임성이 균형 있게 확보될 수 있도록 노력해야 할 것이다.

3) 대통령령의 개정과 자치단체의 자율성, 책임성 강화

지방자치법 개정과 별개로 2017년 12월 27일 행정안전부가 발표한 바에 의하면, 2018년부터 자치단체는 여건에 따라 자율적으로 정원을 관리할 수 있으며, 모든 자치단체의 과 단위 이하 기구설치가 자유로워질 것으로 예상했다. 「지방자치단체의 행정기구와 정원기준 등에 관한 규정」 개정령안을 입법 예고했다.[10] 자치단체의 조직 자율성 확대는 기구와 정원이 핵심이다. 개정령안의 주요 내용은 다음과 같다. 첫째, 기준인건비와 상관없이 자치단체의 여건과 필요에 따라 자율적으로 정원을 관리할 수 있도록 하자는 것이다. 다만, 책임성 확보 차원에서 기준인건비 범위 내에서 사용된 인건비만 기준재정 수요 산정에 반영하게 하며, 인력운용 결과를 지방의회에 보고하고 주민에게 공개해야 한다는 것이다. 둘째, 인구 10만 미만 시와 군에 대한 과 설치 상한 기준이 삭제되고, 국 설치가 가능해진다. 이 경우 모든 자치단체에서 과 단위 이하 자율적인 조직 운영이 가능해진다. 셋째, 인구 백만 이상 대도시 행정수요의 특수성을 반영해 직급 기준의 탄력성을 확

---

10 이는 대통령의 지시사항에 근거한 것으로 보인다. 2017년 11월 7일 대통령은 여수선언 등에 영향을 받고, 당시 추진되고 있던 개헌 논의가 진척되지 않자 헌법 개정 전에라도 강력한 지방분권을 추진해야겠다는 의지를 표명한 바 있다. 지방분권을 강화할 수 있는 하위 법령을 찾아내어 고치겠다는 것이다. 당시 법제처장 주도로 대통령령을 개정하겠다는 노력을 했고, 확인된 20개의 법령 중 자치단체의 행정기구와 정원기준에 관한 규정도 포함된 것으로 판단된다. 이에 행안부는 해당 대통령령을 개정하겠다는 내용의 입법예고를 한 것으로 판단된다. 이후 몇 차례의 관련 대통령령 개정이 추진되었는데, 자치단체의 기구와 정원기준에 관한 규정, 즉 자치단체의 자율성과 책임성 강화 관련 개정이 2차례 시도되었다. 2018년 2월 20일, 2019년 4월 30일 개정이 이에 해당된다.

대한다. 광역시와의 상대적 직급체계를 감안해 3급 또는 4급 직위를 1명 확대하되, 인구 120만 명을 초과하는 수원시의 경우 관할 일반 구수 등을 고려해 1명을 추가 확대한다. 넷째, 지역 특수성을 반영해 직급 기준을 맞춤형으로 개선하자는 것이다.

헌법 개정 무산, 지방자치법에서의 자치단체의 자율성 강화 조항 중 일부 누락과 별도로 자치분권위원회와 행정안전부는 동 기간 지속적으로 자치단체의 자율성과 책임성을 강화하려는 노력을 기울인 것으로 평가된다. 자치단체의 자율성과 책임성을 강화하려는 시도는 자치분권종합계획에 반영되어 행정안전부로 하여금 추가적인 규정 개정을 하도록 독려한 것으로 판단된다. 몇 차례에 걸친 대통령령 개정은 자치분권종합계획을 기초로 추진되고 있지만 결과적으로 지방자치법 개정과 별도로 의미 있는 성과를 거둔 것으로 평가된다. 주로 기구와 정원을 규제하는 대통령을 수정하는 과정을 거치면서 자치단체의 자율성을 강화하려 노력한 것으로 판단된다. 문재인 정부 출범 후 2021년 5월까지 지방자치단체의 행정기구와 정원기준 등에 관한 규정의 개정 중 자치단체의 자율성과 책임성을 강화하려는 노력과 직접 관련된 사항을 정리하면 다음과 같다.

첫째, 2018년 2월 20일 지방자치단체의 행정기구와 정원기준 등에 관한 규정(대통령령 제28661호)은 지방자치단체의 행정기구와 정원에 대한 관리·운영상의 자율성을 확대하기 위하여 보통교부세 감액기준에 반영되어 온 기준인건비 자율범위 항목을 폐지했다. 인구 10만 명 미만의 시·군도 실·국장을 설치할 수 있도록 하는 등 행정기구 설치 기준을 조정했는데, 인구 10만 명 미만인 경우 1개 이상 3개 이하의 범위에서 실국을 설치할 수 있도록 하고 실과담당관 설치기준을 폐지하여 자율적으로 실과담당관을 설치할 수 있도록 했다. 한편, 인구수가 100만 명 이상인 대도시의 경우 행정수요에 효과적으로 대응하도록 실·국장 등 주요 직위의 직급기준을 상향할 수 있도록 하는 등 현행 제도의 운영상 나타난 일부 미비점을 개선·보완하려 했다.

둘째, 2019년 4월 30일 개정된 지방자치단체의 행정기구와 정원기준 등에 관한 규정(대통령령 제29715호)은 자치단체의 자율성을 확대하기 위하여 시·도의 실·본부 밑에 국을 둘 수 있도록 행정기구의 체계를 개편하고(제6조 제2항) 현행 시·도에 설치할 수 있는 실·국·본부의 수의 100분의 20의 범위에서 시·도가 실·국·본부를 추가로 설치할 수 있도록 하는 한편, 인구수가 30만 이상인 광역시 자치구에 둘 수 있는 실·국의 수를 확대 조정했다. 인구 30만 이상 50만 미만 자치구의 경우 최대 4개에서 5개로, 인구 50만 이상인 자치구의 경우 현행 5개에서 6개로 상향조정하여 자율성을 강화했다. 한편 시·도지사는 추가로 설치하는 실·국·본부에 대한 성과평가 결과를 인터넷 홈페이지 등에 공개하고, 지방의회에 제출하도록 하여 책임성도 강화하려 했다. 시·도별 실·국·본부의 수와 시·군·구별 실·국수를 종전에는 기구설치기준의 범위에서 행정안전부장관이 산정·통보하는 행정수요 변화율에 따라 정하고 있던 것을 향후 각 지방자치단체가 조례로 자율적으로 정할 수 있도록 자치단체의 자율성을 확대했다.

행정안전부가 2017년 12월 27일 공표하고 2018년 2월 20일에 개정한 지방자치단체의 행정기구 및 정원기준 등에 관한 규정은 청와대와 대통령소속자치분권위원회와의 소통을 통하여 추진되었다고 판단된다.[11] 물론 2017년에 추진된 지방분권 개헌 논의와 4대 협의체의 역할 등에 의하여 영향을 받은 것도 명료해 보인다. 자치분권위원회의 각종 회의 자료 등도 행정안전부의 노력에 영향을 미친 것으로 보인다. 자치분권 총괄을 담당하고 있는 자치분권위원회가 2018년 9월에 종합계획을 마련했는데, 이듬해 2019년 4월 30일 기구와 정원기준에 관한 규정이 다시 개정되는 데 영향을 미친 것으로 보인다. 자치분권위원회가 마련한 종합계획에 자치단체의 자율성과 책임성을 확대하자는 내용이 8개의 세부과제 형태로 포함되어 있다. 2019년 3월 자치분권종합계획 시행계획이 제시되었고, 2018년 3월 26일 국회에 제출된 지방자치법 전부개정안과 병행하여 자치분권위원회는 자치단체의 자율성과 책임성 강화를 위하여 지속적인 노력을 했다. 문재인 정부의 성과라고 할 수 있는 지방자치법 전부개정안이 2020년 12월 9일 통과되었고, 32년 만에 전면 개정된 지방자치법은 자치분권 강화에 큰 역할을 한 것으로 평가된다. 다만, 자치단체의 자율성과 책임성 강화 관점에서는 여전히 미흡한 부분이 남아 있다. 책임성 강화 부분은 상

---

11 당시 행정안전부 차관은 지방분권개헌이 추진되고 있고, 자치분권위원회가 종합계획을 수립하고 있는 과정이기 때문에 이를 감안하여 자치단체의 자율성을 강화할 수 있는 조치를 취한다는 입장을 발표했다. 핵심은 기준인건비 제도의 폐지다. 1980년대 개별승인제로부터 시작해서 1990년대 지방공무원총정원제, 그리고 1999년 표준정원제와 2007년 총액인건비제, 2014년 기준인건비제를 거치면서 자치단체의 자율성이 확대되어온 역사가 있다. 그리고 2018년부터는 기준인건비 제도를 사실상 폐지했는데, 자치단체의 자율성을 확대하는 방향으로 점진적으로 변화해 온 것으로 볼 수 있다. 기준인건비 개념을 교부세 산정에만 반영하고 조직과 인력 운영에는 반영하지 않겠다는 것으로서 큰 성과로 이해할 수 있다.

대적으로 고도화된 것으로 판단되지만 자율성 강화는 여전히 답보상태다. 지방자치단체의 행정기구와 정원기준에 관한 규정의 개정을 통하여 나름 자율성과 책임성을 확대해 오고 있지만, 지방자치법의 개정이 수반되지 않는다면 자치단체의 자율성은 요원하다. 일본의 경우도 국가의 간섭을 최소화하고 있으며, 동경도의 경우 실정에 맞게 조직을 자유롭게 설치하고 의회를 통하여 민주적으로 통제하고 있다는 점을 감안한다면 향후 자치조직권을 침해하고 있는 법령 개정이 추가 요구된다.

Ⅳ. 자치단체의 자율성과 책임성 강화: 의의와 방향

1. 성과와 의의

자치단체의 자율성 강화와 책임성 확보는 자치분권의 핵심이라고 할 수 있다. 넓은 의미로는 자치분권의 수준을 의미할 수도 있지만, 좁은 의미로는 조직과 정원에 관한 문제로 국한될 수도 있다. 2017년부터 추진된 헌법 개정이 성공했더라면, 자치분권은 새로운 국면을 맞이했을 것이며, 자치단체의 자율성과 책임성은 넓은 의미에서 고도화될 수 있었을 것이다. 헌법 개정이 무산되기는 했지만 그에 준하는 지방자치법 전부개정이 이루어졌기 때문에 자치분권의 수준이 상당 부분 제고될 것으로 기대하며, 이는 문재인 정부의 큰 성과로 평가된다. 특히 자치단체의 자율성과 책임성도 일정 부분 증진될 것으로 기대하기 때문에 긍정적으로 평가된다. 다만, 지방자치법 개정에 있어서 조직과 정원에 관한 조항이 누락됨에 따라 자치단체의 자율성과 책임성 강화 문제는 여전히 숙제로 남게 되었다.

지방자치법 전부개정을 통하여 자치분권 수준이 상당 부분 증진될 것으로 기대하지만, 자치단체의 자율성과 책임성 문제에 대한 추가적인 노력은 계속될 것이다. 대통령령 등 하위법령 등을 통하여 자치단체의 자율성과 책임성이 일정 부분 증진될 소지가 있을 것이기 때문에 향후 충분한 논의를 통하여 자치분권 수준을 제고할 수 있을 것이다. 지방자치단체의 행정기구와 정원기준에 관한 규정이 몇 차례 개정되면서 자치단체의 자율성과 책임성이 증가한 것도 이런 맥락에서 소기의 성과로 볼 수 있다. 자율성의 개념에 책임성이 이미 포함되어 있기 때문에 기구와 정원에 관한 규정 개정만으로도 자율성과 책임성이 강화된 것으로 간주해도 무방하다. 더군다나 주민참여의 확대 등을 통하여 자치단체의 책임성이 확보되고 있기 때문에 비교적 적절한 수준으로 자치단체의 자율성과 책임성이 균형 있게 증진되고 있는 것으로 평가된다. 다만, 시군구의 위법한 처분 부작위에 대해 시도가 조치하지 않을 경우 국가가 직접 시정이행 명령을 할 수 있도록 한 점 등은 책임성 확보 관점에서 유효하지만, 향후 시도의 역할과 책임에 대한 추가적인 논의가 필요한 대목이다.

조직과 정원 이외에 지방의회의 사무직원에 대한 인사권 독립과 의정활동정보 공개도 자율성과 책임성을 강화한 것으로 볼 수 있다. 자치의 한 축인 지방의회가 집행부에 비하여 권한과 책임이 크지 않다는 비판을 받아온 것이 사실이다. 문재인 정부는 주민과 지방의회의 역할과 책임을 중시한 것으로 평가되며, 이는 지방의회 사무처 직원들에 대한 인사권 독립이 대표적인 예이다. 자치단체의 자율성과 책임성을 강화한다는 의미를 지방의회와 주민의 역할에서 찾고자 한 점은 큰 의의를 갖고 있다. 자치분권종합계획 등에 명시된 지방의회 인사권독립, 지방의회 운영의 자율성 확보, 주민조례 발안, 주민감사 청구 요건 완화 등이 자율성과 책임성을 강조한 것으로 보인다.

지방자치법 전부개정안에 반영되지는 못했지만 재정운용의 자율성 강화도 향후 숙제로 판단된다. 지방의회 예산 활용의 자율성, 집행부의 재정운용 자율성 등에 대한 논의는 추가되어야 할 것이다. 재정분권의 강화와는 다른 관점에서 접근되어야 할 과제로 평가되며, 조직운영의 자율성 관점에서 충분한 논의가 필요하다. 입법권 강화는 제한적이긴 하지만 "법령에서 조례로 정하도록 위임한 사항에 대해 하위 법령에서 위임의 내용과 범위를 제한하거나 직접 규정하지 못하도록" 한 점은 자치단체의 자율성 강화의 일환으로 볼 수 있다. 지방의회의 자율성 강화 문제는 겸직금지 강화, 윤리위원회 설치 등 다양한 책임성 확보 장치를 통하여 충분히 보완된 것으로 평가된다.

2. 향후 과제와 방향

지방자치법이 32년 만에 전부개정 되어 자치분권 확대의 기틀이 마련된 점은 문재인 정부의 가장 큰 성과로 평가된다. 헌법 개정이 무위로 돌아갔지만, 광범위하고 지속적인 노력을 통하여 전면적인 지방자치법 개정을 추진한 점은 큰 의의가 있다. 자치단체의 자율성과 책임성을 전반적으로 제고한 것으로 평가되며, 향후 시행을 통하여 큰 변화가 기대된다. 다만, 좁은 의미에서의 자치단체의 자율성과 책임성 확대 부분은 향후 더 관심을 가져야 할 것이다. 기구와 정원 문제를 근본적으로 개선할 지방자치법 개정이 수반되지 않는다면, 자율성 확대와 책임성 강화 문제가 균형 있게 비춰지기 어렵기 때문이다.[12]

자치단체의 자율성과 책임성 확대가 전체적으로 보면 대체로 균형 있게 확보된 것으로 평가된다. 특히 지방자치의 한 축인 지방의회의 역할에 대하여 비중 있게 인식한 점, 지방의회의 자율성 강화와 책임성 확보 노력이 비교적 균형 있게 이루어져 온 점 등이 긍정적으로 평가된다. 다만, 집행부의 자율성과 책임성 확대 문제는 향후 더 적극적으로 논의될 부분이 있다는 점에서 아쉬운 부분이다. 그러나 자치단체의 기관구성 형태 다양화와 특별지방자치단체 설치의 근거가 확보된 점을 감안하면 향후 자치단체의 추가적인 자율성 강화와 책임성 확보 문제가 더 입체적으로 논의될 가능성이 있다는 점을 주목할 필요가 있다.

2017년 자치분권에 대한 논의 과정을 거쳐 2018년 9월 6대 추진전략, 33개 추진과제를 포함한 자치분권종합계획이 수립되고, 그 이후

---

12 전술된 바와 같이 자치조직권의 내용이 비록 지방자치법 개정에는 포함되지 않았지만 선제적으로 자치단체의 기구와 정원규정에 관한 대통령령을 개정함으로써 자치조직권을 강화한 점은 큰 성과로 평가된다. 1999년 지방공무원총정원제도가 표준정원제도로 변경되는 과정에서 자치조직권이 확대된 수준 이상으로 2018년, 2019년 대통령령 개정으로 인하여 기준인건비 제도가 폐지된 것은 자치조직권을 획기적으로 강화한 것으로 평가된다.

연도별 시행과 이행 점검을 통하여 꾸준히 자치분권 강화를 위하여 노력하고 있는 점도 성과의 일환으로 간주될 수 있다. 단위과제별 완료과제와 계속과제로 구분하여 점검하고 있는 점도 자치분권의 확대를 위하여 긍정적이다. 향후 자치조직권 강화와 책임성 확보를 위한 추가적인 노력과 지방인사제도의 자율성과 투명성 확보를 위한 노력 등은 더 적극적으로 강구되어야 할 것이다. 좁은 의미에서의 자치단체의 자율성과 책임성을 확대할 향후 조치에 몇 가지를 추가하여 예시하면 다음과 같다.

첫째, 지방조직 운영의 자율성 확대와 관련하여 불합리한 제한 규정 등을 줄여나가야 할 것이며, 동시에 책임성 확보 관점에서 성과 중심 인력과 조직 관리, 이에 따른 조직진단의 활용, 그리고 기구와 정원에 관한 정보를 지방의회와 주민에게 확대 공개해야 할 것이다. 둘째, 자치단체의 특성에 맞는 다양한 지방인사제도를 적극 활용하고, 자치단체별 인사운영 현황을 확대 공개해서 책임성도 확보해야 할 것이다. 셋째, 예산편성의 자율성 확대, 지방채 발행 총액을 정하는 주체를 당사자인 단체장으로 변경하는 등 부채관리의 자율성도 확대할 필요가 있다. 넷째, 지방재정정보를 적극적으로 공개하여 주민들에 의한 실시간 평가가 가능하도록 할 필요가 있다. 다섯째, 각종 평가시스템의 자동화, 분산화 등을 통한 자율평가 시스템의 도입 등도 적극 추진할 필요가 있다. 여섯째, 자치단체 기관구성의 다양화 근거가 마련된 만큼 주민들이 선택할 수 있는 합리적 대안을 공개 논의를 통하여 마련하고, 몇몇 대안들의 시범 실시를 통하여 자치단체의 자율성과 책임성을 확대해야 할 것이다.

지방자치의 본질은 자율성에 기초하여 자기 책임하에 스스로를 발전시켜 나가는 것이다. 또한 자치권은 중앙정부로부터 이양되는 것이 아니라 지역주민으로부터 위임받은 것이다. 국민과 주민이 동등한 자격으로 스스로의 책임하에 절제된 방식으로 협업해나갈 수 있는 환경에서 자치단체의 자율성과 책임성이 더 명료하게 확보될 수 있다는 점을 염두에 두고 향후 세부과제 추진과 함께 헌법 개정에 대한 고민도 해야 할 것이다.

| 참고문헌 |

대통령령 제28661호. 2018년 2월 20일.

대통령령 제29715호. 2019년 4월 30일.

대통령소속 자치분권위원회. (2018). 「2018 자치분권종합계획」.

대통령소속 자치분권위원회. (2019). 「2019 자치분권시행계획」.

대통령소속 자치분권위원회. (2020). 「2020 자치분권시행계획」.

대통령소속 자치분권위원회. (2021). 「2021 자치분권시행계획」.

지방자치법전부개정안. 2018년 3월 29일.

지방자치법개정안 전문. 2020년 12월 9일.

행정안전부 보도자료. 2017년 12월 27일.

행정안전부 보도자료. 2021년 12월 9일.

Deci Edward. (1980). *The Psychology of Self-Determination.*
　　Lexington. MA: D.C. Heath.

제15장 지방의회의 인사권 독립과 정책역량 제고 등 성과와 방향

김상미 지방의회발전연구원 원장

Ⅰ. 자치분권 2.0 시대의 개막과 지방의회의 재도약

1. 자치분권 종합계획과 지방의회 실천과제

대통령소속 자치분권위원회는 2018년 9월 11일 자치분권 실현을 위한 6대 추진전략과 33개 실천과제가 포함된 '자치분권 종합계획'을 발표하였다.

주민 관련 자치분권은 6대 추진전략 중 1번째 주민주권 구현 추진전략에 속하고 있으며 33개 실천과제 중 7개 실천과제를 선점하여 문재인 정부가 주민주권 강화에 가장 큰 비중을 두고 있음을 알 수 있다.

집행기관 관련 자치분권은 6대 추진전략 중 2번째 중앙권한의 획기적인 지방이양과 3번째 재정분권의 강력한 추진, 4번째 중앙-지방 및 자치단체 간의 협력 강화, 5번째 자치단체의 책임성 확대 및 6번째 지방행정체제 개편과 지방선거제도 개선 등 고른 비중을 두고 있다.

지방의회 관련 자치분권은 5번째 추진전략인 자치단체의 자율성과 책임성 확대 중 지방의회 인사권 독립 및 의정활동 정보공개인 24번째 실천과제에 들어가는 위상에 그쳤다.

2. 지방의회 관련 전부개정 지방자치법

문재인 정부의 전부개정 지방자치법은 2022년 1월 13일부터 실질적 효력을 발휘하게 된다. 이로써 1991년 지방의회의 재구성으로 시작된 자치분권 1.0 시대가 마감하고 새로이 자치분권 2.0 시대를 개막함으로써 지방의회가 재도약할 수 있게 되었다.

전부개정 지방자치법 중 지방의회 관련 내용을 [그림 15-1]과 같이 건수만으로 기준으로 할 경우 3. 자치단체 책임성과 투명성 제고가 7건 중 5건(72%)이었으며, 2. 자치단체 역량강화 및 자치권 확대가 8건 중 4건(50%)으로 나타나 문재인 정부 지방의회 제도개혁에 가장 많은 비중을 두었다. 그 다음 순으로 1. 획기적 주민주권 구현이 11건 중 4건(37%)으로 나타났으며, 이어서 4. 중앙지방 간 협력관계 정립 및 행정 능률성 제고 6건 중 2건(34%)으로 나타났다.

[그림 15-1] 전부개정 지방자치법의 주요 내용

4. 중앙지방협력관계 정립 및 행정 능률성 제고

▸ 중앙-지방협력협의회의 설치 ▸ 특별지방자치단체 도입 ▸ 자치단체의 의견제출권 신설 ▸ 대도시 및 시군구특례 부여 ▸ 행정협의회 설립절차 간소화 및 자원근거 마련 ▸ 단체장 인수위원회 제도화

3. 자치단체 책임성과 투명성 제고

▸ 자치단체 정보공개 일반규정 신설 ▸ 기초단체 사무수행 책임성 확보 ▸ 지방의회 의정활동 정보 종합적 공개 ▸ 지방의회 윤리특별위원회 설치 의무화 ▸ 지방의회 기록표결제 도입 ▸ 지방의원 겸직금지 강화 ▸ 국정통합성 제고 위한 근거규정 마련

2. 자치단체 역량강화 및 자치권 확대

▸ 사무배분 원칙 확립 및 준수의무 부과 ▸ 자치입법권 강화 ▸ 지방의회 인사권 독립 ▸ 지방의회 정책지원 전문인력 도입 ▸ 조직운영 자율성 확대 ▸ 지방의회 운영 자율화(의안발의 정족수 자율화, 정례회 · 임시회 운영 자율화) ▸ 자치분권 영향평가 제도 도입 ▸ 지방자치단체 국제교류 · 협력

1. 획기적인 주민주권 구현

▸ 주민자치 원리 강화 ▸ 주민의 참여권 확대 ▸ 주민조례발안제도 도입 ▸ 주민조례발안 요건 세분화 및 완화 ▸ 주민감사 청구인수 상한기준 하향 ▸ 주민감사 청구가능기간 연장(3년) ▸ 단순청구권 기준연령 완화(18세) ▸ 주민투표 대상 확대 및 명확화 ▸ 주민소환 청구요건 차등적 완화 ▸ 주민투표 주민소환 개표요건 폐지, 확정 요건 도입 ▸ 자치단체 기관구성 다양화 근거 마련

자료: 행정안전부(2018.10.31.), 보도자료, 내용 수정.

Ⅱ. 지방자치분권 및 지방행정체제개편에 관한 특별법과의 관계

1. 지방의회 활성화 방안

문재인 정부는 지방자치분권 및 지방행정체제개편에 관한 특별법 제14조와 제16조에 지방의회 역량 제고 및 활성화 방향을 다음과 같이 다섯 가지로 제시하고 있다.

1) 자치입법권 강화(제14조 제1항)

"국가는 지방자치단체의 자치입법권을 강화하기 위하여 조례제정 범위를 확대하는 등 필요한 법적 조치를 하여야 한다."

2) 지방의회의 심의·의결권 확대(제14조 제2항)

"국가 및 지방자치단체는 지방자치단체의 주요 정책사항에 관한 지방의회의 심의·의결권을 확대하는 등 지방의회의 권한을 강화하는 방안을 마련하여야 한다."

3) 지방의회 사무기구의 인사권 독립 방안(제14조 제3항)

"국가 및 지방자치단체는 지방의회의원의 전문성을 높이고 지방의회 의장의 지방의회 소속 공무원 인사에 관한 독립적인 권한을 강화하도록 하는 방안을 마련하여야 한다."

4) 지방선거제도의 개선(제14조 제4항)

"국가 및 지방자치단체는 지방자치단체의 장과 지방의회의원의 선출방법을 개선하고, 선거구를 합리적으로 조정하며, 선거공영제를 확대하는 등 지방선거제도의 개선방안을 마련하여야 한다."

5) 지방의회의 책임성 강화(제16조 제1항)

"지방자치단체는 행정의 공정성과 투명성을 확보하고 책임성과 효율성을 강화하여 행정서비스의 질을 제고하는 등 필요한 조치를 하여야 한다."

2. 전부개정 지방자치법과 지방자치분권 및 지방행정체제개편에 관한 특별법과의 관계

문재인 정부의 전부개정 지방자치법은 지방자치분권 및 지방행정체제개편에 관한 특별법상 지방의회 5가지 발전방향 중 국회의 개정이 필요한 ④지방선거제도의 개선을 제외하면, - ①자치입법권 강화, ②지방의회의 심의·의결권 확대(정책지원 전문 인력 도입 및 의안발의와 의회운영 자율권), ③지방의회 사무기구의 인사권 독립방안, ⑤지방의회 책임성 강화(윤리와 의정활동 정보공개 및 기초의회 의결에 대한 감독기능 강화) - 에 비중을 두어 지방의회 역량 제고 및 활성화 5가지 발전방향 중 4가지 발전방향을 모두 이행하였다.

그러나, ②지방의회의 심의·의결권 확대이자 [그림 15-1] 2.의 '자치단체 역량강화 및 자치권 확대' 방안과 ⑤지방의회 책임성 강화이자 [그림 15-1] 3.의 '자치단체 책임성과 투명성 제고' 방안의 경우 정책지원 전문인력 운영을 대통령령에 위임하는 한편 기초의회 의결에 대한 중앙정부의 개입과 윤리특별위원회에 대하여 민간위원으로 구성된 윤리심사자문위원회에 의한 제제를 강화하였다(김상미, 2019.1.21.).

Ⅲ. 문재인 정부 지방의회 제도 성과와 방향

1. 지방의회의 역량강화 및 자치권 확대

1) 지방의회 인사권 독립 성과와 방향

이번 전부개정 지방자치법 제103조의 특징은 "입법자가 제정하는 법은 반드시 정체원리와 관련되어야 한다"는 자치분권 원리가 반영되었음을 보여주는 대표적인 사례이다.

지방자치법 제103조(사무직원의 정원과 임면 등)

② 지방의회의 의장은 지방의회 사무직원을 지휘·감독하고 법령과 조례·의회규칙으로 정하는 바에 따라 그 임면·교육·훈련·복무·징계 등에 관한 사항을 처리한다.

일본 헌법 제92조에 "지방공공단체의 조직 및 운영에 관한 사항은 지방자치 본지에 기초하여 법률로 이를 정한다"고 지방자치의 기본원칙을 설정하고서 지방자치법을 설계하고 있다. 지방자치법 제103조는 지방자치의 기본원칙에서, 비로소 삼권분립에 의거 자기기관에 대한 인사권을 행사하도록 한 조치이다.

다만, 일본 지방자치법 제138조 제5항의 "지방의회의 사무국장, 서

기장, 서기 기타 직원은 의장이 이들을 임면한다." 규정에 의하여 지방
의회 의장이 의회사무 직원에 대한 임용, 휴직, 면직 및 징계 등을 실
시할 수 있는 권한을 부여받고 있다. 이번 전부개정 지방자치법 제103
조 제2항은 일본 지방자치법 제138조와 유사한 면이 있으므로 일본과
유사한 문제가 발생할 소지가 있다.

(1) 제주특별자치도의회의 사례

제주특별자치도의회의 경우 가장 먼저 의회사무처 직원에 대한 인
사권을 의장에게 부여한 바 있다. 의장이 임명권을 가지고 있으므로
의회 사무직 공무원의 충성도를 이끌어낼 수 있지만 의회직이 신설되
지 않아 집행기관의 지방공무원 중에서 임용하고 집행기관으로 회귀
하여야 한다는 문제가 발생하므로 완전한 인사권 독립으로 간주하기
어렵다.

"이와 같이 의회사무처 간부공무원 중에 1~2년도 채 안 돼 집행부
인 도청으로 되돌아갈 공무원이 4명 중에서 3명꼴이니, 이게 의회인
지 도청인지, 의회가 도정을 견제하고 감시하는 것이 아니라 도 집행
부가 의회를 감시하고 있는 건 아닌지 하는 의문이 들 때가 많았다."
(김태석 의장 인터뷰, 일간제주. 2018.8.25.).

(2) 지방의회 인사권 독립과 의회직렬 신설

결국, 경기연구원의 설문조사에서 지방의원의 경우 의회직렬 신설
(89.8%), 지방공무원의 경우 현행의 행정직렬 유지(50.8%)로 나타난 바
있듯, 의회직렬 신설을 고려할 수밖에 없다.

직군	직렬	직류	계급								
			1급	2급	3급	4급	5급	6급	7급	8급	9급
행정	의회 〈신설〉	의회 연구					지방 의회 사무관	지방 의회 주사	지방 의회 주사보	지방 의회 서기	지방 의회 서기보
		의회 행정									
		의회 정보									

자료: 신원득(2012).

2) 정책역량 제고 대안으로서 정책지원 전문인력·의원정책개발비 도입 성과와 방향

사전적으로 일을 해낼 수 있는 능력이나 그 능력의 정도를 의미하는 '역량'은 'competence' 혹은 'capacity', 'capability' 등으로 다양하게 표현되지만, 주로 상황변화에 적절히 대응할 수 있는 거버넌스적 관리를 함의한다.

최근 발전정책관리유럽센터(European Centre for Development Policy Management: ECDPM)에서는 '역량'과 '성과'가 밀접한 관계가 있음을 강조하면서 이 둘의 관계를 역량제고의 주요 요소로 언급하고 있는데(DFiD, 2010), 지방의회 정책역량 제고를 위한 대안으로 도입된 제도가 정책지원 전문인력 제도와 의원정책개발비이다.

(1) 정책지원 전문인력

이 제도는 광역의회 차원에서 서울특별시의회가 2006년도부터 운영한 "행정사무감사 지원 인턴제"에 대하여 행정안전부로부터 법규위반으로 지적되어 2007년도는 운영을 중단하였다. 그 대안으로

2008년부터 서울시정개발연구원의 용역사업으로 의정서포터즈 운영, 2009년 입법자료조사원, 2010년도는 정책조사원 등 명칭을 변경하여 2010년 말까지 운영한 사례가 있다. 경기도의회에서도 정책보좌관(별정 6급)을 둘 수 있도록 하는 「경기의회사무처 설치조례 일부개정조례안」을 의결(2011. 2. 23.)하여 실험적으로 실시한 바 있으나 감사원 및 행정안전부 지적으로 제주특별자치도의회만 제외하고 전체적으로 지방의회에 확산을 보지 못한 사안이다.

올해는 지방의회가 부활한 지 30주년이 되는 해로 전부개정 지방자치법 제41조에 정책지원 전문인력제를 도입한 것은 지방자치분권 및 지방행정체제개편에 관한 특별법 제14조 제3항의 지방의회의 전문성 강화와 지역 일자리 창출에 기여하는 시대의 추세에도 적합한 조치이다.

지방자치법 제41조(의원의 정책지원 전문인력)

　① 지방의회의원의 의정활동을 지원하기 위하여 지방의회의원 정수의 2분의 1 범위에서 해당 지방자치단체의 조례로 정하는 바에 따라 지방의회에 정책지원 전문인력을 둘 수 있다.

　② 정책지원 전문인력은 지방공무원으로 보하며, 직급·직무 및 임용절차 등 운영에 필요한 사항은 대통령령으로 정한다.

---

(2) 제주특별자치도의회 사례와 지방의회의원 정수 2분의 1 범위에서의 정책지원관

전부개정 지방자치법 부칙 제6조(정책지원 전문인력 도입규모에 관한 특례)에 "지방의회에 정책지원 전문인력을 두는 경우 그 규모는 2022년 12월 31일까지는 지방의회의원 정수의 4분의 1 범위에서, 2023년 12

월 31일까지는 지방의회의원 정수의 2분의 1 범위에서 연차적으로 도입한다."라는 규정은 제주특별자치도의회의 사례와 유사하다.

제주특별자치도의회의 경우 제주특별자치도 설치 및 국제자유도시 조성을 위한 특별법 제39조에 의거 43명 의원정수 1/2한도인 최대 21명의 정책연구위원을 둘 수 있으며, 배치와 운용은 도조례로 정하고 있기 때문이다.

(3) 지방공무원으로서 정책지원 전문인력

정책지원 전문인력의 경우 지방공무원의 신분을 가지는 것으로 규정하고 있지만 이 제도를 도입할 경우 운영에 대한 사항은 대통령령으로 정하도록 하고 있다.

그러나 국회의 검토보고서를 보면, 정책지원 전문인력의 운영형태와 정수 등은 이 제도의 본질적 내용이기 때문에 대통령령에 위임할 것이 아니라 법률에 직접 규정해야 할 것으로 판단하고 있다.

특히, 정책지원 전문인력을 조례로 정하도록 한 사항을 다시 대통령령에 위임하는 것은 중앙정부의 사무인지 지방정부의 사무인지의 사무배분과 관련된다. 또한 전부개정 지방자치법에서 직접 조례로 위임한 자치사무에 대해서는 대통령령·총리령·부령으로 정할 수 없도록 하는 것이 자치분권 원칙에 부합된다.

지방자치단체는 기준인건비를 기준으로 기구와 정원을 자율적으로 운영[1]하는 상황에서 정책지원 전문인력을 개인보좌관으로 활용할 수 없다는 근거를 둔다면, 정수·직급·직무 및 임용절차 등 운영에 필요

---

1   지방자치단체의 행정기구와 정원 기준 등에 관한 규정 제4조

한 세부적 사항은 조례로 정함이 바람직한 방향이다.

(4) 지방의회 의원정책개발비 신설

지방의회 역량제고를 위해 2020년 신설되었다. 행정안전부에서 2020년도 지방자치단체 예산편성운영기준 및 기금운영계획수립기준에 의원정책개발비 예산을 별도로 편성할 수 있도록 통계목을 신설하였다. 관련 예산을 과도하게 늘리지 않도록 지방의원 1인당 500만원으로 상한선을 정하였으나 의원 개인이 아닌 의원연구단체의 정책개발에 사용하도록 한정하였다.

지방자치단체 예산편성운영기준 제4조(기준경비)

지방재정의 건전한 운용과 지방자치단체간의 재정운용의 균형을 확보하기 위한 기준경비는 다음 각 호와 같다.

1. 지방의회관련 경비 중 의원국외여비·의정운영공통경비·의회운영업무추진비·의원역량개발비(민간위탁)·의원정책개발비의 기준경비는 별표 1과 같다.

2. 경비성격 및 편성기준

....

5. 의원정책개발비

① 경비성격 : 지방의회의 정책 개발을 위해 필요한 경비
 − 정책연구용역비로 사용하되, 공청회나 세미나, 간담회 등은 의정운영공통경비로 편성
 ※ 해당 지방의회에 등록된 지방의원 연구단체에서 발주하는 경우 지원(의원 개인에게 지원 불가)
② 의회관련 경비 별도한도 내에서 자율 편성
 ※ 별도한도 추가 : (지방의원수 × 500만원)

---

3) 자치입법권 확대 성과와 방향

전부개정 지방자치법 제28조 제2항에서 "법령에서 조례로 정하도록 위임한 사항은 그 법령의 하위 법령에서 그 위임의 내용과 범위를 제한하거나 직접 규정할 수 없다"는 내용이 신설되었다.

지방자치법 제28조(조례)

② 법령에서 조례로 정하도록 위임한 사항은 그 법령의 하위 법령에서 그 위임의 내용과 범위를 제한하거나 직접 규정할 수 없다.

법령에서 '조례로 위임한 사항'은 대통령령이나 총리령 부령 등으로 내용과 범위를 제한할 수 없다는 의미이다. 자치입법기관으로서 지방의회의 자치입법권이 진전되었지만, '법령의 범위 안에서' 조례를 제정하여야 하는 한계로 본질적 자치입법권 확대라는 과제가 남아있다.

4) 지방의회 운영 자율화 성과와 방향

(1) 의안발의 정족수 자율화

전부개정 지방자치법 제76조(의안의 발의)의 1항에 "지방의회에서 의결할 의안은 지방자치단체의 장이나 조례로 정하는 수 이상의 지방의회의원의 찬성으로 발의한다."로 개정, 현 지방자치법 제66조 제1항 "재적의원 5분의 1 이상 또는 의원 10명 이상의 연서로 발의"하던 제한규정을 삭제하여 의안 발의 정족수를 조례로 할 수 있도록 자율화하였다.

현 지방자치법 제66조 제1항에 지방의회에서 의결할 의안은 지방자치단체의 장이나 재적의원 5분의 1 이상 또는 의원 10명 이상의 연서로 발의하도록 되어 있었다. 이는 고의로 의사를 지연시킬 목적으로 의안을 제출하거나, 전혀 성립될 수 없는 의안의 제출을 방지한다는 취지이나 지방의원들이 의안을 발의할 수 있는 여건이 미흡하다는 측면에서 의원의 의안발의 요건을 완화하는 조치로 여겨진다.

(2) 정례회·임시회 운영 자율화

지방의회에는 정례회와 임시회가 있는데 회기 및 회기 총일수를 광역의회와 기초의회로 구분하였다. 지방의회의 정례회와 임시회의 획일적인 회기 제도를 삭제하고 조례로 정하도록 회기운영의 자율성을 부여한 것은 참여정부이다. 또한 2007년 5월 11일에는 지방의회의 개회·휴회·폐회와 회기는 지방의회가 의결로서 정하도록 회기 운영을 자율화하였다.

문재인 정부에서 전부개정 지방자치법 제53조와 제54조에 정례회의 집회일, 정례회의 운영에 관한 사항은 '대통령령으로 정하는 바에 따라 해당 지방자치단체의 조례로 정하던 것'에서 '해당 지방자치단체의 조례로 정'하도록 자율화하는 한편, 지방의회의장은 '재적의원 3분의 1 이상의 의원이 요구하면 임시회를 소집할 수 있는 것'에서 '조례로 정하는 수 이상의 지방의원이 요구'하면 임시회를 소집할 수 있도록 지방의회 운영을 자율화하였다.

> **지방자치법 제53조(정례회)**
> ② 정례회의 집회일, 그 밖에 정례회의 운영에 관하여 필요한 사항은 해당 지방자치단체의 조례로 정한다.

(3) 향후 과제

다만 아쉬운 점은 현재 지방의회 위원회 종류가 상임위원회와 특별위원회 2종류인데, 위원회 구성의 경우에도 조례로 자유롭게 정할 수 있도록 고려할 필요가 있다.

2. 자치단체 책임성과 투명성 제고

1) 기초지방의회 의결에 대한 감독기능 강화 성과와 방향

전부개정 지방자치법 제192조는 지방의회 의결에 대한 재의명령권을 규정한 것으로 행정안전부장관 등의 재의명령권은 중앙정부 차원에서 감독하려는 의도이다. 재의명령권은 단순히 권고적인 것이 아니라 자치단체장은 이에 따라 재의를 요구하여야 하는 명령권이라는 점에서 아주 강력한 국가감독수단인데, 현 지방자치법 제172조(지방의회 의결의 재의와 제소)가 총 8개항이었으나 전부개정 지방자치법 제192조(지방의회 의결의 재의와 제소)의 경우 총 9개항(②항 신설)으로 늘어 시·군 및 자치구의회 의결의 재의와 제소에 대한 감독기능을 추가하였다.

특히, 지방자치법 제192조의 신설된 규정에 입각하여 볼 때, 기초의회의 경우 상급 지방자치단체와 중앙정부의 재의 비중이 강화되었다. 행정안전부장관과 상급 지방자치단체의 개입이 지역 최고정책결정기관으로서 지방의회 의결사항과 상충될 경우 보충성 원리가 작동될 필요가 있다.

[그림 15-2] 기초의회 의결에 개입 가능

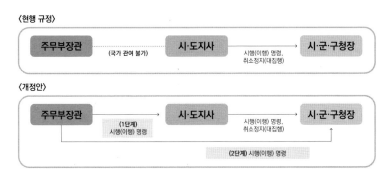

자료: 한치흠. (2020.07.). 지방자치법 전부개정의 주요내용과 기대효과. 「지방자치정책브리 프」. 제100호. 원주: 한국지방행정연구원.

2) 윤리심사자문위원회 신설로 지방의원
윤리성 강화 성과와 방향

(1) 윤리특별위원회의 윤리심사자문위원회에 대한
의견존중의무 명시

전부개정 지방자치법 제66조에 윤리특별위원회의 자문기구로서 민간전문가로 구성된 윤리심사자문위원회를 두도록 하였다. 전부개정 지방자치법 제65조의 윤리특별위원회의 윤리심사자문위원회에 대한 의견존중의무(義務)의 사전적 의미는 '당연히 해야 할 일'로서 ① duty ② obligation ③ mandatory ④ responsibility의 4가지 의미가 있다. 이 중 법적 의무는 법률상의 구속, 즉 반드시 따라야 할 것으로 지방자치법에 의하여 허가된 힘을 의미하는 'duty'에 해당한다.

지방자치법에 의견존중의무 용어를 사용하게 되면 민간위원으로 구성된 윤리심사자문위원회와 윤리특별위원회의 위상 및 관계와 관련된 문제가 제기될 수 있다. 윤리심사자문위원회 심사의견의 정당화가 윤리특별위원회에게는 정당하지 않거나 정당화될 수 없는 것으로 판단된다 할지라도 지방의원으로 구성된 윤리특별위원회가 지방자치법에 의하여 반드시 존중해야 할 것을 의미하므로 지방의회 윤리특별위원회 존재 및 판단가치와 관련하여 불신하는 내용이 암묵적으로 함축되어있는 조문으로 해석된다. 이 부분은 선입견이나 편견이 배제된 표현을 고려하거나 법제처의 해석이 필요하다(김상미, 2019.1.21.).

(2) 일본: 임명권자가 징계권한 보유

일본의 경우 지방자치법 제6조에 의해 징계권은 임명권자인 지방의회의장이 가지고 있다.

(3) 영국: 잉글랜드 판결 패널(Adjudication Panel for England)

영국 지방의회의 경우 잉글랜드 판결 패널(Adjudication Panel for England)을 설치하였다. 잉글랜드 판결 패널은 윤리기준관(Ethical Standards Officers: ESOs)이 보낸 윤리 위반 주요 사례를 결정하기 위한 독립기구이다.

대법관(Lord Chancellor)이 임명하는 위원으로 구성되며 5년간 자격박탈(disqualification)과 위원회나 의회로부터 자격 정지(suspension) 등 윤리 위반 사항에 대한 처벌 권한을 가지고 있다.

3) 기록표결·겸직 및 의정활동 등 주민에 대한 정보공개 성과와 방향

이번 전부개정 지방자치법에 의장·부의장 선거, 의장·부의장 불신임 의결, 자격상실 의결, 징계 의결, 재의 요구에 관한 의결 등 지방의회에서 하는 각종 선거 및 인사에 관한 사항을 제외한 안건에 기록표결 방식을 도입하여 주민에게 정보를 공개하는 한편, 지방의원 겸직에 대해서도 인터넷 홈페이지 혹은 조례로 공개하도록 하였다.

지방자치법 제74조(표결방법)

본회의에서 표결할 때에는 조례 또는 회의규칙으로 정하는 표결방식에 의한 기록표결로 가부(가부)를 결정한다.

지방자치법 제43조(겸직 등 금지)

④ 지방의회의 의장은 제3항에 따라 지방의회의원의 겸직신고를 받으면 그 내용을 연 1회 이상 해당 지방의회의 인터넷 홈페이지에 게시하거나 지방자치단체의 조례로 정하는 방법에 따라 공개하여야 한다.

전부개정 지방자치법 제26조에 의해서도 지방의회는 주민들에게 의정활동을 공개하여야 한다. 이미 지방의회의 경우 공공기관의 정보공개에 관한 법률 제7조(행정정보의 공표 등) 제1항 "4. 그 밖에 공공기관의 장이 정하는 정보와 제2항의 공공기관은 제1항에 규정된 사항 외에도 국민이 알아야 할 필요가 있는 정보를 국민에게 공개하도록 적극적으로 노력하여야 한다."와 동법 제8조의2(공개대상 정보의 원문공개) "공공기관 중 중앙행정기관 및 대통령령으로 정하는 기관은 전자적 형태로 보유·관리하는 정보 중 공개대상으로 분류된 정보를 국민의 정보공개 청구가 없더라도 정보통신망을 활용한 정보공개시스템 등을 통하여 공개하여야 한다."는 규정에 따라, 수당결정, 회의록 등 의정활동을 공개하고 있으므로 지방의회뿐 아니라 '개방형 정부(Open Government)' 프레임은 모든 정부기관으로 확산되어야 할 추세로 여겨진다.

지지방자치법 제26조(주민에 대한 정보공개)

① 지방자치단체는 사무처리의 투명성을 높이기 위하여 「공공기관의 정보공개에 관한 법률」에서 정하는 바에 따라 지방의회의 의정활동, 집행기관의 조직, 재무 등 지방자치에 관한 정보(이하 "지방자치정보"라 한다)를 주민에게 공개하여야 한다.

② 행정안전부장관은 주민의 지방자치정보에 대한 접근성을 높이기 위하여 이 법 또는 다른 법령에 따라 공개된 지방자치정보를 체계적으로 수집하고 주민에게 제공하기 위한 정보공개시스템을 구축·운영할 수 있다.

다만 데이터가 자본이 되는 시대에, EU는 데이터를 수집하고 사용하는 방식에 유럽의 가치, 기본권, 시민의 이익을 최우선으로 하고 있

다(허태욱, 2021). 마침 중앙부처와 자치단체 간 데이터 칸막이를 없애고 공동활용하는 방안이 마련된다고 하니, 행정안전부장관이 지방자치정보를 수집하고 정보공개시스템을 구축 운영할 경우 자치분권의 가치, 기본권, 주민의 이익이라는 관점을 기준으로 운영할 필요가 있다.

4) 지방의회의원의 겸직 금지 강화와 의정활동비 결정방식 변경 성과와 방향

(1) 직업으로서 지방의원의 겸직 금지 강화

전부개정 지방자치법 제43조에서 지방의원 겸직 금지 규정을 강화하였다. 정치를 직업으로 할 경우, ①정치를 위해 살거나 ②정치에 의해 사는 두 가지 방식이 적용되는데 선출직인 대통령, 국회의원, 자치단체장의 경우에 ②의 경우가 해당된다. 전부개정 지방자치법 제43조에서 지방의원 겸직 금지를 강화하였다는 것의 의미는 직업으로서 지방의원직을 전업직으로 인정하는 것이므로 직업으로서 지방의원직이 정착될 필요가 있다.

> **지방자치법 제43조(겸직 등 금지)**
>
> ⑤ 지방의회의원이 다음 각 호의 기관·단체 및 그 기관·단체가 설립·운영하는 시설의 대표, 임원, 상근직원 또는 그 소속 위원회(자문위원회는 제외한다)의 위원이 된 경우에는 그 겸한 직을 사임하여야 한다.
>
> 1. 해당 지방자치단체가 출자·출연(재출자·재출연을 포함한다)한 기관·단체
> 2. 해당 지방자치단체의 사무를 위탁받아 수행하고 있는 기관·단체
> 3. 해당 지방자치단체로부터 운영비, 사업비 등을 지원받고 있는 기관·단체
> 4. 법령에 따라 해당 지방자치단체의 장의 인가를 받아 설립된 조합(조합설립을 위한 추진위원회 등 준비단체를 포함한다)의 임직원
>
> ⑥ 지방의회의 의장은 지방의회의원이 다음 각 호의 어느 하나에 해당하는 경우에는 그 겸한 직을 사임할 것을 권고하여야 한다. 이 경우 지방의회의 의장은 제66조에 따른 윤리심사자문위원회의 의견을 들어야 하며 그 의견을 존중하여야 한다.
>
> 1. 제5항에 해당하는 데도 불구하고 겸한 직을 사임하지 아니할 때
> 2. 다른 직을 겸하는 것이 제44조 제2항에 위반된다고 인정될 때
>
> ⑦ 지방의회의 의장은 지방의회의원의 행위 또는 양수인이나 관리인의 지위가 제5항 또는 제6항에 따라 제한되는지와 관련하여 제66조에 따른 윤리심사자문위원회의 의견을 들을 수 있다.

(2) 지방의원에 대한 공무원 간 보수균형 원칙 적용

지방자치법 시행령 제34조에 의해 공청회나 여론조사를 하여야 하는 기준점이 지방공무원 보수인상률 초과이므로 이는 지방의원의 신분을 지방공무원으로 간주하는 조치라고 해석된다.

> **지방자치법 시행령 제34조(의정비심의위원회의 구성 등)**
>
> ⑥ 심의회는 제5항의 금액을 결정하려는 때에는 그 결정의 적정성과 투명성을 위하여 공청회나 객관적이고 공정한 여론조사기관을 통하여 지역주민의 의견을 수렴할 수 있는 절차를 거쳐야 하며, 그 결과를 반영하여야 한다. 다만, 심의회의 결정이 지방공무원의 보수가 인상되는 해의 그 인상률 범위에서 월정수당을 인상하려는 경우에는 지역주민의 의견수렴절차를 생략할 수 있다(2014.6.3. 개정).

마찬가지로 전부개정 지방자치법 제40조에서 지방의원의 여비를 타 공무원과의 형평성을 고려해 공무원 여비규정의 기준 범위 내에서 조례로 정할 수 있도록 개정한 취지는 지방의원 신분을 지방공무원으로 간주한 조치로 사료된다.

지방자치법 제40조(의원의 의정활동비 등)

① 지방의회의원에게 다음 각 호의 비용을 지급한다.
　　1. 의정 자료를 수집하고 연구하거나 이를 위한 보조 활동에 사용되는 비용을 보전(補塡)하기 위하여 매월 지급하는 의정활동비
　　2. 지방의회의원의 직무활동에 대하여 지급하는 월정수당
　　3. 본회의 의결, 위원회 의결 또는 지방의회의 의장의 명에 따라 공무로 여행할 때 지급하는 여비
② 제1항 각 호에 규정된 비용은 대통령령으로 정하는 기준을 고려하여 해당 지방자치단체의 의정비심의위원회에서 결정하는 금액 이내에서 지방자치단체의 조례로 정한다. 다만, **제1항 제3호에 따른 비용은 의정비심의위원회 결정대상에서 제외한다.(신설)**

---

(3) 지방의원의 유일한 월정수당 결정방식 균형화

법률상 지방의원의 신분은 국가공무원법 제2조와 지방공무원법 제2조에 의한 선거로 취임하는 정무직 공무원으로서 특수경력직 공무원이다. 지방공무원법 제44조 제3항은 경력직 공무원 간, 경력직 공무원과 특수경력직 공무원 간 보수의 균형을 도모하여야 한다는 보수결정 원칙을 선언하고 있으므로 국회의원 및 공무원 수당과의 균형 원칙이 적용될 필요가 있다.

＊국회의원 수당과의 균형　국회의원의 수당은 일반수당, 입법활동비[2], 특별활동비[3], 입법 및 정책개발비, 관리업무수당, 직급보조비, 정액급식비, 정근수당 등 10개 항목으로 구성되어 있지만 지방의회의 경우처럼 외부기관이 보수 수준을 결정하거나 권고하지 않고 국회가 '자체결정'함.

＊공무원 수당과의 균형　공무원이 받는 수당은 '공무원 수당 등에 관한 규정'에 의거 상여수당, 가계보전수당, 근무수당, 특수근무수당, 직급보조비, 정액급식비, 자녀학비보조수당, 명절휴가비 등 30개 항목이 넘지만, 기본급 외 최대 32개 항목의 수당을 사실상 기본급화하고 있음. 이는 봉급에 대한 통제가 가해지자 수당을 끼워 넣어 임금을 현실화하는 관행이 오랜 기간 굳어진 결과라고 함(김상미, 2013).

3. 획기적인 주민주권 구현

1) 지방자치단체 기관구성 다양화 성과와 방향

(1) 지방자치단체 기관구성의 문제와 지방자치법 제4조의 함의

우리의 경우 지방의회와 자치단체장의 관계가 강시장-약의회(strong mayor-weak council form)형을 택함으로써 자치단체장 중심의 지방정치가 운영되고 있다. 중앙정치에서 행정부가 입법부를 압도하는

2　1,200,000원
3　입법활동비의 30/100 상당액

것처럼, 지방정치에서도 자치단체장이 지방의회를 압도하는 영향력이 강하게 나타난다. 더구나 자치단체장은 지방의회의 의결에 대해 재의 요구권을 폭넓게 행사할 수 있어 지방의회가 견제·감시하기에는 어려운 태생적인 구조이다.

전부개정 지방자치법 제4조는 우리나라 강시장-약의회형의 지방정치 권력구조를 변경할 수 있는 가장 혁신적인 조치로 지역주민들에게 주민투표로 변경할 수 있는 주민선택권을 부여하였다.

지방자치법 제4조(지방자치단체의 기관구성 형태의 특례)

① 지방자치단체의 의회(이하 "지방의회"라 한다)와 집행기관에 관한 이 법의 규정에도 불구하고 따로 법률로 정하는 바에 따라 지방자치단체의 장의 선임방법을 포함한 지방자치단체의 기관구성 형태를 달리 할 수 있다.

② 제1항에 따라 지방의회와 집행기관의 구성을 달리하려는 경우에는 「주민투표법」에 따른 주민투표를 거쳐야 한다.

이미 기관구성 다양화를 시도한 영국의 경우 기관통합형과 기관분리형의 2개 유형의 지방정부가 공존하는 개혁이 진행 중임을 감안하면, 기관통합형 모델 개발에 집중하는 것이 바람직하다. 이는 비로소 지방자치단체의 기관구성이 헌법 제118조 제2항의 기관통합형의 원리(지방의회의 조직·권한·의원선거와 지방자치단체의 장의 선임방법 기타 지방자치단체의 조직과 운영에 관한 사항은 법률로 정한다.)에 의해 운영하는 것이기도 하다.

(2) 영국 지방정부법(2000년)상 지방정부 기관구성 사례

영국의 지방정부 기관구성은 2000년 지방정부법(Local Government Act)의 개정에 따라 ①리더와 내각형(A Leader & Cabinet), ②직선 단체장과 내각형(A Directly - Elected Mayor & Cabinet), ③직선 단체장과 카운실 매니저(A Mayor & council manager) 3개 유형의 기본모델과 ④인구 85,000명 이하이고 2층제 하에 있는 디스트릭 지방정부에 한하여 기본모델과 다른 집행조직을 제안하면 중앙정부가 승인하는 형태의 지방정부 구조를 선택하도록 했으나 2007년 지방자치법의 개정으로 ③유형이 폐지되어 현재는 주로 기관통합형과 기관분리형의 2개 유형의 지방정부가 공존하는 개혁이 진행 중임을 참고할 필요가 있다.

* **대런던정부(GLA) 부활과 기관대립형 기관구성 다양화** 2000년 5월 4일 지방선거에서 대런던시장(Mayor of London)을 주민직선으로 선출하는 기관구성을 택하였다. 영국 최초로 직선자치단체장 제도가 도입되어 대런던의회와 대런던시장의 권한을 분리시키는 기관구성을 채택하였다.

* **런던바로우의회 기관구성 다양화** 2002년 5월 2일 지방선거에서 32개의 런던바로우의회 중 29개 바로우의회가 기관통합형인 리더와 내각제(A Leader & Cabinet) 형태를 택하였고, 3개 바로우(Hackney, Lewisham, Newham)의회에서 기관대립형인 직선단체장과 내각제 형태를 택하였다(지방의회발전연구원, 2007).

2) 주민의 직접 참여제도 확대 성과와 방향

(1) 주민직접 발안제도

그동안 대의민주주의 하에서 지방의원이나 자치단체장 그리고 공무원이 발의의 주체가 되었으나 이번 지방자치법 개정으로 주민이 직접 발의의 주체가 되도록 확대하였다. 주민발의는 주민을 주권자로 만드는 효과가 있다는 찬성론자와 절대다수의 등록된 유권자들보다는 적극적인 소수에 의하여 그들의 이익을 관철시키기 위한 수단으로 활용될 수 있다는 반대론자들의 주장이 있음을 염두에 둘 필요가 있다. 지방자치단체장을 경유하던 것에서 주민이 직접 지방의회에 조례 제정·개폐를 청구할 수 있도록 함으로써 자치입법기관으로서 주민과의 거리가 가까워지게 되었다.

지방자치법 제19조(조례의 제정과 개정·폐지 청구)

① 주민은 지방자치단체의 조례를 제정하거나 개정하거나 폐지할 것을 청구할 수 있다.

② 조례의 제정·개정 또는 폐지 청구의 청구권자·청구대상·청구요건 및 절차 등에 관한 사항은 따로 법률로 정한다.

---

(2) 주민소환제

주민소환 청구요건을 자치단체 인구규모에 따라 차등적 완화 및 주민투표·소환 개표요건(투표율 1/3 이상) 폐지, 유효표 과반수 찬성과 함께 투표권자 총수의 1/4 이상 찬성해야 하는 확정요건 도입 등이 언급되고 있다. 주민소환제는 주민통제를 강화시키고 실패한 선거결과를 바로잡는다는 찬성론자와 다수에 의하여 선출된 공직자를 그보다 훨씬 적은 수의 유권자들에 의하여 해임할 수 있는 위험한 것으로 나쁜 목적에 악용될 수 있다(김영기, 2006)는 반대론자의 주장을 감안하여 균형적으로 운영할 필요가 있다.

지방자치법 제25조(주민소환)

① 주민은 그 지방자치단체의 장 및 지방의회의원(비례대표 지방의회의원은 제외한다)을 소환할 권리를 가진다.

② 주민소환의 투표 청구권자·청구요건·절차 및 효력 등에 관한 사항은 따로 법률로 정한다.

---

(3) 주민감사 청구 요건 완화

주민감사청구제는 주민의 통제권을 확대하기 위하여 2000년 3월 2일부터 시행된 것으로 감사청구 연령을 19세에서 18세로 낮추고 시도의 경우 500명에서 300명으로, 50만 이상 대도시는 300명에서 200명으로 그리고 시군 및 자치구는 200명에서 150명으로 주민감사청구인 수 및 주민감사 청구 요건을 완화하였다. 다만 청구권이 상급 자치단체장 혹은 행정안전부장관에게만 부여되어 지방의회의 감사 기능을 침해할 소지가 있다. 집행기관 견제 감시기관인 지방의회에 행정사무감사권이 부여되고 있으므로 보충성 원리에 의하여 지방의회에 청구할 수 있도록 함이 타당하다.

4. 중앙지방 간 협력관계 정립 및 행정 능률성 제고

1) '중앙지방협력회의' 설치 성과와 방향

전부개정 지방자치법 제186조에 국가와 지방자치단체 간의 협력을 도모하고 지방자치 발전과 지역 간 균형발전에 관련되는 중요 정책을 심의하기 위한 중앙지방협력회의를 신설하였다.

제2국무회의, 국가자치분권회의, 자치발전협력회의라는 다양한 용어를 사용하였으나, '중앙지방협력회의'라는 용어를 최종 선택하면서, 지방의 4대 협의체인 전국 시도지사협의회, 전국 시장군수구청장협의회, 전국 시도의회의장협의회와 전국 시군자치구의회의장협의회의 장 모두 참여하도록 하여 이원대표제를 표방하는 지역 구성원 누구도 소외되지 않도록 하였다.

일본의 경우에도 '국가와 지방의 협의의 장에 관한 법률' 제2조에 의해, 지방의 6대 협의회의 장이 구성원으로 모두 참여하여 지역 구성원 누구도 소외되지 않고 있다.

다만 '중앙지방협력회의'의 일종인 '대통령과 시도지사의 간담회' 운영 결과를 보면, 대통령이 시도지사에게 일방적으로 협조와 노력을 당부하는 형식에 벗어나지 못하였으며, 실제 지방이 요구하는 사항은 대통령에게 충실히 전달되지 못하였다는 시각이 있다.

일본 '국가와 지방의 협의의 장에 관한 법률' 제8조는 협의의 장에 참석하는 자의 협의결과 존중(조성호, 2018)을 의무규정으로 하였다. 우리의 경우 "국가 및 지방자치단체는 중앙지방협력회의의 심의 결과를 존중하고 성실히 이행하여야 하며"라고 존중보다는 성실히 이행하여야 하는 것을 더 강조하고 있는데 이행의무의 주체가 지방이 일방적이지 않아야 할 것이다.

2) 특별지방자치단체 설치 성과와 방향

전부개정 지방자치법 제199조에 지방자치단체의 관할구역을 초월한 권역 내의 단일 또는 복합적 사무를, 광역계획 등의 수립에 의하여 종합적·효율적으로 처리할 수 있는 새로운 협력제도로서 특별지방자치단체를 설립할 수 있게 하였다.

이 경우 지방자치법 제204조 제2항에 의해 지방의원은 특별지방자치단체 의회에 겸직할 수 있다.[4] 특별지방자치단체 의회는 구성 지방자치단체의 의회의원으로 구성하며 집행기관의 장도 특별지방자치단체의 의회에서 선출하므로 지방의회와 지방의원의 거버넌스적 역량강화가 요청된다.

지방자치법 제204조(의회의 조직 등)

　① 특별지방자치단체의 의회는 규약으로 정하는 바에 따라 구성 지방자치단체의 의회 의원으로 구성한다. ② 제1항의 지방의회의원은 제43조 제1항에도 불구하고 특별지방자치단체의 의회 의원을 겸할 수 있다.

제205조(집행기관의 조직 등)

　① 특별지방자치단체의 장은 규약으로 정하는 바에 따라 특별지방자치단체의 의회에서 선출한다.

IV. 결론 및 시사점

문재인 정부 지방의회 제도개혁 주요 성과를 요약하면 다음과 같다.

자치분권 종합계획에 지방의회는 6대 추진전략과 33개 실천과제 중 24번째 실천과제(지방의회 인사권 독립 및 의정활동 정보공개)에 들어가는 위상에 그쳤지만, 전부개정 지방자치법에서는 다양한 실천적 성과를 이루었다.

전부개정 지방자치법은 지방자치분권 및 지방행정체제개편에 관한 특별법에서 제시하고 있는 지방의회 5가지 발전방향 중 국회의 개정이 필요한 지방선거제도의 개선을 제외하면, - 자치입법권 강화, 지방

4　규약에 따라 장과 의회를 직접 또는 간접선거로 선출하는 등 구성의 민주성과 운영의 독립성 확보

의회의 심의·의결권 확대(정책지원 전문인력 도입 및 의안발의와 의회 운영 자율권), 지방의회 사무기구의 인사권 독립방안, 지방의회 책임성 강화(윤리와 의정활동 정보공개 및 기초의회 의결에 대한 감독기능 강화) – 에 비중을 두어 지방의회 역량 제고 및 활성화 5가지 발전방향 중 4가지 발전방향을 이행하였다.

가장 큰 성과는 '획기적인 주민주권 강화'로 강시장-약의회형의 획일적인 지방자치단체 기관구성을 근본적으로 변혁할 수 있는 근거를 마련하였다는 점에서 가장 혁신적이다. 헌법 제118조 2항에 기관통합형을 지방자치단체 기관구성 원리로 명시하고 있는 것을 감안한다면 기관통합형 기관구성 원리를 복원하여야 한다. 한편 주민직접발안, 주민소환제, 주민감사청구요건 완화 등 주민직접참여 제도를 확대하여 간접민주주의 제도를 보완하였다.

그 다음 성과는 지방의회의 '역량강화 및 자치권 확대 방안'으로서 지방의회 의장에게 의회 사무직원 임면권을 부여하여 지방의회가 자기기관에 대한 인사권을 행사한다는 점에서 삼권분립 원칙이 비로소 반영되었다. 또한 지방의회의 역량제고를 위한 방안으로서 정책지원 전문인력제와 의원정책개발비를 도입하였다. 자치입법기관으로서 조례로 정하도록 위임한 사항을 그 법령의 하위법령에서 내용과 범위를 제한하거나 직접 규정할 수 없도록 자치입법권을 강화하였다. 아울러 지방의회 정례회·임시회를 조례로 운영할 수 있도록 자율화하였으며, 의안 발의 정족수 규정도 조례로 하도록 자율화하였으므로 향후 위원회 구성도 조례로 자율화할 필요가 있다.

그 다음 성과는 '자치단체 책임성과 투명성 제고'로 기초의회 의결에 대한 상급 지방자치단체와 중앙정부의 감독기능을 강화하여 지방의회 의결사항에 개입하도록 하였으나 이들이 서로 상충될 경우에는 보충성 원리가 작동될 필요가 있다. 한편 윤리심사자문위원회 신설로 지방의원의 윤리성을 강화하였으나 윤리특별위원회와의 관계에서 위상과 관련된 문제가 제기될 수 있다. 그 외 지방의회 의정활동을 주민에게 정보공개 하도록 조치하였으나 정보공개를 통한 개방형 정부·네트워크 정부로의 전환은 모든 정부기관으로 확산되어야 할 사안이다. 또한 지방의원의 겸직 금지 규정을 강화한 것의 의미는 지방의원직을 전업직으로서 인정하겠다는 것이므로 지방의원 보수를 현실화할 시점에 있다.

그 다음 성과는 '중앙지방협력관계 정립 및 행정 능률성 강화'로 중앙지방협력회의를 신설하였다. 4대 지방 협의체의 장 모두 참여하도록 하여 이원대표제를 표방하는 지역 구성원 누구도 소외되지 않도록 하였으므로 협의결과 이행시 지방이 일방적으로 소외되지 않아야 한다. 마지막으로 새로운 협력제도로서 특별지방자치단체 설치 시 지방의원이 겸직하도록 하며 집행기관의 장도 특별지방자치단체의 의회에서 선출하므로 상황변화에 적절히 대응할 수 있는 지방의회 및 지방의원의 거버넌스적 역량제고가 요청된다.

| 참고문헌 |

김상미. (2013). 지방의원 보수제도 개선. 「자치의정」 통권 제93호. 서울: 지방의회발전연구원.

김상미. (2019). 지방자치법 전부개정 법률안과 자치분권 가치의 실현. 「지방자치법 전부개정을 위한 강원도의회 정책토론회(2019.10.23.)」. 춘천: 강원도의회.

김상미. (2019). 지방자치법 전부개정안의 지방의회 제도개혁. 「한국지방자치학회 동계학술대회 발표」.

김상미. (2019.1.21.). 2019년 지방자치법 전부개정안의 지방의회 발전방향, 〈e-뉴스레터〉, Vol.21. 서울: 대통령소속 자치분권위원회.

김상미. (2021). 자치분권 2.0시대 지역의 대응과 과제. 자치분권 2.0시대 어떻게 맞을 것인가, 「문재인 정부 출범 4주년 및 지방자치부활 30주년 기념 경기·인천 대토론회」. 수원: 대통령소속 자치분권위원회, 대한민국지방신문협의회.

김영기. (2006). 「한국의 주민소환제」. 서울: 대영문화사.

신원득. (2012). 「경기도의회 인사권 독립·정책연구원제도 운영방안 연구」. 수원: 경기연구원.

일간제주. (2018.8.25.)

조성호. (2018). 「우리나라 중앙-지방 협력체계 강화방안」. 수원: 경기연구원.

지방의회발전연구원. (2007). 영국 지방정부 기관구성의 다양화. 「로컬 거버넌스」 통권 제24호. 서울: 지방의회발전연구원.

지방의회발전연구원. (2008). 2000년 지방정부법의 지방의회의원에 대한 새로운 윤리 규정. 「로컬 거버넌스」 통권 제30호. 서울: 지방의회발전연구원.

지방자치법(전부개정 2021.1.12. 법률 제17893호)

한국지방자치학회. (2019). 「신지방의회론」. 서울: 박영사.

한치흠. (2020.07.). 지방자치법 전부개정의 주요내용과 기대효과. 「지방자치정책브리프」. 제100호. 원주: 한국지방행정연구원.

행정안전부. (2018.10.31.), 보도자료.

허태욱. (2021). EU의 데이터 정책과 디지털 미래. 「지역 정보화」. Vol.126. 서울: 한국지역정보화개발원.

Department for International Development(DFID, June 2010), *How to Note Capacity Building in Research*. London: Department for International Development.

제16장 대도시 특례와 발전방향

이향수 건국대학교 공공인재학부 교수

Ⅰ. 추진배경 및 의의

1. 대도시 특례 논의

일반적으로 대도시는 일정정도의 인구규모를 가지며, 해당 지역에서 핵심적인 역할을 하면서 복합적인 기능을 수행하는 도시를 말한다. 우리나라에서는 일반적으로 대도시를 인구 규모상 50만 이상의 도시를 말한다. 2020년 12월 9일 '지방자치법 전부개정법률안'이 국회 본회의에서 의결되면서 인구 100만 이상 대도시에 대해서는 '특례시' 명칭을 부여하였으며, 50만 이상 대도시와 실질적인 행정수요, 국가균형발전, 지방소멸위기 등을 고려하여 대통령령으로 정하는 기준과 절차에 따라 행정안전부 장관이 지정하는 시군구에 한해 특례를 둘 수 있게 하고 있다.

대도시 특례제도는 1988년 시작되어 동일한 지방자치단체의 유형 안에서도 차등분권이 인정되었으며, 현재에 이르기까지도 많은 논의가 진행되어 왔으며, 대도시 특례에 대해서는 다양한 시각이 존재한다. 특례라고 하는 용어에 대해서도 긍정적인 시각과 부정적인 시각이 공존한다. 특례에 대해서 긍정적으로 판단하는 측에서는 중앙정부의 단순한 전달기능에 불과한 도의 경유과정, 사업승인 등 도의 인·허가 권한 보유로 인한 행정 지연, 도와 대도시의 중복적인 업무처리로 인한 인력과 자원의 낭비 등을 해소하고, 대도시의 여건에 맞는 행정을 위해서 대도시 특례가 바람직하다고 본다. 특례에 반대하는 측에서는 존립기반의 약화, 광역행정에 대한 기초지방자치단체 간 갈등 조정의 곤란, 대도시에 도세배분 증가 시 잔여지역 지원감소로 자치단체 간 재정격차 등의 문제점 등을 지적하고 있다(지방행정체제개편추진위원회, 2017: 166). 긍정적인 측면에서 보면, 특례 규정이 적용되는 시는 행정구를 설치할 수 있고, 위임사무의 경우 도가 아닌 담당 중앙부처의 감독을 받으며, 행정 구조면에서는 광역자치단체에서 행정이 분리되지 않으면서 조직, 인사, 도시계획 등의 분야에서 도지사의 권한 일부가 시장에게 위임된다는 점에서 도시의 경쟁력을 가질 수 있으며, 행정절차를 간소화 할 수 있다는 장점이 있다. 그러나 광역자치단체처럼 부시장을 2인으로 둘 수 있고, 지역개발채권의 발행권한 등 일부 권한이 도지사로부터 시장에게 이관되는 등 특혜의 측면이 있어 일반 시군과의 형평성 측면에서 과도하다는 비판이 있는 것이 사실이다. 따라서 다양한 측면에서 대도시 특례를 점검하고 균형적 시각에서 접근할 필요가 있다.

2. 대도시 현황

우리나라의 인구 50만 명 이상인 대도시의 현황은 아래 〈표 16-1〉과 같다. 인구가 50만 이상되는 도시는 총 16개로 수원, 고양, 용인, 창원, 성남, 청주, 부천, 화성, 남양주, 전주, 천안, 안산, 안양, 김해, 평택, 포항 등이다. 이들 도시는 경기도 지역의 10개와 그 외 충북, 전북, 충남, 경남, 경북 지역의 6개로 분포되어 있다. 특히 이중 경기도 수원시, 고양시, 용인시와 경남 창원시의 경우 인구 100만 명 이상의 대도시에 해당된다. 인구 50만 명 이상 대도시의 인구 평균은 785.8명이며, 면적은 445.4km², 평균 재정자립도 38.70%로 나타났다.

⟨표 16-1⟩ 인구 50만 이상 대도시 현황

구분	인구(천명)	면적(㎢)	재정자립도(%)
평 균	785.8	445.4	38.7
수 원	1,194	121.1	45.9
고 양	1,066	268.1	33.7
용 인	1,059	591.26	50.2
창 원	1,044	747.7	34.8
성 남	942	141.7	60.5
청 주	839	940.3	29.5
부 천	829	53.4	30.9
화 성	815	697.7	66.3
남양주	701	458.1	30.1
전 주	654	205.5	26.9
천 안	652	636.1	37.1
안 산	650	155.7	37.8
안 양	567	58.5	37.8
김 해	542	463.4	31.7
평 택	513	458.2	41.49
포 항	507	1,130.0	24.6

자료: 지방재정365(행정안전부), 주민등록 인구통계(행정안전부), 국토통계 통계누리(지적통계, 국토교통부)

3. 대도시 특례에 관한 법률

지방자치법 제10조는 대도시에 대해 사무의 특례를 부여할 수 있
는 근거 규정을 두고 있다. 동법 시행령에서는 병원급 이상 의료기관
의 설치, 지방공사의 설립·운영 등 18개 분야의 42개 사무를 예시하
고 있다. 동법 198조(전부개정 지방자치법 기준, 舊 지방자치법은 175조)는 대
도시에 대한 특례 인정조항을 명시하고, 개별 법률에 행정 및 재정 운
영과 국가의 지도·감독에 대한 특례를 둘 수 있도록 하고 있다.

〈표 16-2〉와 〈표 16-3〉에서 보는 바와 같이 2021년 7월 말 기준
지방자치법 시행령 별표 3에서는 인구 50만 이상의 시가 직접 처리할
수 있는 도의 사무로서 42개의 사무를 인정하고 있으며, 100만 이상
대도시에는 3개 법률에 20개의 사무가 특례로서 인정되고 있다.

〈표 16-2〉 50만 이상 대도시 특례사무 (지방자치법 시행령 별표3)

사무명	주요 내용
보건의료에 관한 사무	· 병원급 이상 의료기관
지방공기업에 관한 사무	· 지방공사의 설립·운영 · 지방공단의 설립·운영
주택건설에 관한 사무	· 시·도 조례로 정하는 일정 규모 이상의 주택건설사업계획의 승인(지방자치단체가 사업시행자가 되는 경우는 제외한다) · 대지조성사업계획의 승인 및 준공검사(지방자치단체가 사업시행자가 되는 경우는 제외한다)
토지구획정리사업에 관한 사무	· 토지구획정리사업에 따른 환지계획 인가 · 부담금 및 보조금의 집행잔액 허가
도시계획에 관한 사무	· 행정청이 시행하는 도시계획사업 실시계획인가 및 변경인가와 행정청이 아닌 자에 대한 도시계획사업시행허가 승인 및 변경승인 · 도시계획사업 실시계획 인가 고시

사무명	주요 내용	
도시계획에 관한 사무	· 경미한 도시계획의 변경 결정 · 도시계획의 지적승인사무 · 도시계획사업에 대한 준공검사	
도시재개발사업에 관한 사무	· 재개발사업 시행자 지정 신청 · 재개발사업 시행의 지도·감독	
환경보전에 관한 사무	· 배출시설의 설치허가 및 변경허가 · 환경오염물질의 제거명령 · 산업폐기물 재생이용업자의 신고수리 및 관리 · 축산폐수정화시설의 설계시공업의 등록 및 지도·감독 · 비산먼지시설의 개선명령 · 비산먼지시설사업의 중지 및 시설 등의 사용중지·사용제한명령	
건설기계관리에 관한 사무	· 건설기계 등록 및 등록말소 · 건설기계등록사항의 변경신고 등	
자동차 운송사업에 관한 사무	· 자동차 운송사업(전세버스·일반구역화물자동차 및 특수여객자동차 운송사업만 해당한다)면허와 이에 관련되는 사무 · 자동차 운송사업(택시만 해당한다)계획변경인가	
지방공무원 인사 및 정원 관리에 관한 사무	· 행정안전부령으로 정하는 기준 정원 범위에서의 6급 이하 정원 책정 사무	
지적에 관한 사무	· 토지의 지번경정승인 · 지적공부의 반출승인 · 축척변경승인	· 지적측량검사 · 지적측량 대행법인의 지도·감독
열 사용 기자재에 관한 사무	· 열 사용 기자재 제조업의 허가	
식품제조업(유가공품제조업 및 식육제품업만 해당한다)에 관한 사무	· 허가·변경허가 및 시정명령 · 시설의 개수명령	· 폐기처분 · 허가취소
묘지·화장장 및 봉안당의 운영관리에 관한 사무	· 묘지·화장장 및 봉안당의 허가 · 묘지·화장장·봉안당의 구역 및 시설 변경과 폐지의 허가 · 시체운반업의 허가	
사회복지시설에 관한 사무	· 사회복지시설 수혜자로부터의 비용 수납의 승인	
고압가스에 관한 사무	· 고압가스제조업 허가	
도시가스에 관한 사무	· 도시가스 공급시설의 설치공사계획 승인 및 변경승인	
지방채 발행 승인 신청	· 지방채 발행 승인 신청	

<표 16-3> 100만 이상 대도시의 특례 사무

개별 법률 (2개)	사무명 (9개)
지방자치단체 출연 지방연구원의 설립 및 운영에 관한 법(8)	· 지방연구원 설립 (제4조)
	· 지방연구원 정관 변경 승인 (제5조)
	· 지방연구원 이사 선임 (제8조)
	· 사업계획 등 승인 (제17조)
	· 결산서 등 제출 (제18조)
	· 경영평가 등 (제19조)
	· 지방연구원협의회의 구성 (제20조)
	· 검사 및 감독 (제22조)
지방공기업법(1)	· 지역개발 채권 발행 권한(단, 사전에 지방의회 승인 필요)

4. 대도시 특례제도의 문제점 및 필요성

대도시에 대한 특례제도는 2010년 제정된 「지방행정체제개편에 관한 특별법」과 2013년 이를 전면 개정한 「지방분권 및 지방행정체제개편에 관한 특별법」에서 구체적으로 규정하고 있다. 여기에서는 지방자치법과 동일하게 50만 이상을 대도시로 규정하고 있으나, 인구 100만 이상의 대도시에 대한 차별적 특성을 고려하도록 하고 있으며, 구체적으로 인구 100만 이상 대도시에 대한 사무특례와 행정 및 재정특례를 규정하고 있다(김병국 외, 2016: 19).

현재 대도시 특례제도는 몇 가지 문제점을 노정하고 있다. 우선 대도시의 규모에 비해 특례사무의 수가 매우 적으며, 특례제도의 운영이 제한적이어서 특례범위가 적어 제도의 적정성에 문제가 지적된다. 현재의 대다수 특례사무가 처리비용이 크지 않은 인허가 사무에 집중되어 있어서 대도시의 위상과 기능에 미치지 못하고 있다. 또한 2020년 12월 9일 현재 지방자치법이 개정되면서 100만 이상 도시에 "특례시" 명칭을 부여하고 있다. 특례시에 관한 입법추진에 있어서 성과라고 할 수 있지만 특례시 이름을 빼면 재정, 행정상의 특례가 다소 미흡하다는 평가를 받고 있다. 실질적인 특례내용이 다소 미흡해 보인다는 평가도 받고 있다(국민일보, 2020.12.09.일자). 따라서 향후 대도시 특례를 확대하는 방향으로의 검토 및 논의가 지속적으로 필요하다.

대도시 특례제도를 확대해야만 하는 필요성은 다음과 같다(지방자치발전위원회, 2017: 302). 우선, 대도시 사무특례를 확대하여 대도시 시민들의 욕구와 수요에 대응할 수 있는 다양한 맞춤형 사업을 추진하여 대도시 수준에 맞는 자치 여건을 마련하는 것이 중요하다. 둘째, 생활기반 시설 설치, 산업시설 유치 등의 특례를 통한 지역개발 사업을 신속하게 처리하여 대도시 경쟁력 확보가 필요하다. 셋째, 인구집중, 교통, 주택 등 대도시 문제와 행정수요에 신속하고 선제적으로 대응하여 효과적으로 다양한 도시문제를 해결할 수 있는 자치역량의 확보가 필요하다. 따라서 대도시의 역량과 기능, 시민들의 수요에 부합하는 권한과 책임을 특례시에 부여하여 대도시의 경쟁력을 제고시킬 필요성이 제기되고 있다. 또한 특별법 등의 제정을 통해 대도시의 행정·재정 운영 및 지도·감독에 대해 특례를 폭넓게 적용할 수 있도록 하고 자치분권위원회는 대도시 특례를 지속적으로 발굴하고 이행을 담보할 수 있도록 하는 노력이 필요하다.

Ⅱ. 대도시 특례제도 발전과정

1. 자치분권위원회 이전

1988년 「지방자치법」 전면개정 시에는 인구 50만 이상의 대도시에는 도의 사무를 일부 직접 처리할 수 있도록 18개 분야의 42개 사무를 예시하였다. 이후 2004년에 「지방자치법」을 개정하면서 개별 법률에 특례사항을 부여할 수 있도록 하는 근거를 두었으며, 개별법에서 대도시 특례를 부여하기에 이르렀다.

1990년 7월 26일 지방세법시행규칙(내무부령)에 인구 50만 이상의 시에 대한 도세징수교부율을 100분의 50으로 한다는 규정을 신설하여, 인구 50만 이상 시에 대하여는 도세징수교부금을 50%로 하는 재정적 특례를 두었다. 그리고 2000년 1월 12일 도세징수교부금 제도를 개편하여, 대도시에서 징수하는 도세(공동시설세 제외)의 약 50%를 인구, 징수실적 등에 따라 대도시에 교부하는 재정보전금 제도를 지방재정법에 도입하였다.

2000년대 들어 대도시 특례제도는 100만 이상의 대도시 특례 도입 등으로 전환하게 된다. 2008년 이후에는 시·군 통합 촉진을 위한 지방행정체제 개편정책의 일환으로 대도시 특례가 확대되었다. 「지방자치분권 및 지방행정체제 개편에 관한 특별법」 제41조~제42조에서는 인구 100만 이상 대도시에 대한 사무특례 사무와 보조기관 등에 관한 행정특례를 규정하고 있다. 즉, 인구 100만 이상 대도시의 사무특례는 지역개발채권의 발행, 50층 이하의 건축물 허가권한, 택지개발촉진법에 따른 예정지구 지정, 도시재정비 촉진지구의 지정권 등, 사립박

물관·미술관 설립계획 승인, 화재 예방·경계·진압 및 조사와 화재, 재난·재해 상황에서의 구조·구급 업무 등, 농지전용허가 신청서 제출, 5급 이하 직급별·기관별 정원의 책정, 도시관리계획 변경 결정요청 등의 경우 인구 100만 이상 대도시의 장에게 특례를 부여하고 있다(조성호, 2019[1]).

또한 100만 이상 대도시의 재정특례를 도입하였는데, 「지방재정법」 제29조에 따라 배분되는 재정보전금과는 별도로, 「지방자치분권 및 지방행정체제 개편에 관한 특별법」 상의 100만 이상의 대도시의 경우에는 해당 시에서 징수하는 도세 중 100분의 10이하의 범위에서 일정 비율을 추가로 확보하여 해당 시에 직접 교부하도록 하고 있다.

대도시에 추가로 교부하는 도세의 비율은 사무이양 규모 및 내용 등을 고려하여 대통령령으로 정하도록 하고 있다. 특히 인구 100만 이상 대도시의 경우, 「지방세법」 제11장에 따라 소방시설에 충당하는 지역자원시설세는 「지방세기본법」 제2항 제2호에도 불구하고 시세로 한다고 규정하고 있다.

한편 2014년 이후 글로벌 시기에 발맞추어 도시경쟁력 강화를 위해, 대도시 특례제도를 확대하였다. 즉, 본격적으로 대도시의 규모와 역량에 부합하는 기능 및 역할을 부여하기 위해, 인구 50만·100만 이상 대도시에 별도 명칭을 부여하고, 행정·재정 등 각종 특례를 확대하고자 하였다(조성호, 2019). 특히 지방자치발전위원회에서는 2015년 7월에 122개 특례사무를 결정하고 이를 소관부처에 통보하였다. 결정된 122개 특례사무는 50만 이상 대도시에 93개, 100만 이상 대도시

1　https://pcad.go.kr/section/board/bbs_view.html?seq=6269&PID=data

에 29개 사무를 이양하는 것으로 되었고 이들은 33개 법률, 2개의 대통령령, 2개 부령의 개정을 수반하는 내용을 담고 있었다. 또한 2017년 6월에 5건의 특례사무를 결정하고 이를 소관부처에 통보하였다. 특히 지방자치발전위원회 시기에는 대도시의 경쟁력 강화 및 주민 편익 관점에서 대도시 유형별 특례를 차등 부여하되, 기본적으로 사무특례 규모를 기준으로 행정·재정운영 특례를 마련하였다. 아울러 대도시 위상 및 자율성과 도·시·군 간의 형평성을 고려하여 발굴하였다(지방자치발전위원회, 2017).

〈표 16-4〉 대도시 특례 의결 및 부처 통보현황

구분		합계(189개)		50만 이상 특례 (150개)	100만 이상 특례 (39개)
2012.6	행개위	62		55	7
2015.7	자치위(1차)	122	127	93	29
2017.6	자치위(2차)	5		2	3

2. 자치분권위원회

1) 1기 자치분권위원회 시기(2018.1.23. ~ 2020.1.22.)

지방자치발전위원회에서 새롭게 자치분권위원회로 출범하고, 2019년 2월 국회에서 심의를 통해 「지방자치법」 전부개정안의 '100만 대도시 행정적 명칭 부여(안 제175조)'에서 인구 100만 이상 대도시의 위상에 걸맞는 행정적 명칭 부여, 특례 부여 근거를 마련하였다. 즉, 인구 100만 이상 대도시의 행정적 명칭을 '특례시'로 명명하기로 하였다. 또한, 이전 정부의 지방행정체제 개편추진위원회 및 지방자치발전위원회(2010~2017년)에서 발굴된 189개의 대도시 특례의 법제화를 추진하고자 노력하였다.

아울러 대도시의 특수한 행정수요를 반영하기 위해 2019년부터 재정·사무 등 다양한 분야의 특례를 지속적으로 발굴하고자 하였다. 특히 대도시의 지역별 수요가 높은 특례를 우선 발굴하여 이양하고자 적극 노력하였다. 이를 위해 50만·100만 이상의 대도시와 도, 관계중앙부처를 대상으로 교통분야, 건축분야, 복지분야 등 주민생활 편의제고를 위한 다양한 사무 특례를 발굴하고자 하였다.

(1) 대도시 특례 법제화 노력

이미 앞서 지방자치발전위원회 시기에 확정된 대도시 특례와 관련된 입법 추진상황에 대한 지속적 점검을 하였다. 또한 점검결과를 통해 미 법제화된 특례에 대한 관계부처의 법제화 이행에 대해서도 적극적으로 독려를 하였다. 법제화가 미완료된 특례사무는 164개로서 100만 이상 특례사무 39개 및 50만 이상 특례사무 125개가 대상이었다.

〈표 16-5〉 1기 위원회 심의의결에 따른 부처 법제화 완료 특례 내용

법령근거	특례 내용
산업입지 및 개발에 관한 법률	▶ 국토교통부장관의 산업입지개발지침 수립시 의견 제출 권한 부여 ▶ 농공단지의 지정 및 변경에 따른 도지사 승인 절차 생략
대기환경보전법	▶ 대기환경 규제지역 지정해제
수질 및 수생태계 보전에 관한 법률	▶ 수변생태구역의 매수 또는 생태적 조성 관리
환경분야 시험·검사 등에 관한 법률	▶ 측정 대행업 관리 ▶ 측정대행업 등록취소
도시공원 및 녹지에 관한 법	▶ 도시공원 등의 시범사업 지정요청 ▶ 도시공원결정 실효고시 ▶ 도시자연공원구역 취락지구 지정

법령근거	특례 내용
중소기업진흥에 관한 법률	▶ 중소기업 협동화실천계획 승인 받은 자 등의 단지조성사업 실시계획 승인·협의 및 변경승인·고시
벤처기업육성에 관한 특별조치법	▶ 벤처기업집적시설의 지정 등 ▶ 벤처기업육성촉진지구 지정 요청 ▶ 벤처기업집적시설에 대한 입주현황 및 운영보고 제출명령

(2) 대도시 특례 심의 절차

2019년 대도시 특례사무를 발굴하고 이양 심의를 추진하였으나 1기 위원회 임기만료로 일부 특례사무 분과위원회 심의를 마치지 못하였다. 다만, 분과위원회에 대도시 특례사무 이양심의 절차 및 기준을 보고하고 대도시 특례사무에 대한 지방이양 심의를 추진하기로 하였다.

[그림 16-1] 대도시 특례 이양심의 절차

대도시 특례 이양심의 절차는 자치혁신 전문위원회에서 이양 결정한 사무에 대해 안건내용과 부처 및 자치단체의 의견을 제안설명하는 '안건 제안설명'의 단계를 거치고, 자치단체 및 관계부처가 참석하여 안건에 대한 검토의견을 발표하고 의견을 청취하는 단계를 거쳐 분과위원들의 질의 및 답변 절차로 진행된다. 이후 분과위원회에서 종합논의를 하고 의결을 하는 과정을 거치게 된다. 이때 출석위원 과반수의 찬성으로 이양, 현행존치, 계속심의 등의 결정을 하게 된다.

(3) 대도시 특례 발굴수요조사 및 심의확정

1기 위원회는 대도시 현장간담회를 개최하여 지역맞춤형 특례를 발굴하기 위한 노력을 기울였다. 2019년 6월 및 2019년 9월에 100만 대도시인 수원과 창원에서 개최하였으며, 대도시 특례 관련 기관 공무원과 전문가 등이 모여 대도시 특례 확대 방향에 대해서 활발한 논의를 하였다. 현장간담회를 통해 항만시설 개발관리운영 등 41개 사무특례, 국고보조사업기준 보조율체계개선 등 12개 재정특례, 보건환경연구원 설치 등 3개 조직특례 등이 건의되는 등 활발한 논의를 진행하였다.

아울러 이러한 현장간담회 건의 및 자체발굴 등을 통해 관광, 산업, 교통 등 다양한 분야의 특례 심의 및 의결(2019. 9.20, 11.15, 12.12)이 이루어지는 성과를 도출하였다.

2) 2기 자치분권위원회 시기(2020.7.7. ~ 2022.7.6.)

(1) 대도시 특례 심의 절차

대도시 특례 심의기준은 지방자치발전위원회의 기준을 그대로 사용하였다. 그러나 2기 위원회에서는 대도시 특례 심의 기준을 변경하고자 전문위원회 위원들과 함께 검토과정을 진행하였다. 대도시 특례 이양심의의 기준을 살펴보면, 행정효율, 재정충분, 주민편의, 지역역량, 파급효과 등을 삼고 있다.

〈표 16-6〉 대도시 특례 이양심의 기준(안) (2021년 8월 현재)

구분	검토 기준(안)
대도시	■ (행정효율) 연계사무의 효과적 처리, 행정비용 절감 가능성, 광역으로부터의 간섭·감독 완화, 사무 중복성 완화 ■ (재정충분) 자체 재정 수행 가능성, 책임성 확보 정도 ■ (주민편의) 행정 수요의 복잡다단성 대응 필요성 및 적절성, 주민접근성 ■ (지역역량) 대도시 경쟁력 강화, 지역경제 활성화 ■ (파급효과) 광역 및 인근 지자체에 대한 긍정적 파급효과 정도

자료: 자치분권위원회 회의자료

(2) 특례시 명칭 부여

2020년 12월 9일 지방자치법 전부개정법률안이 국회 본회의를 통과하였다. 인구 100만 이상 대도시에 특례시를 부여하였으며, 행정수요·균형발전·지방소멸위기 등을 고려해 대통령령으로 정하는 기준과 절차에 따라 행안부 장관이 정하는 인구 100만 미만 시군구에도 특례를 부여할 수 있게 되었다. 시행령은 2021년 9월~10월경에 마련할 예정에 있다.

(3) 대도시 특례 발굴 수요조사

2021년 1월 29일부터 2월 3일까지 대도시 특례발굴을 위한 50만 이상 대도시 대상으로 수요조사를 진행하였다. 중복 사무를 제외하고 총 90개의 사무를 발굴하였으며, 심의 단계를 거쳐 특례사무로 확정하게 된다. 2021년 4월 2일에는 행정안전부 등 4개부처 소관 6개 기능 13개 단위사무를 심의하였는데 모두 특례사무로 이양하는 것으로 동의하였다. 또한 4월 6일 국토교통부 등 9개 부처의 13건 기능에 대한 23개 특례사무를 심의하였으며, 13건 중 8건의 사무에 대해서 특레사무로서 동의를 확보하였다. 지난 7월 23일 본위원회에 상정하여 심의절차를 거쳐 총 26개 사무에 대해 심의·의결을 통해 제2차 지방 일괄이양 166개 사무들을 관계부처에 이행을 권고할 예정이다. 위원회에서 의결한 특례사무 이양에 대한 추진상황은 지속적으로 점검하고 이행을 독려하고 있다.

Ⅲ. 대도시 특례 발전방향

첫째, 대도시 특례를 담보하기 위해서는 무엇보다도 특례사무 이양을 성실히 준수하는 것이 중요하다. 지방행정체제 개편위원회와 지방자치발전위원회, 자치분권위원회가 발굴하여 확정한 대도시 특례 중에서 법 개정이 완료되어 특례가 부여된 실적은 소수이다. 법제화를 위해서는 해당부처와의 적극적 협조가 필수적이며 이를 위해 중앙부처 및 지방자치단체가 소극적인 자세를 지양해야 할 것이다.

둘째, 2020년 12월 지방자치법 개정으로 특례시의 명칭은 부여받았으나, 실질적인 특례내용은 다소 미흡해 보인다. 특히 특례시가 광역시·도에 준하는 재정·행정자치 권한은 부여받고 있지 못하고 있으며 광역시·도의 세수가 특례시로 이전되는 것을 금지하고 있다(국민일보, 2020.12.09.일자). 대도시 특례에 따라 사무이양에 따른 인력이나 예산이 수반되는 것은 매우 당연하다. 따라서 특례사무의 이양과 동시에 필요로 하는 자원확보를 담보해야 할 것이다. 특히 지방재정 관련 법제의 개정이 함께 논의되어야 한다. 특례시로 전환되는 데 따른 재정권한을 확대해 주어야 특례시로서의 기능을 제대로 수행할 수 있다.

향후 특례시 권한에 대한 검토와 추가적인 논의가 필요해 보인다.

셋째, 앞서도 살펴본 대로 특례시의 기능이나 명칭에 부합하도록 이양되는 특례사무의 양적 질적 수준을 제고해야 할 것이다. 현재 대도시의 규모에 비해 특례사무의 수가 적고 특례사무가 상대적으로 처리비용이 크지 않은 인·허가 업무에 집중되어 있어 특례시로서의 위상이나 기능에 맞지 않는다고 할 것이다. 따라서 향후에는 특례시의 기능을 충분히 고려하고 시민들의 요구 및 수요를 충족할 수 있는 사무의 이양을 고려해야 할 것이다.

| 참고문헌 |

김병국·이기헌·남재걸·조석주·문동진·김승렬·정재각. (2016). 「대도시 특례방안 연구」. 지방자치발전위원회.

대통령직속 자치분권위원회 회의자료 등.

지방자치발전위원회. (2017). 「지방자치발전위원회백서」. 지방자치발전위원회.

지방행정체제개편추진위원회. (2017). 「지방행정체제개편」. 지방행정체제개편추진위원회.

하혜영. (2020). 지방자치단체 특례시 제도 도입 현황과 주요 쟁점. 「이슈와 논점」. 제1731호.

자치분권의 미래비전과 추진전략

제17장 문재인 정부 자치분권형
헌법개정안의 주요 특징과 의미

김남철 연세대학교 법학전문대학원 교수

Ⅰ. 머리말

문재인 정부는 역대 정부 가운데 가장 강도가 높은 수준의 지방분권과 지방자치를 표방하였다. 문재인 정부 출범 시 '연방제 수준의 지방분권개헌'을 대통령의 핵심공약으로 하였고, 이에 따라 국회에서는 개헌보고서를, 이어서 정부는 개헌안[1]을 마련하였다. 그러나 이 개헌안은 개헌으로 이어지지는 못했다. 하지만 그 당시 우리 사회에는 '고도의 중앙집권, 권력집중'이라는 우리 사회의 고질적인 병폐를 해결하기 위해서는 '국가권력이 적정하게 분산된 사회로의 체질개선'이 필요하다는 인식이 어느 때보다도 많았고, 또한 이와 같은 내용과 수준의 지방분권개헌이 필요하다는 목소리도 높았다. 이러한 점에서, 개헌이 성공에 이르지는 못했다 하더라도, 개헌논의를 통하여 우리 사회에 강

1　법제처/법령/주요이슈법령/대한민국 헌법 개정안 발의안(https://moleg.tistory.com/4311).

도 높은 지방분권이 필요하다는 인식이 확산되는 계기가 되었고, 이것만으로도 그 의의는 충분했다고 생각한다.

다만 지난 개헌논의에 포함된 지방분권과 지방자치의 일부 내용 중에는 현행 법이론이나 법체계의 관점에서 논의가 더 필요한 내용들이 포함되어 있었는데, 지방분권개헌안에 대한 냉정한 평가를 통하여 어떠한 문제들이 그러하며 어떠한 문제가 더 논의되어야 하는지 등을 차분히 검토함으로써 향후 지방분권에 충실하게 대비하는 자세가 필요하다고 생각한다.

이하에서는 지난 개헌보고서와 개헌안의 주요 내용을 알아보고, 그 의미를 평가해 보기로 한다.

II. 지난 지방분권개헌 논의의 내용

1. 국회 헌법개정특별위원회 자문위원회 보고서 (개헌보고서)의 지방분권 관련 내용

1) 지방분권국가 선언

제1조
③ 대한민국은 지방분권 국가이다.

헌법 제1조 제3항을 신설하여 지방분권을 대한민국의 '국가 특성'으로 규정하는 내용으로 규범적·상징적 의미가 큰 규정이다.

2) 지방자치권 연원과 사무배분 원칙의 신설

제117조

① 주민은 그 지방 사무에 대해 자치권을 가진다. 주민은 자치권을 직접 또는 지방정부의 기관을 통하여 행사한다.

② 지방정부의 종류는 종전에 의하되, 이를 변경하고자 하는 경우에는 주민투표를 거쳐 법률로 정한다.

③ 정부 간 사무배분과 수행은 보충성의 원칙에 따른다.

헌법 제117조를 종전의 '지방자치단체의 자치권' 규정에서 '주민의 자치권'을 중심으로 개정하는 내용이다. 이로써 종전의 단체자치 중심의 지방자치가 주민자치 중심의 지방자치로 바뀌어야 하는가 하는 점에 대해서는 설명이 더 필요하다고 생각되지만, 이 규정의 취지는 자치행정에 대한 주민들의 보다 적극적인 참여를 보장하기 위한 것으로 보인다.

제2항 지방자치단체의 종류에 관한 것인데, 특이한 점은 그 종류를 헌법이 직접 정하지는 않고 종전에 의하도록 하고 있다는 점과 주민투표를 통하여 지방자치단체의 종류를 변경할 수 있다는 것을 규정한 점이다.

제3항에서는 사무배분의 기본원칙인 보충성의 원칙을 헌법에서 직접 규정하고 있다는 점이 특징적이다.

3) 입법권의 배분

제40조

입법권은 국민 또는 주민이 직접 행사하거나 그 대표기관인 국회와 지방의회가 행사한다.

제118조

① 외교, 국방, 국가치안 등 국가존립에 필요한 사무 및 금융, 국세, 통화 등 전국적 통일성을 요하거나 전국적 규모의 사업에 대해서는 중앙정부만 입법권을 가진다.
② 제1항에 해당하지 않는 사항에 대하여는 중앙정부와 지방정부가 각각 입법권을 갖는다.
③ 지방정부는 그 관할구역에서 효력을 가지는 법률을 제정할 수 있다.
④ 중앙정부의 법률은 지방정부의 법률보다 우선하는 효력을 가진다. 다만, 지방정부는 지역특성을 반영하기 위하여 필요한 경우에는 행정관리, 지방세, 주민복리와 관련한 주택, 교육, 환경, 경찰, 소방 등에 대해서 중앙정부의 법률과 달리 정할 수 있다.
⑤ 지방검찰청장과 지방경찰청장은 법률이 정하는 바에 따라 관할구역의 주민이 직접 선출한다.

　

개헌보고서는 헌법 제40조에서 입법권을 국가와 지방이 행사하도록 규정하여 지방의회에 지방정부의 입법기관으로서의 위상을 부여한다고 설명하고 있다. 이에 따라 제118조에서, 연방국가인 독일에서의 연방과 주 사이의 입법권한의 배분처럼, 국가와 지방자치단체의 입법권의 배분을 규정하고 있다.

개헌보고서는 '지방정부의 입법기관인 지방의회가 제정한 지방법을 종래 조례라고 칭하였으나 학설이나 실무에서 조례를 행정입법으로 해석하는 경향이 있어 지방정부의 손발을 묶는 족쇄가 되었다'고 하면서, '지방정부의 행위능력을 회복하기 위해서 지방정부에 법률제정권을 부여하여 주민의 권리제한, 의무부과, 벌칙제정 등을 할 수 있도록 한다'고 하고 있다.

나아가 '조세법률주의는 '대표없는 과세없다'는 원칙을 실현하려는 것이기 때문에, (주민의 대표가 있으니) 지방세는 주민이 직접 또는 그 대표기관인 지방의회가 부과할 수 있어야 하고', '주민에 대해 죄형법정주의를 실현하기 위해서는 주민의 대표기관인 지방의회나 주민이 직접 그 지방의 법률을 제정할 수 있어야 하며', '기본권제한도 대표에 의한 민주적 정당성을 요하는 데 의미가 있으므로 지방의회나 주민이 직접 주민의 기본권을 제한하여 주민의 복리를 실현할 수 있도록 하여야 한다'고 설명한다.

한편 대통령이 임명하는 지방검찰청장과 지방경찰청장을 주민직선제 도입으로 주민들이 선출하면 지역의 법치주의와 질서유지에 핵심 역량을 집중하게 될 것이라는 설명이다.

4) 행정권 배분

제118조

⑤ 중앙정부는 법률에서 직접 수행하도록 정한 사무를 제외하고는 지방정부에 위임하여 집행한다.

⑥ 지방정부는 당해 입법기관이 제정한 법률을 자치사무로 수행하고, 중앙정부 또는 다른 지방정부에서 위임한 사무를 수행한다.

⑦ 지방검찰청장과 지방경찰청장은 법률이 정하는 바에 따라 관할구역의 주민이 직접 선출한다.

개헌보고서는 앞서 살펴본 '입법권의 배분'에 이어 제118조에서 행정권의 배분도 함께 규정하고 있다. 다만 앞서 입법권의 배분에서 제5

항에 규정되어 있던 것이 제7항에서도 규정되고 있어 조항에 대한 혼동이 있었던 것으로 보인다.

위 조항에서는 원칙적으로 법률의 집행은 지방자치단체가 하는 것을 내용으로 하는데, 이를 '지방자치단체에 위임하여 집행한다'고 표현하고 있다. 나아가 지방자치단체의 사무체계와 관련된 종래의 이원론(자치사무와 위임사무)을 헌법차원에서 규정하고 있다.

5) 지방정부의 재정권

> **제119조**
> ① 지방정부는 자기책임 하에 자치사무를 수행하고, 그 사무의 수행에 필요한 경비를 스스로 부담한다.
> ② 위임사무를 처리하는데 소요되는 비용은 위임하는 정부에서 부담한다.
> ③ 지방정부에게는 그 사무수행에 필요한 재원이 제1항의 취지에 부합하도록 보장되어야 한다.
> ④ 지방정부는 지방세의 종류와 세율 및 징수방법을 법률로 정할 수 있다.
> ⑤ 중앙정부와 지방정부간, 지방정부 상호 간 연대의 원칙에 따라 적정한 재정조정이 이루어지도록 지방정부 의견을 청취한 후 법률로 정한다.
> ⑥ 지방정부는 재정건전성의 원칙에 따라 수지균형을 이루도록 투명하게 재정을 운영하여야 한다.
> ⑦ 지방정부의 채무는 법률이 정하는 기준에 따라 관리되어야 한다.

개헌보고서는 먼저 사무수행비용과 관련하여 자치사무는 지방자치단체가, 위임사무는 위임주체가 부담한다는 것을 헌법에 명시적으로 규정하고 있다. 이 내용은 현재 지방재정법 제20조, 제21조에 유사하게 규정되어 있다. 핵심은 제4항에서 지방세를 지방법률로 정한다는 것인데, 이에 대한 법적인 논거는 제시되지 않고 있다. 제5항은 지방재정조정제도를 법률로 정하도록 하는 헌법규정을 둔다는 데 의의가 있다고 생각된다. 제6항과 제7항은 지방재정운용에 관한 것으로 현재는 지방재정법 제3조와 제87조의2에서 유사한 내용을 규정하고 있다.

이 조에 규정된 내용은 일부를 제외하면 법률로 정하는 것이 더 타당해 보인다.

6) 지방정부의 기관

> **제120조**
> ① 지방정부에는 지방의회와 집행기관을 둔다. 다만, 지방정부의 법률로 주민총회를 입법기관으로 할 수 있다.
> ② 지방정부의 입법기관과 집행기관의 조직·인사·권한·선거, 기관구성과 운영에 관하여 필요한 사항은 해당 지방정부의 법률로 정한다.

위 조문은 지방자치단체의 기관에 관한 현행 제118조를 제120조로 전면개편하면서, 집행기관과 의결기관 이외에 입법기관에 관한 내용, 그리고 지방자치단체의 조직 및 인사고권 이외에도 행정권한 및 선거에 관한 사항도 지방이 스스로 정할 수 있도록 하는 내용까지 확대하여 규정하고 있다.

개헌보고서의 설명만으로는 잘 이해되지 않지만, 위 제1항은 지방정부를 독립한 국가에 준하는 것으로 보고, 여기에는 입법기관인 지방의회와 행정기관인 집행기관을 두는데, 경우에 따라서는 모든 주민이 참여하는 주민총회가 지방의회를 대신할 수도 있다고 규정한 것으로 이해된다. 이렇듯 보고서는 지방의회를 '입법기관'으로 설정하고 있기

때문에, '행정기관'인 '집행기관'은 독임형(기관대립형 구조에서의 '시장')
또는 합의제형(기관통합형 구조에서의 지방자치단체의 '평의회') 등 다양한 방
식으로 구성될 수 있게 된다는 취지로 이해된다.

7) 지역대표형 상원

제41조

① 국회는 상원과 하원으로 구성한다. 상원은 역사적·문화적·지리적 동질성을 갖는 지역의 주민을 대표하고 하원은 국민을 대표한다.

② 국회의원의 수는 상원의원은 50인 이하, 하원의원은 300인 이하로 한다. 하원의원 수의 3분의 1 이상은 비례대표로 선출한다.

③ 지방자치 및 지역주민의 이해와 관련된 하원의 의결은 상원의 동의를 받아야 한다.

④ 그 밖의 하원의 의결에 대해서는 상원 재적의원 과반수의 의결로 재의를 요구할 수 있다. 하원은 재의결을 요구받은 의안에 대해서 하원재적의원 과반수의 찬성으로 재의결할 수 있다.

⑤ 하원이 헌법을 개정하고자 할 경우에는 상원 재적의원 3분의 2 이상의 찬성을 얻어야 한다.

⑥ 상원의 임기는 4년으로 하고 1차에 한하여 연임할 수 있다.

⑦ 상원의원은 국무위원, 정당의 당직을 겸할 수 없다.

⑧ 상원의원 선거는 지방선거와 동시에 실시한다.

개헌보고서는 국회를 양원제로 개편하는 것을 제안하고 있다. 여기
에서 상원은 지역대표들로 구성한다는 것이다. 이에 대해서는 '지방자
치단체의 국가입법과정에의 참여'라는 관점에서 국회 상원의 설치, 지
방원의 설치, 독일의 연방참사원과 같은 헌법기관의 설치 등 많은 연
구가 있었는데, 이와 같은 연구결과를 반영하여 지역대표형 상원을 도
입함으로써 국회를 양원제로 운영한다는 취지를 규정한 것으로 이해
된다.

8) 지방사법기관 등에 대한 주민통제

현행	개정시안
제102조 ① ~ ② (생 략) ③ 대법원과 각급법원의 조직은 법률로 정한다.	제102조 ① ~ ② (현행과 같음) ③ 대법원과 각급법원의 조직, 인사, 운영에 관하여 필요한 사항은 법률로 따로 정한다. 고등법원에 상고부를 둔다.
제104조 ① ~ ③ (생 략) 〈신 설〉	제104조 ① ~ ③ (현행과 같음) ④ 각급법원의 장은 법률이 정하는 바에 따라 관할구역의 주민이 선출한다.
제106조 ① ~ ② (생 략) 〈신 설〉	제106조 ① ~ ② (현행과 같음) ③ 퇴직한 법관은 자신이 임명되었던 법원이 처리하는 사무에 법률상 또는 사실상 관여할 수 없다. ④ 국민 또는 주민은 법률이 정하는 바에 따라 법관을 소환할 수 있다.

위 개정안은 본래 '사법부의 분권'과 관련된 것이다. 즉 연방국가에서처럼 사법부의 일부를 연방과 주로 나눌 수 있는가 하는 것이다. 위 개정안에서 법원의 조직 등을 '법률'로 정하도록 하고 있고, 이 법률이, 예컨대 대법원은 국가에, 고등법원은 시도별로 설치하면서 해당 시도에 소속되는 것으로 정하는 것과 같이, 사법부의 분권도 규정할 수 있을 것이다.

2. 대한민국 헌법 개정안 발의안의 지방분권 관련 내용

1) 지방분권국가 지향성 명시(안 제1조 제3항)[2]

대한민국 국가운영의 기본방향이 지방분권에 있음을 분명히 하고, 향후 입법과 정부정책의 준거로 삼는다는 내용이다.

2) 국가자치분권회의 신설 등 중앙과 지방의 소통 강화 (안 제55조 제3항 및 제97조)[3]

입법과정에서 지방의 의견이 반영될 수 있도록 지방자치와 관련된 법률안에 대해서 지방정부가 이에 대해 의견을 제시할 수 있도록 하는데, 여기서 지방정부는 종래의 지방자치단체를 대체하는 용어이다. 한편 '국가자치분권회의'는 대통령공약에서 '제2국무회의'로 불리던 정책을 변형한 것이다.

---

2   제1조 ③ 대한민국은 지방분권국가를 지향한다.

3   제55조 ③ 법률안이 지방자치와 관련되는 경우 국회의장은 지방정부에 이를 통보해야 하며, 해당 지방정부는 그 법률안에 대하여 의견을 제시할 수 있다. 구체적인 사항은 법률로 정한다.
    제97조 ① 정부와 지방정부 간 협력을 추진하고 지방자치와 지역 간 균형 발전에 관련되는 중요 정책을 심의하기 위하여 국가자치분권회의를 둔다.
    ②국가자치분권회의는 대통령, 국무총리, 법률로 정하는 국무위원과 지방행정부의 장으로 구성한다.
    ③ 대통령은 국가자치분권회의의 의장이 되고, 국무총리는 부의장이 된다.
    ④ 국가자치분권회의의 조직과 운영 등 구체적인 사항은 법률로 정한다.

3) 지방정부에 대한 주민참여 강화(안 제121조 제1항 및 제3항)[4]

지방정부의 자치권이 주민으로부터 나온다는 것을 명시하고, 주민이 지방정부를 조직하고 운영하는 데 참여할 권리를 가짐을 명확히 한다는 내용이다. 주민발안, 주민투표 및 주민소환의 헌법적 근거를 마련한 것이다.

4) 지방정부에 관한 주요 사항의 법률 유보(안 제121조 제2항)

지방정부의 종류, 구역 등 지방정부에 관한 주요 사항을 법률로 정하도록 하여 국회가 시대 상황에 맞추어 지방정부의 종류와 구역 등을 탄력적으로 정할 수 있도록 한다는 것이다.

5) 보충성의 원칙 명시(안 제121조 제4항)

사무배분은 보충성 원칙에 따라 법률로 정한다는 것을 헌법에 명시한다는 것이다.

---

4 제9장 지방자치(제121조~제124조)
  제121조 ① 지방정부의 자치권은 주민으로부터 나온다. 주민은 지방정부를 조직하고 운영하는 데 참여할 권리를 가진다.
  ② 지방정부의 종류와 구역 등 지방정부에 관한 주요 사항은 법률로 정한다.
  ③ 주민발안, 주민투표 및 주민소환에 관하여 그 대상, 요건 등 기본적인 사항은 법률로 정하고, 구체적인 내용은 조례로 정한다.
  ④ 국가와 지방정부 간, 지방정부 상호 간 사무의 배분은 주민에게 가까운 지방정부가 우선한다는 원칙에 따라 법률로 정한다.

6) 지방정부 등 명칭 변경 및 자주조직권 부여(안 제122조 제2항)[5]

중앙과 지방이 독자적·수평적 관계라는 것이 분명히 드러날 수 있도록 '지방자치단체'를 '지방정부'로, 지방자치단체의 집행기관 명칭을 '지방행정부'로 한다는 내용이다. 그리고 지방의회와 지방행정부로 구성되는 지방정부의 조직의 대강은 법률로 정하되, 구체적인 형성을 조례로 할 수 있도록 함으로써 자치조직권을 확대한다는 내용이다.

7) 자치입법권 강화(안 제123조)[6]

지방정부의 자치입법권이 보다 폭넓게 보장되도록 '법령의 범위 안에서'를 '법률에 위반되지 않는 범위에서'로 변경한다는 것이다. 이로써 조례는 법규명령으로는 통제할 수 없게 된다. 그리고 침익적 조례의 경우도 그 법적 근거로는 오로지 법률만이 가능하다는 취지일 것으로 생각된다. 그리고 집행기관의 장도 법률 또는 조례를 집행하기 위해 필요한 사항과 법률 또는 조례에서 구체적으로 범위를 정하여 위임받은 사항에 관하여 자치규칙을 정할 수 있도록 하여, 여기에서도 법규명령은 제외시키고 있는 것으로 보인다.

---

5 제122조 ① 지방정부에 주민이 보통·평등·직접·비밀 선거로 구성하는 지방의회를 둔다.
  ② 지방의회의 구성 방법, 지방행정부의 유형, 지방행정부의 장의 선임 방법 등 지방 정부의 조직과 운영에 관한 기본적인 사항은 법률로 정하고, 구체적인 내용은 조례로 정한다.
6 제123조 ① 지방의회는 법률에 위반되지 않는 범위에서 주민의 자치와 복리에 필요한 사항에 관하여 조례를 제정할 수 있다. 다만, 권리를 제한하거나 의무를 부과하는 경우 법률의 위임이 있어야 한다.
  ② 지방행정부의 장은 법률 또는 조례를 집행하기 위하여 필요한 사항과 법률 또는 조례에서 구체적으로 범위를 정하여 위임받은 사항에 관하여 자치규칙을 정할 수 있다.

8) 자치재정권 보장 및 재정조정제도 신설(안 제124조)[7]

개헌보고서와 마찬가지로 지방재정법에 규정된 사무수행경비 부담의 원칙을 헌법에 규정하겠다는 취지이다. 그리고 '법률에 위반되지 않는 범위에서' 자치세의 종목과 세율, 징수 방법 등에 관한 조례를 제정할 수 있도록 하여 '법률을 위반하지만 않으면' 자치세에 관한 조례를 제정할 수 있다는 것으로 이해된다. 그리고 개헌보고서와 마찬가지로 지방재정조정에 대한 헌법적 근거를 마련하였다.

Ⅲ. 개헌보고서 및 개헌안에 대한 평가

이상에서 살펴본 지방분권과 관련된 개헌논의들은 지방분권국가라는 점을 헌법에 규정하는 것만으로도 지방분권과 지방자치에 대한 획기적인 내용을 담고 있는 것이라고 평가할 수 있다. 그밖에도 주민참여를 강화하고 지방의 자치권한을 확대하는 것을 내용으로 하고 있는 점도 높이 평가할 만하다.

다만 이와 같은 지방의 자치권 확대 이외에도 국가권력을 지방, 특

---

7 제124조 ① 지방정부는 자치사무의 수행에 필요한 경비를 스스로 부담한다. 국가 또는 다른 지방정부가 위임한 사무를 집행하는 경우 그 비용은 위임하는 국가 또는 다른 지방정부가 부담한다.
② 지방의회는 법률에 위반되지 않는 범위에서 자치세의 종목과 세율, 징수 방법 등에 관한 조례를 제정할 수 있다.
③ 조세로 조성된 재원은 국가와 지방정부의 사무 부담 범위에 부합하게 배분해야 한다.
④ 국가와 지방정부 간, 지방정부 상호 간에 법률로 정하는 바에 따라 적정한 재정조정을 시행한다.

히 광역단위와 나누는 문제가 더 치열하게 논의되었으면 하는 바람이 있지만, 우리나라에는 오랫동안 중앙집권적 정서가 사회를 지배해 왔기 때문에 하루아침에 이를 지방분권적으로 변모시키기는 어려웠을 것이라는 생각도 든다.

아래에서는 개헌논의에 포함된 내용 중 일부 논의점에 대해서 어떠한 점들이 논점별 쟁점인지를 간략히 살펴보기로 한다.

1. 지방분권국가 선언 또는 지방분권국가 지향성 명시

개헌보고서와 개헌안에서는 '헌법 제1조의 지방분권규정'을 '국가특성' 또는 '국가운영의 기본방향'으로 설명하고 있는데, 이와 관련하여서는 개헌안이 지방분권국가를 헌법이념으로 삼고자 하는 취지였는지가 보다 분명히 드러날 필요가 있다고 생각한다. 더불어 고민해야 할 점은, 지방분권이 우리 헌법이 추구하는 이념이려면, 헌법에 국가권력(입법·사법·행정)의 분권에 관한 내용들도 함께 규정할 것인가 하는 점이다.

2. 주민자치권 및 지방정부에 대한 주민참여 강화

개헌보고서는 주민의 기본권으로 자치권을 규정하고, 헌법에서 이 자치권을 '직접' 행사할 수 있음을 규정하고 있다. 그런데 여기에서 논의할 점은 이로써 '지방자치단체의 자치권(한)'을 '주민의 자치권(리)'로 바꾸고자 하는 것인지, 아니면 지방자치단체의 자치권을 보장하면서 주민참여를 강화하고자 하는 취지인지를 분명히 하여야 한다는 점이다. 주민자치권을 기본권으로 이해하려면, 주민자치권의 구체적인 내용이 무엇이 되어야 하는지도 함께 논의되어야 한다. 요컨대 대한민국의 주권은 국민에게 있다고 이해하는 것이 일반적인데, 주민들이 주민대표를 직접 선출했다고 하여 주민들에게도 주권이 존재하는 것인지에 대해서는 법리적 검토가 필요하다는 생각이다.

3. 지방정부의 종류 및 주요 사항의 법률 유보

1) 지방자치단체를 지방정부로 부르는 문제

개헌보고서나 개헌안은 지방자치단체를 지방정부로 바꾸어 부르고 있다. 여기에는 아마도 '지방자치단체 중심의 자치제도를 채택한 결과 지방자치단체가 중앙정부의 일선행정을 담당하는 일종의 대리인이고, 필요한 제한적 자치권만 수여된 단체가 되었다'는 인식이 배경이 되고 있는 것 같다. 혹자는 지방정부라는 용어를 '중앙정부의 하위기관이 아닌 자주적이고 독립된 정치체'라고 이해하고 있는 것 같다. 그리고 '지방자치단체'라는 용어가 '중앙과 지방의 관계가 명령과 집행이라는 상하관계'를 전제로 하고 있는 용어로 이해하고 있는 것 같다.

지방의 자치권을 확대하고 보장받으려는 취지에서의 용어사용이라고 이해는 되지만, 적어도 현재의 법체계에 지방정부라는 용어는 지방이 하나의 '국가'이고 따라서 지방에 지방입법권·지방사법권·지방행정권이 존재할 때, 지방국가의 입법기관이나 사법기관에 대응하는 개념으로 지방행정권을 지칭하는 것이다. 따라서 용어의 교체로 문제를 해결하는 것보다는 자치권을 보다 확대할 수 있는 방안을 찾는 것이 순리라고 생각된다. 이러한 점에서 지방정부라는 용어의 사용에는 더

신중하여야 한다고 생각한다.

2) 지방자치단체의 종류 및 주요 사항의 법률 유보에 대하여

개헌보고서는 '지방정부를 변경하고자 하는 경우에는 주민투표를 거쳐 법률로 정한다'고 하면서, 이는 '중앙정부가 지방정부의 종류를 자의적으로 변경, 이를 방어하기 위한 규정'이라고 설명하고 있는데, 규정과 설명 속에 각각 명백한 오해가 있어 보인다.

지방자치단체의 종류는 -헌법으로 정하든, 지방자치법으로 정하든- 주민들이 투표로 선택할 수 있는 문제가 아니라는 점을 분명히 할 필요가 있다.

오히려 중요한 점이 간과되고 있는데, 즉 헌법에서 지방자치단체의 종류를 직접 정할 것인가 하는 점과 이 경우 국가와 지방자치단체 사이의 관계를 어떻게 설정할 것인가 하는 점 등이 우선적으로 논의되어야 한다고 생각한다.

4. 지방정부 등 명칭 변경 및 자주조직권 부여

지방자치단체를 '지방정부'로 명칭 변경하면서, 집행기관을 지방행정부로, 의결기관은 지방의회로 하고 있는데, -지방자치단체가 하나의 국가임을 전제로 한다면- 이 집행기관이 곧 (행)정부인데, 지방자치단체를 '정부'로, 집행기관을 '행정부'로 부르는 것은 -적어도 법적으로는- 용어의 중복에 해당한다는 점도 유념할 필요가 있다고 생각한다.

지방자치단체의 자치조직권 확대는 매우 환영할 일이다. 다만 이 경우에도 법률이 그 '기본'을 잘 정하는 것, 조례에 대한 적절한 통제

수단을 마련하는 것도 중요한 문제라는 점을 아울러 고려하여야 한다.

5. 입법권의 배분 또는 자치입법권 강화

개헌보고서는 '입법권의 배분'을, 개헌안은 '법률에 위반되지 않는 범위에서의 조례제정권'을 규정하고 있는데, 먼저 보고서는 제118조에서 전국적 통일성을 요하는 경우 '중앙정부'가 입법권을, 나머지는 '지방정부'가 입법권을 가진다고 규정하고 있는데, 국가가 아닌, 지방자치단체가 국가입법권을 나누어 가지는 것을 허용하고자 하는 취지인지 더 꼼꼼히 검토해 보아야 한다.

헌법 제40조는 입법부에 속하는 국회에 법률의 전속적인 입법권한을 부여하는 규정으로 헌법 제40조부터 제65조까지가 국회에 관한 규정이다. 지방자치단체의 지방의회를 입법기관이라고 하려면, 헌법의 국회에 관한 규정들을 모두 바꿔서 대한민국의 입법기관으로 중앙에는 국회를 지방에는 지방의회를 둔다고 하거나, 대한민국을 연방국가 또는 준연방국가로 하여 광역단위에 이 지위를 인정하는 규정이 필요하다. 그러나 '지방자치행정은 행정권한을 분권하여 일정한 자치권한을 토대로 자치적으로 행정을 하는 것'으로 지방자치단체의 의결기관인 지방의회는 단체의 의결기능을 담당하는 내부기관이다. 따라서 이와 같은 기본적인 설정에 대한 변경 없이는, 지방의회의 독자적인 입법권, 법규명령에 대한 조례의 우위, 조례에 의한 기본권침해 가능성, 죄형조례주의 · 조세조례주의는 허용되지 않는다고 보는 것이 타당하다. 독일기본법은 '법령(Gesegze)의 범위 안에서' 자치권을 보장하고 있는데, 이 규정 때문에 지방자치권 침해가 문제된다고 보거나 이를 족쇄로 여기지는 않는다. 이 문제의 근본적인 해결은, 반복 언급되지만, 법령에 대한 지방자치권 침해를 사법적으로 주장할 수 있는 헌법소송제도를 마련하는 것이다. 자치법규와 법령의 충돌이 문제되는 상황에서 최근 대만은 이에 대한 헌법소송을 도입하였다.

6. 자치재정권 보장

국회보고서나 정부 개헌안에 규정되어 있는 사무처리비용부담, 재정건전성, 채무관리는 이미 지방재정법 제3조, 제20조, 제21조, 제87조의2에 규정된 내용들이다. 이를 헌법에서 규정하는 것이 바람직한지 지금처럼 법률에서 규정하면 충분한지 논의가 필요해 보이는데, 아마도 후자의 견해가 더 많을 것으로 판단된다.

7. 지역대표형 상원 또는 국가자치분권회의 신설

국가와 지방자치단체 사이의 단순한 소통 차원을 넘어 지방자치단체와 관련된 국가의 법령 제정이나 정책 수립 시 지방의 이해를 반영할 수 있는, 적극적인 참여제도로서 독일의 연방참사원과 같은 지방의 국정참여에 대해서는 그동안 수많은 연구가 있었고, 이를 국회보고서에서는 국회에 상원을 설치하는 것으로, 정부 개헌안은 이른바 제2국무회의로서 정부 내에 회의체를 설치하도록 하면서 국회의장에 대한 법률안 의견제출권을 부여하는 방식으로 반영한 것이다.

먼저 국회에 상원을 설치하는 방안과 관련하여서는 궁극적으로는 국회에 독일의 연방참사원과 같은 국정참여기관이 설치되는 것이 바람직하다는 생각이다. 정부 개헌안이 제시하는 바처럼 행정부 안에 설치되는 회의체로는 지방자치단체의 의사가 제대로 반영되기 어렵다는 한계가 있을 것이다. 하지만 국회에 지역대표형 헌법기관의 설치를 기대하기가 매우 어려운 우리나라의 현실을 감안하면 이와 같은 회의체가 -행정부 안에라도- 설치되는 것은 매우 중요한 의미를 가진다. 그동안 지방자치법 전부개정이 통과되어 별도의 법률에 따라 중앙지방협력회의가 설치될 수 있는 법적 근거가 마련되었는데, 국회에서는 이 법률의 제정을 서둘러야 하고 어떠한 경우에도 이를 미루면 안 될 것이다.

IV. 맺음말 -지방분권개헌의 향후 과제-

지난 정부의 국정농단과 대통령탄핵사건 때 대다수의 국민은 중앙집권의 폐해를 절감하고 권력의 분산을 열망하였다. 이 점이 새로운 정부의 탄생과 지방분권강화를 내용으로 하는 개헌노력으로 이어진 점을 부인하기는 어려울 것이다. 지방분권과 지방자치는 우리 사회가 추구하는 헌법이념과 헌법이 보장하는 기본권을 보다 잘 실현하기 위한 제도라는 점에서, 단순한 '시대적·정치적 유행'이 아니라 '우리 사회와 함께하는 운명공동체'이어야 한다. 이러한 의미에서 지방분권과 지방자치를 위한 시도는 -정파를 초월하여- 건강한 것이고 지속되어야 한다.

지난 지방분권개헌논의는 우리나라에도 지방분권을 위한 개헌이 가능하다는 점을 인식시킨 중요한 계기가 되었고, 특히 대한민국이 지방분권국가이고 지방자치를 보장하는 국가라는 점을 헌법에서부터 분명히 하고자 하였다는 점은 매우 높이 평가할 일이다. 비록 개헌을 이끌어내지는 못했지만 약 30년 만에 지방자치법의 전부개정을 성사시켰고 그 후속법률들이 만들어지면서 국가와 지방의 협력관계가 구축되는 등의 변화도 가져오게 될 것이다. 분명 이와 같은 변화들은 훗날 더 큰 긍정적 변화로 이어지는 계기들이 될 것이다.

개헌안에 포함된 내용들이 모두 긍정적인 평가를 받은 것만은 아닐 것이다. 이번 개헌시도가 '국가권력의 분권'과 '지방자치의 강화'에 중점이 있었지만 내용적으로는 이들을 얼마나 반영하였는지에 대해서는 반성이 필요하다고 생각한다. 특히 일부 논점들에 대해서는 더 많은 사회적 합의를 도출하는 과정도 필요하다고 생각한다.

제18장 자치분권의 미래비전과 추진전략

홍준현 중앙대학교 공공인재학부 교수

I. 자치분권의 미래환경 변화 예측

1. 인구절벽

1970년에 100만 명을 넘었던 출생아 수는 2020년에는 27만 명 선으로 떨어졌다. 이에 따라 합계출산율도 1970년 4.53명이었던 것이 1984년에 1.74명으로 2명 선 이하로 떨어졌고, 다시 2018년에 0.98명으로 1명 이하로 떨어졌으며, 2019년에 0.92명, 2020년에 다시 0.84명으로 계속 더 떨어졌다. 코로나19의 영향으로 결혼과 출산을 미루는 상황으로 인해 2021년에는 2020년보다 출산율이 더 떨어지고 앞으로도 이러한 추세는 계속될 것으로 예상된다.

이러한 급격한 출생률의 저하는 여타 OECD 국가와 비교해도 그 정도가 지나치다고 할 수 있다. 2018년 기준 37개 OECD 국가의 합계출산율 평균은 1.63명으로 우리나라의 0.98명에 비해 상당히 높은 수준이었고, 우리나라를 제외하고 가장 낮은 수준을 보였던 스페인의 1.26명과 비교해도 우리나라의 합계출산율은 두드러지게 낮은 수준이

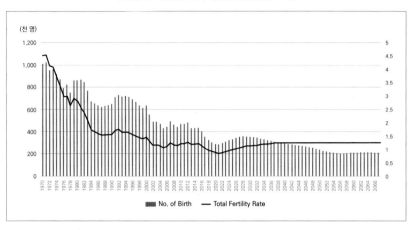

[그림 18-1] 출생아 수 및 합계출산율 추이

자료: 국가통계포털 장래인구추계.

주: 2017년 인구주택총조사결과를 기초로 인구동태(출생·사망)와 국제인구이동 통계를 활용, 코호트 요인법에 의해 2067년까지 향후 50년간의 인구규모 및 성·연령별 구조를 추계. 중위추계 시나리오에 기초.

라고 할 수 있다.

　정부에서도 저출산 현상에 대응하기 위해 다양한 저출산대책을 내놓았고, 2020년에만 37.6조 원, 그리고 2021년에는 46.7조 원 등 2017년 이후 지금까지 약 164조 원을 쏟아부었다(파이낸셜뉴스, 2021.4.8., 서울경제, 2021.4.30.). 그러나 그 결과는 긍정적이라고 보기 어렵고, 오히려 2028년을 기점으로 총인구 자체가 감소할 것으로 예측되고 있다.[1] 결국 향후 우리나라 지방자치의 구조는 인구의 증가가 아니라 인구의 감소를 전제로 재설계되어야 함을 시사하는 것이다.

1　2017년에 발표된 통계청 장래인구추계에 의하면, 우리나라의 총인구는 2028년 51,941,946명으로 정점을 찍은 후 지속적으로 감소하기 시작하여, 2044년에 5천만 명

〈표 18-1〉 OECD 국가 합계출산율 비교

2018년 OECD 국가 합계출산율 비교
단위: 가임 여자 1명당 명

이스라엘	3.09명	영국	1.68명	헝가리	1.49명
멕시코	2.13	에스토니아	1.67	오스트리아	1.48
터키	1.99	칠레	1.65	폴란드	1.44
프랑스	1.84	리투아니아	1.63	일본	1.42
콜롬비아	1.81	벨기에	1.61	핀란드	1.41
아일랜드	1.75	슬로베니아	1.61	포르투갈	1.41
스웨덴	1.75	라트비아	1.6	룩셈부르크	1.38
호주	1.74	네덜란드	1.59	그리스	1.35
뉴질랜드	1.74	독일	1.57	이탈리아	1.29
덴마크	1.73	노르웨이	1.56	스페인	1.26
미국	1.73	슬로바키아	1.54	한국	0.98
체코	1.71	스위스	1.52	'20년	0.84
아이슬란드	1.71	캐나다	1.5		

OECD 평균 1.63*

* OECD 평균은 37개 회원국의 2018년 자료를 이용하여 계산. 자료=OECD, Family Database
자료: 조선비즈, 2021.2.24.

　절대적인 수치에 있어서의 인구 감소뿐만 아니라 더 심각한 상황은 인구구조의 고령화가 급격하게 진행되고 있다는 것이다. 우리나라는 2000년에 고령화사회에 진입하였으며, 2018년에는 고령사회로 진입하였는데, 2025년에는 초고령사회로 진입할 것이 확실시되고 있다.[2] 이러한 고령화의 속도는 전세계에서도 유래가 없는 빠른 속도이다. 이

선이 무너지고 2066년에는 4천만 명 선이 무너질 것으로 예측되고 있다(국가통계포털 장래인구추계).

2　전체 인구에서 65세 이상 인구가 차지하는 비율이 7% 이상이면 고령화사회, 14% 이상이면 고령사회, 20% 이상이면 초고령사회라 한다.

에 따라, 이미 2018년에 14세 이하 인구의 비중보다 65세 이상 인구의 비중이 더 커졌으며, 2038년에는 65세 이상 인구 비중이 14세 이하 인구 비중의 3.3배, 2058년에는 5.2배까지 될 것으로 예측된다.

[그림 18-2] 인구구조의 변화 추이

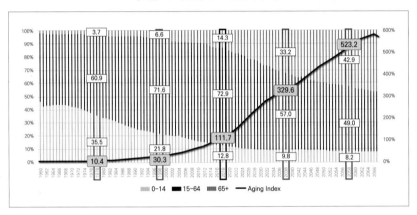

자료: 국가통계포털 장래인구추계.
주: 2017년 인구주택총조사결과를 기초로 인구동태(출생·사망)와 국제인구이동 통계를 활용, 코호트 요인법에 의해 2067년까지 향후 50년간의 인구규모 및 성·연령별 구조를 추계. 중위추계 시나리오에 기초.

2. 지방소멸

우리나라 전체 인구의 변화 추이를 살펴본 바에서 나타나는 인구절벽의 위기는 모든 지역에서 그 영향이 동일하게 나타나고 있지 않다. 2013년에 비해 2020년에는 인구소멸 고위험군에 속한 시군구가 2개에서 23개로 대폭 증가하였고, 인구소멸 위험지역의 비중도 전체 시군구의 32.9%에서 46.1%로 증가하였는데, 수도권보다는 비수도권에서 이러한 위기는 더욱 심각하게 나타나고 있고, 비수도권에서도 대도시지역보다 도지역에서 더욱 심각한 위기를 보여주고 있다. 2020년에 서울, 광주, 대전, 울산의 자치구와 세종시는 인구소멸 위험군에 속한 곳이 한 곳도 없으나, 강원, 전북, 전남의 시군과 제주도는 인구소멸 위험에서 안정적인 곳도 한 곳도 없고, 충남북, 전남북, 경남북에서만 인구소멸 고위험 시군이 발견되고 있어, 비수도권 농촌 지역의 인구소멸 위기가 매우 심각함을 알 수 있다.

[그림 18-3] 2020년 인구소멸지수 (단위: 시군구의 수)

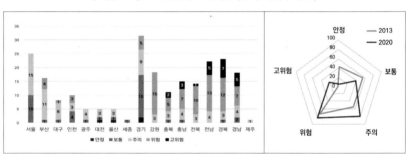

자료: 한국고용정보원

주: 인구소멸지수 = $\dfrac{\text{만 20~39세 여성인구}}{\text{만 65세 이상 인구}}$, 1.5 이상이면 안정, 1.0~1.5 미만이면 보통, 0.5~1.0 미만이면 주의, 0.2~0.5 미만이면 위험, 0.2 미만이면 고위험에 해당.

이러한 지역 간 인구감소의 불균형은 특히 수도권과 비수도권 인구의 변화를 통해 확연히 드러난다. 1970년 수도권의 인구는 전체 인구의 28.3%에 불과했으나, 1987년에 40%를 넘어서게 되었고, 2019년에는 50%에 도달했다. 2030년에는 51%, 2041년에는 51.5%에 다다를 것으로 예상되고 있어, 향후에도 수도권의 인구 비중은 서서히 지속적으로 증가할 것이다.

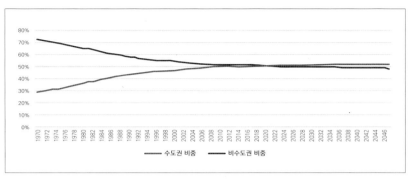

[그림 18-4] 수도권과 비수도권의 인구 비중 변화

자료: 국가통계포털 장래인구추계.
주: 2017년 인구주택총조사결과를 기초로 인구동태(출생·사망)와 국제인구이동 통계를 활용,
   코호트 요인법에 의해 2067년까지 향후 50년간의 인구규모 및 성·연령별 구조를 추계. 중
   위추계 시나리오에 기초.

3. 주민과 공동체의 의미 변화

지금까지 주민은 자신의 주민등록에 따라 하나의 지방자치단체의
구성원으로 강제되었다. 이는 공법상 관계에서 주소는 주민등록에 기
재된 하나의 고정된 주소만을 의미하는 것으로 해석되고 있는 주소 단
수주의를 전제로 하고 있기 때문이다(홍근석, 2019). 그러나 주민의 활
동 범위는 점점 더 확대되고 있고 이에 따라 주민은 하나의 지방자치
단체로만 국한되는 것이 아니라 다양한 지리적 공간에서 일상적으로
활동하게 되었다. 이미 주간활동의 중심이 되는 지리적 공간과 야간정
주의 중심이 되는 지리적 공간이 서로 다른 행정구역에 속해 있는 경
우는 매우 흔한 일이 되었다. 더 나아가 원거리 교통 환경의 비약적인
개선으로 주중과 주말의 활동 공간이 서로 다른 행정구역에 속하는 경
우도 많아지고 있다.3 결국 주민은 자신이 받는 행정서비스가 하나의

지방자치단체로부터 오는 것이 아니라 복수의 지방자치단체로부터 오는 경우가 흔해진 것이다.

이는 항구적 주민에서 일시적 주민, 주어진 주민에서 스스로 선택하는 주민으로 그 패러다임이 바뀔 수 있음을 시사하는 것이다. 이러한 변화는 공급자인 지방자치단체 중심의 자치가 아니라 수요자인 주민 중심의 자치로 전환되어야 함을 시사하는 것이고, 이 경우 관할 구역 간에 주민의 공공서비스에 대한 선택권이 발생하고, 공공서비스에 대한 관할구역 독점은 해체되고, 지방정부 간 공공서비스 공급의 경쟁체제로 돌입하게 됨을 의미하는 것이다. 보다 궁극적으로는 지금까지 유지되어 왔던 단일 주소제가 복수 주소제(또는 이중주소제)로 전환되어 주민이 복수의 행정구역을 선택함으로써, 배타적으로 등록되는 것이 아니라 지방자치단체 간에 공유될 수 있고, 지방공공서비스를 기반으로 주민 유치의 경쟁체제로 나아갈 수 있을 것이다.

더 나아가서 온라인 공간에서의 활동이 급격히 증가하고 있는 시대적 변화는 주민으로 구성되는 공동체 역시 기존의 지역사회 기반의 공동체를 약화시키고 오히려 온라인 플랫폼에 기반을 둔 공동체의 역할과 영향을 강화시키고 있다. 이에 따라 시민사회 활동 역시 물리적 공간과 거점 중심에서 인권, 교육, 빈곤 등 이슈 중심의 시민사회 활동으로 변화할 것으로 예측된다. 이는 시민사회의 공간이 물리적 공간에서 버츄얼 공간으로 옮겨 갈 수 있고, 결국 주민자치의 공간적 구역에 있

---

3   지방으로 이전한 공공기관 임직원 중 실제 가족동반 이주율은 32.5%로 대부분이 주민등록상 주소지가 아닌 제2의 지역에서 숙소를 마련하여 생활하고 있다(홍근석, 2019).

어서도 고정적 관할구역을 탈피하고 기능과 이슈에 따라 탄력적으로 변화할 수 있음을 암시해주는 것이다.

Ⅱ. 자치분권의 미래 비전

이상의 자치분권을 둘러싸고 있는 환경의 변화는 자치분권이 앞으로 지향해야 할 비전에도 변화가 필요함을 의미한다.

1. '국가와 지방자치단체'에서 '중앙정부와 지방정부'로

Wright(1988)는 미국의 정부 간 관계(Intergovernmental Relations, IGR)를 연방제의 역사적 발전과 연계하여 포괄권위모형(Inclusive Authority Model), 분리권위모형(Separated Authority Model), 중첩권위모형(Overlapping Authority Model)의 세 가지 유형으로 분류하였다.

Wright(1988)의 정부 간 관계 유형 분류에 의하면, 현재 우리나라의 정부 간 관계는 포괄권위모형에서 중첩권위모형으로 조금씩 옮겨가고 있는 상태라고 볼 수 있다. 현행 헌법 및 법령에서는 국가와 지방자치단체로 구분하여 국가와 중앙정부를 동일시하고, 지방자치단체는 중앙정부와 대등한 관계가 아니라 중앙정부에 예속된 관계로 설정하고 있다. 그러나 실질적 자치분권을 위해서는 국가와 지방자치단체가 아니라 중앙정부와 지방정부로 표현하도록 헌법 및 법령을 개정함으로써, 국가가 곧 중앙정부를 의미하는 것이 아니라 중앙정부와 지방정부가 함께 역할분담을 통해 국가를 구성하는 것임을 명확히 할 필요가

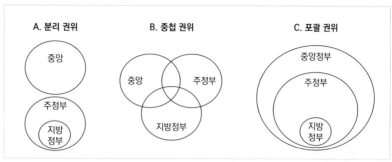

[그림 18-5] Wright의 IGR 모형

A. 분리 권위   B. 중첩 권위   C. 포괄 권위

중앙

주정부
지방
정부

중앙   주정부

지방정부

중앙정부

주정부

지방
정부

자료: Wright(1988)에서 재작성.

있다. 이를 통해 중앙정부와 지방정부의 관계를 지휘·감독에 기초한 수직적·행정적 관계에서 협의·계약에 기초한 수평적·법률적 관계로 전환해야 한다.

[그림 18-6] 중앙정부와 지방정부의 관계 변화

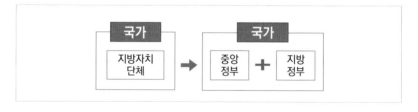

2. 자치단체장-지방의회 중심의 제도자치에서 주민 중심의 생활자치로

우리나라에서 지방자치가 부활되어 본격적으로 시행된 것은 1988년 민주헌법으로의 개헌이 있었기에 가능했다. 권위주의 체제하에서

의 독재 권력으로부터 민주화를 이루어내기 위한 열망에서 지방자치 역시 중앙정부의 독점적 권력을 공간적으로 분산하고 권력의 분점을 이루기 위한 것이었다.

그러나 1991년 지방의회가 주민 직선에 의해 부활된 이후 30년이 지난 지금, 지방자치는 분권을 통한 중앙 권력의 지방이양이라는 차원을 넘어서서 주민의 품위 있는 일상생활을 보장하는 서비스 공급 기구로서의 역할을 얼마나 잘 수행할 수 있는가에 초점을 맞추어야 한다. 즉, 중앙과 지방의 관계가 정치권력 체계에서 공공서비스 공급체계로 전환되어, 지방자치가 민주주의 차원인 정치의 영역으로부터 주민 생활 차원인 지역사회공동체를 기반으로 하는 사회경제의 영역으로 전환되는 것이다. 이렇게 될 경우 기초자치단체는 중앙과 광역이 결정한 정책을 집행하는 행정 단위로서의 역할을 벗어나서 소도시 수준의 지역 단위에서 공동체적 주민자치가 강화되도록 할 필요가 있다. 반면, 권력기관으로서의 광역정부는 더이상 의미가 없게 되고, 경유기관 역할 중심의 광역자치단체는 소멸하고 서비스 및 분쟁 조정 기능으로 재편될 수 밖에 없다.

3. 행정구역의 다변화

지방자치가 권력 배분의 차원이 아닌 기능 중심의 분업 차원으로 전개된다면, 지방행정구역의 경계는 공적 의사결정과 통치구역의 단위에서 공공서비스 공급구역으로 인식되어야 한다. 즉, 광역 공공서비스의 공급구역 단위는 고정된 것이 아니라, 공공서비스에 따라 다양하게 설정될 수 있어야 한다. 공동체적 주민자치의 단위와 공공서비스 공급구역의 단위가 반드시 일치하지 않을 수 있다.

따라서 보통지방자치단체에 더하여 특별지방자치단체와 같이 특정 광역서비스를 공급하는 지방정부 연합 기반의 전문기능에 따라 다양한 행정구역이 활성화될 수 있다. 예컨대, 교통, 소방, 하천유역관리, 시설관리 등의 기능은 중앙-광역-기초의 계층구조가 아니라 기능별 영향 범위에 따라 서비스 공급구역이 유연하게 설정되어야 한다. 특히, 공동체를 넘어서는 영역에 있어서는 IoT, 5G, AI 등 스마트 행정혁신을 통해 초연결사회로 발전하게 되므로, 지방정부가 전통적으로 국고보조금-도비보조금 등의 매칭을 통해 분담해온 대부분의 집행 서비스는 이러한 다계층의 정부 단위가 복합적으로 서비스를 분담할 이유가 사라질 전망이다. 이에 따라, 인구가 소멸되는 비수도권 농촌 지역의 경우 지역 단위 자치도 쉽지 않을 수 있으므로, 이 지역은 준광역단위를 통해 필요한 의사결정이 이루어지는 것이 보다 바람직할 수 있을 것이다.

III. 추진전략

1. 중앙과 지방정부 간 관계의 재설정

첫째, 현행 자치법규 체계인 조례와 규칙은 중앙정부 법령의 하위 법체계로서의 위상을 갖고 있으나, 이를 자치법률, 자치규칙으로 표현을 변경하여 자치법규의 위상을 강화하여야 한다. 중앙권한의 지방이양은 대부분 사무수행의 주체를 중앙행정기관의 장에서 지방자치단체의 장으로 변경하는 작업이었고, 지방자치단체의 사무수행 기준은 여전히 대통령령에서 정한 바에 따르도록 하는 조문의 내용은 대개의 경우 변동이 없었다. 따라서 지방자치단체가 이양받은 사무를 수행함에 있어서 지역실정을 반영하는 맞춤형 기준을 설정하는 데까지는 이르지 못한 것이다. 따라서, 사무수행 주체만을 지방으로 이관하는 방식에서 사무수행기준도 대통령령에 위임하지 말고 조례로 정하도록 위임함으로써 지방 차원에서의 사무수행의 현지 적합성을 제고하도록 한다.

둘째, 이러한 새로운 중앙정부와 지방정부 간 관계 설정을 위해서는 관여법정주의가 채택되어야 한다. 관여법정주의는 중앙정부의 지방정부에 대한 관여를 '법률' 또는 '법률로 위임된 시행령'에 의한 경우만 인정하고, 현행 지방자치법상 포괄적 관여수단인 '지도'를 삭제하는 등, 중앙정부의 관여를 축소하는 것을 의미한다. 이러한 관여법정주의는 자치단체 사무 관련 사전심의제도 도입과 연계된다. 즉, 지방정부에 각종 부담을 주는 사무 관련 법령의 제·개정 시에는 사무구분 및 배분, 중앙정부의 관여, 중앙과 지방 간 재정부담 등에 대해 필수적으로 사전 심의를 거치도록 하는 것이다(홍준현, 2007).

셋째, 궁극적으로 중앙정부와 지방정부 간에 수평적, 법률적 관계를 설정하기 위해서는 정부 간 계약이 활성화되어야 한다. 민사상 계약과 달리 행정계약은 그 법적 성격과 효과가 모호해질 수 있다. 따라서, 정부 간 계약방식을 도입하기 위해서는 첫째, 자치단체별 비용 및 조건 등 차별 허용 범위, 둘째, 계약 불성립 시 강제성 허용 여부와 불이행 시 이행 방법, 셋째, 사무처리 중 분쟁 발생 시 소의 종류와 사무처리 거부 시 민원처리의 주체 등에 대한 법적 장치에 대해서 보완이 필요하다(홍준현 외, 2005).

2. 지방자치단체 사무구분체계의 개편

중앙과 지방 간 정부 간 관계 재설정을 위해서는 현행 지방자치단체의 사무구분체계를 개편할 필요가 있다. 먼저 기관위임사무를 폐지하고 법정수임사무를 신설하는 것이다. 기관위임사무는 중앙정부가 정책결정을 하고 이에 따라 지방자치단체가 획일적, 일방적으로 집행하는 방식으로, 이러한 사무수행방식으로는 지역의 특수성과 지역의 자발성을 담보하는 맞춤형 사무수행을 저해하고 있다. 아래 그림에서 보는 바와 같이 현재는 중앙부처가 결정한 정책을 지역 주민에게 집행하는 경우 직접 특별지방행정기관을 설치하거나 지방자치단체를 통해 하는 것인데, 이때 지방자치단체는 조건과 여건에 상관없이 이러한 정책 집행에 반드시 협력해야 하는 의무가 주어진다.

[그림 18-7] 지방공공서비스 전달 경로

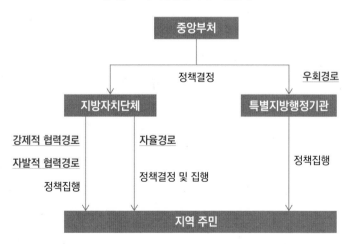

자료: 홍준현 외(2005).

따라서, 자치권을 제약하는 기관위임사무를 폐지하되, 일부 국가사무로 존치되는 사무와 자치사무로 전환되는 사무를 제외한 나머지 사무를 법정수임사무로 하여 폭넓은 자율성을 부여하도록 한다. 물론 공공서비스 공급에 있어서 4차 산업혁명에 의한 스마트 기술 적용으로 전달체계 혁신을 통해 비용-효과성을 극대화할 수 있는 사업에 대해서는 지방 위임보다는 중앙정부가 직접 담당하도록 하여야 한다. 법정수임사무에 대해서는 반드시 법령에 근거가 있어야 하며, 지방의회의 관여를 인정하고, 국가에 대한 쟁송권을 인정하며, 소요 재원도 국가가 부담하도록 한다(이기우 외, 2004; 홍준현 외, 2005). 또한, 자치사무 및 기관위임사무와 구별이 모호하고 구별의 실익도 적은 단체위임사무를 폐지하고 자치사무로 전환하여 자치권을 확대한다.

한편, 공동사무는 최소화하도록 한다. 공동사무는 현행 법령상 국가(또는 중앙행정기관의 장)와 지방자치단체(또는 지방자치단체장)가 공동으로 사무수행의 주체로 명기되어 있는 사무를 통칭하고 있다. 공동사무가 우리나라의 현행법령에서 규정되어 있지 않은 사무의 유형임에도 불구하고, 과거 행정자치부는 1991년 지방이양합동심의회를 통해 중앙정부의 사무를 지방자치단체로 이양하는 작업을 시작한 이래 공동사무를 실무적으로 인정해왔다. 중앙에서 지방으로 그리고 광역자치단체에서 기초자치단체로 이양된 사무 중 공동사무의 형태로 이양된 사무는 그 내용상 두 가지 유형으로 구분될 수 있다. 첫째, 동일 기능의 동시 수행(concurrent provision)으로 지방자치단체의 각 계층이 동시에 동일한 기능을 수행하는 것이고, 둘째, 공유하지만 분리 수행(shared but divided provision)으로 원칙적으로 동일 기능을 지방자치단체의 각 계층이 함께 수행하지만, 그 기능 내의 세부 기능은 자치단체 계층별로 각각 수행하는 것이다(홍준현 외, 2002).

그런데 입법론적인 관점에서도 우리나라에서 공동사무라고 부르는 형태의 사무처리 주체의 이원화(국가 또는 지방자치단체)는 중복행정 또는 책임회피의 우려가 있다. 따라서, 공동사무가 실질적 효과를 내기 위해서는 중앙정부와 지방정부가 기획과 결정 단계에서부터 공동으로 참여하고 집행과 재원 부담에 있어서 역할분담을 명확하게 설정할 필요가 있다. 그렇지 못할 경우에는 국가가 이를 직접 수행하는 경우에는 국가사무로, 지방자치단체가 이를 직접 수행하는 경우에는 자치사무로 분류하는 것이 타당하다(이기우 외, 2004). 이를 통해 권한과 책임이 모호한 공동사무를 최소화함으로써 중복행정에 따른 비효율과 혼란을 줄이도록 한다.

3. 맞춤형 분권의 추진

1) 차등적 분권의 확대

차등이양은 1999년에 제정된 "중앙행정권한의 지방이양촉진 등에 관한 법률"에 "이양 사무를 확정함에 있어 지방자치단체의 규모와 능력, 여건 및 사무의 개별적 특성에 따라 차등을 둘 수 있다"고 처음으로 규정되었다. 그러나 이후 2008년에 제정된 "지방분권촉진에 관한 법률"과 2013년에 제정된 "지방분권 및 지방행정체제개편에 관한 특별법", 그리고 2018년에 제정된 "지방자치분권 및 지방행정체제개편에 관한 특별법"에서도 "지방자치단체의 실정에 따라 지방분권정책을 시범적 차등적으로 실시할 수 있다"고만 규정하여 차등이양의 본래 취지는 다소 퇴색한 측면이 있고, 관련 위원회에서도 차등이양을 위한

보다 세밀한 제도화에 대한 관심이 없어 실제 차등이양의 성과는 거의 없었다고 평가할 수밖에 없다.[4]

차등적 분권은 그 접근 방법에 따라 포괄적 접근, 부분적(기능적) 접근, 개별적 접근의 세 가지 유형으로 대별할 수 있다(홍준현, 2001).

첫째, 포괄적 접근방법은 인구규모를 비롯한 몇 가지 기준에 따라 동일한 계층에 속해 있는 자치단체를 유형화하고, 유형별로 수행기능에 차별을 두는 것을 말한다. 지방자치법상의 인구 50만 이상 시와 자치구에 대한 사무배분에 있어서의 특례, 전부개정 지방자치법상의 특례시에 대한 행·재정 운영 및 국가의 지도·감독에 대한 특례, 지방자치분권 및 지방행정체제개편에 관한 특별법상의 인구 100만 이상 시에 대한 사무배분에 있어서의 특례, 지방자치단체의 행정기구와 정원기준 등에 관한 규정상의 인구 규모에 따른 특례가 대표적인 포괄적 차등이양 방식이라고 할 수 있다. 또한 일본의 특례시와 중핵시, 미국의 선택헌장제도(Optional Charter)도 여기에 속한다. 포괄적 차등이양 방식은 자치단체의 수행기능에 대한 인식이 용이함으로 적용이 간편하고 제도화의 가능성이 높다는 장점을 갖고 있으나, 지나친 단순화

---

4 실제로 1999년 지방이양추진위원회의 출범 이후 지금까지 차등이양이 결정된 사례는 단 하나에 불과하다. 이는 농촌진흥청 소관의 "우량종자(보급종)의 생산·공급업무"로서 그 내용은 벼, 보리, 콩, 감자, 옥수수에 대한 보급종의 생산·공급업무 및 가을감자 원종생산 업무를 농림부에서 농촌진흥청에 위임 처리하는 것인데, 지역별로 품종의 농가 선호도가 다른 데 따른 적정 품종의 종자를 생산·공급함으로써 우량종자에 대한 농업인의 수요충족에 원활을 기하기 위하여 현행 농촌진흥청 업무(즉, 국가사무)를 시·도에 이양해줄 것을 요구한 데 대해 지방이양추진위원회 실무위원회에서는 경제작물(옥수수, 콩 등)은 시·도에 일괄 이양하고, 식량작물(벼, 보리)은 원칙적으로 국가사무로 존치시키되 경기도에만 시범적으로 이양하는 것을 결정하였다(홍준현, 2001).

는 차등이양이 갖고 있는 본래의 취지를 희석시킬 수 있다는 단점도 갖고 있다. 따라서 복수의 기준에 따라 자치단체를 유형화하는 것이 필요하다.

둘째, 부분적(기능적) 접근방법은 특정한 기능에 한해서 자치단체의 정책수행능력과 의지를 고려하여 권한이양에 차등을 두는 것을 말한다. 이 방식의 특징은 특정분야에 한해서 자치단체의 정책수행능력과 의지를 고려하여 권한이양에 차등을 둔다는 것이다. 미국의 부분선점권제도(Partial Preemption)와 일본의 지방분권특례제도가 대표적이다. 부분적 차등이양방식은 자치단체별 의지와 능력을 최대한 고려함으로써 차등이양의 효과를 높일 수 있다는 장점을 갖고 있는 반면, 대상 기능이 포괄적이지 못하고, 절차적으로 복잡하며, 자칫 중앙에 의한 통제가 실질적으로 지속될 수 있다는 단점을 갖고 있다. 따라서 차등이양을 위한 기준을 명확하게 설정하는 것이 필요하다.

셋째, 개별적 접근방법은 개별법에 의해 자치단체 간 기능배분에 차등을 두는 것을 말한다. 제주특별자치도에 대한 특례 부여, 미국의 특별헌장제도(Special Charter), 영국의 개별법(Private Acts)을 통한 개별적 수권방식을 들 수 있다. 이렇게 자치단체별로 적용되는 개별법에 의해 자치단체 간 기능배분에 차등을 두는 방식은 개개의 자치단체의 특성을 가장 잘 반영해주고 지방자치의 의미를 가장 잘 살리며 각 지방자치단체의 책임 한계를 명백하게 하는 장점이 있다. 그러나, 지나친 개별성의 남용으로 인하여 통일성을 저해하는 단점을 지니고 있고, 사무배분체계를 혼란시킬 가능성이 있으며, 자치단체별 수행기능을 중앙정부가 인식하는 데 큰 어려움을 초래하므로, 집행의 용이성이 떨어진다. 따라서, 타 지역과의 차별성이 두드러지는 행정체계가 구축되어 기존의 지방자치법상 사무배분에 있어서 예외가 필요한 경우에 적용하는 것이 바람직하다.

2) 광역과 기초 간 관계 재정립

먼저 광역자치단체 중 도 지역의 경우, 도와 시·군 간의 관계를 획일적으로 설정하지 말고, 인구과소지역과 인구과대지역에 대한 광역과 기초 간 관계를 구별하여 재정립하는 것이 필요하다. 중앙정부와 지방정부 간 관계와 마찬가지로 광역지방정부와 기초지방정부 간 관계도 계층 간 기능 중심의 독립적 역할을 수행하도록 할 필요가 있으며, 이를 통해 광역지방정부가 중앙정부와 기초지방정부 간 중계 역할과 기초지방정부에 대한 지도감독계층의 역할을 수행하는 것이 아니라, 주민에 대한 행정서비스 제공에 있어서의 역할 분담자로 기능하도록 해야 한다.

과소군지역은 인구의 과소화와 고령화로 인해 복지수요의 편중 현상이 심화되고 있음에도 불구하고, 교통여건 등의 취약으로 인하여 행정서비스의 효율적 공급이 현실적으로 수반되지 못하고 있다. 또한, 인구는 지속적으로 감소하고 있음에 비하여 국비나 지방비 등 공공재원을 투입하여 도로와 상하수도 등 인프라와 공공시설을 직접 설치하고 적정수준으로 유지해야 함으로 인해, 상대적으로 비용 효율성이 저하되고 재정적인 문제가 발생하고 있다(변필성·임상연·김영수, 2014). 그러나, 현재 과소군지역의 행정체제는 기능과 공무원 정원 측면에서 획일화되어 있고 자생력을 확보하는 것이 현실적으로 가능하지 않다. 따라서 이러한 지역에서는 행정서비스 생산 및 공급의 범위를 기초생활권에 부합하는 생활행정서비스로 제한하고, 군의 기능을 도로 이관하여 도 차원에서 새로운 구역설정을 통해 권역별 통합출장소를 설치하여, 과소군지역의 필요한 행정서비스를 공급하도록 한다(최영출 외, 2010; 임준홍·홍성효, 2014; 금창호·권오철, 2016). 이는 인구과소지역을 통합한다고 해도 재정력을 확보하고 행정서비스 생산 및 전달의 비효율성 문제를 해결할 수 없어,[5] 궁극적으로 주민들이 최소한의 품위 있는 삶을 유지하는 데 어려움을 초래할 수 있기 때문이다. 그러나, 50만 이상 대도시지역은 오히려 도의 기능을 시로 대폭 이관하여, 대도시지역에서 자기 완결적으로 정책결정 및 행정서비스 제공이 가능하도록 함으로써, 도 지역에서 성장거점으로서 기능하게 할 필요가 있다.

한편, 특별시·광역시 지역의 경우에는 사실상 하나의 경제생활권을 형성하고 있으므로, 동일 경제생활권 지역의 광역행정수요에 부응하는 행정서비스 제공이 보다 원활하게 이루어질 수 있도록 특별시·광역시 산하 자치구의 법적 지위를 개편할 필요가 있다(하혜수 외, 2010).[6] 이를 위해, 구의회를 폐지하고 시의회가 구의회 기능을 흡수하여 확대 개편하는 자치 단층제로 전환하는 것을 고려해 볼 수 있다.

---

5 박지형·홍준현(2007)의 연구에서도 시군통합으로 인한 지역경제성장 효과는 단순히 인구가 늘어나는 것으로 촉발되는 것이 아니라 기업규모, 소득, 지방재정 등 질적인 부분이 건전해야 달성할 수 있다고 분석하였다. 또한, 과소지역의 문제를 해결하기 위한 행정체제 개편 논의에서 이석환(2013)은 규모의 경제가 자치단체의 통합근거로서 유효성을 갖지 못한다고 분석하였고, 최영출(2008)도 통합을 통한 행정구역 확대가 지역대응성, 주민접근성, 행정서비스 품질, 지역민 정서 등의 측면에서 새로운 문제를 야기시킬 수 있음을 지적하였다.

6 베를린과 파리의 구는 의회가 있으나 행정부의 수장을 직선하지 않으며, 뉴욕의 구는 반대로 행정부의 수장을 직선하나 의회가 존재하지 않고, 모두 독자적인 조세권을 갖고 있지 않다(하혜수 외, 2010).

3) 지방자치단체 기관구성의 다양성 확보

지방자치단체 기관구성은 지방자치단체의 정책결정 및 집행 과정의 기본 구조를 결정하는 것으로서 지방자치단체의 운영성과에 매우 커다란 영향을 끼친다.[7] 특히 주민에 대한 책임문제와 직결되어 주민의 지방자치단체에 대한 만족도를 좌우하는 핵심변수라고 할 수 있다.

현행 지방자치법 상으로는 모든 유형의 지방자치단체의 기관구성은 의결기관과 집행기관의 분립제를 취하도록 하고 있다. 그러나 집행기관에 비해 의결기관의 권한과 역할이 상대적으로 취약하다고 평가받고 있으며, 자치단체장의 제왕적 지위에 대한 문제제기도 지속되어 왔다. 따라서, 집행부에 대한 의회의 견제장치를 강화하기 위해, 지방자치단체의 의결기관과 집행기관이 상호 독립적인 역할을 수행할 수 있도록, 집행기관의 장에게 집중된 권한을 분산시킬 필요성이 있다(최진혁, 2016).

이를 위해, 일본에서 도도부현의 부지사와 시정촌의 부단체장 임명 시 해당 지방의회의 동의를 받도록 하는 것과 같이, 부단체장을 지방의회의 동의를 거쳐 임명하도록 하는 것도 고려해볼 수 있다. 이 경우, 일정 범위의 인사권과 재정집행권 등 일부 권한을 선별하여 법령에서 부단체장에게 직접 부여함으로써 자치단체장의 개입을 차단하고 부단체장의 위상을 강화한다. 또한, 인사위원회, 감사위원회 등을 자치단체장으로부터 독립된 지위에서 소관 사무를 수행하는 합의제 행정위원회로 설치하고, 위원들은 자치단체장이 임명하되, 의회의 동의를 거쳐

---

7   김지수·박재희(2020)는 기관구성의 다양화가 지방자치단체의 기관구성의 자율성 강화, 즉 구성자치권(structural autonomy)의 확보와 연계된다고 보았다.

도록 하는 것도 고려해볼 수 있다(김지수·박재희, 2020). 이러한 기관구성
은 특히 광역과 기초의 기능 수행에 대한 권한과 책임이 한 사람의 지
방자치단체장에게 집중되어 있는 제주특별자치도나 세종특별자치시
같은 단층제 자치단체에 적합할 것이고, 특별시·광역시의 경우에도 자
치구의 법적 지위가 변화된다면 역시 적용 대상으로 고려해볼 수 있다.

더 나아가서, 과소군과 같은 소규모 지방자치단체에는 의회-책임행
정관형의 통합형 기관구성도 도입해볼 수 있다. 기관통합형에서는 입
법권을 비롯하여 지방자치단체(장)에게 부여된 모든 권한과 책임이 지
방의회에 귀속되고 의회 의장이 자치단체장을 겸임하게 된다. 지방의
회는 책임행정관을 최고 행정책임자로 선임하여 지방자치단체의 운영
과 관련한 일체의 책임과 권한을 부여한다. 이는 기업처럼 주주(주민)
가 이사회(의회)를 선출하고, 이사회에서 최고경영자(책임행정관)를 선임
하는 방식과 흡사하다. 즉, 지방의회는 정책결정의 역할을 하고, 책임
행정관은 정책집행 및 성과 구현의 책임을 맡게 된다. 이러한 기관통
합형 기관구성은 정치적 성격이 약하고 행정적 성격이 강한 경우, 행
정수요가 복잡하지 않고 단순한 경우, 재정력이 낮은 경우에 적용하는
것이 적합할 것이다.

4. 지방자치단체간 수평적 협력의 강화

1) 행정서비스 공급구역의 다양화를 위한
특별지방자치단체의 활성화

생활권의 광역화 추세로 인하여 현재의 기초자치단체의 행정구역
을 넘어서는 보다 광역적인 행정서비스 생산과 공급에 대한 필요성이

증가하고 있다. 그러나 행정구역 그 자체의 광역화는 주민의 직접 참여와 마을공동체 형성이라는 측면에서 어려움을 야기할 수도 있고, 행정서비스별로 규모의 경제, 공간적 외부성의 정도가 차이가 있으므로, 현재와 같이 고정적인 행정구역에 따라 모든 행정서비스를 획일적, 배타적으로 생산 및 공급하는 것은 바람직하지 않다.

따라서, 유사한 행정서비스를 그룹화하여 관련된 기초자치단체가 연합하여 특별지방자치단체를 구성하는 것이 바람직하다. 이 경우, 특별지방자치단체의 민주적 통제를 확보하기 위해 전부개정 지방자치법에서 규정하고 있는 바와 같이 구성 자치단체의 의회를 통한 특별지방자치단체의 행정체제 구성이 필요하다. 이때, 특별지방자치단체의 기관구성은 특별지방자치단체가 정치 중심의 체제가 아니라 기본적으로 기능 중심의 체제이고 기능수행의 효율화에 더 역점을 두게 되므로, 기존의 의회-집행부 분립형보다는 의회-책임행정관제의 통합형 구성을 통해 전문행정인을 영입하는 것이 더 바람직하고, 특별지방자치단체의 효과성을 높이기 위해서는 구성지방자치단체로부터의 행정운영의 독립성이 어느 정도 담보되어야 할 필요가 있다. 즉, 옥상옥 구조나 수렴청정 구조를 탈피해야 한다.

또한, 이러한 특별지방자치단체의 구성을 통해 중앙정부의 특별지방행정기관의 구역 범위를 특별지방자치단체의 구역 범위와 일치시키는 것이 수월해질 수 있으므로, 중앙정부의 특별지방행정기관을 지방으로 이관하는 것도 가능해질 수 있다. 더 나아가서 특별지방자치단체는 권역별로 하나로 획일화할 필요가 없다. 오히려 광역기능의 수행 범위에 따라 그 관할구역을 달리하는 기능별 특별지방자치단체가 유연하게 설치될 필요가 있다.

2) 지방자치단체 간 계약의 활성화

지방자치단체 간 계약을 통한 사무위탁은 지방자치단체 조합이나 특별지방자치단체와 같이 새로운 권리주체를 창설하지 않기에 절차가 까다롭지 않고 비용이 덜 들며 융통성을 발휘할 수 있다는 장점을 가지고 있다(권오철·강영주, 2015). 그러나, 오히려 이러한 제도의 융통성으로 인해 적극적 활용을 제한하는 요인으로 작용하고 있다. 첫째, 사무위탁을 하는 지방자치단체에 대해서 수행능력의 부족이라는 부정적 인식을 갖게 되는 경향이 있고(권오철·강영주, 2015), 둘째, 계약 체결과정에 지방의회의 참여가 제도화되어 있지 않고, 사무위탁 관련 구체적 절차가 미흡하여 모든 사항을 협의로 정해야 하는 부담이 있으며, 셋째, 중앙정부 차원에서도 지방자치단체로 하여금 사무위탁을 하도록 유인하는 체계가 미흡하다(금창호, 2018). 이에 따라 사무위탁의 실적이 매우 미흡한 실정이다.[8] 따라서, 지방자치단체 간 계약 체결이나 규약 제정 과정에 지방의회의 관여를 제도화하고, 사무위탁의 범위나 수탁 사무의 집행방법, 위탁기관과 수탁기관의 권리와 책임, 필요경비의 조달방법, 분쟁발생 시의 해결방안 등에 대한 제도화가 필요하다.

IV. 맺음말

2020년 12월에 국회 본회의를 통과한 지방자치법 전부개정법률은 지방자치단체의 기관구성을 다양화할 수 있는 법적 근거를 담고 있다.

---

8 1995년 이후 지방자치단체 간 사무위탁은 27건에 불과하다(행정안전부, 2018).

또한 대도시에 대한 특례시 지정을 통해 행·재정 운영, 국가의 지도·감독에 있어서의 특례를 둘 수 있도록 하고 있고, 특별지방자치단체 설치에 관한 구체적 규정도 담고 있어 지역실정에 부합하는 다양한 특별지방자치단체가 설치될 것으로 기대된다. 이로 인해, 지방행정의 모습을 획일적으로 만들지 않고 지역 실정에 부합하도록 맞춤형 지방행정을 갖추도록 하는 법적 근거를 마련하였다.

그러나 이러한 전향적인 제도적 개선에도 불구하고 자치분권의 미래환경 변화에 대응하기 위한 제도적 장치는 여전히 충분치 않다. 중앙정부와 지방정부의 수평적, 법률적 정부 간 관계를 형성하기 위한 헌법과 법률의 개정 및 사무구분체계의 재정비, 광역과 기초 간 관계 재정립을 위한 지방행정체계의 재구축, 지방자치단체 간 수평적 협력을 강화하기 위한 정부 간 계약의 활성화 등 보다 근본적인 제도적 변화를 위해 다시 움직여야 할 시점이다.

| 참고문헌 |

권오철·강영주. (2015). 「지방자치단체 공공위탁의 운영실태 및 개선방안」. 한국지방행정연구원.

금창호. (2018). 「광역연합제도의 도입방안 연구」. 한국지방행정연구원.

금창호·권오철. (2016). 「과소지역 맞춤형 행정체제 정립방안 연구」. 한국지방행정연구원.

김지수·박재희. (2020). 「지방자치단체 기관구성 형태 다양화 모델 설계 및 법제화 방안 연구」. 한국지방행정연구원.

박지형·홍준현. (2007). 시·군통합의 지역경제성장 효과. 「한국정책학회보」, 16(1): 167-196.

변필성·임상연·김영수. (2014). 「인구과소지역 공공시설 공급 및 활용방안」. 국토연구원.

이기우·홍준현·권영주·이종원. (2004). 지방자치단체 수행사무 구분체계의 개편 방향. 「한국공공관리학보」, 18(1): 53-79.

이석환. (2013). 지방공공서비스 공급상의 규모의 경제와 지방정부의 적정 인구규모. 「한국행정논집」, 25(3): 821-846.

임준홍·홍성효. (2014). 2040년 읍면동 인구 추계로 본 충남의 정책과제. 「충남리포트」. 109호. 충남발전연구원.

최영출. (2008). 「지방행정체제 개편의 쟁점과 과제. 지역경쟁력 강화를 위한 자체계층개편에 관한 토론회」. 경실련, 한국지방자치학회.

최영출·금창호·하능식·하혜수·홍준현·이동필·배정환. (2010). 「발전잠재지역의 행정 및 서비스 전달체계의 발전방안」. 한국정책분석평가학회.

최진혁. (2016). 우리나라 지방정부 기관구성의 다양화 방안: 시론적 접근. 「한국지방자치학회보」, 28(2): 87-111.

하혜수·최영출·홍준현. (2010). 준지방자치단체의 개념과 적용 가능성. 「한국지방자치학회보」, 22(3): 237-256.

행정안전부. (2018). 「2017년도 지방자치단체간 협력제도 운영현황」.

홍근석. (2019). 새로운 인구관리정책으로서의 복수주소제(Second Address) 도입 방안. 「지방자치 정책브리프」. 71호. 한국지방행정연구원.

홍준현. (2001). 중앙사무의 지방이양에 있어서 차등이양제도의 도입방향. 「한국지방자치학회보」, 13(3): 5-24.

홍준현. (2007). 중앙정부의 지방자치단체에 대한 행정적 관여의 실태와 시사점. 「지방정부연구」, 11(3): 53-71.

홍준현. (2010). 기관위임사무 지방이양의 실태 및 시사점: 소요 인력 및 비용 추계를 중심으로. 「지방정부연구」, 14(3): 51-79.

홍준현. (2021). 자치분권을 통한 맞춤형 지역발전. 「자치의정」, 24(1): 22-32.

홍준현·이기우·권영주. (2002). 공동사무의 법적 성격 및 운용실태에 관한 연구. 「한국행정학회 하계학술대회 발표논문」.

홍준현·김재훈·이기우. (2005). 지방자치단체 사무구분체계의 개편 방안. 「2005년 서울행정학회 동계학술대회 발표논문」.

Wright, Deil S. (1988). *Understanding Intergovernmental Relations*. Pacific Grove. CA: Brooks/Cole.

제19장 문재인 정부의 자치분권 성과와 과제

김순은 대통령소속 자치분권위원회 위원장

Ⅰ. 서론

1960년대 이후 ODA(Official Development Assistance) 수혜국에서 공여국이 된 유일한 국가가 우리나라이다. 산업화의 성공적 달성으로 이렇게 국가의 위상이 높아진 결과이다. 이와 더불어 자랑스러운 것은 민주화에도 성공했다는 점이다. 여기에는 1991년 이후 부활된 지방자치의 영향이 지대하였다.

지방자치가 우리나라의 민주주의 발전에 기여할 것이라는 믿음은 고 김대중 대통령께서 보여주셨다. 1987년 6·10 항쟁, 6·29 선언에 이은 10월 29일 헌법개정, 1988년 지방자치법 전부개정으로 지방자치의 재개를 위한 제도적 여건은 조성되었으나 지방자치의 실행은 차일피일 연기되었다. 1990년 10월 고 김대중 당시 평화민주당 총재의 단식은 새로운 정치적 계기가 되어 1991년 역사적인 지방자치가 부활되었다.

지방자치의 부활은 불완전한 제도에도 불구하고 우리나라의 민주주의 발전은 물론 지방행정의 발전에도 커다란 영향을 미쳤다. 여·야 간에 평화로운 정권교체가 이루어지고 관권선거가 우리나라의 정치에서 사라졌다. 높기만 했던 관치행정의 벽이 주민의 눈높이로 낮아졌다.

김대중 정부에 들어서는 지방자치 외에 지방분권에도 관심이 갔다. 중앙집권의 틀 하에서 지방자치의 한계를 경험한 김대중 정부는 "중앙행정권한의 지방이양 촉진에 관한 법률"을 1991년 1월 제정하여 중앙행정권한의 지방이양을 개시하였다. 지방분권의 제도적 도입기가 시작되었다.

지방분권의 시대적 정신은 노무현 정부에 들어 혁신적 실행기를 맞는다. 노무현 대통령 후보는 선거과정에서 지방분권과 균형발전을 주요한 선거 공약으로 제시하였다. 노무현 정부는 선거 공약에 따라 지방분권특별법을 제정하는 등 지방분권 종합계획을 작성하였다. 47개 지방분권 과제를 채택하여 지방분권의 새로운 계획상의 이정표를 세웠다. 탄핵정국이 없었더라면 지방분권의 성과가 어떻게 되었을까 하는 의문이 들지만 탄핵정국으로 추동력이 크게 약화되었다. 노무현 정부의 지방분권은 미완의 개혁으로 끝났다.

당 정부의 지방분권 정신은 문재인 정부의 출범으로 새로운 전기를 맞았다. "연방제 수준의 자치분권"을 기치로 내걸고 지방자치와 지방분권 즉 자치분권은 문재인 정부의 주요한 국정과제로 채택되어 임기 내에 역사적인 성과를 창출하였다.

Ⅱ. 국정과제와 자치분권 종합계획

1. 국정과제와 자치분권

1) 문재인 정부의 자치분권 추진배경

재인 정부가 어느 정부보다도 자치분권에 열정과 개혁의지를 보인 배경은 크게 3가지로 대분하여 논의할 수 있다. 첫 번째의 배경은 1988년 전부개정된 지방자치법의 불완전성에서 찾을 수 있다. 1988년 지방자치법은 강시장-약의회의 구조의 틀 하에서 임명직 단체장-선출직 지방의회를 염두에 둔 제도로서 무늬만 지방자치라는 비판을 받았다. 단체장에게 권한을 집중시키다보니 지방의회 사무기구에 근무하는 직원의 인사권마저도 단체장에게 귀속시켰다.

두 번째의 개혁은 노무현 정부의 미완의 개혁이다. 김대중 정부에 이어 노무현 정부는 지방분권 개혁에 남다른 정치적 비중을 두었다. 지방분권특별법을 제정하여 지방분권을 위한 위원회를 구성하고 지방분권 종합계획을 수립하였다. 비록 탄핵정국으로 미완의 개혁으로 끝났지만 제주특별자치도의 설치는 노무현 정부가 추진한 지방분권의 상징이 되고 있다.

문재인 정부가 출범하면서 국정과제 속에 선거공약대로 자치분권이 포함되고 1차적으로 자치분권형 헌법개정을 2018년 시도하였다. 그러나 헌법개정에 대한 국회의 외면으로 문재인 정부의 자치분권은 헌법적 사항을 제외된 채 법령의 차원에서 추진되었다. 대표적인 사례가 제2국무회의 설치가 중앙-지방협력회의로 변경된 것이다. 법령 차원의 자치분권 추진은 2018년 9월 공표된 자치분권위원회의 자치분권 종합계획에 잘 반영되어 있다. 이에 대해서는 아래에서 상세히 논의하였다.

2) 국정과제와 자치분권

문재인 정부가 임기 내 비중을 두고 추진할 정책들은 100대 국정과제로 발표되었다. 문재인 정부가 제시한 연방제 수준의 자치분권은 5개의 국정과제로 구체화되었다. 국정과제 13, 74, 75, 76, 77번이 자치분권과 직접적으로 관련되어 있다.

국정과제 13번은 권력기관의 민주적 개혁과제이다. 검·경 수사권 조정 등 권력기관의 개혁이 이루어지면 비대해진 경찰력의 분산차원에서 자치경찰제가 논의되었다. 동시에 자치경찰제는 자치분권의 과제로서 국민의 정부 이후 논의되었던 과제이다.

74번 국정과제는 획기적인 자치분권 추진과 주민참여의 실질화, 75번은 지방재정 자립을 위한 강력한 재정분권, 76번은 교육 민주주의 회복 및 교육자치 강화, 77번은 세종특별 및 제주특별자치도 분권모델의 완성이었다. 74번에 기초하여 자치분권위원회는 아래와 같은 자치분권 종합계획을 수립하였고 75번에 기초하여 2020년까지 지방소비세 10%를 인상하는 재정분권을 완성하고 현재에는 2023년 완료되는 제2단계 재정분권에 관계 부처 간 합의가 이루어졌다. 76번에 기초하여 일반지방행정과 지방교육행정의 연계와 통합을 강화하였다. 77번과 78번에 기초하여 특별자치시와 특별자치도의 분권모형을 발전시켰다.

2. 자치분권 종합계획

1) 문재인 정부 자치분권의 기초이론

(1) 주민주권론

문재인 정부의 자치분권을 뒷받침하는 이론적 기초는 주민주권론이다. 지난 30년의 자치와 분권이 단체자치의 전통 위에 발전해 왔다면 향후의 과제는 주민자치의 길을 여는 것이다. 주민자치의 토대로서 주민주권론이 호응을 받았다.

기존의 국민주권론이 중앙집권체제의 하에서 위임된 범위 내에서 자치권을 보장하는 제도적 보장설의 입장을 지지하였다. 반면 주민주권은 자치권은 주민들로부터 나온다는 고유권설을 옹호하는 이론이다. 미국 Cooley's law, 일본의 초과·강화조례, 영국 지방주의의 일반 권능(general power of competence)도 주민주권론에 기인하고 있다.

(2) 협력적 국정 거버넌스론

문재인 정부는 정부 출범 이후부터 지방을 국정의 동반자로 인식하였다. 중앙-지방의 관계가 종전 지방자치법 제9장의 명칭처럼 국가의 지도와 감독의 관계로 유지되는 것에 부정적이었다. 종전에는 중앙정부는 국가였으며 국가의 우월적 지위에서 지방을 지도하고 감독하였다. 국정을 수행함에 있어 협의/협력의 대상으로 보지 않았다. 문재인 정부는 선거 공약에서 제2국무회의의 신설을 제시하고 2018년 헌법 개정안에 그 내용을 반영하였다.

헌법개정의 시도가 좌절됨에 따라 지방자치법의 전부개정과 중앙-

지방협력회의의 구성 및 운영에 관한 법률(이하 중앙-지방협력회의법)의
제정을 통하여 중앙-지방의 협력적 거버넌스를 정립하였다. 전부개정
지방자치법에서 중앙-지방의 협력의무를 제도화하고 협의의 장으로
중앙-지방협력회의의 설치근거를 규정하였다. 이를 실행하는 법률로
서 중앙-지방협력회의법이 제정되었다.

2) 문재인 정부 자치분권 종합계획의 주요 내용

2018년 3월 구성된 대통령 소속 자치분권위원회는 문재인 정부
의 자치분권 국정과제를 실행을 위한 자치분권 종합계획을 수립하여
2018년 9월 대통령에 보고하였다. 자치분권위원회는 "우리 삶을 바꾸
는 자치분권"이라는 비전 하에 5개의 국정과제를 6개 전략 33개 과제
로 세분하였다.

첫 번째 전략으로 주민주권 구현을 제시하고 주민참여권 보장, 숙
의기반의 주민참여 방식 도입, 주민자치회 대표성 제고 및 활성화, 조
례 제·개정의 주민직접발안제도의 도입, 주민소환 및 주민감사청구
요건의 합리적 완화, 주민투표 청구대상 확대, 주민참여예산제도의 확
대를 추진과제로 보고하였다.

두 번째의 전략으로 중앙권한의 획기적인 지방이양을 제시하고 중
앙-지방자치단체 간 사무 재배분, 중앙권한의 기능중심 포괄이양, 자
치분권 사전협의제 도입, 특별지방행정기관의 정비, 대도시 특례 확대,
광역단위 자치경찰제 도입, 교육자치 강화 및 지방자치단체와의 연
계·협력활성화를 과제로 확정하였다.

세 번째의 전략으로 재정분권의 강력한 추진을 채택하고 국세와 지
방세의 구조개선, 지방세입 확충기반 강화, 고향사랑 기부세의 도입,

국고보조사업의 개편, 지방교부세 형평기능의 강화, 지역상생기금 확대 및 합리적 개편의 과제를 추가하였다.

네 번째의 전략으로 중앙-지방 및 자치단체 간의 협력강화에 초점을 맞추고, 중앙-지방 협력기구 설치·운영, 자치단체 간 협력 활성화 지원, 제주·세종형 자치분권 모델 구현 과제를 확정하였다.

다섯 번째의 전략으로 자치단체의 자율성과 책임성 확대에 초점을 맞추고 지방의회 인사권 독립 및 의정활동 정보공개, 자치조직권 강화 및 책임성 확보, 지방인사제도 자율성 및 투명성 확보, 지방공무원 전문성 강화, 지방재정 운영의 자율성 제고, 지방재정정보 공개 및 접근성 확대, 자치분권형 평가체제 구축, 자치단체 형태 다양화의 과제가 포함되었다.

여섯 번째 전략으로 지방행정체제 개편과 지방선거제도 개선이 결정되어 지방행정체제 개편방안 모색과 지방선거제도 개선방안의 모색이 과제였다.

Ⅲ. 자치분권 주요 성과와 의의

1. 지방자치법 전부개정

1) 주민주권의 구현을 위한 규정

지방자치법 제1조 목적규정에 '주민자치' 원리를 명시하고 주민생활에 영향을 미치는 정책결정 및 집행과정에 주민이 참여할 권리를 신설하였다. 주민직접참정제도의 실질화를 이하여 주민감사청구, 주민투표, 주민소환의 요건을 대폭 완화하였다. 청구권 기준연령도 19세에서 18세로 완화하였다. 간접발안제도도 직접발안제도로 개선되어 명실공히 3대 주민직접참정제도인 주민발안, 주민소환, 주민투표가 제도의 개선이 국회의 의결을 목전에 두고 있다.

2) 지방정부의 기관구성 정상화와 다양화 규정

1991년 지방의회 출범 때부터 단체장에게 귀속된 지방의회 사무기구의 인사권을 독립시켜 기관분리형의 견제와 균형이 가능하게 된다. 기관분리형을 유지하면서 기관구성을 주민투표에 의하여 달리 정할 수 있게 되었다. 여기에는 단체장 권한 분산형, 책임행정관형, 위원회형 등이 검토되고 있다. 이에 관한 입법을 현재 준비 중에 있다.

3) 지방행정의 효율성 제고를 위한 규정

지방행정의 효율을 제고하기 위하여 행정구역 조정의 절차를 간소화하였다. 단체장의 인수위원회 제도를 도입하여 지방정부 이관에 따른 공백을 최소화한다. 보충성, 포괄성, 중복배제의 원칙 등 사무배분의 원칙을 도입하여 사무배분에 따른 비효율을 최소화한다. 특례시의 도입으로 대도시행정의 효율이 기대된다.

4) 중앙-지방의 협력적 거버넌스를 위한 규정

주민에 대한 균형적인 서비스 제공과 지역 간 균형발전을 위하여 중앙정부와 지방정부는 협력의무를 준수하여야 한다. 지방자치법 제9장의 명칭이 "국가의 지도·감독"에서 "국가와 지방자치단체의 관계"로 변경된 것은 중앙-지방의 관계가 어떻게 변화된 것인지를 단적으로 보여주는 사례이다. 중앙정부와 지방정부는 자치분권과 균형발전에 관한 중요한 사항을 논의·심의하기 위하여 중앙-지방협력회의를 설치하였다. 자치경찰의 일원화 모형도 중앙-지방의 협력 모형에 기초하고 있다.

5) 지방정부의 권한과 책임성 및 도덕성 제고

주민주권 사항, 보충성의 원리, '법령의 범위에서'에서 조례의 제정, 조례로 위임한 사항에 대해서는 하위 법령에서 제한하는 것을 금지하는 규정 등을 종합하면 지방정부의 자치입법권이 강화될 것이다. 자치사무로 자치경찰과 국제교류가 포함되었다.

자치단체의 책임성 및 도덕성은 정보공개 의무·방법 등에 대한 일반규정의 신설, 지방의회 의정활동의 종합적 공개를 통한 주민 접근성 제고, 지방의원 겸직금지 대상 확대 및 공개 의무화, 지방의원 영리목적 거래 금지 대상기관의 구체화, 윤리특별위원회의 의무화, 윤리심사자문위원회의 설치를 통해 지방의원의 징계 등에 관한 논의의 의무가 이루어졌다.

주민주권론의 제도적 구현, 지방정부의 동반적 지위를 통한 협력적 국정거버넌스의 구축 등 자치분권 2.0시대의 개막이라는 의의를 지닌다.

2. 지방일괄이양법

1) 일괄법의 의의

우리나라는 1999년 1월 이후 단위사무별 지방이양을 실행하였다. 반면 일본은 제1차 지방분권 개혁 이후 일괄법이라는 형식을 통하여 지방으로 이양되는 사무를 신속하고 간편하게 처리하였다. 우리나라도 일괄법의 형식을 수용해 달라고 국회에 요구하였으나 국회는 상임위원회 심의 방식임을 이유로 일괄법의 수용에 소극적이었다.

2018년 5월 민주당의 요청과 여·야의 합의에 따라 일괄법 형식을 국회가 수용하였다. 2000년 이후 장기간 미이양된 사무를 단일법에 담아 조속한 지방이양을 추진하였다. 일괄법이라는 법형식이 최초로 우리나라 국회에서 수용한 것이 제도사에서 중요한 의의를 지닌다. 자치분권위원회는 이를 계기로 현재 제2차 지방일괄이양법을 추진하고 있다.

2) 일괄법의 주요 내용

2018년 5월 여·야의 합의로 수용된 지방일괄이양법안은 2020년 1월 9일 국회를 통과하였다. 두 번째의 의의는 그 내용에서 찾을 수 있다.

제1차 지방일괄이양법의 정식 명칭은 "중앙행정권한 및 사무 등의 지방 일괄 이양을 위한 물가안정에 관한 법률 등 46개 법률 일부개정을 위한 법률"이다. 16개 부처에 걸쳐 있는 46개의 법률의 400개의 사무가 일괄법으로 처리되었다. 행정사무의 일괄이양에 따라 인력 및 재정소요를 추가하고 이를 지원하였다.

3. 자치경찰제 도입

1) 치안의 공동책임

경찰 역사 75년간 우리나라 치안은 국가경찰이 전담하였다. 자치경찰은 김대중 정부 이후 논의되기 시작하였으나 제도화에 이르지 못했다. 김대중 정부는 광역단위 경찰을 논의하였다. 노무현 정부는 기초단위 자치경찰에 대한 법률안을 국회에 제출하였으나 폐기되었다. 이명박 정부와 박근혜 정부는 기초단위 자치경찰을 계획, 추진하였으나 제도화는 실패하였다. 문재인 정부는 광역단위 자치경찰을 추진하여 2020년 12월 9일 제도화에 성공하였다.

국가경찰과 자치경찰의 조직과 운영에 관한 법률(이하 자치경찰법)의 제정에 따라 국가경찰에 전속되었던 치안사무가 국가와 자치경찰의 공동책임이 되었다.

2) 자치경찰의 일원화 모형

초안은 국가경찰을 분리하여 자치경찰본부와 자치경찰대를 설치하는 이원화 모형이었다. 국가경찰의 43,000명의 경찰력을 국가경찰로 분리하여 시·도의 수준에 자치경찰본부, 시·군·구의 수준에 자치경찰대를 설치하고 지구대와 파출소는 원칙적으로 자치경찰에 배속하는 것이 이원화 모형의 핵심이었다. 그러나 코로나19의 사회적 상황에 고비용의 2원화 모형을 폐기하고 경제적인 1원화 모형을 도입하였다.

일원화 모형을 도입하면서 종전의 특별지방행정기관이었던 지방경찰청을 반국가-반지방의 시·도 경찰청으로 전환한 것이 일원화 모형의 가장 중요한 특징이다. 중앙-지방 협력모형으로서 시·도경찰청은 국가경찰사무, 수사사무, 자치경찰사무를 집행하는 기관으로 변모되었다. 자치경찰사무는 시·도소속의 자치경찰위원회가 지휘·감독한다.

시·도자치경찰위원회는 7인으로 구성하되 추천권자를 다양화하여 권력의 집중을 막고 합의제 행정기관으로 법제화함으로써 시·도지사 등으로부터 정치적 중립성도 확보하도록 제도화하였다.

3) 시·도자치경찰위원회의 독립적 사무기구

자치경찰의 실질적 존재감은 독립의 지위를 갖는 시·도 자치경찰 사무기구로부터 찾아야 한다. 일반공무원과 경찰공무원으로 구성되는 사무기구가 향후 시·도자치경찰 및 시·도자치경찰위원회의 성패를 좌우하게 될 것이다.

4) 시·도자치경찰제의 의의

자치경찰제는 중앙-지방의 협력적 모형 위에 출범한 점과 시·도경찰청의 출범으로 지방경찰청이었던 특별지방행정관의 정리라는 의의를 지닌다. 5,300개의 특별지방행정기관 중 2,300개의 지방경찰청이 반중앙-반지방의 조직으로 변모되었다.

4. 재정분권

지방분권은 자치분권의 핵심이다. 모든 지방정부는 자치분권 과제 중에서도 재정분권에 최대의 관심을 보였다. 그럼에도 성과는 거의 없었다고 해도 과언이 아니다. 이명박 정부가 부가가치세의 5%를 지방소비세로 하는 개편안은 수도권 규제완화에 대한 보상이었다. 박근혜 정부가 부가가치세의 6%를 지방소비세로 추가하는 개편안은 취득세 삭감에 따른 지방세의 손실은 보상하는 것이어서 재정분권이라고 평가할 수 없다.

문재인 정부는 2019년 부가가치세의 4%, 2020년 6% 총 부가가치세의 10%를 지방세로 하는 제1단계 재정분권을 단행하였다. 그 결과 매년 8.5조 원의 재정수입을 확충하는 결과를 낳았다.

최근에는 제2단계 재정분권에 관하여 당·정·청 간에 합의하였다. 자치분권위원회는 제2차 재정분권 T/F를 구성하여 개편안을 작성하여 국무조정실에 송부하였다. 이를 토대로 더불어 민주당 및 정부 관계 부처는 지방소비세율 4.3% 인상과 지역소멸대응기금 신설 등을 통해 지방재정을 2.2조원 순확충하는 데에 합의하였다. 2023년 제2단계 재정분권이 완료되면 2020년 기준으로 현재 73.7:26.3인 국세와 지방세의 비율이 72.6:27.4로 1.1% 개선될 것이다.

지난 해부터 지속된 코로나19라는 엄중한 사회적 상황을 고려할 때 제2단계 재정분권도 매우 뜻깊은 개혁으로 평가된다. 문재인 정부의 재정분권은 순수하게 자치분권을 위한 지방세의 확충으로 지방재정이 개선된 사례로 기록될 것이다.

5. 중앙-지방협력회의 설치

중앙-지방의 협력적 거버넌스가 실현되는 장이 중앙-지방협력회의이다. 지방자치법의 협력적 거버넌스를 근거로 중앙-지방협력회의법이 제정되었다.

의장 대통령, 부의장 국무총리와 대한민국 시·도지사협의회장 외에 기획재정부장관, 교육부 장관, 행정안전부 장관, 국무조정실장, 법제처장, 시·도지사, 전국적 협의체 대표자 및 그 밖에 대통령령으로 정하는 인사가 중앙-지방협력회의의 구성원이다.

중앙-지방협력회의는 국가와 지방정부 간 협력에 관한 사항, 국가와 지방정부의 권한, 사무 및 재원의 배분에 관한 사항, 지역 간 균형발전에 관한 사항, 지방정부의 재정 및 세제에 영향을 미치는 국가 정책에 관한 사항 그 밖에 지방자치 발전에 관한 사항을 심의한다. 지방정부가 국정의 동반자라는 정치적 위상이 확립되었다는 의의를 갖는다.

6. 자치분권 사전협의제

자치분권의 사전적 보호장치로서 도입된 제도가 자치분권 사전협의제이다. 중앙행정기관이 제·개정하는 모든 법령에 대하여 행정안전부가 입법예고 단계에서 지방자치권 침해 여부를 검토하고, 지방자치권 침해 소지가 있는 경우에는 이를 시정하여 법령 제·개정을 추진하거나 정책적 개선방안을 마련하도록 소관 부처와 협의하는 제도이다.

「지방자치법 시행령」 제10조의2 및 「법제업무운영규정」 제11조 제6항에 따라 소관 법령을 제·개정하려는 중앙행정기관의 장은 입법예고와 함께 행정안전부장관에서 '자치분권 사전협의'를 요청해야 한다. 즉, 중앙행정기관이 발의하는 모든 제·개정 법령이 자치분권 사전협의의 대상이라고 할 수 있다. 검토시기는 법령안 입안 이후 법제처 법령 심사 전까지 이루어진다.

2019년 7월부터 2021년 6월까지 접수된 3,459건의 법령안 중 중복접수, 입법절차 중단 또는 사전협의 제외법령으로 지정[1]되어 사전협

---

1 입법추진의 효율성과 신속성을 도모하기 위해 법령의 목적과 내용이 지방자치단체의 행·재정에 영향이 없음이 명백하게 인정되는 법령은 '자치분권 사전협의'를 거치지 않고 입법절차를 추진할 수 있도록 2021년 3월 26일 744건의 법령을 '자치분권 사전협의' 제외법령을 지정하였다(행정안전부, 2021, 「자치분권 사전협의 성과보고서」,

의가 중단되었거나, 2021년 7월 기준 계속 검토 중인 191건을 제외하고, 총 3,268건의 법령에 대한 사전협의가 완료되었다.[2] 이러한 자치분권 사전협의제는 사전적 자치분권의 영향평가제로서의 기능을 수행하고 있다는 의의를 지닌다.

IV. 향후 과제

1. 향후 과제의 배경

문재인 정부는 역대 어느 정부보다도 자치분권의 커다란 성과를 창출하였다. 자치분권의 르네상스를 의미하는 자치분권 2.0시대의 제도적 토대를 마련하였다. 그럼에도 불구하고 문재인 정부의 국정과제 나아가 자치분권 종합계획 내에 포함된 과제들 중에는 아쉬움이 남는 과제들도 있다. 정치적, 사회적, 전략적 환경이 과제의 추진에 한계로 작용했기 때문이다.

우선 문재인 정부의 자치분권 종합계획은 집행력에 초점을 두었다. 이상적인 목표보다는 성취가능한 목표와 전략을 강조하였다. 역대 어느 정부도 하지 못한 재정분권과 자치경찰을 중점적으로 추진하다보니 교육자치에까지 자치분권 전선을 넓히는 데 어려움이 컸다. 자칫

---

p. 26).

2 총 3,268건의 법령안에 대한 검토 결과는 '관련없음' 1,639건, '원안동의' 1,496건, '보충의견' 52건, '개선권고' 81건 등이 있다(행정안전부, 2021, 「자치분권 사전협의 성과 보고서」, p. 26).

모든 과제가 이슈만 야기되어 정치적 전선만 확대한 채 결실을 맺지 못한 과거의 예가 참고가 되었다.

코로나19라는 사회적 상황도 과제 추진에 커다란 어려움이었다. 대표적으로 자치경찰의 이원화 모형이 일원화 모형으로 전환된 것이 대표적인 예이다. 나름 일원화 모형의 장점도 있지만 자치경찰의 정체성이 부각되지 못하다는 비판의 소리도 상존하고 있다. 향후 새로운 발전방향을 정립하여야 한다.

우리가 처한 상황 중 국민의 관심을 받지 못한 것도 과제추진에 어려움이었다. 저출산·고령화와 인구감소 등 자치분권에 영향을 미칠 외재적 변수가 분명한데 국민적 관심을 크게 받지 못하고 있다. 이와 밀접하게 관련된 지방행정체제의 개편 등이 정책적 이슈가 되지 못했다.

더불어민주당은 상대적으로 정당정치의 중요성을 더욱 강조한다. 정당 내의 민주화는 물론 지방자치와 지방정치에도 관심이 많으며 특히 지방자치에 정당의 역할이 더욱 강화되어야 한다는 이념을 유지하고 있다. 2010년 지방선거에서부터 민주당의 노력이 지방선거를 통해서도 긍정적으로 나타났다. 이러한 상황하에서 집권여당인 민주당의 정당중심주의와 일부에서 제기되는 정당공천폐지 등의 제기는 상호 상충되는 결과가 되었다.

2. 향후 과제의 내용

1) 지방정부의 포괄적 기능확대

1999년 1월 이후 우리나라의 사무이양 방식은 단일사무의 이양이었다. 단일사무별로 이양하다보니 소요되는 시간과 노력에 비하여 자치분권의 체감도는 매우 낮은 편이다. 이를 보완하기 위하여 일괄법의 형식이 수용되었음은 앞에서 논의하였다.

이와 더불어 포괄적인 사무이양이 활성화되어야 한다. 자치경찰과 같이 포괄적인 사무를 띤 사무의 이양은 상징적인 측면에서 매우 의의가 크다. 이와 같은 관점에서 볼 때 특별지방행정기관의 합리적 정리 등도 향후 과제로 삼을 수 있을 것이다.

문재인 정부가 추진하였던 교육자치와 일반자치의 연계·협력을 넘어 통합으로 갈 수 있는 방안 등도 논의되길 기대한다.

2) 지방행정체제의 대안모색

농·산·어촌 지역은 물론 지방의 도시들조차 인구가 감소하고 있다. 비수도권의 인구가 수도권으로 유출되고 있기 때문이다. 우리나라 전체 인구도 2020년을 기점으로 감소추세로 전환되었다. 전체 인구감소의 폭이 커지면 비수도권의 인구는 더욱 감소될 것이다. 인구감소와 더불어 고령화는 더욱 높아지고 있다. 농·산·어촌 지역은 이미 초고령화 사회에 진입한 지 오래되었다.

이러한 인구구조의 변화를 감안할 때 기관분리형의 단일한 형태나 226개의 시·군·구와 17시·도의 지방행정체제가 적절한지를 면밀히 검토하여야 한다. 인구감소와 고령화 사회에 부응하는 행정서비스의 제공이 이전의 틀 하에서 이루어지는 것은 고비용을 초래할 것으로 전망된다.

지방정부의 기관구성의 다양성, 협의/협력체제 및 연합/통합 등 다양한 형태 등 지방정부 간 협력방안 모색되어야 한다. 시·군·구 수준은 물론 시·도의 차원에서 이루어져야 한다. 특별지방자치단체를 활

용한 다양한 형태의 협력방안이 지방행정체제와 밀접하게 관련되어
있다.

3) 지방선거제도

향후에는 진성당원을 중심으로 주민참여경선제와 같은 당내 민주
화를 기초로 정당공천이 상향식으로 이루어진다면 굳이 정당공천폐지
는 단점보다는 장점이 큰 제도가 될 수 있다. 일반행정과 지방교육행
정을 분리시키는 제도 중의 하나인 교육감 직선제도 일반행정과 지방
교육행정의 연계·협력의 강화 나아가 통합의 차원에서 논의되어야 할
것이다.

문재인 정부 재정분권의 특징

유태현 남서울대학교 세무학과 교수

제가 개인적으로 생각하는 문재인 정부 재정분권의 특징을 내용, 전략, 이전 정부와의 차별성 측면에서 말씀드리겠습니다. 먼저 내용 측면에서 보면 문재인 정부의 재정분권은 궁극적으로 중앙과 지방 간 재정체계를 혁신하여 변화된 상황을 반영한 발전적 지방재정시스템 구축을 지향했다고 할 수 있습니다. 물론 과거 정부도 그런 맥락과 취지를 갖고 재정분권을 추구했지만 문재인 정부에서 더욱 진전되고 개혁적인 접근을 따르려고 노력했음을 부인하기는 쉽지 않습니다. 문재인 정부가 이렇게 할 수 있었던 배경에는 그간 우리가 추진했던 재정분권의 경험과 학습효과가 밑거름으로 작용했고, 더불어 문재인 정부가 역대 정부보다 강력하게 재정분권 의지를 드러낸 점이 실행력을 배가시켰다고 하겠습니다. 이전 정부에서의 재정분권은 중앙의 조치(정책)에 따라 지방세입이 감소된 상황을 보전하는 성격을 띠었습니다. 이명박 정부에서 이루어진 2010년 지방소비세와 지방소득세 도입이 이에 해당하는 대표적인 재정분권 사례라고 하겠습니다. 당시 2008년 글로벌 금융위기가 가져온 경기침체에 대응하기 위해 국세인 소득세와 법인세를 감면하면서 야기된 지방교부세 재원 규모 감소, 종합부동산세의 근간이었던 세대별 합산과세의 헌법 불합치 판결에 따른 부동산교부세 위축, 부동산거래세인 취득세와 등록세 인하로 발생한 지방세수 저감, 수도권 규제 완화에 대한 비수도권 불만 등을 감안하여 지방소비세와 지방소득세가 도입되었다고 할 수 있습니다. 반면에 문재인 정부의 재정분권은 중앙의 조치에 의해 지방이 세입이 줄었기 때문에 그것을 상쇄하기 위한 중앙과 지방 간 '주고받기식'과는 다릅니다. 그렇기 때문에 재정분권 조치 이전과 비교하여 지방세입(지방재원)의 순증을 이룩할 수 있었습니다. 문재인 정부의 재정분권은 중앙과 지방, 광역과 기초, 지방교육청 등의 관계를 종합적으로 고려하는 한편 지방세 확충이 초래하는 기타 재정제도 전반에 미치는 영향을 검토하는 접근을 했다는 점에서 이전보다 종합적이고 체계적이었다고 생각합니다. 나아가 지방세입, 지방세출, 일반지방재정과 지방교육재정의 관계, 지방재정관리제도 등을 함께 테이블에 올려놓고 개선 또는 개편 방안을 검토하였고, 중앙과 지방뿐만 아니라 광역과 광역, 광역과 기초, 기초와 기초 등의 연대와 협력을 통한 재정시스템의 정비를 고민한 특징을 갖습니다.

다음으로 문재인 정부 재정분권은 전략 측면에서 과거 정부와 전혀 다른 방식을 따랐습니다. 문재인 정부는 출범 초기 국정과제 75(지방재정 자립을 위한 강력한 재정분권)에서 재정분권을 추진함에 있어 국세-지방세 비율을 기존 8:2의 관계에서 7:3을 거쳐 장기적으로 6:4 수준까지 개선하겠다는 목표를 천명했습니다. 역대 어느 정부도 이런 접근을 하지는 않았습니다. 이와 같은 국세와 지방세 간 7:3 비율 실현 목표는 문재인 정부 재정분권 방안 모색의 기본전제로 영향을 미쳤습니다. 국세와 지방세 간 7:3 비율 설정은 재정분권의 개별 방안을 마련함에 있어 준거의 역할과 동시에 족쇄인 걸림돌이 되었다는 평가를 받고 있는 것은 사실입니다. 역대 정부는 지방이 새롭게 맡아야 할 기능(사무)을 찾아내고, 그것을 지방으로 이양했을 때 그에 따른 수행에 필요한 재원을 어떻게 지원해야 하느냐에 초점을 맞춘 재정분권을 추진했다고 해도 과언이 아닙니다. 이는 그간 재정분권이 중앙과 지방 간 기능 내지 사무분권의 후행 조치로 이루어졌음을 의미합니다. 그런데 문재인 정부는 역발상으로 재정분권을 먼저 실행하고 그것에 맞추어 중앙과 지방 간 기능 내지 사무를 조정하는 조치를 뒤에 했습니다. 구체적으로 재정분권 1단계를 보면 지방소비세의 세율을 기존 11%에서 21%로 10%p 인상(8.5조 원)하는 결정을 확정하고, 그에 맞추어 국가균형특별회계상 지역자율계정에서 3.6조 원 수준의 중앙정부 기능을 지방으로 이양하는 조치를 후속으로 진행했습니다. 문재인 정부의 접근이 더욱 바람직했다고 단정할 수는 없겠지만 적어도 재정분권의 실행력을 높인 점은 분명할 것입니다. 또 하나 주목할 사항은 재정분권을 위해 지방세를 확충하게 되면 그 특성상 지역 간 세수(세입) 격차가 발생할 수밖에 없는데, 이 문제를 재정분권 논의 단계에서 핵심 의제로 선정하여 논쟁하기보다는 지방세수 확충, 중앙정부 기능의 지방이양 방향 등 재정분권의 기본 틀만 결정하고, 그에 따른 파생과제는 관련 부문들이 협력해서 해결하도록 함으로써 소모적이고 비생산적인 대안 모색 과정을 최소화하려고 했다고 하겠습니다.

　마지막으로 문재인 정부 재정분권은 이전 정부와 여러 측면에서 차별성을 갖습니다. 앞에 말씀드린 문재인 정부 재정분권의 내용 및 전략이 이전 정부의 재정분권과 구분되는 차별성을 나타냄은 물론입니다. 이것에 더하여 문재인 정부 재정분권이 갖는 과거와 구분되는 차별성으로 지방의 입장 수렴에 노력했다는 점을 들 수 있겠습니다. 제가 이렇게 말씀드리면 지방에서 대단히 화를 내실 수도 있습니다. 우리나라에서 재정분권 논의와 방안 마련은 그 성격상 1991년 지방자치 부활 이후 시작되었다고 할 수 있으며, 재정분권의 의미를 담은 조치는 노무현 정부인 때인 2005년 즈음에 사회복지 분야 지방이양, 분권교부세 신설 등이 최초가 아닌가 생각합니다. 이렇게 보면 우리나라의 재정분권은 중앙정부 주도로 처음 이루어졌다고 할 수 있습니다. 이후 2009년 초에 국가균형발전위원회 주관으로 민간위원 8인이 참여하는 지방재정제도 개편 관련 위원회에서 범주적으로 재정분권 방향 내지 방안에 해당하는 지방소비세와 지방소득세 신설, 분권교부세 존속여부 등이 검토되었고, 그것이 2010년 지방소비세와 지방소득세 도입 등에 영향을 미쳤습니다. 동 위원회에는 기획재정부, 행정안전부, 교육부, 보건복지부, 국가균형발전위원회 등에서 추천한 민간위원이 8인 참여했을 뿐이며, 지방 몫으로 추천된 위원은 없었습니다. 하지만 문재인 정부의 재정분권 1단계 TF에는 대한민국시도지사협의회와 전국시장군수구청장협의회의 추천 위원이 참여했습니다. 개인적으로 재정분권 방안을 마련함에 있어 지방의 의견 반영이 미흡했다고 생각합니다. 그럼에도 불구하고 문재인 정부 재정분권 논의에서는 과거 정부보다 지방의 입장을 고려하려고 애쓴 노력이 보입니다. 문재인 정부 재정분권에서는 이전의 경우와 비교하여 일반지방재정과 지방교육재정 간 관계 재정립을 모색했습니다. 이는 크게 주목할 진전이 아닐 수 없습니다. 이전의 재정분권 논의에서는 여러 사정 때문에 지방교육재정 분야는 심하게 말하면 언급조차 하지 못했습니다. 하지만 학령인구의 급감 등을 감안할 때 일반지방재정과 지방교육재정의 관계를 원점에서 점검하여 상호 협력하고 상생할 수 있는 운영 틀을 만드는 것은 더 이상 미룰 과제가 아닐 것입니다. 문재인 정부의 재정분권 논의에서는 지방자치단체와 지방교육청이 함께 재원을 마련하여 공동사업을 추진하는 방안이 적극 검토되었습니다. 그런 검토의 실행이 혹여 차질을 빚더라도 향후 정부는 그런 논의를 이어 보다 현실적이며 바람직한 양자의 관계를 만들어나가는 일을 멈추어서는 안 될 것으로 생각합니다. 문재인 정부의 재정분권은 관련 부문 간 연대와 협력을 통해 상호 상생을 강조한 측면이 있습니다. 오늘날을 4차 산업혁명시대라고 하는데, 그 핵심 특징으로 무정형(無定形), 초연결, 융합 등이 지목됩니다. 이런 흐름이 앞으로도 이어질 것으로 본다면 문재인 정부의 재정분권이 주목한 관련 부문 간 연대와 협력을 기반으로 하는 재정운영체계의 모색은 시대흐름과 변화된 환경(여건)에 부합한다고 하겠습니다. 이는 차기 정부는 물론 그 이후 정부의 재정분권 방안도 관련 부문 간 연대와 협력을 기초로 하는 방식을 따라야 할 필요성이 큼을 의미합니다.

재정분권은 특정 시기에만 요구되는 일회성 조치가 아니라 변화된 여건을 반영하여 지속적으로 이어나가야 할 영속적 과제입니다. 문재인 정부의 재정분권은 공과(功過)를 동시에 내포하고 있다고 하겠습니다. 그런 가운데 바람직한 측면은 계승되어 발전되어야 할 것이며, 잘못된 접근은 반복되지 않도록 차단되어야 마땅합니다. 차기 정부는 이런 측면을 면밀히 검토하여 우리나라 중앙과 지방 간 재정관계를 발전시키는 한편 지방재정시스템을 혁신하는 재정분권을 추진해야 나가야 할 것입니다.

"문재인 정부의 자치분권 성과와 과제"에 대한 토론문

김남철 연세대학교 법학전문대학원 교수

문재인 정부는 획기적인 지방분권을 국정과제로 하여 ─비록 최종적으로 성공하지는 못했지만─ 지방분권을 포함한 개헌안을 만들었다는 점에서 가장 큰 의의가 있었다고 생각한다. 비록 개헌안의 내용 중에는 사회적인 논의나 합의가 더 필요하다고 생각되는 부분도 있었지만, '연방제에 준하는 수준의 지방분권'을 표방하였다는 점 자체가 큰 의미가 있었다고 생각한다. 이하에서는 '사무이양'으로 범위를 국한하여 말씀드리기로 한다.

사무이양과 관련하여 문재인 정부의 가장 큰 성과로는 '지방일괄이양법의 제정'을 꼽고 싶다. 행정부가 추진하는 사무이양은 그야말로 사방에 암초가 널려있는, 극히 어려운 일이다. 수많은 전문가와 공무원들이 엄청난 시간과 비용을 들여 이양결정을 해도, 이를 강제할 수단이 없다보니, 이양결정에 대통령의 재가를 얻었다고 해도 중앙부처가 관계 법령의 제개정 등으로 이를 이행하지 않으면 그만이다. 여기에 더하여 이양결정에 대한 중앙부처의 정서적 반발, 지방자치단체의 이해할 수 없는 불수용 의견, 사무이양에 따른 인력이나 재정지원의 미이행, 국회 논의과정에서의 심의배제 등 이양결정이 실제 이양으로 이어지는 데에는 지난한 과정들이 존재한다. 지지난 정부때부터 해마다 일괄이양법안을 준비해 놓고 있었지만 국회에서 이를 받아주지 않았다. 하지만 이번 정부 초기에 여야 원내대표들의 합의로 국회 운영위원회에서 이를 받아 심의하기로 함에 따라 결국 지방일괄이양법이 제정되기에 이르렀다. 실로 약 10년에 걸쳐 해마다 들였던 노력이 결실을 맺게 된 것이다. 이를 토대로 현재는 제2의 지방일괄이양법안을 준비하고 있다. 이 법안이 통과되게 되면 이제는 이와 같은 형식의 '일괄이양'이 제도적으로 정착될 수 있을 것이고, 이로써 지방자치가 제대로 자리를 잡아가는 데 획기적인 기여를 하게 될 것이다.

그 다음의 성과로는 사전협의제를 들고 싶다. 사전협의는 정부발의 또는 제정의 법령안이 지방자치에 부합하도록 행안부와 사전에 협의하는, 일종의 네가티브 심사제도이다. 지방자치단체가 정부입법과정에 직접 참여하는 제도는 아니라는 한계는 있지만, 사전협의의 심사기준이나 심사밀도가 상당히 수준 있게 잘 설정되어 있고 실제 ─운영경험은 아직 짧지만─ 운영성과는 긍정적으로 평가할 만하다. 개인적인 생각이지만, 이 제도는 향후 지방자치의 정작과 발전에 지대한 영향을 미치게 될 것이다. 현재 국회 차원에서의 사전협의제도(의원입법안의 지방영향평가제도)에 대한 논의도 시작되고 있는데, 이 논의도 사전협의제가 시발점이 되었다는 점을 말씀드리고 싶다. 만약 정부와 국회 모두 법안에 대한 지방자치사전협의제가 시행된다면 이것만으로도 지방분권과 지방자치에 획기적인 기여를 하게 될 것이다.

한편 지방자치법 전부개정으로 중앙지방협력회의가 설치될 수 있는 근거가 마련되었고, 최근 중앙지방협력회의법이 국회를 통과하여 제정됨으로써 곧 이 회의체가 탄생하게 되었는데, 개인적으로는 이 회의에 주목할 필요가 있다고 생각한다. 그동안 많은 학자가 ─독일 연방참사원과 유사한─ 지방의 대표들로 구성된 원(院)을 만들어서 지방이 국정에 직접 참여할 수 있도록 하자는 논의를 해왔는데, 여기까지는 아니더라도 일단 행정부 안에 국가와 지방이 협의할 수 있는 회의체를 설치하게 된 것도 의의가 있다고 생각한다. 다만 이 회의체에 주목하는 이유는, 현재로서 이 회의체는 그야말로 가능성이 큰 제도라는 점 때문이다. 즉 엄청난 성과를 낼 가능성도 크지만 유명무실할 가능성도 또한 크다는 점에서 운영을 어떻게 하느냐 하는 것이 앞으로의 과제라 생각한다.

마지막으로 자치분권위원회의 사무이양심의제도와 관련해서, 현재 위원회가 지방분권특별법에 의하여 한시적으로 설치되는 문제는 반드시 개선되어야 한다. 결론적으로 말하자면, 지방자치법과 같은 일반법에 근거하여 상설적으로 설치되는 위원회가 되어야 한다. 사실 그동안 한시법인 특별법에 의하여 설치된 위원회 덕분에 역대 정부를 거치면서 3천 건이 넘는 사무이양결정을 할 수 있었다. 지방자치와 관련해서 여러 다양한 아이디어들, 정책들이 논의되지만, 현실적으로는 이 위원회들의 사무이양이 지방분권과 지방자치에 매우 핵심적인 기능을 수행하여 왔음을 부인할 수 없을 것이다. 지방자치가 정착된 뒤라 할지라도 어떤 사무가 어디에 속하는지는 계속해서 문제가 될 것이다. 이에 대한 지방자치단체 헌법소원과 같은 사법적 절차도 없는 상황에서는 더욱 그러하다. 여기에서 한 걸음 더 나아가서 사무배분원칙에 따른 포괄적 사무이양이 가능하려면, 특히 예산에서부터, 조세, 국고보조금제도 등과 같은 재정적인 문제와도 필연적으로 연계해서 논의해 보아야 한다. 따라서 사무이양에 관한 위원회를 상설화한다면 이 위원회는 사무이양심의와 더불어 지방분권이나 지방자치에 관한 법제나 정책을 논의하는 센터로서의 기능을 수행할 수 있어야 한다. 그래야 지방분권, 지방자치와 관련된 헌법, 지방자치법, 예산·세제·재정 관련 법 제·개정 논의가 수렴되고 이로써 실현 가능성이 높아질 수 있다.

문재인 정부의 지방의회 주요 성과

김상미 지방의회발전연구원 원장

분야별 지정토론

문재인 정부의 지방의회 성과는 지방의회 역량강화 및 자치권 확대와 자치단체 책임성과 투명성 제고에 가장 많은 비중을 두었다. 이어 획기적 주민주권 구현과 중앙지방 간 협력관계 정립 및 행정 능률성 제고도 중시하였다.

〈지방의회 역량강화 및 자치권 확대〉

가장 먼저 지방의회 인사권 독립을 들 수 있다. 지방의회 의장에게 임면·교육훈련·복무·징계권을 부여하여 삼권분립 원칙에 의거 자기기관에 대한 인사권을 행사하도록 하였지만, 일본 지방자치법 제318조와 유사한 면이 있으므로 일본 지방의회와 유사한 문제가 나타날 수 있다.

그동안 지방의회가 약 16년간 주장하였던 정책지원 전문인력 도입이 이루어졌다. 정책지원 전문인력의 경우 지방공무원 신분이지만, 구체적인 운영은 대통령령에서 정한다. 현재, 집행기관은 기준인건비를 기준으로 기구와 정원을 자율적으로 운영하는 상황에서 정책지원 전문인력의 정수 제한은 조례로 자율적으로 정하도록 함이 바람직하다. 비록 지방의원 개인이 아닌 의원연구단체의 정책개발에 사용하도록 제한하였지만, 지방의회 역량제고를 위해 의원정책개발비가 신설되었다. 아울러, 의안발의 정족수 자율화와 정례회·임시회 운영 자율화로 지방의회 운영을 자율화하였다.

〈자치단체 책임성과 투명성 제고〉

기초지방의회의 의결에 대한 행정안전부장관의 재의명령권이 새로 신설되었지만, 행정안전부장관과 상급 지방자치단체의 개입이 기초지방의회 의결사항과 상충될 경우 보충성 원칙이 작동될 필요가 있다.

전부개정 지방자치법 제66조에 윤리특별위원회의 자문기구로서 민간전문가로 구성된 윤리심사자문위원회를 두도록 하여 의원의 징계 전에 의견을 듣고 그 의견을 존중하도록 일방적 존중의무를 부과하였지만 상호존중이 필요하다.

지방의회에서 하는 각종 선거 및 인사에 관한 사항을 제외한 안건에 기록표결 방식을 도입하여 공개하는 한편, 지방의원 겸직 사항에 관해서도 인터넷 홈페이지 혹은 조례로 공개하도록 하였다. 아울러 주민들에게 의정활동을 공개하도록 하여 지방의회의 Open·Network 정부를 지향하였다.

동법 제43조에서는 지방의원의 겸직금지 규정을 강화하였다. 겸직금지 규정을 강화하였다는 것은 지방의원직을 직업으로 인정하겠다는 의미이므로 직업으로서 지방의원직이 정착될 필요가 있다.

동법 제40조에서 지방의원 여비를 타 공무원과의 형평성을 고려해 공무원 여비규정 범위 내에서 조례로 정할 수 있도록 개정한 취지는 지방의원을 지방공무원으로 해석할 수 있다는 조치이므로 지방공무원법 제44조3항의 공무원 간 보수 균형 원칙이 적용될 필요가 있다.

〈획기적인 주민주권 구현〉

동법 제4조에 지방자치단체 기관구성 다양화를 가능하게 하였다. 강시장-약의회형의 지방정치 구조를 헌법 제118조2항의 기관통합형 원리로도 변경할 수 있는 가장 혁신적인 조문을 신설하였다.

주민이 직접 발의주체가 되어 지방의회에 조례제정·개폐를 청구할 수 있도록 하여 주민과의 거리가 가까워지게 되었다. 한편, 지역구 지방의원에 대한 주민소환제가 가능하게 되었으며, 주민감사 청구요건이 완화되었다. 그러나 지방의회에 행정사무감사권이 있는 만큼 지방의회에 주민감사청구를 할 수 있도록 함이 타당하다.

〈중앙지방간 협력관계 정립 및 행정 능률성 제고〉

중앙지방협력회의라는 명칭을 채택하면서 이원대표제를 표방하는 지역 구성원 누구도 소외되지 않도록 전국시·도의회의장협의회 및 전국시·군·자치구의회의장협의회 등 지방의 4대 협의체의 장이 모두 참여하게 하였다. 또한 새로운 협력제도로서 특별지방자치단체를 설치할 수 있도록 하였다. 이 경우 지방의원은 특별지방자치단체 의회에 겸직할 수 있으며, 집행기관의 장도 특별지방자치단체의 의회에서 선출하므로 지방의회와 지방의원의 거버넌스적 역량 제고가 요청된다.

종합토론

1. 한국 자치분권의 성공요인:
民의 축적된 민주사회 구현의 열망

우리나라의 경우 오랫동안 유교에 근거한 민본주의, 관에 의한 통치만 지배하다가 일제의 통치를 받게 되었다.

조선 후기 민권이 심한 억압을 당하였을 때, 민의 자발적 참여로 만들어진 향회가 그 시대 민중의 이익을 대변하고 방어하는 유일한 조직이었다. 향회는 1894년 이전까지는 공식기구가 아니었지만 상당히 오랫동안 民을 위한 기구였다는 것만으로도 우리나라 자치분권 및 민주주의 출발점에 중요한 상징적 의미를 가진다.

해방 후 제헌헌법(1948년) 전문에 "… 위대한 독립정신을 계승하여 이제 민주독립국가를 재건함에 있어서, 모든 사회적 폐습을 타파하고 민주주의제 제도를 수립하여… "라고 민주주의제 제도를 수립할 것을 언급한 후 제8장에 지방자치를 명시하였다. 이에 따라 우리나라 역사상 최초로 民이 선출한 주민을 위한 자치분권 정부기관이 설립된다. 자기를 지지해줄 강력한 정치세력으로 지방자치제를 실시하였다는 해석도 있지만, 그 당시 생소했던 자치분권제도를 도입한 것은 프린스턴대 국제정치학 박사이었던 이승만 대통령이 제헌국회 의장이었던 만큼 민주독립국가로서 민주주의제 제도를 수립할 열망의 일환으로 여겨진다.

이승만 정부 이래 권위주의 정치 권력과의 대항세력은 대학생 집단에 한정되었으나 1980년대에는 일반 시민들이 가담함으로써 민주화 운동의 지평이 확대되었다. 급속한 경제성장과 높은 교육열로 시민사회의 역량이 성장되었기 때문이다. 1987년 6월의 시민항쟁은 광범위한 계층의 '시민 주도적(citizen-initiated)' 유대가 형성되어 권위주의 정부에 의해 중단되었던 자치분권 흐름을 다시 지속하게 하는 데 성공하였다. 한국 자치분권의 성공 배경에는 '시민 주도'라는 역사적인 힘의 축적과 배경이 토대로 되고 있다.

결국, 요약하면 한국 자치분권의 성공요인은 市民 내면의 정신투쟁이 있어야 民을 위한 새로운 역사가 만들어진다는 것이다.

특히, 참여정부 들어 지방분권이 국정핵심과제로 됨으로써 지방분권특별법이 제정(2004)된 후 지방분권촉진에 관한 특별법(2008), 지방자치분권 및 지방행정체제 개편에 관한 특별법(2018)이 계속되어 자치분권의 법·제도적 기반을 만들었다. 여기에 대통령소속의 정부혁신지방분권위원회(2003), 지방분권촉진위원회(2008), 지방자치발전위원회(2013), 자치분권위원회(2018) 등 대통령소속 역대 위원회의 자치분권 추진에 대한 노력이 추가되었다. 이 중 문재인 정부의 대통령소속 자치분권위원회는 자치분권 종합계획을 수립(2018.9.11.)하여 자치분권 2.0시대의 기틀을 만들었다. 이 자치분권위원회의 기준에 따라 행정안전부의 전부개정 지방자치법이 통과되어 내년 1월 13일부터 새로운 기반하의 자치분권제도가 전면 실시된다.

2. 한국 자치분권 실패요인

한국 자치분권 실패요인은 자치분권 제도설계와 자치분권의 실질적 성과라는 함수관계에서 그 해석점을 찾을 수 있다. 우리나라 자치분권 제도가 잘 설계되어 있다면 최고의 성과를 낼 것이지만 그 반대라면 좋은 성과를 내기 어렵기 때문이다.

한국 자치분권의 최초 제도인 지방의회를 만들 당시부터 이승만 대통령과 같이 정권의 정당성 획득을 위한 수단이 된다거나 자치분권 제도를 잘 정착시키겠다는 의도가 아주 미약한 상태, 또는 자치분권 1.0에서 설계한 경우처럼 지방민주주의 상징이라는 사회적 정당성 획득을 위한 상징적 목적으로 설계될 경우 형식주의 제도가 될 소지가 많다. 이 경우에는 자치분권 제도 취약성 내지는 실패의 원인이 될 가능성이 높다.

또한 일방적인 중앙정치나 중앙정부에 의한 제도설계는 합리적 선택 신제도주의의 관점에서 합리적 행위자의 자기 이익 추구에 따른 동기부여의 부산물로도 해석할 수 있다. 이 경우에는 제도를 만들어내는 자들의 기본적인 목적은 다른 행위자와의 관계에 있어 전략적 우위를 차지하고자 하는 것으로 이 역시 자치분권 제도 취약성 내지는 실패의 원인이 될 가능성이 높다.

자치분권 실패요인을 설명하는 데 있어서 제도설계와 성과가 독립변수와 종속변수로 작용하고 있지만 그렇다고 해서 자치분권 제도설계가 자치분권 실패요인의 유일한 원인은 아니다.

자치분권 제도의 구성요소들인 지방의원들이라는 개입변수가 있기 때문이다. 부활한 지방의회는 제1대의회부터 제8대의회라는 30년간 제도변화를 통해서 자기성장을 위한 변화과정을 거치고 있으나 지방의회의 역사성은 자치분권 성과와 정의관계에 있다.

따라서 자치분권 성과의 장점을 확대하고 약점을 제거하기 위해서는 제도설계에서 나타나는 제도 실패 내지는 취약성을 극복하여야 한다는 것이 자치분권 과제로 제기되어진다.

그 과제는 문재인 정부가 이루고자 하는 자치분권 목표에 다다르기 위해서는 중앙정치권과 중앙정부가 마음대로 제도설계 할 수 없도록 지방 관련 행위자들의 보다 많은 참여가 보장되어야 한다. 아울러 제도설계 시에는 현 지방자치법 제36조 제1항에 "지방의회의원은 공공의 이익을 우선하여 양심에 따라 그 직무를 성실히 수행하여야 한다." 라는 공익우선의 의무에 입각하여 수행하듯이 자치분권 제도를 설계할 시 이 원칙이 의무사항으로 반영되었으면 한다.

3. 한국 자치분권의 발전과제와 전망

사회자본(social capital)으로 유명한 로버트 푸트남(Robert David Putnam)은 2000년 저서 『나홀로 볼링』에서 자신의 유년기에 비하여 손자세대인 요즘 아이들은 가진 자와 못 가진 자의 격차가 얼마나 커졌는지 강조한다. 그는 오늘날 미국 사회에서 성공은 어떤 부모를 선택해 태어나느냐에 달려있다고 한다.

마찬가지로 우리나라의 자치분권 제도가 더욱 발전하기 위해서는 자치분권 제도를 만드는 자가 어떤 부모인가, 즉, 자치분권 제도가 어떤 부모를 선택해 태어나느냐에 달려있다고 해도 과언이 아니다. 그러므로 자치분권 제도를 만드는 중앙정치권이나 중앙정부가 과연 어떤 시선점을 가지고 자치분권을 설계하느냐가 특히 중요하다. 언제나 가장 좋은 시선점을 발견하는 것 - 이 시선점을 기준으로 하지 않는다면 무질서와 혼돈이 초래되기 때문이다. - 중 한국 자치분권의 최고 시선점은 헌법일 것이다.

〈자치분권 개헌〉

한국 최초의 자치분권 제도는 해방과 동시에 1948년 7월 17일 제정헌법 제1호 제8장 지방자치의 장 제96조와 제97조에 명시되었다. 동법 제97조2항을 보면 자치분권 실시에 반드시 지방의회의 설치가 의무적이다. 제10호 현행헌법은 제8장 지방자치의 장 제118조와 제119조에 명시되었다. 현행헌법과 제헌헌법 사이에 10차에 걸친 개정이 있었지만 몇 가지를 제외하면 대체적으로 비슷하다. 이는 1948년 헌법체제의 자치분권 내용이 현재에도 적용되고 있다는 것이다. 헌법이 한국 통치체제와 관련된 최고 상위법이라는 점에서 74년간 일관되게 유지하고 있는 자치분권 정신이 존중되어야 한다.

앞으로 헌법 개정 시 자치분권을 우리나라 분권형 국가 특성으로 규정하여 지방을 통치권의 주체로 격상시킬 필요가 있다. 아울러 입법권이 국민 또는 주민으로부터 나올 수 있도록 입법권의 귀속 주체를 국민 또는 주민으로 확장할 필요가 있다.

제8장 지방자치 (대한민국 헌법 제1호, 1948년 7월 17일 제정 및 시행)

제96조 지방자치단체는 법령의 범위내에서 그 자치에 관한 행정사무와 국가가 위임한 행정사무를 처리하며 재산을 관리한다. 지방자치단체는 법령의 범위내에서 자치에 관한 규정을 제정할 수 있다.

제97조 지방자치단체의 조직과 운영에 관한 사항은 법률로써 정한다. 지방자치단체에는 각각 의회를 둔다. 지방의회의 조직, 권한과 의원의 선거는 법률로써 정한다.

제97조 ① 지방자치단체의 조직과 운영에 관한 사항은 법률로써 정한다.
② 지방자치단체의 장의 선임방법은 법률로써 정하되 적어도 시, 읍, 면의 장은 그 주민이 직접 이를 선거한다. 〈신설 1960.6.15.〉

〈통일 및 자치분권의 견제와 균형 원리가 반영된 제도설계〉

우리나라 자치분권제도는 이원대표제를 표방한다. 단체장 직선 이전에는 지방의회가 주민을 대표하는 유일한 기관이었으나 단체장 직선 이후에는 강시장이라는 강력한 권한과 함께 재의요구권까지 행사하므로 지방의회가 견제·감시하기에 어려운 구조이다.

자치분권의 견제와 균형의 원리가 작동되는 기관구성 모델과 향후 통일에 대비한 기관구성 모델도 마련될 필요가 있다.

〈문재인 정부 미완성 과제로서 지방선거제도 개선〉

문재인 정부는 지방자치분권 및 지방행정체제 개편에 관한 특별법에서 제시하고 있는 5가지 지방의회 발전방향 중 4가지 발전방향(자치입법권 강화, 지방의회 심의의결권 확대, 지방의회 사무기구의 인사권 독립방안, 지방의회 책임성 강화)에 해당하는 제도개선을 이루었다.

아직 미완성으로 남아있는 발전과제는 국회의 개정이 필요한 지방선거제도의 개선이다. 우선, 2022년 6월 1일에 제8회 전국동시지방선거가 실시되지만, 지방선거가 중앙선거의 일환이 되지 않아야 한다. 그리고 지방선거의 충원제도로서 지방의원 정수 문제를 검토할 필요가 있다.

지방의원 정수의 경우 제1대 지방의원 수는 5,170명에서 제8대 지방의원 수는 3,756명으로 27.4% 감소하였지만, 지방공무원 정수는 '91년 25만 3천 명에서 '19년 34만 6천 명으로 36.8% 증가하였다. 지방의원 1인당 주민수는 '91년 8,471명에서 '18년 13,815명으로 증가하였지만, 지방공무원 1인당 주민수는 '91년 173명에서 '19년 150명으로 감소하였다.

지방공무원 정수의 경우 파킨슨 법칙에 의하여 계속 증가하고 있는 상황에서 정원관리 기준치로 총정원제가 폐지되고 기준인건비 범위 내에서 지방자치단체가 자율적으로 관리하므로 강시장-약의회제를 더욱 강화하는 메커니즘으로 작용하고 있다. 2014년 헌법재판소는 인구편차 2 : 1을 넘으면 표의 평등권을 침해한다고 판결하였다. 2021년 헌재는 인구편차 50%(인구비례 3 : 1)를 초과할 경우 선거권 및 평등권을 침해한다고 결정하였다. 이 관점에서 볼 때 현 지방의원 인구편차 4 : 1은 지나치게 크다. 앞으로 지방의원 정수 산정 시 표의 등가성이 적용되어야 한다.

〈인구·재정절벽과 포스트 코로나에 대비하는 자치분권 패러다임 전환〉

최근 자치분권 환경은 저출산·고령화로 인한 인구절벽 문제로 전국 228개 시군구 중 46.1%(105곳)가 소멸위기 지역으로 분류되고 있으며, 제4차 산업혁명에 따라 자치분권 제도의 운영방식도 미래사회 변화에 적극 대응하여야 할 것으로 전망되고 있다. 또한 포스트 코로나 및 기후변화로 인한 재해 등은 이전과는 다른 지속가능한 자치분권 수요변화를 예상하고 대응할 것을 주문하고 있다.

막 오른 자치경찰의 시대

황문규 중부대학교 경찰행정학과 교수

대한민국 경찰 창설 이후 76년 만에 자치경찰제가 전국적으로 시행되고 있다. 앞으로는 그간 경찰 중심의 치안활동에서 탈피하여 지역주민을 먼저 생각하는 방향으로 경찰패러다임이 변화할 것이다.

자치경찰제라는 새로운 제도가 도입되기까지에는 숱한 난항이 있었다. 이상적이고 합리적이어서 모두를 만족시키는 제도는 아니다. 도입단계에서 예상했던 문제보다 미처 예상하지 못했던 문제들이 더 많이 부각될 정도로 시행하는데 어려움이 적지 않다. 또한 자치경찰제 시행의 핵심 조직인 자치경찰위원회가 특별한 활동을 하지 않아도 치안에는 별 문제가 없을 정도로 자치경찰제의 존재감도 미미하다. 지역주민들의 치안수요를 반영하여 지역별 특성에 부합하는 자율적·창의적 치안활동을 하겠다며 자치경찰제가 도입되었지만, 정작 현장에서는 달라진게 없다는 분위기다.

그러나 그간 자치경찰제 도입을 위한 숱한 노력과 시도에도 불구하고 전국적 시행으로까지 이어지지 못했다는 점을 감안한다면, 전국적 시행 그 자체로서 절반의 성공이라고 하지 않을 수 없다. 시행해보지 않았다면, 실제 시행과정에서 어떠한 문제가 발생하고 이를 어떻게 개선·보완해야 할 것인지에 대한 인식조차도 하지 못했을 것이다. 어쩌면 지금 시행하고 있다는 점에서 우리는 '가장 좋은 자치경찰제'를 경험하고 있는지도 모른다.

자치경찰제가 시행되면서 전국 18개 시도자치경찰위원회는 다양한 1호 사업을 내놓았다. 국가경찰제라면 경찰청에서 기획한 하나의 1호 사업만이 존재했을 것이다. 이것만으로도 지역별 특성에 맞는 지역 맞춤형 치안서비스 제공이라는 자치경찰제의 목적을 달성한 것이라고 해도 과언이 아니다. 이제 18개의 자치경찰위원회가 어떠한 방향으로 나아갈지, 어떤 일을 할지는 예측불가다. 각기 벤치마킹의 대상으로서, 또는 타산지석의 대상으로서, 치열한 협력적 경쟁이 이루어질 것이다. 그 경쟁의 중심에는 오로지 지역주민들의 안전이 자리할 것임은 물론이다.

7명의 위원으로 구성된 자치경찰위원회는 어느 한 사람에 의해 자치경찰정책이 결정되지 않도록 되어 있다. 때문에 자치경찰정책 추진의 신속성과 효율성 측면에서는 미흡하지만, 독단적인 경찰 운영을 차단할 수 있다는 장점이 있다. 또한 위원회 운영의 특성상 자치경찰사무와 관련하여 현장 경찰관들을 실시간으로 지휘·감독하는데에는 한계가 있으나, 자치경찰사무에 관한 인사, 예산, 장비, 통신 등에 관한 주요정책 결정 및 운영에 대한 '견제와 균형'의 역할을 할 수 있다. 바로 이 점에서 자치경찰위원회는 경찰에 대한 민주적 통제 장치로 이해할 수 있다.

자치경찰위원회가 경찰에 대한 민주적 통제 장치로서 충분한 실력 발휘를 하는데 한계는 있다. 국가경찰과 구분되는 자치경찰사무는 있으나, 그 사무를 수행할 조직과 인력은 여전히 국가경찰에 있기 때문이다. 시도경찰청장에 대한 지휘·감독권이 주어져 있으나, 이를 담보할 장치는 미흡하다. 자치경찰사무를 담당하는 경찰관에 대한 인사권은 제한적이다. 실질적인 권한을 행사할 절차적 장치가 부실하기 때문이다. 위원회의 지휘·감독권이 현 경찰법하에서는 '구두선'에 그친다는 비판이 나오는 이유다. 더구나 자치경찰사무의 수행에 필요한 예산은 자치경찰위원회의 심의·의결을 거쳐 시도지사가 수립한다고 되어 있지만, 사용범위가 명확히 정해져서 재량을 발휘할 수도 없는 국고보조금의 재배정에 불과하다.

 이처럼 취약한 요소에도 불구하고, 이미 막이 오른 자치경찰의 시대는 되돌릴 수 없다. 자치경찰제는 시행착오를 거치면서도 더 확대 발전할 것이다. 예전의 중앙집권화된 단일의 국가경찰제로는 돌아가지 않을 것이다. 따라서 취약한 요소는 지속적으로 수정·보완되어야 한다. 동시에 제도 도입 초기비용 과다로 인한 재정 부담 등의 이유로 불가피하게 선택한 국가경찰 중심의 일원적 자치경찰제 모델이 종전 경찰청의 하부기관에 불과했던 '지방경찰청'에서 탈피해 완전한 '시도의 (자치) 경찰청'으로 발전할 수 있도록 더 많은 관심과 애정이 필요하다.

○ **발표**

문재인 정부의 자치분권: 성과와 과제 (김순은 위원장)

○ **분야별 지정토론**

- 재정분권(유태현)
- 지방의회(김상미)
- 지방이양(김남철)
- 자치경찰제(황문규)

○ **종합토론**

- 한국 자치분권의 성공요인, 한계요인
- 한국 자치분권의 발전과제와 전망

○ **일시:** 2021. 7. 22.(목)

○ **주제:** 문재인 정부 자치분권 성과와 의의

○ **사회/발제:** 김순은 대통령소속 자치분권위원회 위원장

○ **토론:** 김남철(연세대), 김상미(지방의회발전연구원),
유태현(남서울대), 황문규(중부대)

김순은 올해가 참 묘하게 여러 가지로 뜻깊은 해입니다. 지방자치 30주년이기도 하고 문재인 정부가 지금 1년 앞두고 거의 이제 마무리하는 그런 시즌이기도 하고요. 우리는 자치분권위원회 제2기 임기 종료가 이제 다가오는데, 그 임기에 맞춰서 1차적으로 문재인 정부의 자치경찰, 그다음에 시리즈Ⅱ로 자치분권이라는 책을 만들 수 있게 되어서 굉장히 의의가 깊지 않겠나 생각합니다.

회의의 진행 방향을 먼저 말씀드리면, 각 챕터가 지닌 의미는 제가 이제 발제 때 말씀드리기로 하고, 오늘 토론자로 모신 네 분의 전문분야, 유태현 교수님은 재정분권, 김남철 교수님은 지방이양, 김상미 교수님은 지방의회를 포함한 지방자치단체, 황문규 교수님은 자치경찰제에 관해서 토론해 주시해 주시겠습니다. 그 후에는 종합토론으로 해서 본인이 맡으신 분야를 넘나들면서 지금 한국의 자치분권, 특히 문재인 정부 자치분권의 발전과제와 전망, 이런 것들을 하고 정리하면 어떨까 싶습니다.

한국지방자치의 발전적 도약을 위해서 어떤 과제가 있고 그다음에 어떤 방향으로 나아가야 할지가 아마 제일 마지막 토론이 되지 않겠나 생각합니다.

〈 발제 : 문재인 정부의 자치분권: 성과와 과제 〉

김순은 발제를 바로 이어서 하겠습니다. 제가 준비한 대로 문재인 정부의 자치분권 성과와 과제에 대해서 말씀드리도록 하겠습니다.

우리나라는 1960년대 이후 ODA 수혜국에서 공여국이 된 유일한 나라입니다. 지난 50년 동안 산업화에도 성공하고 민주화에도 성공한 유일한 국가다 이렇게 생각하고 있고, 특히 1987년도의 6·10 항쟁, 6·29선언, 10월 29일에 헌법개정, 1988년 지방자치법 개정으로 이어지는 일련의 과정이 1991년 지방자치의 역사적 부활로 이어졌고, 올해가 만 30년이 되는 해입니다. 특히 이제 1988년 지방자치법 전부개정안을 고려하면 우리는 만 32년 만에 지방자치법을 전부 개정하는 그런 역사적 전기를 마련하게 되었습니다.

그다음에 지방자치의 실시에 큰 공을 세우셨던 김대중 대통령께서는 1999년 1월에 중앙행정권한 지방이양 촉진에 관한 법률을 만드셔서 지방이양의 시초를 놓으셨고 그것을 저는 제도적 도입기였다고 생각합니다. 그 뒤를 이어받은 노무현 정부는 혁신적으로 지방분권을 하려고 했으나 그 뒤를 이었던 이명박, 박근혜 정부에서는 지방자치가 상당히 침체되었고 그러다가 2017년 문재인 정부가 출범하면서 연방제 수준의 자치분권으로 오늘 참석하신 모든 분이 아주 적극적인 역할을 해 주셨다 이렇게 말씀드릴 수 있겠습니다.

추진배경은 우선 1988년도의 미완성 지방자치법이 가장 첫 번째 원인이 아니냐, 1988년도 지방자치법을 놓고 그렇게 불완전한 형태로 지방자치를 하면 어떻게 하나 하는 비판의 소리도 굉장히 컸습니다마는 그래도 시작이 반이라고 해서 심지어는 단체장은 임명을 하고 지방의회만 구성하는 반쪽짜리 형태로 출범을 했습니다. 그리고 나서 30년을 지내보시면 불완전한 제도였지만 엄청난 변화를 나타냈다는 것 아시겠고요.

두 번째는 노무현 정부가 추진했던 자치분권의 미완의 개혁입니다. 자치분권을 이론적 측면에서 거의 완전하게 계획을 짠 것이 아마 저는 노무현 대통령 때가 처음이 아닌가 싶고요. 그때 여러분들 다 기억하시는 대로 20개 분야 43개의 과제를 거의 완벽하게 계획상으로 맞춰 났는데 마침 탄핵정국하고 맞물리는 바람에 노무현 대통령의 뜻대로 되지는 않았지만 제주특별자치도의 성과는 지금까지도 이어지고 있다. 그 미완의 개혁이 두 번째 배경이고요.

세 번째는 문재인 대통령께서 후보자 시절에 연방제 수준의 분권을 약속하셨고 그다음에 자치분권 헌법개정이 2018년도에 시도가 되었는데 그것이 뜻을 이루지 못하고 결국은 많은 것들을 법률에 맡기는 수밖에 없는 상황이 있었다는 말씀을 드립니다.

그러면 문재인 정부와 자치분권과의 관계를 보면 먼저 100대 국정과제 중 5개 과제가 자치분권하고 관련되어 있습니다. 국정과제 13번이 권력기관의 민주적 개혁인데 자치경찰이 여기에 포함되어 있고요. 그다음에 74번이 획기적인 지방분권, 재정분권, 획기적인 교육민주주의, 76번이 세종특별자치시·제주특별자치도의 분권모형 이런 것들이 가장 중요한 국정과제였고 여기에 기초해서 자치분권위원회가 33개의 과제가 포함된 자치분권 종합계획을 만들었고요. 오늘 토론자로 참여하신 모든 분이 자치분권 종합계획을 만드는 데 상당히 중요한 역할을 해 주셨습니다.

그러면 저는 문재인 정부의 자치분권은 크게 두 가지의 기본적 틀이 있다고 보는데 그 틀의 하나가 저는 주민주권론입니다. 자치분권 종합계획을 기억하시겠지만 첫 번째 전략이 주민주권의 구현입니다. 그래서 아마 이번 정부 들어와서 국민주권이라는 개념 외에 주민주권이 이렇게 많이 활용되고 또 학계에서도 자연스럽게 주민주권이라는 얘기도 나오고 또 조금 단어가 조금 변형되어서 시민주권이라는 말도 있지만 저는 주민주권이나 시민주권은 같은 개념이 아니냐, 그래서 이 이론이 잘 정립되면 자치권은 주민으로부터 나온다고 하는 고유권설이 힘을 받을 수도 있고 미국에서 발생된 Cooley's law라든지 일본의 초과·강화조례라든지 영국의 지방주의가 얘기했던 general power of competence와도 주민주권론이 맥을 같이 하고 있지 않겠나 이런 생각이 듭니다.

두 번째 이론적 틀은 협력적 국정 거버넌스다 이렇게 봅니다. 우리 舊지방자치법 제9조의 명칭이 '국가의 지도·감독'이었는데 새로운 지방자치법에는 '국가와 지방자치의 관계'로 바뀌었고요. 또 그것을 서포팅하기 위해서 중앙정부와 지방정부의 협력의무를 명시했습니다. 그러니까 종전 같으면 지휘·감독하는 위치에 있는 사람이 아랫사람하고 협력한다, 협력의무가 있다 이것은 굉장히 어색하지 않습니까? 그런데 지방을 국정의 파트너로 보고 대등한 의미에서의 협력의무를 명시했고 또 협력하는 장소가 필요한데 그 장소를 제공하기 위해서 제2국무회의에 대신하는 중앙-지방협력회의법이 만들어졌습니다. 황문규 교수님도 너무 잘 아시겠지만 특히 중앙-지방 협력이라고 하는 모형으로 대한민국 최초로 자치경찰이 출범하게 되었다, 이런 것들이 저는 협력적 국정 거버넌스론이 아니겠느냐 이런 생각입니다.

그러면 문재인 정부의 자치분권 종합계획의 주요내용을 보시면 제가 아까 말씀드렸는데 첫 번째가 주민주권을 구현하기 위한 과제, 두 번째는 중앙권한의 획기적인 지방이양을 제시하고 중앙-지방자치단체 간 사무 재배분, 중앙권한 기능중심의 포괄적 이양 등에 있어서 지방일괄이양법을 추진하는 것이라든지 자치경찰제가 여기에 해당한다고 하겠습니다.

세 번째 전략은 유태현 교수님이 주로 책임지고 계신데 재정분권에 관련된 사항, 네 번째는 중앙-지방 또는 지방자치단체 간 협력 강화에 관한 사항, 다섯 번째가 지방자치단체의 자율성과 책임성 확대에 관한 사항, 여섯 번째가 장기과제들인데 주로 지방행정체제와 지방선거제도가 나옵니다. 그러니까 우리가 자치혁신분야로 남겨둬서 중장기과제로 내려둔 案이다 이렇게 볼 수도 있겠습니다.

주요성과를 말씀드리면 지방자치법 전부개정이 무엇보다도 제일 큰 성과가 아니겠나 생각을 하는데요. 첫 번째는 주민주권의 구현을 위해서 주민자치의 원리를 명시하고 주민생활에 영향을 미치는 정책결정 및 집행과정에 주민이 참여할 권리를 신설했고요. 주민직접참정제도의 실질화를 위해서 주민감사청구, 주민투표, 주민소환의 요건을 대폭 실질화했다. 청구권 기준연령도 19세에서 18세로, 간접발안제도였던 제도를 직접발안제도로, 그래서 아마 종전의 어떤 시대보다도 향후에는 주민의 직접참정제도가 지방자치를 선도하지 않겠느냐 하는 그런 기대감을 갖게 하는 대목입니다.

지방정부의 기관구성 정상화와 다양화 규정인데요. 정상화라는 말은 지방의회 인사권을 염두에 두고 하는 말입니다. 기관분리형이면서도 지방의회 인사권을 단체장이 갖고 있던 것을 원래 정상적인 모습으로 돌려놓았고, 종전에 기관분리형이었던 의회를 권력분산형이라든지 또는 외부에서 책임행정관들을 초치하는 제도라든지 또는 위원회형이 된다고 할지 다양한 형태의 기관구성이 시대적 상황변화에 따라서 도입된 점도 상당히 큰 의의가 있다고 봅니다.

그런데 지방행정의 효율성 제고를 위한 규정들도 많이 도입되어서 행정구역 조정의 절차를 간소화했고 단체장의 인수위원회 제도도 도입되었고 특히 논란이 많았던 특례시 제도라든지 사무배분의 원칙을 우리 특별법에서 일반법으로 명시한 점 등을 들 수가 있겠습니다.

중앙-지방의 협력적 거버넌스를 위한 규정을 보시면 '국가의 지도·감독'에서 '국가와 지방자치단체의 관계'로 바뀌었고 자치분권과 균형발전에 대해서 상호 협력을 해야 되고 중앙-지방협력회의를 설치하고 자치경찰의 일원화 모형도 중앙-지방 협력 모형에 기초하고 있다고 이렇게 평가할 수 있겠습니다.

지방정부의 권한과 책임성 및 도덕성 제고에 관련된 것이 많이 나왔는데 지금 저희들이 조그마한 연구를 계획하고 있는데 주민주권 사항이나 보충성의 원리, 특히 '법령의 범위 안에서'가 '법령의 범위에서' 또는 조례의 제정, 조례로 위임한 사항을 하위 법령에서 제한하는 것을 금지하는 규정 등이 총괄적으로 우리 지방정부의 자치입법권의 범위를 좀 확대해 주는 데 긍정적으로 기여하지 않겠나 하는 그런 생각입니다. 그래서 특히 주민주권론의 제도적 구현이라든지 지방정부의 동반적 지위를 통한 협력적 거버넌스의 구축 등 자치분권 2.0시대의 개막이라는 의의를 가졌다 이렇게 평가를 하고요.

그다음에 우리 교수님들의 변함없는 성원으로 이루어낸 지방일괄이양법의 성공을 들 수 있겠습니다. 그동안 우리 학계를 중심으로 일괄법 형식의 추진 방식이 끊임없이 논의되었는데 국회의 반대로 안 되다가 2020년 1월에 400개의 단위사무, 46개의 법률, 16개 부처에 관련된 일괄법을 통과시켜서 지금 제2차 지방일괄이양법을 만약에 발의되거나 또 성공시키면 아마 이제 우리나라 입법형식에서 일괄법은 굉장히 자연스러운 것이 되지 않겠나 해서 우리 자치분권의 새로운 형식을 도입했던 데서 굉장히 의미가 크고요.

두 번째는 그 400개 안에 포함된 사무별 의의입니다. 30개가 넘는 지방항을 지방이 관리하게 되었고 지역개발부담금도 시·군·구가 직접 부과할 수 있게 되는 등 명실공히 지방분권에 적합한 이양이었다고 말씀드릴 수 있겠고요. 황 교수님께서 보다 상세하게 설명을 드리겠지만 75년 만에 우리나라에 자치경찰제가 도입이 되어서 치안이 국가와 지방의 공동사무가 되었고요. 특히 기초중심의 자치경찰이 바람직한가, 광역중심의 자치경찰이 바람직한가, 이런 논의는 있지만 우리는 광역단위의 자치경찰을 도입할 수밖에 없었다, 그다음에 원래 위원회에서는 이원화 모형을 추진했으나 코로나19 등의 사정으로 불가피하게 일원화 모형이 되어서 향후 일원화 모형을 더 강화하는 쪽으로 가든지 아니면 본래 계획했던 이원화 모형으로 갈지, 어느 쪽으로 갈지는 미래세대가 결정해 나가야겠지만 자치경찰의 출범은 자치분권, 경찰의 민주적 통제 이런 등등해서 굉장히 큰 의미를 갖게 될 것입니다. 특히 이 자치경찰은 합의제 행정기관이라는 시·도자치경찰위원회를 설립했다는 것이 중요한 특징인데, 아마 국가경찰위원회도 자치경찰위원회를 보고 새로운 형태의 국가경찰위원회의 실질화 등을 추진하는 제도적 근거도 제시했다고 볼 수가 있겠습니다. 자치경찰 업무가 또 지방자치단체의 사무가 되고 지방행정하고 잘 연계가 되면 자치분권의 질을 한 단계 업그레이드되는 데도 크게 기여하지 않겠나 이런 생각이 듭니다.

그다음에 크게 주목받고 있지는 않지만 우리 지방경찰청이 시·도경찰청이 되지 않았습니까? 그래서 서울지방경찰청이 이제 서울경찰청이 되었는데 그것은 그동안 우리가 없애려고 했던 특별지방행정관을 정리하는 효과를 갖고 있기 때문에 앞으로 혹시 행정소송을 통해서 권한쟁의를 하게 되면 지방자치단체가 굉장히 유리한 입장에서 자치경찰의 업무를 수행하는 데 크게 도움이 되겠다 저는 그런 생각을 하고 있습니다.

재정분권은 유태현 교수님이 자세하게 말씀해 주실 텐데 지금 부가가치세의 21%가 지방소비세가 되었는데 그중에서 순수하게 지방소비세로 확충된 것은 아마 문재인 정부가 최초가 아닐까 싶습니다. 10%가 인상이 되었고요. 그다음에 조만간에 아마 제2단계 재정분권을 발표할 수 있을 것 같은데 각 부처 논의가 막바지인데 그것만 이루어지면 원래 목표였던 7 대 3까지는 상당히 근접한 수치로 가지 않겠나 이렇게 기대를 하고 있습니다.

중앙-지방협력회의 설치는 제가 말씀드린 대로 중앙지방의 협력적 거버넌스로 가는 가장 좋은 장이 될 것이고 이 기구가 내년에 내년 상반기에는 1차 회의를 할 수 있을 것 같은데, 특히 국가균형발전이나 자치분권에 관련된 중요 이슈들이 중앙-지방협력회의를 통해서 심의가 이루어지는 것이 관행화되면 중앙-지방의 관계는 훨씬 더 밀착되게 국정의 동반자가 되는 데 기여하지 않겠나 이런 생각이 듭니다. 특히 국정 거버넌스의 중요한 이론에 기초했다고 보시면 되겠고요.

마지막으로 자치분권 사전협의제는 2019년도 명령에 의해서 도입한 제도인데, 사전 자치분권 영향평가제와 같은 제도라고 하겠습니다. 우리가 지금 하고 있는 일이 지방을 통제하고 있는 제도를 이양하는 것이라고 한다면, 또는 해제하는 것이라고 한다면 자치분권 사전협의제는 사전에 자치권을 침해할 여지가 있는 것, 또는 자치분권의 정신이 어긋나는 것을 사전에 막자는 제도니까 상당히 많은 효과가 있을 것이다 이렇게 생각하고 있습니다.

그러면 점수를 주자면 한 90점 정도는 줄 수 있을 것 같은데요. 아

쉽게 100점을 못 줬던 이유는 자치분권형 헌법이 이루어지지 못했기 때문에 헌법적 한계에서 오는 것이 하나가 있고, 두 번째는 지금 우리 앞에서 있었던 자치분권위원회의 논의를 쭉 보면 지방자치교육, 자치교육의 일반행정과의 통합이 꾸준히 논의되어 왔다가 우리 자치분권위원회에서는 연계·협력이라는 용어로 조금 순화가 되었습니다. 그렇게 된 배경은 자치경찰도 추진해야 되고 지방자치법 전부개정도 해야 되는데 전략적으로 전선을 너무 펼치면 어느 것 하나 달성하는 데 어렵지 않겠나 하는 그런 차원에서 조금 표현도 순화가 되었고, 혹시 자치교육은 이제까지 주장했던 일반행정과 교육행정 간의 연계·통합이나 이것은 어려운 것이 아니냐 하는 분들도 많이 계실 텐데 그 대신 저희들이 연계·통합에 관심을 많이 가지고 있고 또 연계·통합이 잘된 사례에 대해서는 끊임없이 지금 저희들이 자료를 수집하고 있다는 말씀으로 갈음하고자 합니다.

특히 마지막 과제였던 지방행정체제라든지 선거제도에 관해서 크게 논의가 되지 못했는데 지방행정체제는 너무 큰 주제이기 때문에 인구감소, 인구소멸 등과 같이 미래과제로 맡기는 것이 좋지 않겠나 싶고, 특히 지방선거제도에 관련해서는 지금 집권여당의 입장에서는 정당의 역할을 굉장히 강조하는 편이고 또 정당 민주화가 되었기 때문에 그러한 큰 틀에서 정당에 관련된 이슈를 논의하는 것이 쉽지는 않았다는 말씀을 드리겠습니다.

김순은　이상으로 제 발제는 여기서 간략하게 마치고 우선 유인물 나누어 드린 대로 교수님들 한 5분 이내에서 맡으셨던 바에 대해서 말씀해 주시면 감사하겠습니다. 유태현 교수님 먼저 하시지요.

⟨ 분야별 지정토론 ① : 재정분권 ⟩

유태현 위원장님이 발제해 주신 것처럼 재정분권 분야는 문재인 정부에서 지금 이 시점까지 이루어진 재정분권의 기본 골격이며 핵심적인 내용입니다. 짚어주신 것에 더하여 제 개인적인 견해를 몇 가지 보태겠습니다.

먼저 재정분권 분야에 초점을 맞춰서 문재인 정부 재정분권의 경과와 특징을 말씀드리고, 뒤에 재정분권의 향후과제 내지 발전 방향을 거론하는 순서로 제 의견을 제시하겠습니다.

문재인 정부의 재정분권은 자치분권의 틀 속에서 움직이기는 했습니다마는 구분되는 특징이 있습니다. 역대 정부에서 재정분권 논의는 일정 기간에 한정하여 특정 기구 주관으로 짧은 기간 동안 다루는 방식을 따랐을 뿐입니다. 하지만 문재인 정부의 경우는 대통령소속 자치분권위원회가 정부 출범 초부터 현재까지 주관하는 형태입니다. 이와 관련하여 평가자에 따라서는 이견(異見)을 제시할 수 있겠지만 이번 문재인 정부는 전담기구 방식으로 재정분권을 모색하고 추진한 특징을 갖습니다.

문재인 정부 시기에 이루어진 재정분권 방안 결정에는 두 가지 측면이 작용했다고 봅니다. 첫 번째는 1991년 지방자치 부활 이후 30년의 세월이 흐르면서 그간 축적된 재정분권의 경험과 학습효과가 문재인 정부의 재정분권(안) 도출에 크게 영향을 미쳤습니다. 두 번째는 문재인 정부가 출범 초부터 강조했던 강력한 재정분권 의지가 실행력을 높여 재정분권(안) 마련을 이끌었다고 생각합니다.

역대 정부와 문재인 정부의 재정분권이 다른 부분은 뭐냐? 이와 관련해서는 2017년 7월경에 국정과제, 즉 국정과제 75를 발표하면서 사용한 워딩이 중요합니다. 국정과제 75번은 지방재정 자립을 위한 강력한 재정분권으로 명칭 되었습니다. 그러니까 지방재정의 자립에 초점을 맞추고 그것을 뒷받침하기 위해서 강력한 재정분권을 하겠다는 얘기를 했고, 이것을 실행하는 방법으로 역대 어떤 정부도 구상하지 않은 방법을 씁니다. 국세와 지방세의 관계를 현행 8 대 2에서 7 대 3을 거쳐서 6 대 4까지 만들겠다는 겁니다. 이런 명칭과 목표를 설정해서 재정분권을 끌어나간 역대 정부는 없었습니다. 이런 강력한 의지와 과거의 경험 및 학습효과를 토대로 해서 재정분권(안)이 만들어졌습니다. 또 주목해야 될 부분은 국정과제 75가 2017년 7월경에 발표 되었는데, 자치분권위원회가 그 뒤에 어떻게 움직이냐면 2017년 11월부터 2018년 3월까지, 그러니까 한 4개월간이 됩니다. 범정부 재정분권 1차 TF를 만들어서 재정분권의 기본방향을 여기서 논의 합니다. 이렇게 2018년 3월까지 논의한 것이 2018년 9월 13일 대통령소속 자치분권위원회의 「자치분권 종합계획」상 재정분권 분야로 들어가게 됩니다. 다시 말해서 국정과제 75와 1차 범정부 재정분권 TF의 논의가 결합되어서 자치분권위원회 「자치분권 종합계획」의 재정분야 내용이 2018년 9월 13일에 완성되었고 그것이 2018년 10월 30일 지방자치의 날을 즈음해서 관계부처 합동 재정분권 추진방안으로 확정된 겁니다. 관계부처 합동 재정분권 추진방안은 문재인 정부의 재정분권 로드맵에 해당합니다. 이 로드맵 하에서 1단계, 2단계로 나눠서 재정분권이 추진되도록 결정되었습니다. 1단계는 2019년부터 2020년까지 시행돼서 두 가지 성과를 냅니다. 지방소비세가 기존 부가가치세의 11%에서 21%로 세율이 10%p 올라가게 되고 그에 따라서 8.5조의 지방세수가 늘어났습니다. 플러스해서 소방안전교부세의 교부율이 국세 개별소비세의 20%에서 45%로 25%p가 증액이 됩니다. 이것이 1단계의 성과이고, 그것을 계승한 후속조치가 2단계이며, 2021년 7월 중순 현재 마무리 수순을 밟고 있다고 보시면 됩니다. 이것이 지금까지 재정분권의 경과입니다.

이번 정부의 재정분권은 몇 가지 특징이 뚜렷합니다. 첫 번째는 관련된 것을 종합적으로 보고 연계시켜서 방안을 모색했습니다. 우리나라의 경우 예를 들어 국세에서 지방세로 세원을 넘겨 지방세가 확충되면서 그것이 거기서 끝나는 것이 아니라 지방교부세에 영향을 미치게 되고, 나아가 지방세가 늘었기 때문에 지방교육청으로 넘어가는 재원에도 영향을 주게 되며, 광역이 기초에 지원하는 조정교부금에도 영향을 발생합니다. 이처럼 한 부분을 조정하는 개편은 이런 연계가 꼬리에 꼬리를 물고 복잡하게 이어지는데 문재인 정부의 재정분권 방안 모색은 이와 같은 파급효과를 종합적으로 고려하는 한편 관련 부문의 의견 수렴을 통해 案을 만들려고 노력했다고 생각합니다.

두 번째는 세입 분야, 세출 분야, 지방재정 관리 분야를 함께 다루었습니다. 문재인 정부의 재정분권 논의에서는 세입 한정, 세출 한정 이 것이 아니고 전체를 종합적으로 같이 테이블에 올려놓고 관계와 영향을 검토해서 案을 만드는 노력을 기울여서 세입뿐만 아니라 세출 분야까지도 신경을 썼고 더 나아가서 이전 재정분권 논의에서는 언급조차 할 수 없었던 일반지방재정과 지방교육재정 간의 관계도 같이 논의 테이블에 올려놓고 案까지 만드는 성과를 이룩했습니다. 무엇보다도 지방교육재정을 테이블 위에 올린 것은 놀라운 변화이고 진전이라고 생각합니다.

세 번째는 특별히 주목해야 할 점인데 이번 정부의 재정분권에서는 역발상이 적용됐다는 겁니다. 통상 재정분권을 논의할 때는 자치분권(지방분권) 차원에서 중앙과 지방 간 사무와 기능의 조정이 필요하다, 그렇다면 지방이 맡을 일은 뭐지? 지방이 맡을 사무와 기능을 먼저 재단하고, 그를 통해 지방이 그런 기능과 사무를 해야 된다면 그것을 뒷받침하는 재정은 어느 크기가 되어야 되지? 그래서 그 크기를 뒷받침하는 차원에서 재정규모를 조정하는 방식이 전통적인 재정분권 접근이었고 그것이 맞는다는 것이 일반적인 인식이었습니다. 하지만 자치분권위원회가 주도한 이번 재정분권(안)은 이런 기존 방식을 뒤집었다, 어떻게 했냐면 먼저 국세와 지방세의 관계를 8 대 2에서 7 대 3을 만들자, 그러면 7 대 3을 만들기 위해서 20조 원의 지방세 확충이 필요한데 1단계에서 8.5조원을 늘리자, 그래서 8.5조 원을 늘리는 것을 먼저 결정했습니다. 재원과 관련된 세입 측면의 재정분권을 우선 시행하고, 그러면 8.5조 원이 지방으로 넘어가면 그에 맞춰서 중앙의 기능이 지방으로 어느 정도 넘어가야 되는지를 뒤에 다루었습니다. 그렇게 함으로써 8.5조 원이 넘어온 상태에서 지방으로 넘길 일감을 찾다 보니까 국가균형발전특별회계 상 지역자율계정에서 3.6조 원 정도의 일감이 넘어갔습니다. 이것이 어떤 면에서는 8.5조를 늘리는 재정분권을 하는 데 결정적인 역할을 한 것입니다, 역발상으로. 기존의 방식으로 논의과정에서 처음부터 중앙과 지방의 일을 갖고 따지는 방식으로 논의를 시작했으면 상당히 지루하게 논쟁만 이어지면서 案의 확정이 어려웠을 텐데 이번 문재인 정부의 자치분권위원회 주도 하의 재정분권은 그런 역발상을 실행으로 옮겼기 때문에 성취를 이룬 측면이 있다고 생각합니다. 이런 정도로 문재인 정부 재정분권의 특징에 대한 언급을 마치고, 보완적인 얘기는 뒤에 또 한 번 기회를 주시면 말씀드리도록 하겠습니다.

　고맙습니다.

김순은　지금 유 교수님 말씀에 의하면 역발상 때문에 나름의 성과가 있지 않았나 생각을 합니다. 감사드리고요.

　바로 이어서 김남철 연세대학교 교수님 말씀해 주시기 바랍니다.

〈분야별 지정토론 ② : 지방이양〉

김남철　안녕하셨습니까.

　저는 이제 사무이양 쪽인데요. 오늘 위원장님께서 잘 정리를 해 주셨는데 위원장님이 말씀하신 발제문 가운데 잠깐 언급도 있으셨지만 지방일괄이양법, 저는 개인적으로 문재인 정부의 사무이양과 관련된 가장 큰 성과를 꼽으라면 일괄이양법을 꼽고 싶습니다, 개인적으로. 사실은 일괄이양과 관련된 논의는 이미 알고 계시는 분들은 다 잘 알고 계시는 것처럼 지지난 정부 때부터 노력을 해 왔던 일이기는 합니다. 그런데 매번 국회에다가 제출하는 것을 몇 번 실패했었거든요. 그런데 이번 정부 초기에 국회 여야 합의를 통해서 국회 운영위원회에서 이 법안을 받기로 해서 운영위원회가 각 상임위원회에다가 뿌려서 나눠 가지고 논의를 하는 그런 방식을 취해서 대표적으로 운영위원회가 법안을 받아줬기 때문에 이 일괄이양법안이 통과될 수 있었던 역사적인 순간을 만들었다고 생각합니다. 정말 굉장히 많은 노력을 기울였고요.

　저는 특히 너무 감격스럽게 생각하는 것은 해마다 일괄이양법안의 현행화 작업을 했습니다. 그러니까 올해도 또 그 법령이 개정되기 때문에 개정된 법령 가지고 우리 위원회에서 이양 결정한 것을 가지고 또 현행화시키고, 또 중간에 국회에서 일부개정법률을 심사했다가 또 논의하면서 빠졌던, 논의하지 않기로 했던 것들은 또 빼고, 그다음에 또 사정이 변경되었다든지 또 어떤 변화가 있었던 그거를 해마다 했습니다, 해마다. 그런데 그 현행화 작업을 할 때마다 느끼는 것은 뭐냐 하면 어차피 안 될 현행화 작업을 뭐 하려 하나 이런 생각을 하면서 매번 매회 정말 많은 시간을 투자해서 안 될 줄 알면서 현행화 작업을 매번 했습니다. 혹시 그래도 국회에서 받아줄지 누가 아느냐 이런 심정으로 했었습니다.

그런데 이번 정부에 들어오자마자 운영위원회가 받기로 해서 '이것 혹시 변화가 있으려나?' 저는 가능성은 매우 희박하다고 봤었는데 아까 우리 위원장님도 잠깐 말씀하셨지만 현재 2차 일괄이양법안을 준비를 하고 있고요. 지금 많은 분이 노력해 주시는 덕분에 굉장히 빠른 시간 안에 초안을 만들어 놓은 상태입니다. 그런데 이제 과연 국회가 이것을 또 받아서 통과시켜 줄지는 관건이긴 하지만 제가 볼 때는 한 번 했기 때문에 두 번 못할 이유는 없다고 생각하고 이것을 잘 마무리 짓는 것만 하더라도 저는 이번 정부의 대단한 성과라고 생각하고, 그다음 정부에 굉장히 좋은 경험을 물려주는 그런 사례가 되지 않을까 생각합니다. 저는 여기에 대해서 진짜 100점 만점에 100점을 주더라도 아깝지 않은 굉장히 중요한 획기적인 일이었다고 생각합니다.

두 번째로 말씀드리고 싶은 것은 위원장님도 잠깐 설명하셨지만 8페이지에 있는 중앙-지방협력회의인데요. 저는 이 회의에 저 나름대로 굉장히 애착이 많고 관심이 많고 앞으로도 주목을 많이 하고 있는

데 솔직히 말씀드리면 그냥 순수한 객관적인 학자의 입장에서 말씀드리자면 이것이 행정부에 설치가 되는 것이 아니라 국회에 설치되는 것이 사실은 맞았거든요. 그러니까 예를 들면 독일의 연방참사원 제도가 꼭 좋은 제도라고만은 할 수 없지만 그래도 독일의 연방참사원 제도처럼 많은 학자가 요구했던 지방자치단체의 원, 하나의 원을 만드는 그런 방식으로 갔더라면 가장 완성적이었는데 우리나라가 대통령제 중심이기 때문에 아무래도 행정부가 중심이 되고 있는 것이 사실 우리나라 국정의 한계인 것 같아요. 그런 의미에서 행정부에 설치된 점은 스스로 조금 한계가 있는 것이 아닌가 이렇게 생각을 할 수 있고요. 그다음에 제가 이 회의에 주목하는 것은 이 회의를 통해서 할 수 있는 가능성도 엄청나게 많지만 이 회의 자체가 유명무실할 가능성 또한 엄청나게 크다는 겁니다. 그래서 제가 볼 때는 이 회의의 운영의 묘를 잘 살리는 것이 앞으로 우리의 숙제인 것 같습니다. 이것을 통해서 어마어마하게 많은 일을 일궈낼 수도 있다고 생각합니다. 저희가 조그마한 제도 하나 만들어내는 것이 그렇게 어려웠는데 이 회의를 잘만 운영하면 정치적인 운영의 묘를 잘 살리면 우리가 원했던 것 이상으로 많은 것을 얻을 수 있지 않을까 생각합니다.

세 번째로는 이것도 위원장님께서 다 말씀하신 건데, 저는 사무이양에 관심이 많은 사람이라 이번 정부의 사무이양 관련된 두 번째 큰 성과는 사전협의제라고 생각합니다. 사실은 다 전문가들이시기 때문에 잘 아시는 것처럼 지방자치단체가 국가의 입법과정에 직접 참여할 수 있는 제도를 만들면 제일 좋은데 직접 참여할 수 있는 제도를 못 만들고 차선책을 선택할 수밖에 없었던 상황이기 때문에 이 시행령 개정을 통해서 행정안전부 안에다가 사전협의를 할 수 있는 그 기능을 준거거든요. 그런데 이 사전협의를 하시는 분하고 여러 번 같이 얘기도 나눠봤고 고민도 같이 해보고 서로 의견도 교환하고 그러면서 뭘 하는지도 알게 되었는데 그 사전협의에 관련된 안내책자를 만들었습니다. 혹시 보셨는지 모르겠는데 그 안내책자를 보시면 체크리스트가 말할 수 없이 꼼꼼합니다, 생각보다. 그래서 그 체크리스트만 다 점검을 하더라도 '야, 이거는 어마어마하겠다'라는 생각이 들 정도인데, 그래서 제가 그 체크리스트를 만든 사무관님을 대단히 칭찬해드렸습니다, 정말 훌륭한 일 하셨다고. 저는 개인적으로는 이 사전협의제를 하나 딱 집어넣은 것이 굉장히 커다란 효과가 앞으로 있을 것이라는 생각이 들고, 또 아시는 분들은 아시겠지만 이것은 정부발의 법령에 대한 것이기 때문에 의원발의 법률안은 사전협의의 대상이 아닙니다. 그래서 지금 현재 국회 안에서도 의원발의 법률안에 대한 사전협의, 그거는 이름을 바꾸었어요. 그래서 뭐라고 했냐면 '지방행·재정영향평가제도', 이게 지금 현재는 가칭이거든요. 확정되진 않았지만 '지방행·재정영향평가제' 이런 제도를 도입해서 국회 차원에서도 스스로 이와 같은 지방자치에 반하거나 부합하지 못하는 그런 법률안이 있는지를 스스로 점검하는 이런 시스템이 논의되고 있는데 이것이 만약에 정착이 된다고 할 것 같으면 이것 또한 우리 지방자치에 커다란 영향을 미칠 것이라고 생각합니다.

마지막으로 딱 한 가지만 더 말씀드리고 마치겠습니다. 맨 마지막에 위원장님이 향후과제에서 우리 지방자치단체에 대한 포괄적 기능 이양이 가능할 수 있도록 확대되어야 된다고 과제를 밝혀주셨는데요. 일단은 저희가 지금 사무를 이양하는 시스템이 너무나 잘 아시는 것처럼, 다들 지금 하고 계시니까 다 잘 아시는 것처럼 우리 자치분권위원회 안에 이제 전문위원회들이 만들어져서 사무이양을 논의하고 분과위원회에서 논의하고 본위원회로 가는 이런 시스템인데, 개인적으로는 이 자치분권위원회조차도 한시적인 조직 아닙니까? 그러니까 결국은 특별법에 의해서 만들어진 한시적인 조직이기 때문에 계속 5년 단위로 지금 이름을 바꿔왔는데 이제 우리가 한 번쯤 고민해봐야 될 것이 더 이상 한시적인 조직에서 끝나면 안 되고 사무이양에 관한 논의가 없었다면 과연 일괄이양법이라는 것도 없었을 것이고요. 사전협의제라는 것도 없었을 거예요, 아마. 그런 의미에서 보면 이 사무이양에 관한 논의가 지방자치제도의 핵심적인 제도가 아닌가 이런 생각을 하고요. 그렇다면 여기에 관한 논의를 확대해서 과거에 벌써 수년 전부터 계속 똑같은 얘기가 반복되어 오던 것인데 우리가 사무이양위원회 같은 것들을 앞으로 좀 상설화하고 이 조직에 대한 법적 근거도 지방자치법으로 옮기자, 일반법으로. 그다음에 우리가 사무배분 원칙이 있으니까 사무배분 원칙에 따라서 포괄적인 사무이양 같은 것들을 할 수 있도록 하기 위해서는 우리가 개별적 사무에 대한 사무이양 심의를 하고 있는 현 시스템은 그대로 유지를 하고 여기에 플러스 우리 위원회가 지방분권을 위한 또는 지방자치를 위한 헌법개정, 지방자치법 개정과 관련된 이런 정책적인 논의를 하는 센터가 되어야 한다는 거지요, 중심축. 그런데 지금은 여기서도 얘기하고 저기서도 얘기하고 행정안전부에서도 얘기하고 어디서도 얘기하고 이러다 보니까 얘기가 막 흩어져 있어서요. 사공이 너무 많아서 배가 지금 산으로 가고 있는 것 같은 느낌이 듭니다. 그래서 이러려면 우리 위원회가 정체성도 확립하고 기능도 강화하고 센터로서 역할도 하도 그다음에 아까 유태현 교수님도 말씀을 주셨지만 사무이양 논의를 하다 항상 맨 끝에 딱 벽에 부딮히는 것은 뭐냐 하면 1번은 예산입니다. 어차피 국가 쪽으로 예산이 갈 텐데 이양을 해봐야 무슨 실익이 있느냐, 그다음에 국세와 지방세의 관계, 그다음 보조금 제도를 어떻게 운영하느냐. 이 문제하고 항상 결부가 되더라고요. 그래서 우리가 이 사무는 시·도로 넘기라는 얘기를 해 봐야 어차피 예산은 국가로 갈 것이기 때문에 별 의미가 없다고 얘기를 하면 그냥 벽에 부딪히는 거거든요. 그래서 이런 문제들을 우리가 싱크탱크가 되어서 우리 위원회가 그야말로 이런 제도들을 통합적으로 연구하고 중심적인 위치를 딱 가지고 있는 그런 위원회로 거듭나는 것이 굉장히 중요하지 않겠나, 저는 그런 말씀을 드리면서 마치겠습니다. 감사합니다.

김순은　김남철 교수님 고맙습니다. 그동안 아주 장기간의 경험을 바탕으로 생생한 토론의 말씀을 주셨습니다.

이어서 김상미 원장님 부탁드립니다.

〈분야별 지정토론 ③ : 지방의회〉

김상미　저는 문재인 정부 지방의회의 성과를 네 가지 관점에서 요약하겠습니다.

첫 번째는 문재인 정부가 지방의회 역량 강화와 자치권 확대의 성과를 냈는데 그 중 하나 큰 것은 숙원사업이었던 지방의회 의장에게 임명권을 부여하였다는 것입니다. 그래서 지방의회가 비로소 자기 기관에 대한 인사권을 행사하였다, 그렇지만 여기에서의 문제는 일본 지방자치법 제318조와 유사하기 때문에 일본과 유사한 문제가 나타날 수 있다고 여겨집니다.

그리고 또 지방의회가 그동안 16년간 주장하였던 정책지원전문인력이 도입되었습니다. 여기서의 문제는 현재 집행기관은 기준인건비를 기준으로 기구와 정원을 자율적으로 운영하는 상황에서 지방의회 정책지원전문인력의 경우 정수를 의원의 2분의 1로 제한한 것은 형평성에 맞지 않는다고 여겨집니다. 그래서 조례로 자율화하는 것이 바람직하다고 여겨집니다.

그리고 지방의원 개인이 아닌 의원연구단체의 정책개발에 사용하도록 의원정책개발비를 신설하였습니다. 그리고 지방의회 역량 제고를 위해서 많은 노력을 하였지만 의안발의 정족수 자율화라든가 정례회·임시회 운영 자율화로 지방의회 운영 자율화를 도모하였다는 것이 지방의회 역량 강화 및 자치권 확대의 큰 성과라고 여겨집니다.

두 번째는 자치단체의 책임성과 투명성 제고를 위해서 지방의회에 한 7개의 정책이 신설되었습니다. 첫 번째는 기초의회 의결에 대해서 그동안 없었던 행정안전부장관의 재의명령권이 신설이 되었습니다. 그렇지만 이 재의명령권과 기초의회 의결이 서로 상충될 경우 보충성의 원칙이 작동될 필요가 있다고 여겨집니다. 그리고 지방의원의 윤리특별위원회 자문기구로서 윤리심사자문위원회를 두도록 해서 의원의 징계 전에 의견을 듣고 그 의견을 존중하도록 존중의무를 부여하였습니다. 또한 지방의회에서 하는 각종 선거 및 인사에 관한 사항은 제외하고 모든 안건에 기록표결 방식을 도입해서 공개하는 원칙을 강화하였고요. 지방의원 겸직 사항에 관해서도 조례 또는 지방의회 인터넷 홈페이지에 전부 공개하도록 하였습니다. 그 외에 지방의회 의정활동 사항에 대해서도 공개하도록 해서 지방의회의 오픈 가버먼트, 또 주민과의 네트워크 정부를 지향하였습니다. 그렇지만 지방의원 겸직금지 규정을 또 강화하였습니다. 그런데 겸직금지 규정을 강화하였다는 것은 지방의원직을 직업으로 인정하겠다는 의미로 해석이 되므로 직업으로서 지방의원직이 정착될 필요가 있다고 여겨집니다. 또한 그 일환으로 지방의원 여비를 타 공무원과의 형평성을 고려해서 조례로 정할 수 있도록 개정했습니다. 이 취지는 지방의원을 지방공무원으로 해석할 수 있다고 볼 수 있는 조치이기 때문에 지방공무원법 제44조에 의한 공무원 간 보수균형원칙이 적용될 필요가 있다고 여겨집니다.

세 번째 사항은 획기적인 주민주권 구현입니다. 이것은 위원장님께서도 아까 말씀을 하셨는데요. 현 강시장-약의회형의 지방정치구조를 헌법 118조 2항의 기관통합형 원리로도 변경할 수 있는 가장 혁신적인 조문을 신설하였습니다. 또한 주민이 직접 발의주체가 되어 지방의회에 조례 제정 개폐를 청구하도록 함으로써 주민과 지방의회의 거리감이 훨씬 가까워지게 되었습니다. 한편 지역구의원에 대한 주민소환제가 가능하게 되었으며, 주민감사 청구요건이 완화되었습니다. 그렇지만 지금 행정사무감사권이 지방의회에게 있기 때문에 지방의회에게 주민감사청구를 할 수 있도록 함이 타당하다고 여겨집니다.

마지막 네 번째입니다. 중앙-지방 간 협력관계 정립 및 행정 능률성 제고입니다. 이 부분은 중앙-지방협력회의라는 명칭을 채택하면서 그동안 소외되었던 전국 시·도의회의장협의회의 장과 전국시·군·자치구의회의장협의회의 장도 모두 참여하도록 하여서 이원대표제를 표방하는 지역 구성원 누구도 소외되지 않도록 조치하였습니다.

그 외에 새로운 협력제도로 특별지방자치단체를 설치하도록 하였습니다. 이 경우 지방의원은 특별지방자치단체의 의회에 겸직으로 참여할 수 있으며 또 집행기관의 장도 특별지방자치단체의 의회에서 선출하므로 지방의회와 지방의원의 거버넌스의 역량 제고를 더 요청하도록 조치하였습니다.

이상 요약하면 이번에 문재인 정부 지방의회의 주요성과는 주로 지방의회 역량 강화 및 자치권 확대와 자치단체 책임성과 투명성 제고에 가장 많은 비중을 두었습니다. 그렇지만 획기적인 주민주권 구현과 중앙-지방 간 협력관계 정립 및 행정 능률성 제고도 중시하였다고 평가할 수 있습니다. 이상입니다.

김순은　김상미 원장님 수고 많으셨습니다.
특히 지방의회에 관련된 부분을 꼼꼼하게 짚어주셨고요.

〈분야별 지정토론 ④ : 자치경찰제〉

김순은　이어서 우리 자치경찰제특별위원회 할 때 위원으로 활동하셨고, 제가 공지드릴 것이 지금 경상남도 시·도자치경찰위원회 상임위원을 하고 계십니다. 그래서 우리 기구의 디자인부터 실제 실행까지 지금 하시게 되었는데 아마 그래서 자치경찰 문제를 가장 소상하게 알고 계시지 않겠나 싶습니다.

황문규　자치경찰제가 아까 우리 위원장님께서도 언급하셨듯이 75년 만에 도입이 된 거거든요. 국가경찰 중심의 체제에서 자치경찰제가 도입됨으로써 경찰 체제에 커다란 변화가 생겼다고 생각합니다. 처음이라서 아직 피부로 느끼시지는 못하실 텐데요. 시간이 지나면 지날수록 2021년은 앞으로 우리 지방정부에 엄청난 큰 변화의 동기가 되지 않을까 싶습니다. 사실은 위원장님하고 운 좋게도 자치경찰제를 설계하고 디자인하는 데 참여하면서 때로는 갓 태어난 아기 다루듯이 조심스럽게, 때로는 살얼음판을 걷듯이 굉장히 경계하면서 했던 경험이 생각납니다.

간단하게 말씀을 드리겠습니다. 아까 위원장님께서 말씀하셨듯이 이번 정부의 자치경찰제는 광역단위 자치경찰제입니다. 기존에는 기초단위 자치경찰제를 추구했었습니다. 기초단위 자치경찰제는 뭐냐하면 시·군·구에 자치경찰을 설치하는 겁니다. 큰 차이는 기초단위 자치경찰제로 가게 되면 국가경찰은 그대로 유지한 채 기초 시·군·구에 플러스알파로 자치경찰이 생기는 겁니다. 그러면 좋게 얘기하면 자치경찰제가 실시된다는 의미가 있지만 부정적으로 말씀드리면 그런 자치경찰제의 의미는 과연 국가경찰이 그대로 유지되는데 자치경찰 존재의 의의를 어디서 찾을 것인가 그런 의문이 있었습니다. 그래서 현 정부에서는 과감히 방향전환을 해서 광역단위 자치경찰제로 갔고요. 그런 측면에서 커다란 의의가 있다고 생각합니다. 광역단위 자치경찰제를 했기에 지난 7월 1일 자치경찰제 출범을 성공적으로 했다고 생각합니다. 첫 번째로 그것이고요.

두 번째는 원래는 2원화 모델이었는데 일원화 모델로 이렇게 전환을 했습니다. 2018년 11월 13일 우리 위원장님께서 광역단위 자치경찰제 도입안을 발표했습니다. 그때 설계했던 이원화 모델은 그야말로 어떻게 보면 이상적이면서도 현실적인 방안을 고려했었는데요. 그것이 어쨌든 자치경찰제의 가장 큰 이해당사자는 경찰청입니다. 경찰청 입장에서는 당연히 그러겠지만 어떤 조직이라도 그랬을 겁니다. 자신의 조직을 그대로 유지하고픈 그런 관성에서 탈피하지 못했기 때문에 이 자치분권위원회에서 발표한 이원화 모델이 어그러졌습니다, 법안으로 가는 과정에서. 이것은 제 생각입니다. 그래서 자칫 4만 3,000명의 국가경찰관을 자치경찰로 전환하는 방식이었는데, 4만 3,000명을 자치경찰로 전환하는데 그 사람들이 국가경찰에서 가지고 있었던 권한이 자치경찰로 전환됨에 따라서 그 권한을 동일하게 부여받지 못했습니다, 법안에서는요. 그 법안대로 자치경찰제가 실시되었다면 정말로 치안공백이 우려될 정도였습니다. 저는 개인적으로 이런 이원화는 안 되어야 한다고 생각했었는데 다행히 코로나19의 사회적 상황과 맞물려서 그런 어그러진 이원화 방안은 폐기되고 현재의 일원화 방안이 진행되기에 이르렀습니다. 부정적으로 볼 수도 있습니다. 일원화 방안은 한마디로 자치경찰 사무는 있는데 그 사무를 수행할 조직과 인력이 없습니다. 국가경찰로 하기 때문에요. 그러나 자치경찰제라는 제도를 도입하면서도 현장 혼란을 최소화할 수 있습니다. 일각에서는 현장 경찰들은 약간 부정적인 측면에서 이렇게 얘기를 합니다. 달라진 것이 하나도 없다, 그런데 우리는 그것을 의도했습니다. 달라진 것이 없다, 현장에서 치안을 유지하는 데 달라진 것이 없다라는 것을 처음부터 의도했었습니다. 그러나 이것이 시간이 가면 갈수록 엄청난 변화의 가능성을 열어놓고 있다, 그것은 조금 이따가 제가 조금씩 말씀드리겠습니다.

그다음 자치경찰위원회가 설치되었습니다. 자치경찰위원회의 구성이 법안에서 의도한 대로 인권전문가와 여성위원이 극히 제한적이어서 문제가 없지는 않으나 그럼에도 자치경찰위원회는 생활안전, 여성·청소년, 교통과 같은 자치경찰 사무를 관장합니다. 이 부분에서 있어서는 자치경찰위원회가 책임을 집니다. 이것과 관련해서는 시·도경찰청장을 지휘·감독합니다. 그러니까 시·도경찰청장을 지휘·감독하고, 그리고 자치경찰 사무에 대해서는 다양한 루트로 때로는 시·도경찰청에서 하는 일을 견제할 수도 있고요. 때로는 시민들이 자치경찰에 대해서 이런 방향으로 갔으면 좋겠다는 다양한 의견을 수렴해서 그것을 치안정책에 반영할 수도 있습니다. 이런 측면에서 어떻게 보면 민주성, 분권성, 주민참여성이 제고될 수 있는 방안이다 이렇게 생각합니다.

두 번째는 사무를 구분했습니다. 국가경찰사무와 자치경찰사무로 구분했는데요. 그럼으로써 그것을 수행할 조직과 인력은 국가경찰이지만 사무를 구분하고 국가경찰 사무와 뚜렷이 구분되는 자치경찰만의 영역을 확보했다는 측면에서 앞으로 이것을 어떻게 운영하느냐에 따라서 달라질 것이다, 한마디로 더욱 확대 발전할 가능성을 열어놓고 있다고 말씀드리겠고요.

세 번째는 아까 우리 위원장님께서 굉장히 강조한 시·도경찰청입니다. 기존에는 지방경찰청이었지 않습니까? 예를 들어서 서울시지방경찰청이었는데 지금은 서울시경찰청으로 바뀌었습니다. 아까 위원장님은 이것을 반국가 반지방 행정기관, 기존의 경찰청이 지방특별행정기관에서 반국가 반지방 행정기관으로 바뀌었다고 했는데요. 좀 더 쉽게 설명드리면 기존 경찰법에서는 이렇게 얘기합니다. 경찰청의 사무를 지역적으로 분담하여 수행하게 하기 위하여 지역별로 지방경찰청을 둔다고 했습니다. 그러니까 반대로 기존의 지방경찰청은 경찰청의 지방기관입니다. 그러니까 경찰청의 지방 손발에 불과한 겁니다. 그러나 지금의 시·도경찰청은 경찰법에서 이렇게 정의하고 있습니다. 경찰의 사무입니다. 경찰청의 사무가 아니라 '경찰의 사무를 지역적으로 담당하여 수행하게 하기 위하여' 이렇게 얘기하고 있습니다. 그러니까 한마디로 아직은 과도기 단계에 있으나 경찰청에서 그만큼 자율성과 독립성을 확보할 기본적인 토대는 마련되었다, 물론 부수적인 법령들이 추가로 개정되면 또 완전해지겠지요. 그런 부분이 되었다는 겁니다. 다만 제가 현장에 있어 보니까 시·도경찰청은 그러면 이 법안대로라면 굉장히 자율적으로 행동해야 되는데, 하루아침에 바뀔 수 있겠습니까. 지금까지 경찰청의 지방기관이었던, 경찰청의 손발에 불과했던 그 인식과 태도에서 벗어나지 못하고 있습니다. 그것은 또 한편 시·도경찰청으로 바꿔줬으면 경찰청에서 수행하던 자치경찰 사무와 관련된 기능, 예컨대 생활안전국이 있습니다. 그리고 교통국이 있습니다. 이 부분들을 자치경찰제 도입에 맞게 축소 재편했어야 하는데 그러지 못하니까 시·도경찰청은 여전히 기존 지방경찰청의 기능에서 더 나아가지 못하고 있습니다. 아마 이것도 시간이 지나면서 점점 더 발전될 것이라고 생각이 됩니다.

아까 제가 일원화 자치경찰 사무의 영역을 확보했다, 그리고 출범 자체에 커다란 의미가 있다는 말씀은 여러분들 신문, 언론을 통해서 많이 보셨을 겁니다. 각 18개 시·도경찰청 또는 자치경찰위원회에서 1호 사업이라고 많이 발표했습니다. 서울의 1호 사업, 부산의 1호 사업, 경남의 1호 사업, 전남의 1호 사업 굉장히 많습니다. 그런데 자치경찰제가 도입되기 전에는 똑같습니다. 1호 사업이 하나입니다. 1호 사업이라는 의미도 없지만 하나일 수밖에 없습니다, 경찰청에서 추진하기 때문에. 자치경찰제가 되었기 때문에 18개 시·도에서 18개의 1호 사업이 나올 수 있는 겁니다. 저는 출발 단계지만 그것 자체로 이미 이번 자치경찰제는 성공했다라고 생각합니다. 바로 그것이 시·도별, 지역별로 다른 치안수요를 반영하고 있다, 반영하고자 노력한다는 의미가 아닌가 싶습니다. 그런데 다만 여전히 아직은 출발 단계라서 한계가 있습니다. 이따가 그런 시간이 있겠지만 한계가 있다는 것도 사실은 출범했기 때문에 그 한계와 문제점을 얘기할 수 있습니다. 출범을 안 했으면 한계, 문제점은 그냥 이론에 불과한 겁니다. 그런데 지금은 시행해보니까 '아, 더 나아가기 위해서 실제로 제대로 작동하기 위해서는 이런 문제와 한계를 극복해야 된다' 이렇게 얘기할 수 있다는 그 자체가 이미 자치경찰제는 시작이 반이라고 절반은 성공한 것 아닌가 저는 나름 그렇게 평가하고 싶습니다. 감사합니다.

김순은 황 교수님 말씀을 듣고 보니까 조금 우려가 되었다가도 또 안도가 되기도 합니다. 현장에서 자치경찰제가 잘 안착될 수 있도록 끝까지 매진해 주시길 부탁드리겠고요.

〈종합토론〉

김순은 지금까지 우리 네 분의 토론자께서 특정 분야에 대해서 토론해 주셨습니다. 저희들이 시간이 많지는 않은데, 나머지 시간은 혹시 문재인 정부의 자치분권을 성공했다고 보시면 성공요인이 과연 뭔지, 혹시 좀 미흡하다고 판단되는 부분이 있으면 그 미흡한 부분이 어떤 건지, 이렇게 해서 차후에는 이렇게 좀 개선되면 좋겠다는 의견을 그냥 순서 없이 손을 드시거나 표시를 하시면 그렇게 하면 어떨까 싶습니다.

만약 손드신 분이 없으시면 다시 순서대로 돌아가겠습니다. 유 교수님 먼저 말씀하시죠.

유태현 저는 역대 정부하고 비교했을 때 문재인 정부의 재정분권은 성공적인 측면이 많다고 생각합니다. 그럼에도 불구하고 재정분권 논의 단계에서 아쉬웠던 부분과 앞으로 어떻게 했으면 좋겠는지 개인적인 견해를 말씀드리겠습니다.

'재정'이라고 하면 두 가지 이미지가 떠오릅니다. 저도 재정을 공부하는 사람입니다마는 어렵고 재미가 없다, 저도 그렇게 생각하지만 이것을 담당하시는 공무원들도 그렇고 학자들도 심지어 재정을 전공하는 학자들도 똑같은 것 같습니다.

문재인 정부 재정분권 논의 과정에 여러 어려움이 나타났습니다. 첫 번째는 재정분권 방안으로 지방세 확충을 추진했을 때 발생할 수 있는 파급효과를 설명하고 그 내용을 인식시키는 작업이 쉽지 않았습니다. 역대 정부의 경우 일반적으로 중앙이 지방의 수입을 저감시키는 영향을 미쳤을 때 그것을 보전하는 차원에서 재정분권이 이루어졌습니다. 대표적인 사례로 이명박 정부의 재정분권을 들 수 있습니다. 당시 국가(중앙정부)는 2008년 글로벌 금융위기로 침체된 경제를 끌어올리기 위해서 법인세하고 소득세를 감면해 줬습니다. 법인세와 소득세를 감면하게 되면 그 감면된 만큼 지방교부세의 재원이 축소되고, 지방교부세 규모가 줄게 되면 지방에 지원되는 재원이 줄어들 수밖에 없습니다. 여기에 더하여 이명박 대통령 시기에는 국세인 종합부동산세의 핵심인 세대별 합산과세가 헌법불합치 판결을 받아 2조를 상회하던 종합부동산세수가 반토막이 났습니다. 1조 이상이 감소된 겁니다.

종합부동산세 세수는 부동산교부세로 지방에 이전되는데, 이런 상황으로 말미암아 지방세입이 축소되었습니다. 뿐만 아니라 2005년 보유세 개편으로 보유세를 높이면서 거래세, 즉 취득세와 등록세를 낮췄습니다. 그 결과 지방세 수입의 저감을 초래했습니다. 나아가 이명박 대통령은 서울시장을 역임했기 때문에 수도권에 대한 규제를 풀어주는 완화조치를 했습니다. 이에 따라서 수도권의 불만이 굉장히 컸습니다. 이와 같은 일련의 조치가 빚은 지방세입의 저감을 보전하고, 비수도권의 불만 등을 아우르는 차원에서 부가가치세의 5%를 세수(재원)으로 하는 지방소비세가 만들어졌습니다. 이처럼 재정분권은 중앙이 지방에 부담을 줬기 때문에 그것을 보전하는 차원에서 이루어졌다고 볼 수 있습니다. 문재인 정부 재정분권 논의에서도 과거 선례가 쟁점이 되었습니다. 기획재정부는 지방세가 5조 원 늘면 세입 측면에서 지방이 자체적으로 쓸 수 있는 부분이 5조 늘었으니까 중앙의 일을 5조 원어치 떠넘겨 받아야 된다는 입장이었습니다. 일응 봤을 때 논리적으로 맞는다고 생각할 수 있는데 5조 원 늘렸으니까 5조 원의 일감을 넘기게 되면 아까 제가 말씀드렸습니다마는 5조 원의 지방세를 늘리는 것은 국세를 이양해서 늘리는 방법이고 그러면 지방세 5조 확대에 따라 지방교부세 재원이 줄어들게 되어 있습니다. 그리고 늘어난 지방세수 5조이 다 지방의 몫이 아니고 교육청으로 넘어가는 부분도 있습니다. 광역이 받았을 때는 기초에 조정교부금을 내려 보내야 됩니다. 그렇게 해서 빠지는 부분이 있기 때문에 5조 원이 늘었기 때문에 5조 원의 일감을 넘기게 되면 문제가 생깁니다. 제도개편에 따라 오히려 세입이 줄어드는 지방자치단체가 생깁니다. 그렇기 때문에 5조 원을 늘렸을 때는 적어도 최종적인 제도개편의 영향을 마지막까지 들여다보고 순변화에 초점을 맞춰서 순변화만큼의 일감이 넘어오거나 적어도 순변화보다 적은 일감이 넘어오게끔 재정분권이 이루어져야 됩니다. 이것을 인식시키는 것이 굉장히 어려웠습니다.

재정분권 논의의 원활한 진행을 위해서는 참여부문 모두 관련된 재정제도에 대한 기본내용을 잘 이해할 수 있어야 했는데, 이런 점은 미흡했다고 생각합니다. 아까 김남철 교수님이 말씀하신 것처럼 재정분권의 논의는 정부가 어쩔 수 없이 하는 조치가 아니고 항구적인 틀로 이어질 수 있는 흐름을 만드는 과정일 겁니다. 자치분권위원회가 주도적인 기구의 역할을 해야 될지 아니면 다른 어떤 협력방식을 따라야 될지는 모르겠지만 재정분권은 영속적인 과제이기 때문에 이번 정부뿐만 아니라 다음 정부, 그 다음 정부로 계속 이어가야 되며, 향후에는 그런 모습을 갖춘 재정시스템 실현을 목표로 진전을 이루어나가야 할 것으로 생각합니다.

두 번째는 일반지방재정과 지방교육재정의 관계를 어떻게 설정해야 하느냐를 논의함에 있어 많은 제약과 한계가 드러났습니다. 그간 재정분권 논의에서 이 분야를 다루지 못한 영향이 작지 않았습니다. 자치단체의 교육청 재정지원, 학령인구 감소 등을 감안할 때, 일반지방재정과 지방교육재정의 관계는 원점에서 점검하여 바람직한 발전방향 모색이 절대적으로 중요할 겁니다. 이번 재정분권 논의에서 일반지방재정과 지방교육재정의 관계를 포함한 것은 의미 있는 진전이 아닐 수 없습니다. 향후 재정분권 논의에서는 이런 성과를 더욱 내실화하고 체계화해 나가야 할 겁니다.

세 번째는 재정분권 논의에서 지방의 의견이 충실하게 반영되었느냐와 관련해 논쟁을 피하기 어려웠습니다. 2009년에 국가균형발전위원회가 주관하는 지방재정제도 개편 TF가 운영되었고, 그때의 논의를 기초로 하여 2010년 지방소비세 도입이 이루어졌습니다. 따라서 동 TF는 성격상 재정분권 논의 기구라고 할 수 있습니다. 당시 동 TF는 교육부, 기획재정부, 행정안전부, 보건복지부, 국가균형발전위원회의 추천 위원만으로 구성되었습니다. 이는 지방자치단체는 재정분권 논의 과정에 직접 참여하지 못했다는 의미입니다. 반면 이번 문재인 정부의 재정분권의 경우는 지방 입장에서 아쉬움이 많고 미흡하다고 할지 모르겠지만 적어도 대한민국시도지사협의회와 시장군수구청장협의회 각각의 추천 위원이 지방을 대표하여 참여하였습니다. 지방의 입장에서 보면 지방의 의견수렴을 위한 노력이 미흡했다고 봅니다. 하지만 역대 정부와 비교하여 노력한 부분도 분명히 있다고 생각합니다.

위원장님이 아까 말씀하신 부분 중에서 계속 맴도는 부분이 네 번째입니다. 위원장님이 말씀 가운데 주민주권을 강조했는데 굉장히 와닿습니다. 지방자치 부활 이후 30년의 세월이 흘렀습니다. 재정분권은 지방자치를 전제로 한다고 할 수 있는데, 김대중 정부와 노무현 정부를 거치면서 재정분권의 틀이 만들어지기 시작했다고 생각합니다. 본격적 의미의 재정분권은 노무현 정부 때 사회복지 사무 등을 지방으로 이양하면서 그에 소요되는 재원조달 목적으로 분권교부세를 도입하는 등의 조치가 이루어졌는데, 이것이 최초 재정분권 사례라고 생각합니다. 이렇게 보면 우리나라의 경우는 지방의 요구가 아닌 중앙정부의 정책 뒷받침을 위해 재정분권이 추진되었다고 할 수 있습니다. 그이후 재정분권은 관련 학자들과 행정부처 등이 이러이러한 측면에서 현재의 재정 틀을 바꿔야 된다는 차원에서 재정분권에 대한 논의의 방향이 설정된 측면이 강합니다. 이제는 주민이 재정분권이 왜 좋은지를 선도적으로 주장하고, 그것을 기반으로 하는 주민주권 방식의 재정분권이 추진되어야 항구성과 실효성을 기대할 수 있을 겁니다. 지방자치의 역사가 30년이 넘은 현실을 감안할 때, 지역의 주민이 원하는 재정분권 모색은 절대적으로 중요하다는 점에서 차기 정부, 그 이후의 정부는 이런 방향에서 재정분권을 추진했으면 좋겠다는 바람을 가져봅니다. 이상입니다.

김순은　유 교수님이 세 가지를 제안해 주셨는데요. 하나는 재정분권의 항구적인 틀, 즉 시스템에 의해서 지속되었으면 좋겠다는 말씀이고, 학력인구 감소 등을 감안해서 교육재정과 일반재정이 같이 논의되는 시스템, 그다음에 이제 문재인 정부의 주요 특징이었던 주민주권이 재정분권하고 이어지는 연계성을 잘 확보해야 되겠다는 제안의 말씀을 주셨습니다.

김순은　그러면 김상미 원장님, 우리가 잘 되었으면 잘된 원인, 미흡했으면 미흡한 원인 이런 것을 말씀해 주셨으면 좋겠습니다.

김상미　한국 자치분권의 성공요인은 즉, 우리나라 자치분권제도는 민이 가장 힘들 때 등장하였다 이렇게 생각을 합니다. 왜냐하면 우리나라는 그동안 민이 통치하는 정부기구는 없고 오로지 관이 통치하는 기구만 있지 않았습니까? 그래서 민은 관이 선의에 의해서 통치하기만 기대할 뿐이지 거기에 대해서 통제할 수 있는 권한이 전혀 없었는데, 조선 후기로 보면 민권이 심하게 억압당했을 때 민이 스스로 자기의 이득을 위한 향회라는 자치조직을 구성해서 운영하였다는 것이 저는 한국 자치분권의 출발점에 아주 중요한 상징적인 의미를 가진다고 여겨집니다.

또한 우리가 일제로부터 해방된 후에 제헌헌법을 제정했는데, 그때 우리나라가 새로운 현대적인 국가를 마련할 때 이때 위대한 민주독립국가를 재건함에 있어서 민주주의제 제도를 수립한다고 이렇게 헌법 전문에 적습니다. 그리고 8장에 지방자치에 관한 것이 명시되어서 비로소 민이 최초로 선출한 주민주권 자치분권 정부가 성립됩니다. 물론 비판도 있지만 당시 프린스턴대학교에서 공부한 이승만 대통령이 그때 제헌국회의장이었기 때문에 우리나라 기틀을 민주주의제 제도로 수립할 열망이 합쳐졌다고 여겨지고요. 그리고 이것이 반영되지 않자 아까 위원장님께서도 말씀하셨듯이 6·10 시민항쟁을 통해서 다시 자치분권의 흐름이 지속하게 하는 데 원동력이 되었습니다. 이것은 시민사회역량이 그만큼 신장되었고 시민정신이 깨어 있어서 내면에 정신투쟁이 있어야 비로서 자치분권 정부라는 민을 위한 새로운 역사가 만들어진다고 봅니다. 그래서 그동안 자치분권의 법 제도가 참여정부 들어 신장되었지만 또 역대 대통령 소속 위원회에서 자치분권 추진에 대한 노력이 여기에 추가되어서 기폭제가 되었다고 이렇게 평가하고 싶습니다.

이 중 문재인 정부의 자치분권위원회가 자치분권 종합계획을 마련한 것은 일단 계획을 마련한다는 것은 목표를 설정한다는 것이고 자치분권 2.0이라는 목표를 제시하는 것이기 때문에 전문적인 관료들이 이 자치분권 2.0시대의 세부사항을 만드는 데 기여하는 그러한 구심점이 되었다고 평가하고 싶습니다.

그런데 한국 자치분권의 실패요인은 저는 우리나라 자치분권제도가 좋은 성과를 내려면 제도설계가 잘 되어 있어야 한다고 여겨지는데 제도가 잘 설계되지 않으면서 좋은 성과를 바란다는 것은 인과논리로 맞지 않는다고 생각합니다. 그래서 최초 이승만 대통령이 자치분권제도를 만들 때부터 정당성 획득을 위한 수단으로 삼는다거나 아니면 자치분권 1.0 설계에서부터 지방민주주의 상징으로서 자치분권제도를 설계할 경우 이것은 결과가 형식주의로 나타나기 때문에 자치분권의 실패 내지 취약성으로 나타날 수밖에 없다, 그래서 저는 중앙정치나 중앙정부에서도 인간이 제도설계를 하기 때문에 합리적 인간관에 입각해서 제도 설계할 때 합리적 행위자로서 자기이익 추구에 따른 그런 제도를 설계할 경우 만약에 다른 행위자의 관계에서 중앙정부나 중앙정치가 전략적 우위라는 위치를 차지하겠다는 의도에서 제도를 설계하면 실패의 원인이 될 수밖에 없다 이렇게 여겨집니다.

그래서 저는 문재인 정부가 설정하고 있는 연방제 수준의 자치분권 목표를 설계하기 위해서는 중앙정치권이나 중앙정부가 마음대로 제도를 설계할 수 없도록 지방 관련 행위자들의 보다 많은 목소리를 담을 수 있어야 한다고 봅니다. 그래서 현 지방자치법 36조를 보면 지방의원은 공익을 우선해서 양심에 따라서 직무를 성실히 수행하도록 선언하고 있습니다. 그래서 저는 이 원칙이 자치분권제도를 설계하는 분들의 의무사항으로 반영될 필요가 있지 않나 그렇게 주장하고 싶습니다. 이상입니다.

김순은 김상미 위원님은 아마 제도설계를 할 때 가능하면 완전하게 좋은 제도가 되어야 제도의 성공을 기할 수 있지 않겠나 그런 말씀으로 이해가 되었습니다.

황문규 간단하게 말씀드리겠습니다.

이 제도 도입을 하는 과정에 운 좋게도 직·간접적으로 참여하면서 느낀 것은 저는 처음에 자치경찰제가 굉장히 이상적인 방향으로 갔으면 좋겠다는 생각을 많이 했습니다. 그런데 그 과정에서 '아, 자치분권의 정도를 넘어설 수 없구나. 우리나라의 자치분권은 이 정도인데 자치경찰제를 너무 크게 생각했구나.' 그런 것을 굉장히 많이 느꼈습니다.

그래서 여기 계신 위원장님을 비롯해서 자치분권을 하는 정도에 비례해서 자치경찰체가 발전하는 것 같습니다. 지금 현재 자치경찰제는 딱 그 수준인 것 같습니다. 그래서 자치행정을 공부하시는 분들이 자치경찰제에 대해서 관심을 좀 더 가져주시기를 바랍니다. 특히 이제 자치분권 사전협의제에서 법령을 개정할 때 사전협의를 거치도록 되어 있는데, 사실 저는 김남철 교수님께 여쭤보고 싶습니다. 사실은 이것에 경찰법도 포함되는 건지, 사실은 안 되었을 수도 있습니다, 그만큼 동떨어져 있다 보니까요. 그런데 이제는 반드시 여기에 포함시켜야 됩니다. 그렇게 해 주시면 감사드리겠습니다.

결국에는 자치경찰제가 굉장히 많은 한계가 있습니다만 그중에서 제일 중요한 것이 사실은 유태현 교수님께서 말씀하셨듯이 또 재정입니다. 현재는 자치경찰제의 예산이 시·도에서 수립하도록 되어 있으나 기존에 경찰청에서 기존 지방경찰청에서 배분하던 것이 그대로 이렇게 오도록 되어 있습니다. 국고보조금 형태로 오기 때문에 시·도에서 건드릴 여지도 없습니다. 그래서 중장기적으로는 특별교부세를 도입한다든지 해야 되겠지만 과도기적으로라도 지금 당장이라도 특별교부금 형태의 어떤 알파 정도라도 해 줘야 자치경찰위원회에서 뭔가 독자적인 사업을 다만 1억, 2억이라도 있어야 되거든요. 그것조차도 없으니까 사업을 할 여지가 없고, 오로지 시·도에 의존해야 하는데 시·도는 또 예산이 없으니까 그거를 자치경찰에 추가적으로 한다는 것에 많은 부담을 느끼는 것 같습니다. 그런 점이 결국에는 자치경찰제가 자치분권과 굉장히 밀접하게 맞물려갈 수밖에 없고 지금까지 제가 느낀 바로는 자치분권을 하시는 분들은 자치경찰에 대해서 약간 도외시했었는데 이제부터는 굉장히 관심을 가져주셔야 합니다. 제가 여기 있어 보니까 지방정부의 완성은 자치경찰이 없으면 여전히 완성되지 않을 거라는 것을 굉장히 많이 느꼈습니다. 그런 측면에서도 더더욱 필요하지 않을까 하는 말씀을 드리고 마치겠습니다. 감사합니다.

김순은　결국은 재정이지요. 그리고 자치경찰 없이는 지방정부의 완성이 없다는 말도 상당히 공감이 가는 얘기고요.

김순은　마지막으로 제가 정리를 하겠습니다. 아마도 우리가 같이 일을 해 봤기 때문에 우리의 정서상 우리가 우리 한 일보고 잘했다고 하기가 다 민구해서 그런 말씀은 없었던 것 같은데, 제가 감히 말씀드리면 아마 앞으로도 이 문재인 정부만큼 성과를 내려면 보통으로 해서는 어렵지 않겠나 싶습니다. 그래서 그 과정에 아주 너무 많이 애를 써줘서 감사한다는 말씀을 드리고요.
　제가 돌이켜보면 한 세 가지가 잘 맞았던 것 같습니다. 하나는 문재인 정부의 리더십이라고 저는 말씀드리는데요. 돌이켜보면 제일 고비가 작년 5월이었습니다. 20대 국회의 말이잖아요. 그때 이미 경찰법, 지방자치법 전부개정안이 다 가 있었기 때문에 사실은 20대 국회 통과를 목표로 저희들이 엄청 열심히 노력했는데 그것이 안 되지 않았습니까? 그때 정부가 한 것이 뭐냐 하면 최우선법안으로 제출한 겁니다. 그래서 지방자치법은 정부법안으로 최우선법안으로 국회에 발의가 되었고, 자치경찰법은 이원화 모델일 때는 홍익표 의원안이었지만, 김민기 의원으로 발의자가 체인지 되어서 빨리 발의한 그런 것 등이 정부의 리더십으로 작용했다는 것이고요. 우선법안이 되었기 때문에 작년에 처리가 가능하지 않았었겠느냐 하는 것이고요.

두 번째는 20대 국회보다는 21대 국회가 입법 환경이 훨씬 좋아졌습니다. 여러분 이미 다 아시잖아요. 20대는 어느 정당도 과반수를 못얻고 있었지만 21대 국회 때는 여당이 절대과반수를 확보하고 있었기 때문에 그런 입법 환경도 상당히 좋았다는 것이고요.

세 번째 요건은 자치분권을 이제까지 주장하고 지지했던 분들의 단결력입니다. 저는 작년만큼 이렇게 한 목소리를 내서 시민단체는 시민단체대로, 학계는 학계대로, 또 관련된 사람들이 이렇게 한 목소리를 내는 것도 쉽지 않았던 것 같아요. 그래서 이런 것들이 삼박자가 잘 맞아서 아마 오늘 이렇게 좋은 분위기 속에서 이런 성과를 얘기할 수 있는 기회가 되지 않았나 생각됩니다.

앞으로도 문재인 정부가 잘 마무리될 때까지 변함없는 관심과 사랑을 계속해 주시길 바라며, 이번 토론회와 더 나아가 앞으로 발간될 단행본을 통하여 한국 지방자치가 도약하는 좋은 발판이 될 것으로 생각합니다. 감사합니다.

국정과제협의회 정책기획시리즈 12

문재인 정부의 자치분권: 성과와 의의

발행일   2022년 3월 31일

엮은이   **대통령소속 자치분권위원회**
　　　　　서울특별시 종로구 세종대로 209 (세종로) 정부서울청사 8층

펴낸곳   경인문화사 031-955-9300

판매가   32,000원

ISBN   978-89-499-6628-1 93350

본 도서에 게재된 각 논문에서 제기된 쟁점과 주장은 각 필자의 관점과
견해이며 대통령소속 자치분권위원회의 공식적 견해가 아닙니다.